2011
中国消防年鉴

CHINA FIRE SERVICES

公安部消防局 编

国际文化出版公司

图书在版编目（CIP）数据

中国消防年鉴. 2011 / 公安部消防局编. -- 北京 : 国际文化出版公司, 2011.10
ISBN 978-7-5125-0271-0

Ⅰ. ①中… Ⅱ. ①公… Ⅲ. ①消防－工作－中国－2011－年鉴 Ⅳ. ①D631.6-54

中国版本图书馆CIP数据核字(2011)第208736号

中国消防年鉴 2011

作　　者　公安部消防局编
责任编辑　杨　华
选题策划　杨干军
出版发行　国际文化出版公司
经　　销　北京国文润华图书销售公司
印　　刷　廊坊市华北石油华星印务有限公司
开　　本　787X1092　　16开
　　　　　32.13印张　　640千字
版　　次　2011年10月第 1 版
　　　　　2011年10月第 1 次印刷
书　　号　ISBN 978-7-5125-0271-0
定　　价　98.00元

国际文化出版公司
北京朝阳区东土城路乙9号　　邮编：100013
总编室：（010）64270995　　传真：（010）64271499
销售热线：（010）64271187　　64279032
传真：（010）84257656
E-mail:icpc@95777.sina.net
http://www.sinoread.com

4月18日，中共中央总书记、国家主席、中央军委主席胡锦涛在玉树地震灾区指导抗震救灾工作时，向公安消防官兵亲切致意。

4月3日，国务院总理温家宝在贵州省黔西南州兴仁县亲切慰问奋战在抗旱救灾一线的公安消防官兵。

10月26日，青海玉树抗震救灾先进事迹报告会在北京人民大会堂举行，中共中央政治局常委李长春会见报告团全体成员（青海省公安消防总队总队长刘江民为报告团成员），回良玉、刘云山、徐才厚等中央领导参加会见并合影留念。

8月15日，中共中央政治局常委，中央纪律检查委员会书记贺国强在西藏自治区党委书记张庆黎等陪同下，到拉萨市公安消防支队布达拉宫大队亲切慰问公安消防官兵。

7月20日，中共中央政治局常委、中央政法委书记周永康视察玉树灾后重建工作，并看望慰问公安消防官兵。

2月24日，中共中央政治局委员、国务院副总理回良玉深入云南省曲靖市陆良县看望慰问抗旱救灾一线公安消防官兵。

7月16日，中共中央政治局委员、国务院副总理张德江在大连中石油国际储运有限公司保税区油库爆炸火灾现场组织指挥处置工作。公安部副部长刘金国参与现场指挥。

8月20日，国务委员，公安部党委书记、部长孟建柱视察慰问黑龙江省公安消防部队。

9月4日，公安部党委副书记、常务副部长杨焕宁到福建省厦门会展现场检查消防安全工作。

11月16日，公安部党委副书记、副部长、亚运安保协调小组组长李东生指导亚运会消防安全保卫工作。

4月2日，公安部党委委员、副部长刘金国出席全国构筑社会消防安全“防火墙”工程现场会并实地察看社会单位“四个能力”建设情况。

11月4日，公安部消防局局长陈伟明到山东省寿光市公安消防大队调研执法规范化建设工作，看望慰问基层公安消防官兵。

8月1日，公安部消防局政委谢模乾慰问上海世博会消防安保一线官兵。

8月25日，公安部召开纪念胡锦涛总书记作出“努力建设一支‘忠诚可靠、服务人民、竭诚奉献’的消防队伍”重要指示一周年电视电话会议。

4月2日和11月16日，公安部分别在河北省石家庄市和山东省济南市召开全国构筑社会消防安全“防火墙”工程现场会，推广两地社会单位“四个能力”建设的经验做法，构筑“防火墙”工程。

9月、10月，公安部消防局分别在黑龙江、重庆举行北、南方地区打造铁军比武竞赛，20个省、自治区、直辖市公安消防总队的500名消防官兵参加了竞赛。

4月14日，青海省玉树藏族自治州玉树县发生里氏7.1级强烈地震，公安部消防局紧急调集10个总队、2196名消防官兵参加抢险救援，抢救遇险群众569人，疏散被困群众4100人，抢救财产价值1120余万元。

7月16日，位于辽宁大连市大孤山新港码头的中石油国际储运有限公司保税区油库输油管线爆炸起火。辽宁省公安消防部队先后出动14个消防支队、18个企业专职消防队的348辆消防车、2380余名指战员赶赴现场扑救。经过15个小时的艰苦奋战，确保了周边126个、总储量达747万多吨的原油、成品油及二甲苯、苯等危险化学品储罐的安全。

8月7日23时左右，甘肃省舟曲县城东北部山区突降特大暴雨，引发了罕见的特大山洪泥石流灾害。公安部消防局紧急调集甘肃、四川、陕西、宁夏、青海等消防总队兵力1398名赶赴现场救援，营救生还者78人，疏散解救被困人员31人，挖掘遇难者遗体203具。

11月15日，上海市静安区胶州路728号的公寓大楼发生火灾，造成58人死亡、71人受伤。11月25日，公安部召开电视电话会议，要求全国公安机关深入开展“大排查、大整治、大宣传、大培训、大练兵”活动，坚决遏制重特大火灾事故。

8月9日，山东省委、省政府、公安部在山东省济南市举行国务院、中央军委授予山东省泰安市公安消防支队泰山中队“泰山卫士”荣誉称号命名大会。山东省委副书记、省长姜大明主持会议，山东省委书记、省人大常委会主任姜异康，公安部副部长刘金国出席会议并讲话，解放军总政治部主任助理魏亮中将宣读表彰命令并向泰山中队颁发奖旗。

2010年，各地贯彻落实《消防法》和国务院关于加强应急队伍建设的部署要求，依托公安消防队伍加强综合性应急救援队伍建设。全国31个省（自治区、直辖市）和75%的市、57%的县已完成组建任务。

前言

2010年，全国公安消防部队在党中央、国务院、公安部党委和地方各级党委、政府及公安机关的领导下，认真贯彻落实胡锦涛总书记“三句话”总要求，深入推进构筑社会消防安全“防火墙”工程建设和打造公安消防铁军活动，着力提高社会防控火灾能力和消防部队灭火救援战斗力，圆满完成了上海世博会、广州亚运会等消防安全保卫任务，保持了全国火灾形势和消防队伍的总体稳定。为全面、客观、准确地记载2010年消防工作和队伍建设发展进程及取得的成绩，并为今后工作提供借鉴和参考，公安部消防局编撰出版了这部《中国消防年鉴2011》。本书收录了2010年全国各省、自治区、直辖市消防工作和队伍建设情况，党中央、国务院关于消防工作的重要批示、公安部领导有关讲话摘要，公安部、有关部委和公安部消防局印发的重要文件，较大、重大和特别重大火灾案例，重大抢险救援战例，全国消防业务统计资料和消防大事记等内容。

本书中的文字、图片资料和统计数据由公安部消防局各处、室，铁道部公安局消防处、交通运输部公安局消防处及各省、自治区、直辖市公安消防总队、新疆生产建设兵团公安局消防局提供，在此谨向为年鉴提供资料的有关单位和同志表示衷心的感谢！

由于编者水平有限，书中疏漏和不足之处在所难免，恳请读者提出宝贵意见。

公安部消防局

二〇一一年十月

目　　录

第一篇　全国消防工作概述

第二篇　各省、自治区、直辖市消防工作和队伍建设情况

第三篇　党中央、国务院领导关于消防工作和队伍建设的重要批示

第四篇　公安部领导关于消防工作和队伍建设的讲话摘要

第五篇　有关消防工作的重要文件资料

第六篇　较大、重大和特别重大火灾案例

第七篇 重大抢险救援战例

第八篇　全国消防业务统计资料

第九篇　消防大事记

第一篇

全国消防工作概述

2010年全国消防工作概述

2010年，在党中央、国务院的正确领导下，各地区、各部门以科学发展观为统领，认真贯彻实施《消防法》，着力加强消防工作和队伍建设，努力维护全国消防安全形势的稳定。2010年，全国共发生火灾13.2万起（不含森林、草原、军队、矿井地下部分及港澳台地区火灾），死亡1205人，受伤624人，直接财产损失19.6亿元，与2009年相比，死亡、受伤人数分别下降2.5%和4.1%，火灾起数、损失分别上升2.4%和20.7%。

一、进一步落实消防工作责任

各级政府完善消防工作领导机制和工作机制，将消防工作作为履行社会管理和公共服务职能的重要内容，有关部门依法履行相应的消防工作职责。各省、市、县政府建立消防安全委员会或消防工作联席会议制度，逐级签订消防工作责任书。针对吉林、上海等地发生的重特大火灾事故，各地区、各部门认真贯彻中央领导同志重要批示和国务院办公厅《关于进一步做好消防工作坚决遏制重特大火灾事故的通知》（国办发明电［2010］35号）精神，举一反三，采取针对性措施，切实加强消防工作。中央社会治安综合治理委员会办公室对消防工作进行检查考评。公安部、教育部、文化部、工商总局、安全监管总局等9个部门司局级联席会议定期研究消防工作。中央和各地普遍将消防业务经费纳入财政预算，2010年共投入消防经费348亿元，比2009年增长14.8%。

二、持续排查整治火灾隐患

各地围绕“平安世博”、“平安亚运”目标，以容易造成重特大火灾的隐患和火灾突出的行业、场所为重点，不间断地开展消防安全专项治理。公安部会同安全监管总局、教育部、文物局等部门，先后部署开展了建筑消防设施、人员密集场所、高层地下建筑、建设工程施工现场、校园和文物单位等火灾隐患排查整治。公安部、住房城乡建设部出台了加强建设工程管理措施，严格建筑外墙保温材料监督管理。公安部组织开展了火灾隐患大排查、大整治行动，不间断地整治火灾隐患。各地对重大火灾隐患实行政府挂牌督办，公安机关和消防部门把警力部署到火灾多发时段、区域、场所，与有关部门建立联合执法机制，严厉查处消防安全违法行为，督促整改了一大批火灾隐患。2010年，全国共检查单位163万余家，督促整改火灾隐患110万余处，责令存在重大火灾隐患的4.3万余家单位停产停业整改。

三、全力构筑社会消防安全“防火墙”

为提高社会防控火灾水平，公安部部署开展了为期3年的构筑社会消防安全“防火墙”工程，推动落实社会消防安全责任，提升单位火灾隐患排查、初起火灾扑救、人员疏散逃生、宣传教育培训等“四个能力”。各省（自治区、直辖市）政府累计制定60余份文件、召开130余次会议组织实施“防火墙”工程，通过培育试点、召开现场会等方式，督促社会单位加强“四个能力”建设。结合社会主义新农村和“平安社区”建设，将农村和社区消防工作纳入社会治安综合治理范畴，公安部会同住房城乡建设部、民政部等7部委联合开展了新农村建设消防工作专项检查，推动消防安全群防群治。各地以“全民消防、生命至上”为主题，广泛开展“119消防日”活动，推动消防宣传进社区、进学校、进企业、进农村、进家庭，落实消防安全培训和重点特殊工种持证上岗制度，普及防火、灭火和逃生自救常识，努力提高全民消防安全素质。

四、切实加强公共消防基础建设

各级政府大力推进城乡消防规划编制、实施工作，加强公共消防设施和消防装备建设，不断提升城乡抗御火灾能力。截至2010年底，全国共有651个县级以上城市、1536个县、20736个乡镇编制了消防规划。2010年，全国新增市政消火栓6.3万余个、消防站259个、消防车1952辆、各类灭火救援器材38万件（套）。在中央增加现役消防编制的同时，推动各地创新消防力量增长方式，大力发展多种形式消防队伍。公安部、发展改革委、财政部等7部门联合出台了《关于深化多种形式消防队伍建设发展的指导意见》(公通字［2010］37号)。目前，全国已建成政府专职消防队7375个、企事业单位专职消防队2544个、志愿消防队8.5万余个。其中北京、内蒙古、辽宁、吉林、江苏、江西、山东、河南、湖北、重庆等省（自治区、直辖市）的全国重点镇均已建立政府专职消防队。

五、加快推进打造消防“铁军”和应急救援工作

公安部组织全国公安消防部队开展打造消防“铁军”活动，广泛开展全员大练兵和比武竞赛，组织跨区域应急救援实战演练，提高扑救高层建筑、石油化工等特殊火灾和处置地震等特殊灾害事故能力，努力打造关键时刻英勇顽强、敢打必胜的消防“铁军”。各地深入贯彻落实《消防法》和国务院关于加强应急队伍建设的部署要求，充分发挥公安消防部队分布广、反应快、多功能、专业性强的优势，依托公安消防队伍加强综合性应急救援队伍建设。目前，全国31个省（自治区、直辖市）和75%的市、57%的县已完成组建任务，27个省（自治区、直辖市）依托公安消防部队组建了地震救援队。2010年，公安消防部队共扑救火灾和参加灾害事故救援31.5万起，参与社会救助、公务执勤等27.4万起，营救遇险被困

人员16万人，抢救和保护财产价值367亿元。尤其是在扑救大连“7·16”中石油油库爆炸火灾战斗中，消防官兵舍生忘死，顽强拼搏，创造了我国乃至世界消防史上15个小时成功扑灭10万吨油罐火灾的奇迹，成功保住了周边126个、总储量达747万多吨的危险化学品储罐，避免了一场重大灾难的发生；在玉树地震、舟曲泥石流等特殊灾害抢险救援中，消防部队快速反应，科学施救，充分发挥了专业救援队作用，赢得了各级党委、政府和人民群众的广泛赞誉。

六、全面提升公安消防队伍正规化建设水平

公安消防部队认真贯彻落实胡锦涛总书记“努力建设一支‘忠诚可靠，服务人民，竭诚奉献’的消防队伍”的总要求，坚持政治建警、从严治警，不断加强班子和队伍建设，努力提升队伍整体素质和战斗力。深入开展执法规范化建设，坚持严格公正规范执法与理性平和文明执法相结合，不断拓展服务内容，改进服务方式，积极构建和谐警民关系，进一步提高执法公信力和服务水平。2010年，公安消防部队有9个单位、22名官兵被党中央、国务院、中央军委授予“全国抗震救灾英雄集体”、“全国抗震救灾模范”荣誉称号，山东泰安支队泰山中队被国务院、中央军委授予“泰山卫士”荣誉称号，有10名官兵在灭火救援战斗中壮烈牺牲。

2010年，消防工作虽然取得了一些成绩，但离党中央、国务院的要求和人民群众的期望仍有不小的差距。全国火灾形势总体较为严峻，特别是先后发生了几起群死群伤火灾事故，给人民群众生命财产造成重大损失。当前，我国正处于经济转轨、社会转型的特殊历史时期，传统和非传统消防安全因素相互交织，可以预见和难以预见的火灾风险明显增多，消防安全基础建设滞后于经济社会发展的状况没有根本改变，社会消防安全保障能力不适应社会消防安全需求的状况没有根本改变，仍处于火灾易发、多发期。一是部分地区城乡消防规划不落实，消防投入不足，公共消防设施和装备建设相对滞后；二是社会单位消防安全主体责任不落实，消防违法行为和火灾隐患大量存在；三是公民消防安全意识薄弱，缺乏基本的火灾预防和逃生自救常识，容易成为火灾肇事者和受害者；四是社会消防管理水平有待提高，一些大城市消防安全标准和要求不高，与城市消防安全需求还不相适应。

第二篇

各省、自治区、直辖市消防工作和队伍建设情况

第一章　北京市消防工作和队伍建设情况

2010年，首都消防工作以推进“平安北京”建设为中心，按照建设中国特色“世界城市”的战略要求，全面提升社会整体防控火灾能力，出色完成了各项重大消防保卫工作和灭火抢险救援任务。2010年，全市共发生火灾5468起，同比下降5.5%；死亡32人，与去年持平；伤13人，同比下降76%；直接财产损失4361万元，同比下降74.4%，未发生重特大和群死群伤火灾事故，火灾形势总体平稳。对特殊时期及特别重要活动实施“零距离”消防保卫，共组织春节、全国“两会”、武搏会、亚运会和亚残运会火炬传递、十七届五中全会等重大消防安全保卫勤务523场次，确保了重大活动、重要节日消防安全万无一失。

一、构筑社会消防安全“防火墙”工程成效显著

强化政府责任制落实，市政府先后10次召开消防工作联席会议和专题会议，部署构筑社会消防安全“防火墙”工程和“五大”活动等相关工作。印发深入构筑社会消防安全“防火墙”工程实施意见和三年规划等一系列文件，推出构筑“防火墙”工程九大项目，并纳入年度部门及区县政府落实消防工作责任制绩效考核内容。推动完善消防法规体系，提请市政府将修订《北京市消防条例》纳入2010年立法计划，开展消防远程监控系统等5项立法调研，新增并完善规定31条，将构筑“防火墙”工程、加强公安派出所消防监督管理、消防科技创新等内容纳入条例修订范畴；编制完成《北京市公共消防水源建设标准》，列入二类立法研究项目，制定《北京市公共消防水源建设管理使用规定》，主要内容纳入《北京市消防条例》（修订草案）；初步完成了涵盖75部法规的《消防法规汇编》和包括162个规范性文件的《消防行政规范性文件汇编》。大力推进社会单位、社区和农村“四个能力”建设，制定人员密集场所、工业生产企业、办公场所、社区和农村、建筑工程施工现场五类行业场所消防安全“四个能力”建设标准及验收细则，确定试点单位89个、试点社区22个、试点村13个；组织召开“四个能力”建设现场会108场次，培训单位消防安全责任人、管理人3.2万余人；全市273个街道、乡镇成立专门消防工作机构，115个街道、乡镇成立政府专职消防队，聘用防火办专职人员627名；聘用社区和村消防协管员2517名，成立社区和村级专职消防队492支、消防和治安联防队862支。组织开展“四个能力”建设达标创优活动和“零火灾社区、零火灾单位”创建活动；全市5682家人员密集场所消防安全重点单位、316个社区、465个村、2162家一般单位全部达到“四个能力”建设标准。不断强化消防隐患排查整治，持续开展高层居民住宅、地下空间等10余项消防安全专项治理行动。不断完善“季度报告、定期挂账、跟踪督办、整改销账”的常态化监管模式，全年排查挂账并整改42处市级火灾隐患、97处区县级火灾隐患。全年共检查单位15.7万余家，发现并督促整改隐患问题11.3万余处。制订了关于加强消防产品监督管理工作措施和考核办法，建立了消防产品联合监管、定期会商、联动检查和信息共享机制。全面推进第三级消防监督管理，召开派出所消防监督工作会议，确定59个公安派出所为试点单位，大力强化公安派出所消防监督正规化建设，其中，朝阳区政府聘用600余人加强第三级消防工作。营造“全民消防，生命至上”良好氛围，在新浪网开设“北京消防在线”专栏，在人民网播出“每周消防在线”专题访谈类节目，张贴悬挂宣传横幅、标语和宣传画30余万条（份），组织各类媒体召开新闻发布会10次；刊播消防专题、新闻稿件8000余篇（条），跟踪曝光重大消防隐患；组织消防英雄评选，举办培训班、知识讲座2000余场、应急疏散演练150余场；建立举报投诉机制，设置消防监督举报电话20余部。

二、重点区域火灾防控能力全面加强

紧盯政治中心区消防安全，制定火灾防控工作方案，成立两支政治中心区勤务分队，强化装备配备，建立重点时期巡逻执勤与常态下原地备勤相结合的网格化备勤模式，实现了重特大火灾和群死群伤火灾事故“零指标”。加强对高层建筑工地的消防安全监管，制定高层建筑消防安全管理相关规定，在每栋高层居民住宅和高层公共建筑内分别设置消防宣传管理员和专职（或义务）灭火小分队，提高扑救初起火灾的能力。落实地下空间管理强制措施，按照刘淇书记“人防工程的使用方向要转向公益性质，严格限制出租、住人”的指示精神，督促有关部门整改51处人防工程和153处普通地下室。同步规划轨道交通消防队伍建设，组织相关部门专业技术人员对17条地铁线路、14个车辆段和7个停车场进行了调研，着手在轨道交通新线上增建轨道交通消防应急救援站，并将5个轨道交通专用消防站建设纳入“十二五”规划。

三、灭火应急救援能力实现新提升

打造消防铁军成效显著，修订《消防员等级达标训练考核标准》、《基层中队指挥员达标训练标准》；对708名攻坚组队员进行了集中强化培训，开展铁军大比武，考核合格率达90%；深入开展大跨度大空间建筑灭火救援专项行动，切实加强对政治中心区和地铁沿线等重点地区的调研；举办多种形式消防队伍练兵比武对抗赛8次，消防运动会

10余次，开展灭火救援实战演练100余次。综合应急救援能力显著增强，制订了关于成立北京市综合应急救援队伍的政策措施，依托公安消防部队组建了市、区（县）两级综合应急救援队伍和地震应急救援队；成功举办了由14个应急指挥部参加的重大灾害事故应急救援综合演练，得到了国务院及公安部有关领导的充分肯定。反恐处突专业能力得到强化，开展19次实兵实装拉动演练，圆满完成了地铁奥林匹克公园站反恐处突综合演练；邀请反恐专家开展生化恐怖袭击及核辐射事故现场处置对策培训；将奥林匹克公园、望京、西红门三个消防站纳入第三期特勤队站建设范畴。

四、消防信息化建设实现新突破

一体化消防业务信息系统全面推广，建立完善了一体化消防业务信息系统硬件平台和消防移动接入平台，开展一体化消防业务信息系统移动办公、移动执法应用实践，研制开发消防监督移动执法箱。灭火救援指挥可视化、精确化程度不断加深，开发建设3G无线图像传输系统，加快综合应急救援通信装备建设，对地面卫星站、动中通、静中通和便携站进行技术改造，完成便携式卫星站与公安部消防局中心站联网测试。理论成果《重大活动和公众聚集场所火灾风险评估关键技术及应用研究》获得公安部科技进步一等奖，《奥运场馆消防保卫数字化预案》获得北京市科技进步三等奖，赵子新总队长等9人获2010年度公安部科学技术奖一等奖。

五、队伍建设水平再上新台阶

进一步加强领导班子和干部队伍建设，不断强化思想政治教育，着力提高部队正规化建设水平。纪律作风教育整顿效果明显，先后开展5次纪律作风教育整顿，集中整顿执法过程中不公、不廉、不文明等问题；共印发资料19000余份，开设宣传专栏357个，组织1600余人进行参观、走访等实践活动；组织特邀警风监督员座谈监督213次，排查整改各类问题327个，完善和创新各类制度机制75项。消防执法规范化建设成效显著，出台消防行政处罚自由裁量、内部执法监督等九项规定和“八项铁规”，制定《火灾事故执法责任倒查及追究办法（试行）》，组织343名消防监督人员面向社会公开述职述廉100场次。开展消防执法“大练兵、大比武”和执法示范单位创建活动，西城第一支队被评为全国消防监督执法示范单位。不断强化审计监督，坚持“有离必审”和“先审后离”的原则，加大对领导干部经济责任审计的力度，加强大宗物资采购审计和合同管理，对50项物资采购进行了现场监督。落实战训、火调岗位津贴补助，完成广安门及通州政法小区70套住房的售房工作，努力营造拴心留人的内部环境。警民关系进一步和谐，制定《警务公开细则》，开通26部消防服务热线，优化行政许可程序；开展“大走访”、“听走送”等爱民实践活动，走访单位4969家，走访群众8080人，征求意见建议556条，制定整改措施266项，出台便民利民措施268

项，为困难群众办实事、好事1395件；处理群众来信来访49件，答复意见群众满意度和按时查结率均达到100%。2010年，先后有24个集体、60名官兵受到部消防局和市公安局表彰，总队党委被公安部评为先进总队党委，总队连续六年荣获“首都社会治安综合治理先进单位”称号，被市公安局评为“交通安全工作先进单位”；海淀支队双榆树中队被市委政法委授予“五好党支部”称号。

六、消防基层基础工作稳步推进

全年共争取经费13.8亿元，其中区县财政资金3.7亿元，同比增长155.8%。两个二级指挥中心建成投入使用，5个正加紧建设；新建并投入使用4个消防站，11个完成主体结构建设，1个已开工，11个已完成立项批复。新增消防车辆92辆，器材装备5.2万件（套）。完成教育训练基地化工装置设施以及训练塔改造工程，建成高空心理训练设施和建筑物倒塌、油罐、烟热等训练设施；战勤保障基地项目建议书已取得批复。开展“十二五”时期北京市消防基础设施建设重大项目规划储备课题研究和北京市消防安全状况评估工作；完成《北京市“十二五”时期消防事业发展建设规划（征求意见稿）》编制工作，消防基层基础建设纳入6个市级重点专项规划和7个市级一般专项规划编制，区（县）级“十二五”消防事业发展规划纳入各区县“十二五”规划体系。

第二章　天津市消防工作和队伍建设情况

2010年，天津市公安消防总队坚持以胡锦涛总书记“三句话”总要求为统领，深入贯彻落实新《消防法》和《天津市消防条例》，着力在社会矛盾化解、社会管理创新、公正廉洁执法三项重点工作上下功夫，在防控大火、维护稳定、服务发展上做文章，消防监督执法、灭火应急救援能力进一步增强，部队正规化建设、精细化管理水平进一步提升，圆满完成了各项工作任务。全市消防部队共接处警25357起，出动消防车4.5万辆次、官兵32.2万人次，抢救被困群众2290人，保护财产价值10亿元。全年发生火灾1148起，直接财产损失624.7万元，死23人，伤3人，与上年相比，火灾起数下降13.6%、财产损失下降33.6%、伤人数下降76.9%、亡人数上升53.3%，连续14年未发生重特大火灾事故，为服务发展、保障民生提供了良好的消防安全环境。

一、积极构筑社会消防“防火墙”，消防工作社会化进程明显加快

大力实施构筑社会消防安全“防火墙”工程，各级政府、社会单位、农村社区、公安机关四个层面形成了齐抓共管、群防群治的良好局面。提请市政府召开消防工作会议、构筑“津门防火墙”会议、冬季防火会议和2次消防联席会，市、区（县）两级政府签订《消防工作责任书》。对各区（县）政府、委办局消防安全责任制落实情况进行了考评，对18个先进单位、97名先进个人进行了表彰。启动编制《“十二五”期间消防事业发展规划》和《天津市消防规划》。指导社会单位实施消防安全管理“1234”标准化模式，落实消防安全主体责任，全市3846家人员密集场所消防安全重点单位全部达标。各级政府累计投入7000余万元用于农村、社区消防基础设施建设，171个村庄、142个社区成立志愿消防队、配备农用消防车、组建消防活动站、设置消防宣传栏。报请市公安局下发了《天津市公安派出所消防监督检查规定》，建立了消防工作“多警联勤”机制。重点开展了人员密集场所、高层建筑、建筑工地、易燃易爆单位等场所火灾隐患排查整治行动和消防产品专项治理。年内，两级政府领导带队检查、监管部门联合检查消防安全103次，查处各类隐患425处，出台政府及部门涉及消防工作的规范性文件124份；各级公安机关和派出所出动警力1.4万人次，检查“六小单位”1.1万余家次、居民社区900余个次、乡镇村庄300余个次，督促整改火灾隐患1.3万余处；两级消防监督机构检查社会单位1.93万家次，督改火灾隐患2.52万件（其中重大火灾隐患52件），实施处罚600起，“三停”单位84家，行政警告14人，拘留8人，罚款592.85万元。

二、深入推进打造公安消防铁军，灭火应急救援能力明显增强

坚持“从严、从难、从实战出发”，加强岗位练兵、战术研究和模拟化演习，全力打造“津门消防铁军”，部队实战能力进一步增强。坚持面向实战，加强指战员综合素质训练，开办各类培训班9期，组织战例研讨121次，对大连“7.16”火灾扑救进行了现场调研。下发了《执勤岗位练兵实施方案》和《比武竞赛方案》，开展了“迎五四”业务比武考核、执勤练兵年度考核、铁军选拔考核，优选攻坚组队员296名，组建攻坚组74个，达到了特勤队2个、普通队1个的配备标准。设立95万元奖励基金，投入256万元建设“铁军”训练设施、购置铁军器材95种6823件，选拔115名业务骨干开展消防铁人、高空救助等11个“铁军”项目集训，组织参加了公安部消防局北方区域8省市“铁军”比武，被评为“最佳组织单位”。大力推行单车、单队作战模式，制定了“双车联合作战”、“三车接力作战”、“多车协同作战”的新战法，开展了石化企业、重大危险源、大跨度大空间建筑专项调研，组织对人员密集场所和高层住宅小区专项熟悉，修订预案11865套，“六熟悉”单位1.9万余家次，组织高层地下建筑、危化企业等实战演习1099次，拟定较大石油化工火灾处置对策12项，测试演练大跨度大空间建筑712家次。推动市政府出台了《天津市应急救援队伍建设暂行规定》，依托消防部队组建了下辖“一队八组”总人数不少于2600人的综合应急救援总队，组建了16支共约4万人的专业应急救援队，驻津部队、预备役和民兵组建了5000人的应急队伍，全市应急救援力量达到4.7万人。17个区县、3个管委会组建了应急救援支（大）队，组建率达到95.2%。成功处置了和平区津湾广场、河东区经济适用房工地火灾和荣乌高速油罐车翻车泄漏等多起灾害事故，圆满完成了跨区域增援大连输油管道爆炸火灾事故处置战勤保障任务。

三、持续深化“三项建设”，服务发展、保障民生水平明显提升

坚持用规范管理提高执法质量，用信息化提升部队实力，用新型的警民关系维护和谐、保障民生。广泛开展“建设人民满意消防监督执法队伍”和“消防监督执法竞赛”活动，推出了《执法规范化建设三年规划》，编发了《天津市消防条例学习手册》、《派出所消防监督工作手册》、《火灾事故调查细则》，制定了《执法质量考评标准》，组建了总队执法质量服务队，规范了执法案卷，强化了消防执法素质培训，共培训公安派出所民警1500余人、消防监督员3500人次，选树并推广了8个执法规范化先进典型单位，大港支队被公安部消防局评为“全国消防监督执法示范单位”、大港和汉沽支队被市公安局评为“基层执法示范单位”。连续两年共投入3300万元用于信息化建设，推广应用了一体化消防业务信息系统，完成了建设移动接入平台、信息中心两个项目，实施了计算机网络、“119”调度指挥系统2项改造工程，整合了营区远程监控系统，研发应用了纪检监督系统、社会单位消防安全标准化管理系统，推行了网上执法、网上监察、网上练兵、网上培训、网上考核。出台了落实天津市“解难题、促转变、上水平”总要求7项消防服务举措，先后深入市重点工程项目现场服务175次，解决疑难消防问题230件，组织开展社会评警活动，满意度达98.7%。

四、切实强化消防宣传教育，全民消防安全素质明显提高

以消防宣传“五进”为载体，加大宣传力度，群众消防安全意识和自救逃生能力大幅提高。联合市教委开展了“创建消防安全教育示范学校”活动，积极联合学校修订消防知识教材，开辟消防知识角、消防文化园地、消防特色长廊等宣传阵地。利用报纸刊物、广播电视、户外广告、楼宇电视，广泛开展提示性宣传、案例宣传和消防英模宣传。举办“119”消防日、“小手拉大手，消防安全带回家”、安全生产月等大型消防宣传活动26次，悬挂张贴宣传标语7500余幅、公益广告牌269块，发放宣传材料10万余份、发送手机短信300余万条。全市10万余名消防志愿者深入113个居民社区、5万户家庭，与群众面对面宣传消防常识。创刊发行了《消防界》杂志，在主流媒体刊播稿件754篇，播发消防公益广告460余条。成立了消防职业技能鉴定站，开展技能鉴定1708人次，培训消防安全重点单位负责人、专职消防保卫干部、消防中控室等重点岗位人员3100人次。

五、扎实推进部队正规化建设，队伍的凝聚力、战斗力明显加强

坚持政治建警、从严治警、从优待警，深化部队正规化、科学化建设和精细化管理，队伍内部心平气顺、风正劲足、和谐稳定。深入开展“创先争优、创建学习型党组织”活动，推出“五型”班子建设模式，推行中队指导员担任党支部书记制度，组织开展党委书记、支部书记集中培训，实行领导干部选拔“双考”机制，全年共提拔营、团职领导干部66人，交流营、团职领导干部41人。广泛开展学习践行胡锦涛总书记“三句话”总要求和向宋文博、顾金忠同志及泰山中队学习专题教育及时事政治教育，举办了纪念建党89周年演讲比赛、红色经典诗篇诵读会、红门先锋颂事迹报告会、《条令条例》知识竞赛，开展优秀女警官、模范警嫂、津门“十佳”消防青年卫士评选活动。严格落实“五条禁令”和“四个严禁”，健全总队、支（大）队两级纪委组织，制定了《重点岗位人员行为准则》、《干部婚丧喜庆事宜廉洁自律规定》、《接受社会捐赠管理暂行规定》，开展“廉政教育月”和警示教育，严格执行消防执法、物资采购、干部选拔、士官选取过程中的纪委跟踪制度，加强领导干部经济责任和重大开支项目、经费使用审计，全年审计金额4.37亿元、纠正违规金额376.7万元。组织开展“查思想、查执法、查纪律、查作风”和队伍谈心排查、新条令学习月活动，出台了“65422”管理机制，强化了两级机关访查督察，全年未发生行政责任事故，被公安部消防局评为“安全工作先进总队”。积极推进干部经济适用住房建设，开展《消防员职业健康标准》宣贯工作，对在职官兵、离退休干部、新入警大学生、新战士进行了体格检查，建立完善了健康档案。筹措资金807万元，建立安全目标奖励补贴、办理官兵意外伤害保险、发放执勤补助。

六、全面提高综合保障水平，基层基础建设明显提速

落实新修订的《军队基层建设纲要》和部消防局“两个标准”，部署开展了新一轮基层基础建设达标活动。修订完善了固定资产、伙食管理、营具配备等16项规章制度，召开现场会推广了河东、红桥、园区、北辰、塘沽支队后勤建设和规范化管理经验，开展了财务专项检查，发现并整改各类问题209个。严格落实物资集中采购制度，节约资金785.32万元。协调市政府和有关部门，争取资金6.3亿元，较2009年增长13.1%，积极协调市财政局，2011年起地方经费专项资金从8000万元增至1亿元。总队战勤保障基地和4个消防站及两个二级指挥中心建成投入使用，异地重建了1个消防站，4个消防站和3个二级指挥中心及1个消防站重建项目已开工建设，加快了总队培训基地、搜救犬训练基地建设进度。为基层配发执勤车辆30辆、装备器材1万余件（套）。投资3096万元加强第二轮个人防护和战勤保障装备建设，提前完成了三期特勤装备建设任务，及时配齐了新建队站执勤车辆和装备器材。研究拟定了1.3亿元装备采购计划，为防灭火工作提供了有力的物质保障。

第三章　河北省消防工作和队伍建设情况

2010年，河北省公安消防部队认真贯彻胡锦涛总书记“三句话”总要求，锐意进取，真抓实干，不断深化“三项建设”和“三项重点工作”，着力构筑“防火墙”工程，努力打造燕赵消防铁军，消防工作和部队建设实现跨越式发展。全省共发生火灾4757起，死亡29人，受伤14人，直接财产损失5692.6万元，未发生重特大火灾事故。

一、落实消防工作责任制，消防社会化进程取得新进展

紧紧抓住构筑社会消防安全“防火墙”工程有利契机，积极推动政府和有关部门、行业逐级落实消防安全责任制。省人大颁布实施了《河北省消防条例》，省政府两次召开消防工作会议，逐级签订《2010年度消防安全责任状》，并组织开展了年终验收；省、市、县成立了消防安全委员会，制定了《河北省消防安全委员会制度和成员单位消防工作职责》；省政府印发了《河北省构筑社会消防安全“防火墙”工程实施意见》，省直30个部门制定了推进“防火墙”工程的政策文件，消防工作联合监管和信息互通机制逐步完善。各市、县、乡（镇）三级政府及相关部门签订了构筑“防火墙”工程责任状，进一步细化责任，明确工作目标。各级安监、工商、建设等部门先后组织开展了“隐患治理年”、“打击非法违法生产经营百日执法专项行动”等一系列活动，文化、教育、卫生、交通、文物等部门加强系统消防监管，形成了“自我管理、自我考评”的良性发展模式。同时，各级政府加大督导检查力度，将消防工作纳入目标责任考核、综合检查考评内容，促进了消防工作责任制的落实。

二、加强“四个能力”建设，社会单位消防安全环境明显改善

积极创新社会单位消防安全管理，前移火灾预防关口，深入开展消防安全“四个能力”建设。将“四个能力”建设上升为政府工程，省委、省政府专门下发文件，召开专题会议进行安排部署。各地政府将“四个能力”建设纳入政府责任考核体系和社会治安综合治理考评范畴，并建立专门机构负责推进。统一建设标准，协调省质量技术监督局出台了《河北省社会单位消防安全“四个能力”建设指南》，并分不同行业制定了《九类场所消防安全“四个能力”建设标准》。编印发行《社会单位“四个能力”建设手册》、宣传挂图12万份，对消防安全标识、常用检查记录表格进行了规范。加强教育培训，坚持“分级培训、全员教育”的原则，通过举办专题培训班、组织全体消防监督人员和派出所民警参加消防业务培训，达到“四懂四会”的要求。采取举办“四个能力”知识竞赛、培训班、以会代训和组成宣讲团等方式强化对单位消防安全责任人、管理人的业务培训，有效地带动了单位“四个能力”建设。全省共抽调业务骨干成立“四个能力”建设宣讲团 130 个，举办各类培训 1836 次，培训人员 26 万人次。坚持试点推动，按照河北省《社会单位消防安全“四个能力”建设指南》的相关标准，各地分行业、分类型确定消防安全“四个能力”建设试点单位，采取召开现场会、制作专题片等形式，组织各单位负责人到试点单位观摩学习，组织开展同类单位互查和示范单位参观见学，全面推广试点经验。抓好达标验收，各地采取单位自验申报、消防部门和派出所复验的模式，积极开展社会单位“四个能力”建设达标验收活动。对不符合要求的，下发督办通知书，并责令重新返工。4 月份，公安部在石家庄市召开构筑社会消防安全“防火墙”工程现场会，向全国推广石家庄经验。11 月份，在山东济南召开的全国“防火墙”工程推进会上，省公安厅做了典型发言。

三、强化基层基础建设，有效提高农村社区火灾防控能力

将农村、社区消防工作纳入社会主义新农村建设和创建平安社区、文明村镇、文明户等重要内容。在农村建立消防工作站，制定村民防火公约，完善七户联防和区域联防制度，各乡镇政府依托安监、派出所、巡防等组织，建立“四有”消防队，农村、社区依托民兵、保安、治安联防、巡防等组织，建立了志愿消防队，形成了“全民参与、户户联防、消防自治”的消防工作新格局。结合消防安全“五大”活动，在社区和农村推行“一警主导、多警捆绑”工作机制，充分发挥公安派出所和社区警务室作用，乡镇“四有”、农村“八有”、社区“六有”消防队伍不断壮大，形成了上下联动、齐抓共管、多警配合的良好局面。消防安全管理体制机制进一步完善，消防工作社会化进程进一步加快，全省城市社区全部达到“六有”标准，农村“八有”率超过 80%。

四、履行公共服务管理职能，消防监督“四个水平”明显提升

火灾隐患排查整治取得新突破，以人员密集场所为重点，组织开展了商场、市场、高层建筑和地下工程、建筑消防设施、消防控制室以及世博、亚运安保等消防安全专项整治。建立完善了消防、治安、内保及公安派出所参与的“多警联勤”消防监督执法工作机制，用足用好“拆、改、扣、关、停、搬、拘”七字执法措施，采取函告吊证、媒体公示、领导包案、挂牌督办等有力措施，全力整治火灾隐患。2010 年，共检查社会单位 20 万家，监督整改火灾隐患 30 余万处，消除重大火灾隐患 197 处。消防执法规范化建设迈上新台阶，不断改进消防监督管理模式，出台了涉及执法行为、执法程序、执法动作和执法裁量的相关规定，制定标准化的操作流程，切实推进规范化进程，有效地促进了执法质量和水平的提高。召开全省消防监督执法规范化建设衡水现场会，推行以“五明确”、“六规范”、“两公开”为主要内容的“562”工作模式；在公安派出所消防监督管理上推行以“两明确、四落实、一规范”为主要内容的“241”工作模式，探索建立了“以标准化明确要求、以程序化规范环节、以信息化促进规范化”的工作机制，形成了“文件网上走、案件网上办、台帐网上建、绩效网上考”的执法工作新模式。消防宣传教育工作取得新进展，各地以消防宣传“六进”为载体，先后开展了“消防安全教育示范学校”创建、消防数码摄影大赛、“全民消防 生命至上”为主题的“119”消防宣传日等大型活动，有效提高了全民消防安全素质。便民利民服务取得新成效，全面推行阳光警务便民措施、办事程序一律向社会公开。消防审批业务实行一站式审批，简化办事程序，提高工作效率，备案抽查当日审批、当日公告，对重点工程、重点项目，提前介入，上门服务，积极为建设单位提供消防设计的意见和建议，得到了群众的普遍认可。

五、坚持政治建警，队伍正规化建设水平进一步提升

全面加强组织建设，认真贯彻落实民主集中制和首长分工负责制，坚持十六字方针，严格执行党委议事规则，提高了科学决策水平。狠抓基层党组织建设，大力推进“支部创星级、党员争先锋”和“一加一”爱民帮扶活动，基层党组织战斗堡垒作用和党员先锋模范作用明显增强，涌现出了以河北“百名青年风尚人物”刘国，“五四”青年奖章获得者杨国强为代表的一大批先进典型。全面加强作风建设，党委成员分片包队、责任捆绑，重心下移、关心基层，积极筹措2176万元，倾力帮扶基层，解除官兵后顾之忧，党委为基层办实事的承诺全部兑现，激发了广大官兵干事创业的热情。全面加强反腐倡廉建设，深入开展廉政警示教育和纪律作风教育整顿活动，完善管事、管人、管作风的规章制度，严格责任追究，树立了清风正气。全面加强警营文化建设，深入开展学习践行胡锦涛总书记“三句话”总要求主题实践活动，创新实践形式，丰富实践内容，铸牢了“忠诚可靠、服务人民、竭诚奉献”的警魂。大力培育“一地一品牌，一队一特色”的消防文化，培养崇文尚武精神，活跃部队生活，陶冶官兵情操，凝聚了警心士气，助推了战斗力生成。

六、深化打造消防铁军，灭火救援能力显著增强

深化执勤岗位练兵活动，组织开展了42次支队级大跨度大空间建筑灭火救援演练，举办了全省实战性测试现场观摩会，提高了部队灭火救援实战能力。广泛开展实战化、专业化练兵和比武竞赛，培养了一大批业务尖兵，在全国北方区域铁军比武竞赛中取得了较好成绩，被公安部消防局评为2010年度全国战训工作先进总队。积极推进应急救援联动机制建设，召开涿州现场会，规范了应急救援体系，省、市、县三级应急救援队伍全部挂牌投入执勤。坚持信息主导警务，深入推进信息化建设，建成了卫星通信系统、3G无线图传系统、移动接入平台和11个支队卫星地面站，圆满完成了大连“7·16”特大火灾信息图传任务，消防信息化建设在湖南会议上做了典型发言，业务管理平台受到省公安厅充分肯定，予以推广。全面加强部队正规化建设，认真执行大队、中队正规化建设标准，召开秦皇岛现场会，着力推进部队精细化管理。2010年，全省共出动警力15.8万人次，参加灭火战斗4748起，参加灾害事故抢险救援4392起，参加社会救助3838起，共抢救疏散被困群众1.8万余人，保护财产价值10.8亿元。

七、健全经费保障机制，后勤保障水平明显提高

健全经费保障机制，全省消防部队落实财政资金8.17亿元，同比增长12.4%，总队本级经费突破亿元，同比增长40.5%。基础建设稳步推进，总队和石家庄、张家口支队消防指挥中心建成投入使用，承德支队指挥中心落成，保定、唐山、廊坊、邢台、沧州支队新建指挥中心全面启动。国家陆地搜寻与救护基地建设完成前期征地立项任务。全省11个战勤保障大队全部建成。新、改、续建消防站18个，消防站总量达到255个。新购执勤车辆158辆，淘汰超期服役车辆115辆，总量达到1281辆，所有县级市全部配备举高消防车。新增器材装备3.2万件（套），总量达到22万件（套），个人基本防护装备配备率达到100%。

第四章　山西省消防工作和队伍建设情况

2010年，山西省公安消防部队以胡锦涛总书记“三句话”总要求为统领，紧紧围绕预防和遏制重特大火灾这条主线，深入开展打造消防铁军、应急救援队伍建设和构筑社会消防安全“防火墙”等中心工作，全面推进消防工作和部队建设，圆满完成了各项工作任务。2010年全省共发生火灾4439起，死亡26人，受伤14人，直接财产损失6331.7万元，与上年相比，火灾起数下降7%，死亡增加18人，受伤减少2人，直接财产损失上升75%。全省连续27年未发生群死群伤火灾事故，为保障全省人民群众安居乐业作出了积极贡献。

一、全面构筑社会消防安全“防火墙”，消防工作社会化进程进一步加快

积极推动政府和有关行业、部门逐级落实消防安全责任制，省政府定期召开全省消防工作会议、签订消防安全责任书，将消防工作作为评定政府工作业绩的重要指标；各市政府下发《消防工作21项制度》，定期召开联席会议，研究解决消防问题；有关职能部门联合执法，充分发挥了消防安全监管的重要作用。深入推进构筑社会消防安全“防火墙”工程，省政府将“防火墙”工程作为“民心工程”来抓，全省11个市、119个县（区）全部出台了“防火墙”工程工作方案，层层签订了工作责任书。年内，4281家属于人员密集场所的重点单位“四个能力”建设全部达标，消防监管水平进一步提高，构筑“防火墙”工作在全国会议上作了经验介绍。深入开展火灾隐患排查整治，全省消防部队认真履行职责，以“个十百千万”、建筑消防设施和消防控制室“双达标”等专项行动为载体，联合公安派出所大力开展古建筑、高层地下建筑、人员密集场所、在建工地等消防监督管理工作，对违法违规单位和人员采取“三停”、查封、拘留等措施，有力震慑了消防违法行为。年内，25处政府挂牌督办的重大火灾隐患单位全部按时整改销案。

二、深入开展消防宣传教育培训，社会防火安全意识进一步增强

积极协调相关部门，将消防安全宣传教育纳入综合治理考核、学校教学、志愿者行动内容。通过开放消防站、举办消防知识竞赛、制作消防公益广告、开展火灾案例警示教育等多种形式，将消防法律法规和自防自救知识送进机关、企业、农村、社区、家庭，受教育人数达到2000多万人，10万余名学生和群众成为消防志愿者，公民自觉防火、自觉参与消防治理的意识和能力明显提升。各部门、各行业、各单位认真落实消防安全教育、培训规定，严格实施消防从业人员持证上岗制度，定期组织防火安全教育和专业技能培训，积极进行自我管理、自我检查，基层社区积极成立消防组织，开展防火知识宣传，引导居民正确用火用电，形成了全社会关注消防、重视消防的良好氛围。

三、努力打造三晋消防铁军，灭火救援能力进一步提升

着力提升灭火救援攻坚能力，全省共成立77个灭火救援攻坚组、10个灭火攻坚组和10个抢险救援攻坚组，配齐配强装备器材，并组织388名攻坚组队员进行了集中强化培训，开展了3次灭火救援攻坚组比武竞赛，官兵体能考核达标率达到98%，技能考核合格率达到99%，摸底排查、预案修订、测试演练、战例研讨达到了“四个100%”，全省共开展演练1418次，演练单位1241家。在全国公安消防部队打造铁军北方地区比武中，获得了团体总分第三名。坚持把打造消防铁军与科技强警、从严治警结合起来，向信息化要战斗力，建成了消防指挥中心，配备了“动中通”等先进的通讯指挥设备，拓展了“八小时外”管理途径，有效确保了政令警令畅通，保障了灭火救援任务的圆满完成。全力推进应急救援队伍建设，省政府专门召开应急救援总队成立大会，为总队和11个支队揭牌授旗。年内，全省81个县（市、区）政府依托公安消防大队组建了综合应急救援大队，占总数的68%，超出了公安部要求的50%工作目标。大力发展多种形式消防力量，积极组建政府专职消防队，全省共有政府专职、企业消防队139个，队员3235人，征召合同制消防员、消防文员2000多人，基本形成了以公安现役消防部队为主力、多种形式消防队伍为补充的消防力量体系。2010年，全省消防部队共接警出动11240次，出动人员13.2万人次，出动消防车2.2万辆次，抢救遇险群众3243人，保护财产价值2.6亿元。圆满完成了“10·13”忻州今天服饰商城火灾、“11·20”晋中榆社化工厂爆炸事故等灭火救援任务。

四、深入践行“三句话”总要求，队伍建设水平进一步提高

坚持“队伍建设是根本，也是保证”的理念，进一步强化班子队伍建设。总队党委把班子建设作为龙头工程，按照“讲党性、重品行、做表率、求实效”的原则，带领全省官兵攻坚克难，有力地发挥了领导核心作用。同时，基层班子建设取得了重大突破，在省公安厅党委的坚强领导和厅政治部的大力支持下，全省消防部队顺利组织了正团、副团职领导干部公选，通过公正、公开、竞争、择优的干部选拔新机制，65人走上了团职领导岗位，配齐配强了支、大队两级领导班子。出台了《进一步规范支队级党委班子建设的意见》，使班子结构进一步优化，工作分工、议事规则进一步规范，官兵和群众的认可度逐步提升。大力推进精神文明建设，积极构建和谐警民关系，积极聘请各级人大代表、政协委员担任行风监督员，努力建设一支政治上靠得住、作风上过得硬的队伍。总队机关和11个支队全部被评为“省级文明单位”，其中总队机关是全国消防部队仅有的两家“全国文明单位”之一，7个支队被评为“全国精神文明建设工作先进单位”，一大批优秀的消防指战员受到各级党委政府的表彰。

五、大力加强消防基础建设，进一步提升保障水平

全省消防部队坚持立足长远、夯实基层，集中财力保障消防基层基础建设。占地322亩、总投资4.1亿元的消防训练基地已完成一期工程建设任务。全省新增执勤消防车50辆，新增器材装备8万多件（套）。投资1.15亿元新建、改建、扩建18个消防站，新增营房面积6万多平米。消防业务费总额达到5.63亿元，比上年增加1亿元。大力加强后勤管理规范化建设，努力提高资金使用效益，狠抓基层基础建设，实现了硬软件全面发展，为圆满完成各项工作提供了坚实的保障。

第五章　内蒙古自治区消防工作和队伍建设情况

2010年，内蒙古自治区公安消防总队牢牢抓住“两个稳定”不放松，开拓创新，锐意进取，奋勇争先，扎实工作，实现了重点工作的大突破、部队建设的大发展、队伍形象的大提升，消防事业迈上了新台阶，部队建设呈现出新气象。

一、火灾形势继续保持相对稳定

全区公安消防部队充分发挥职能作用，深入推进“防火墙”工程建设，出台了社会单位“四个能力”建设标准，年内人员密集场所“四个能力”建设100%达标，社会单位“四个能力”建设达标率为80%。全面开展火灾隐患排查整治，以大型电力化工企业、易燃易爆单位和公众聚集场所、高层、地下建筑为重点，深入开展6次全区性的专项治理，并出台了“七个一律”等一系列刚性措施，全年发现并整改火灾隐患2.5万余处，责令“三停”单位611家，行政拘留178人，罚款2376万元，临时查封238处，整改政府挂牌火灾隐患137处，有效改善了社会消防安全环境。2010年，全区共发生火灾8789起，死亡51人，受伤14人，直接财产损失5306.7万元。同比上年火灾起数下降6.1%，死亡人数上升30.6%，受伤人数上升44.4%，直接财产损失下降2%，火灾形势继续保持相对稳定。

二、党委、政府更加重视消防工作

积极推动各级党委、政府将消防工作纳入经济社会发展总体规划，消防安全责任体系不断完善，公共消防安全水平明显提升。自治区政府连续15年签订消防工作责任状，各地普遍建立完善消防工作例会、联席会议等制度，党政领导经常听取汇报，帮助协调解决重、难点问题，形成了常抓常议消防工作的良好局面。全年，盟市级以上政府召开会议研究消防工作124次，盟市级以上党委政府领导带队调研和检查消防工作443次，解决了一大批制约消防事业发展的难题，为全面完成“十一五”规划、顺利对接“十二五”规划打下了坚实基础。自治区各级领导多次作出批示、听取汇报、检查工作、出席会议、慰问官兵，并提出殷切期望，充分体现了各级领导对消防工作和部队建设的高度重视，为全区消防部队注入了强大的精神力量。

三、社会化消防工作迈出新步伐

积极推动自治区人大修订出台了《自治区消防条例》，提请自治区公安厅、建设厅、安监局制定下发了《建设工程施工人员住宿场所消防安全管理暂行规定》等多部规定和规范性文件。由总队主编的国家标准《煤化工工程设计防火规范》已编制完成。深入贯彻落实《全民消防常识普及纲要》，组织开展了新《消防法》宣贯、“快乐家庭平安相伴”主题活动及“119消防日”等一系列活动，建立与主流新闻媒体的合作机制，做好“打造消防铁军”、构筑社会消防安全“防火墙”以及冰雪灾害救援等重大专题宣传报道工作，社会反响良好。

四、部队灭火救援能力显著提升

深入推进打造消防铁军，坚持走以攻坚力量建设为发展方向的精兵路线，在全区消防部队组建125个灭火救援攻坚组，深入开展高强度、高难度攻坚训练，部队“灭大火、抢大险”的能力显著提升。举办了全区消防部队打造铁军比武竞赛，参加了全国打造消防铁军北方地区比武竞赛，并成功举办了“蒙陕两地跨区域灭火救援实战演习”。提请自治区政府依托公安消防部队挂牌成立了自治区综合应急救援总队，出台了《自治区应急救援管理办法》，全区12个盟市全部挂牌成立综合应急救援支队，68个旗县区挂牌成立综合应急救援大队。2010年，全区消防部队共接警11338起，出动消防车18920辆次，消防官兵111872人次，抢救被困人员5920人，疏散人员16582人，抢救财产价值10.4亿元，成功处置了以集通铁路冰雪灾害事故、长呼天然气管道泄漏事故、乌海骆驼山煤矿透水事故、乌兰察布斗金山在建铁路隧道塌方事故等一系列急难险重任务，得到了各级领导和社会各界的广泛赞誉。

五、基层基础建设保持强劲发展势头

坚持高起点定位，高标准推进，高质量发展，在地方行政经费普遍压缩的困难环境下，各级班子提前介入，积极协调，全力推动财政部300号文件的落实，消防业务经费继续保持较快增长，全年累计投入消防业务经费5.6亿元，比上年递增23.51%，经费投入已跃居西部省份前列。投入6.3亿元，新、改、扩建营房59个，其中支队级指挥中心建设项目3个，消防队站建设项目56个，有26个消防队站建设已经竣工，总队防灾救灾训练基地已投入使用，防灾救灾指挥中心即将竣工。投入1.3亿元，新购执勤车辆125辆、器材装备21580件（套），部队装备建设迈上新的台阶，官兵工作、生活、执勤、训练条件明显改善。

六、各级党委班子和队伍建设生机勃勃

不断巩固思想政治工作生命线地位，深入开展学习践行“三句话”总要求主题教育、“大学习、大讨论”及“创先争优”活动。认真落实部党委《关于进一步加强公安消防队伍建设的意见》，深入推进支队级党委班子、基层党组织规范化建设；在公安厅党委的大力支持下，开展了团职干部“一推双考”，调整提拔团职干部133人、营职干部316名，高配22个大队主官、54名干部为副团职，是历年来提拔人数最多、调整力度最大的一次，优化了干部队伍结构，激发了官兵干事创业的热情。坚持依法从严治警，大力加强部队廉政建设，全面推行精细化管理，深入开展作风纪律教育整顿、“安全双百日竞赛”和“五无创建”活动，部队预防事故案件能力明显增强，全年未发生等级以上责任事故，未发生严重违法违纪案件，总队被公安部消防局评为“安全工作先进单位”，总队党委被评为“全国公安消防部队先进总队党委”。

第六章　辽宁省消防工作和队伍建设情况

2010年，辽宁省公安消防部队以胡总书记“三句话”总要求为统领，以贯彻落实《消防法》为主线，以“三项建设”为载体，强力推进社会消防安全“防火墙”工程、打造公安消防铁军和综合应急救援队伍建设，全面提升队伍建设水平和后勤保障能力，实现了火灾形势和队伍安全双稳定。2010年，总队成功承办了公安部应急救援工作现场会，先后4次在公安部现场会上作经验介绍，公安部刘金国副部长5次批示肯定辽宁消防工作。全省共发生火灾5566起，死亡42人，受伤14人，直接财产损失3756.5万元；全省共接处警9867起，出动消防车19269辆次，官兵99427人次，抢救人员2692人，疏散被困人员7946人，保护财产价值125亿元。成功处置了“7·16”大连新港油库输油管线爆炸起火事故，得到了胡锦涛、温家宝等中央领导的高度肯定。总队党委被公安部评为先进总队党委，总队被省政府记集体一等功，大连支队被国务院、中央军委记集体一等功，启工中队等2个集体被公安部授予荣誉称号，3个支队被公安部记集体一等功，5个支队被省政府记集体一等功，9个支队被省政府记集体二等功。

一、社会化消防工作推进有力

协调省政府召开了全省消防工作会议，与各市政府签订了《消防工作目标责任书》。省、市两级党委政府全年召开有关消防工作会议227次、下发文件95份，党政领导作批示指示254次、带队检查426次，有效解决了一批消防难题。省建设厅等六部门建立了消防管理考评机制，省农委、省教育厅等六部门组织开展了行业消防安全检查专项行动。2010年省、市两级消防安全委员会共召开会议80次，开展联合检查112次，协调解决疑难问题160余项，形成了政府部门齐抓共管的良好局面。协调省委宣传部下发《关于加强消防宣传工作的通知》，全年共在国家级媒体刊发信息420余篇（条），省级媒体刊发2200余篇（条），营造了浓厚的消防宣传氛围。制定出台了《沈阳经济区新城区新市镇消防专项规划编制》。全省所有市、县和75个中心镇完成了消防专项规划编制，新建消火栓479个，消防水鹤5个，公共消防水池24处。

二、消防安全环境全面优化

召开了社会单位消防安全“四个能力”建设现场会，发放《单位消防安全责任告知书》和《单位消防安全能力建设标准》50万份。全省2.77万家属于人员密集场所的重点单位“四个能力”建设全部达标。先后组织开展了11项大力度、不间断、满负荷的火灾隐患排查整治行动，全省共检查社会单位139万余家，督促整改火灾隐患51万余处，责令“三停”单位40491家，行政拘留17338人，依法查封取缔危险部位76310处。加强执法规范化建设，制定出台了《较重行政处罚裁量指导标准》，对“行政处罚智能裁量系统”进行了升级，召开了执法例会，组织开展了案卷评查，共督促整改各类问题287项。协调省公安厅召开了启动“防火墙”工程建设暨深化派出所消防警务工作会议，提出了公安派出所消防监督“四主”理念，形成了全警抓消防的工作合力。全年各地对建设工程建筑内部防火装修材料见证取样（抽样）检验单位434家，检验样品773项，检验合格639项，查封、扣押、没收不合格消防产品或国家明令淘汰消防产品800余件（套），拆除（更换）近5000件（套），销毁600余件（套）。先后出台了六项新举措，对全省163项重点建设工程消防服务责任进行细化分解，大力支持企业开发建设。先后组织召开了“秦皇岛—沈阳天然气管道工程”等10项大型重点建设项目消防设计审查会、专家评审论证会，全力服务地方经济建设。

三、灭大火救大灾能力显著提高

深化打造消防铁军，召开全省深化打造公安消防铁军工作誓师动员大会，对全省190个灭火救援攻坚组进行强化训练，各地共投入专项经费2000余万元，开展各类比武竞赛32次，参加比武2658人次，圆满举办了全省打造铁军比武竞赛。规范了灭火救援程序和跨区域救援行动程序，开展了大跨度大空间建筑灭火救援准备工作专项行动，全年全省开展各类测试312次，实战演练656次。总队参加北方区域比武竞赛取得团体第二名并获“精神文明奖”。强力推进综合应急救援队伍建设，提请省政府印发了《关于依托公安消防部队组建综合性应急救援队伍的通知》，省、14个市、100个县（市、区）应急救援总、支、大队全部组建成立。圆满承办了公安部在大连召开的应急救援现场会，得到了公安部刘金国副部长的高度赞誉。不断加强信息化建设，制定了《2010年辽宁公安消防部队信息化应用大练兵实施方案》，开通了用于调度指挥、战情会商的可视化指挥系统，实现了信息中心、移动接入平台建设的全国首建首验，被公安部消防局确定为灭火救援调度指挥系统、地理信息平台及音视频综合集成的全国试点单位。

四、部队正规化建设水平显著增强

组织召开了加强党建工作和纪律作风建设会议、队伍建设推进会，举办了基层党支部书记培训班。开展了争创“先进党委班子”、“一对好主官”和“一先两优”评选活动。省委授予7个党支部和40名党员“冲锋在前、英勇战斗”先进党支部和优秀共产党员荣誉称号；公安部授予7名官兵“灭火勇士”荣誉称号。协调省公安厅新增14个高配大队，提拔调整团职干部167

人、营职干部459人。借助干部远程教育培训系统，开设了“辽宁公安消防大讲堂”，组织各类干部业务培训1300余人次。深入开展“双争”活动，召开了公安部为启工中队命名30周年座谈会，并组建先进事迹报告团全省巡回报告。组织开展了学习贯彻《中国共产党党员领导干部廉洁从政若干规定》、“忠诚、廉洁、敬业”主题实践教育活动及“部队内部工程建设突出问题”、“强化部队纪律作风”和“插手消防工程、指定推销消防产品清查”三个专项整治，层层签订责任状，整肃了队伍风气。积极开展扶贫帮困、捐资助学活动，建立帮扶对子1250余对，帮扶贫困家庭420余户，资助贫困学生886名，累计捐款捐物达73. 8万元，进一步密切了警民关系。积极与公安部人事训练局、部消防局和省公安厅协调，进一步推进编制拟制修订工作。通过举办贯彻落实新条令骨干集训班、召开座谈会、交流经验、邀请中国军事科学院穆显奎教授做专题辅导等方式，大力营造宣贯新《共同条令》的浓厚氛围。深入开展“五无”单位竞赛评选活动，举办各类安全教育讲座、培训62期，排查安全隐患问题900余个，制定整改措施373条，确保了部队安全稳定。

五、综合保障能力全面提升

全省消防部队共落实消防业务经费13. 93亿元。总队本级争取消防业务经费1533. 2万元。全年新购消防车183辆，新购个人防护装备30450件（套），特种防护装备10878件（套），抢险救援器材8140件。全省新建消防站29个，新增营房面积6. 68万平方米。国家陆地搜寻与救护辽宁基地营房综合楼建成投入使用。突出经济责任、基层大队财务收支和专项审计，强化审计问题跟踪督办，全年共完成审计项目16个。大力宣贯《消防员职业健康标准》，与省红十字会签订了培训消防急救员协议，举办培训班3期。组织召开全省消防部队资产与预算管理相结合现场会，规范了预算管理和操作规程。开展财务大检查和“小金库”“回头看”工作，对全省14个支队及所属单位2009年以来的财务工作及“小金库”清理工作进行了检查。

第七章　吉林省消防工作和队伍建设情况

2010年，吉林省公安消防部队按照"五化"建设的总体工作思路，紧紧围绕打造公安消防铁军和构筑社会"防火墙"工程，真抓实干、锐意进取，消防工作和部队建设实现了快速发展，为全省经济建设和社会发展创造了良好的消防安全环境。全省共发生火灾7862起，死亡43人，受伤25人，直接财产损失7129.1万元。

一、认真落实消防工作责任制，消防社会化进程明显加快

全面推动消防工作责任制落实。省政府召开了全省消防工作会议，与各市（州）政府签订了《2010年消防工作责任书》，对2010年全省消防工作任务进行了安排部署。各市（州）、县（市）、区党委、政府分别召开年度消防工作会议，逐级签订工作责任书，将消防工作纳入政府重要议事日程，有力推动了消防工作责任制的落实。年内，省政府督察室牵头，抽调省直相关部门对各地消防工作落实情况进行了检查验收。深入推进构筑社会消防安全"防火墙"工程。4月23日，省政府召开专题会议，对全省构筑社会消防安全防火墙工程进行了安排部署。制定下发了《吉林省构筑社会消防安全"防火墙"工程实施方案》，将"防火墙"工程纳入各级政府消防安全责任制考评内容，将社会单位消防安全"四个能力"建设纳入新修订的《吉林省消防条例》，分10大类制定了社会单位消防工作"四个能力"建设标准。9月9日，省政府在延吉市召开现场会，全面推广经验和做法。经过一年多的努力，全省消防安全重点单位中的人员密集场所"四个能力"建设任务基本完成。全面加强消防宣传工作。提请省委、省政府联合下发了《吉林省"人人学习消防知识 全民共筑安全长城"119系列消防宣传活动方案》，全省各地紧紧围绕"全民消防、生命至上"这一主题，组织开展了消防安全"大教育、大培训、大演练"等系列消防宣传活动，全面提升全民消防安全素质，总队在全国消防工作会议上作了经验介绍。

二、不断强化隐患排查整治，社会消防安全环境明显改善

强化执法规范化建设。制定出台了《吉林省消防执法人员离岗前法律文书、卷宗交接核查工作规定》、《吉林省公安派出所消防监督工作规定》等规范文件，部署开展了执法示范单位创建活动，并在吉林支队召开了执法规范化建设现场会。4月份，对全省各地市支队长、防火处长、大队长（科长）和消防监督人员进行了全员培训。8月份，举办了全省消防监督执法竞赛活动，不断提高基层消防监督人员工作能力。强化火灾隐患整治工作。相继组织开展了春防、冬防、人员密集场所、建筑消防设施等消防安全专项整治行动及上海世博会、国庆以及亚运会等消防安保工作。特别是吉林市“11.5”火灾后，立即提请省政府开展了为期45天的消防安全大检查工作，集中整治了一大批火灾隐患。总队专门成立了隐患整治攻坚组，通过政府挂牌督办、定期通告、跟踪整治等措施，指导隐患单位制定切实可行的整改方案，强力推进重大火灾隐患整改。年底，全省24家重大火灾隐患单位全部整改销案。2010年，全省各级公安消防部门共检查社会单位20334个，发现并督促整改火灾隐患13399处，罚款2387.68万元，拘留196人，“三停”366家，临时查封782家。

三、全力打造公安消防铁军，灭火救援实战能力明显提高

扎实推进“学装备、练精兵、为实战”活动，进一步深化打造公安消防铁军。先后组织召开了冬季耐寒训练现场会、器材装备“一口清”展示现场会、全省应急救援演练现场会，加强灭火救援攻坚组建设，举办了全省消防铁军比武对抗赛，不断提升部队灭火应急救援实战能力。在公安部消防局举办的区域性比武竞赛活动中，总队取得了第四名的好成绩。扎实推进综合应急救援体系建设。提请省政府下发了《吉林省人民政府办公厅关于组建综合性应急救援队伍的通知》和《吉林省综合性应急救援队伍建设管理实施办法》，经过一年的努力，总队、10个支队、69个大队完成了建队任务，初步形成了综合应急救援力量体系，进一步强化了全省的应急救援工作，在各种急难险重任务中充分发挥了主力军和突击队的作用。特别是在抗洪抢险救灾斗争中，全省公安消防部队共出动警力6000多人次，出动车辆1300多辆次、冲锋舟60艘，先后参与处置了永吉县抗洪清淤、化工桶打捞、采金船拦截等急难险重任务，共营救和疏散被困群众11904人，抢救财产价值近亿元，省委、省政府对先进单位和个人进行了隆重表彰。扎实推进信息化建设。全省共投入资金1.3亿元，完成了综合业务平台和消防监督管理系统的推广应用工作，完成了消防部队三级基础通讯网络建设，并按标准对信息中心机房、通信机房、UPS配电室和视频会议室、图像控制室进行了升级改造。全面推进指挥中心系统建设，配齐了五大业务应用系统所需的全部服务器，信息化工作实现了跨越式发展。

四、始终坚持政治建警，班子和队伍建设水平明显提升

大力加强班子建设。深入开展争创“优秀领导班子”和争当“一对好主官”及“五化”建设活动，着力优化干部队伍结构，不断创新专业技术干部培养模式，各级领导班子履职能力不断增强。全年共任免副团职干部78名，营职干部266名。大力加强思想政治建设。深入推进胡锦涛总书记“三句话”

总要求主题教育学习实践活动，开展了“远学宋文博、近学长春特勤大队和孙军同志”活动，在部队上下形成了“自觉学习践行三句话、人人争当先进典型”的良好氛围。指导总队、支队两级机关和基层中队进一步加大了俱乐部硬件建设，共组建了10个支队级小乐队和92个中队小乐队。开展了党组织规范化建设和政治教育主动性针对性实效性试点工作。圆满完成了全国公安消防部队第二届“卫士杯”乒乓球比赛（吉林赛区）承办任务，得到了部消防局和各参赛总队的高度评价。大力加强部队正规化建设。组织开展了全省消防部队“五无”创建活动。3月份，在全省消防部队部署开展了“条令条例学习月”活动，依照条令固化精细管理模式，物定位、人定型、事定标、考定量，进一步提高了官兵条令意识，提升了部队正规化建设水平。

五、切实强化基层基础建设，后勤保障能力明显增强

大力加强器材装备建设。全省共投入2.79亿元，购置消防车179辆，各类器材装备1.77万余件（套），与一汽集团联合研发的城市主战消防车专用底盘项目通过了国家检测和论证，受到广泛关注和高度评价。强力推进战勤保障体系建设。总队将战勤保障体系建设纳入政府消防工作责任状，先后在长春和四平召开了战勤保障现场会。长春、吉林、四平、通化、延边五个地区，按照部消防局前三批战勤保障大队的建设规划，完成了装备物资储备库建设，并采取方箱化、模块化方式进行了应急装备物资储备。不断加快基础设施建设步伐。全省共有10个项目列入部消防局基本建设项目库，争取专项资金2130万元。全省各级共投入资金约1.5亿元，新建指挥中心1个、执勤大（中）队8个、公寓房1个、战勤保障大队2个、室内体技能训练馆2个。新增营区面积近15万平方米，新增建筑面积5.7万平方米。总队综合应急救援训练基地和总队指挥中心扩建工程圆满完工。

第八章　黑龙江省消防工作和队伍建设情况

2010年，黑龙江省公安消防部队以胡锦涛总书记“三句话”总要求为统领，以“三项重点工作”和“三项建设”为牵引，以构筑“防火墙”工程、打造公安消防铁军和综合性应急救援队伍建设为重点，认真贯彻落实全国消防工作会议、全省公安局长会议精神和省公安厅党委“三位一体”工作思路，奋发进取，全力攻坚，消防工作和队伍建设取得了显著成效。全省共发生火灾2944起，死亡26人，受伤13人，直接财产损失5444.2万元，与上年相比，除起数上升5%、受伤人数上升33.3%外，死亡人数和直接财产损失分别下降了20.8%、18.8%，连续7年保持了全省火灾形势的稳定。

一、落实消防安全责任制

年初，提请省政府消防安全委员会对各地市以及森工、农垦系统2009年落实消防安全责任制情况进行了考评验收，对先进单位和个人进行了表彰，省政府与各地市政府及省直有关单位签订了《2010年度消防安全责任书》，明确了各级政府消防工作目标任务。各级政府将任务细化分解，从省、市、县到乡镇、社区、社会单位层层签订目标责任书16万份。省消防安全委员会出台了《落实政府部门消防安全“四项责任”工作指导标准》，修订了《黑龙江省消防安全责任制考核细则》，确立了月评价、季督察、半年检查、全年验收的责任制检查、考评机制，得到了公安部刘金国副部长的高度评价。

二、推进构筑“防火墙”工程

将构筑社会消防安全“防火墙”工程作为一项基础工程，进一步提升火灾防控水平。省消防安全委员会印发了《全省构筑社会消防安全“防火墙”工程实施方案》，提出了“三年任务两年完成”的总体目标，制定出台了《构筑农村消防安全“防火墙”工程建设标准》、《提高公安机关消防监督管理“四个水平”工作标准》等一系列规范性文件，形成了“对照标准找差距、对照标准抓落实、对照标准搞检查、对照标准施奖惩”的工作格局。全省共培育社会单位、政府部门、农村社区、公安机关等消防工作典型1668个，先后召开了全省构筑“防火墙”工程动员部署现场会、夯实农村火灾防控“四个基础”现场会、提高公安机关“四个水平”和社会单位“四个能力”现场会，以点带面，全面推进构筑“防火墙”工程。在公安部推进构筑“防火墙”工程现场会上，绥化市望奎县卫星镇政府作为全国唯一的农村代表做了经验介绍。公安部刘金国副部长先后5次批示，对全省消防工作和部队建设给予高度肯定。

三、开展消防安全专项整治

组织开展了人员密集场所、农村消防工作、消防产品、第六批重大火灾隐患挂牌督办、建筑消防设施、“百日大会战”等8项火灾隐患专项整治和会战行动。省公安厅部署开展了消防安全“五大活动”，出台了“双十条”刚性措施。省综治办、公安厅、发改委、民政厅、财政厅、住房和城乡建设厅、农委联合开展了全省新农村建设消防工作大检查，有力推进了农村消防工作的落实，确保了全省农村全年未发生较大以上火灾。省综治办、公安厅和安全生产监督管理局联合开展了建筑消防设施质量专项治理行动。2010年，全省共成立各类检查组4850个，检查社会单位、场所7万余个次，督促整改火灾隐患4.3万余处。全省公安消防部门共办理行政处罚案件3.5万余起，罚款9994万元，责令“三停”21165起，行政拘留4982人，强制执行3902起，临时查封15655起。全省各级政府共挂牌督办整改重大火灾隐患383个，年内已整改销案297个。通过一系列专项治理，消除了一大批火灾隐患，极大地净化了消防安全环境，确保了重点时期、重大节日、重大活动期间火灾形势的平稳。

四、深化消防宣传教育培训

依托“新闻媒体、大型活动、消防五进、队站开放”等载体，持续深入推进消防宣传教育培训工作。省公安厅、教育厅联合开展了“消防安全教育示范学校”创建活动，全省50%的县（区）按照规定标准培育了1所以上消防安全教育示范学校，有3所学校被评为“全国消防安全教育示范学校”。连续开展了《消防法》宣传日、春防宣传周、春防培训月、“5·6”大火反思日、“11·9”宣传月、农村消防宣传教育“三下乡”等系列消防宣传活动，举办了“黑龙江省消防安全志愿宣传站”授牌暨大型主题广场文艺演出。省政府消防安全委员会制定出台了《黑龙江省宾馆（饭店）等19类场所消防安全“三提示”宣传教育标准化工作指导意见》及《评定标准》，在全省范围内全面规范、扎实推进消防安全“三提示”宣传教育活动。全省创办消防职业培训分校13所，建成了消防行业特有工种职业技能鉴定站。2010年，全省共举办培训班326期，培训9万余人，在各级新闻媒体刊（播）发消防稿件5100余篇，举办大型活动3500余场次，发放宣传品44万余份，印发“三提示”消防漫画18.7万张，营造了浓厚的消防宣传氛围。

五、着力打造公安消防铁军

按照省政府副省长孙永波“着力打造出一支具有钢铁般过硬的思想意志、钢铁般过硬的体能素质、钢铁般过硬的技术战术、钢铁般过硬的纪律作风的公安消防铁军”的总要求，全省公安消防部队进一步强化了力量、训练、指挥、预案、保障“五大体系”建设，组建并培训了180个灭火救援攻坚组，完善了四级跨区域应急救援响应机制，开展了跨区域实战拉动演练和大跨度大空间建筑灭火救援准备工作专项行动。在全国北方地区比武竞赛中，黑龙江省公安消防部队在全部 11 个竞赛项目中取得了 10 项第一、1 项第二，并摘取了团体总分第一名的桂冠，被部消防局评为战训工作先进总队。2010 年，全省公安消防部队共参加灭火和抢险救援战斗 4148 次，抢救人员 1378 人，保护财产 10.8 亿余元，圆满完成了“6·26”大兴安岭森林火灾扑救、“12·18”大庆油田“方 402#”油气井井喷事故处置等战斗行动，赢得了各级党委、政府和人民群众的高度赞誉。

六、推动应急救援队伍建设

省政府印发了《黑龙江省人民政府关于加强公安消防队伍综合应急救援能力建设的意见》和《三年建设规划》，并组织召开了全省加强公安消防队伍综合应急救援能力建设会议，成立了省应急救援总队。省政府应急办和总队联合召开了全省县级综合性应急救援队伍建设现场会，推广了“黑河经验”、“北安模式”。年内，全省 13 个地市、102 个县（区、市）挂牌成立了应急救援队伍，其中应急救援大队挂牌率达 89%。

七、提升基层基础建设水平

坚持“典型推动、整体提升”的思路，通过组织开展 10 项工作竞赛、20 项工作达标、培树 15 个工作典型、评比表彰 20 项“龙江红门先锋”活动激发广大官兵干事创业的热情，进一步提升全省消防部队基层基础建设水平。不断加大经费保障力度，2010 年全省消防部队业务经费同比增加 15%。大力推动消防装备达标配备和更新，购置消防车 140 辆、器材装备 2.1 万余件（套），改装消防车 217 辆。切实加强基础设施建设，新建、改建大中队营房 18 个，完成了 28 个消防队站多功能训练塔建设、改造任务，大兴安岭、黑河支队指挥中心建成投入使用，启动了牡丹江、大兴安岭支队战勤保障大队营房建设。坚持科技强警，组织研发了“罐类消防车防冻技术”项目，公安部消防局向全国 8 个省区推广。

八、推进消防信息化建设

完成了全省卫星电话网、无线集群通信网、指挥调度专网，一体化消防业务信息系统、移动安全接入和安全保障管理等平台，以及各级通信指挥中心、信息中心的升级改造工作，全省消防部队信息化建设和应用水平得到明显提升。

九、加强队伍正规化建设

通过深入开展学习践行胡锦涛总书记“三句话”总要求教育活动，全省公安消防部队思想、组织、作风和廉政建设进一步加强，队伍呈现出崭新的面貌。改革用人制度，首次通过公推公选的方式选拔任用 603 名副团职和营职干部，赢得了全省消防官兵的拥护。严格管理教育，深入开展纪律作风整顿暨“两风两纪”集中学习教育和安全管理竞赛，强化“事前预防、事中监控、事后查证”，实现可视化、全天候、无缝隙监管，全年未发生一起行政责任事故，确保了部队的安全稳定。深入开展拥政爱民活动，建立健全信访查处责任机制，深化“大走访”爱民实践活动，积极化解各类矛盾，警民关系进一步和谐，总队被省委、省政府、省军区授予“拥政爱民先进单位”。强化典型宣传，全省公安消防部队共有5个单位受到记功或嘉奖，207名同志被记功表彰，伊春支队当选2010“感动龙江”年度群体，张兴喜同志荣获全省第五届“我最喜爱的十大人民警察”光荣称号，公安部、省委、省政府领导先后20余次做出批示肯定黑龙江省消防工作和部队建设。

十、深化对俄消防交流

积极探索中俄消防合作机制，组织跨国联合灭火救援演习，为开创国际间灭火救援大格局开辟了先河。4月9日，黑河市公安局副局长闫晓光一行3人，赴俄罗斯阿穆尔州观摩了“人口密集地区（森林）火灾扑救演练”活动，并举行会晤，就进一步加强双方消防合作、组织业务交流等工作达成广泛共识；9月9日，俄罗斯阿穆尔州紧急情况事务局代表团到黑河进行参观交流；9月26日，俄罗斯联邦萨哈共和国紧急情况事务局官员到黑河消防部队开展工作会谈和警务交流活动。中俄消防合作实现了常态化，为进一步深化中俄互信、提高共同应对处置边境地区灾害事故的综合实战能力奠定了坚实基础。

第九章　上海市消防工作和队伍建设情况

2010年，上海市公安消防部队以世博安保为主线，坚持“预防为主、防消结合”的工作方针，不断强化全市消防安全工作，确保了上海世博会的顺利举办。深刻吸取“11·15”胶州路公寓特大火灾的惨痛教训，举一反三，切实加强公共消防安全管理，不断提升城市火灾防控综合能力。2010年，全市共发生火灾5702起，死亡43人，受伤54人，直接财产损失7149.2万元（“11·15”特大火灾作为建筑工地安全生产事故，未列入统计）。

一、上海世博会消防安保工作经受住了历史性考验

世博会期间，全市各级公安消防部门全面启动《世博会运营期间消防安保工作方案》，实行“时间换空间”、“联勤、联防、联动”并举，“点、线、面、环”设防，“白加黑”、“5+2”无缝隙监管，“人才、装备、练兵、预警”一体化运作战略，经受住了6万世博建设大军，5.28平方公里超大面积园区，147个造型奇特世博场馆，40余吨世博焰火燃放，园区7300多万“大客流”、单日峰值100万以上等诸多消防安全风险的巨大考验，赢得了上海世博会184天“园区零火灾，五大活动零火警，焰火燃放零险情，社会面单位零较大以上亡人火灾，部队安全稳定零事故”的战绩，为上海世博会的成功举办提供了强有力的消防安全保障。

二、政府消防工作责任制不断深化

各区县政府、市级开发区和大型国有企业对照年初签订的《消防工作目标责任书》，切实加强火灾隐患整治、公共消防设施建设和消防安全前端管理，积极构筑“政府统一领导、部门依法监管、单位全面负责、公民积极参与”的消防工作格局。年初，市公安局、综治办等部门按照市政府和公安部、中央综治办的要求，对各区县政府、各开发区管委会和大型国企2010年度消防工作情况进行了考核。其中，浦东新区和黄浦、卢湾、长宁、奉贤、嘉定、徐汇、闸北、宝山、青浦等区的消防工作成绩突出。

三、消防安全“防火墙”工程有序推进

市人大常委会、市政府修订实施了《上海市消防条例》、《上海市消火栓管理办法》等法规规章和技术标准，全面推动消防监督执法规范化建设。市有关部门以正大广场等单位为样板试点，进一步推广人员密集场所消防标准化管理和社会单位“四个能力”建设，扎实开展各类消防安全专项整治行动，依法查处各类消防违法行为，督改整治火灾隐患。全年共检查单位58.7万家次，挂牌督办重大火灾隐患单位22家，填发消防法律文书49.3万份，处罚单位9633家、2329人，依法行政拘留469人。

四、城市综合应急救援体系初步形成

市、区（县）应急救援总队、支队和中队正式成立，三级应急救援队伍体系初步建成，消防空勤救援和搜救犬队伍投入训练；各路应急救援力量拉练磨合，应急联动联训联勤机制初步建立；大练兵活动循序渐进，打造消防铁军行动持续开展，成功处置了“4·13”东方明珠电视塔雷击火灾、“5·9”油罐爆燃事故、“9·16”石蜡仓库火灾、“12·18”浙江丙烯储罐火灾跨区域增援等各项急难险重任务6.5万起，营救遇险被困人员10457人，抢救和保护财产价值36.41亿元。

五、公共消防基础设施建设不断加强

市、区（县）两级政府加大消防经费投入力度，全年到位消防经费6.37亿元，消防经费总量逐年递增。临沂等6个消防站和上海市“229”工程建成投用，卢湾等4个消防站开工建设，全市投用、在建消防站达到120个，完成了“十一五”目标；消防综合训练基地结构封顶；增配各类消防车99辆、器材装备60多万件（套）；消防信息中心、通信网络升级改造，一体化消防业务信息系统推广应用；浦东战勤保障大队组建启用，全市5家大型石化企业泡沫药剂储备基本到位，全市第一时间可调用泡沫量达1000吨以上，战勤保障水平不断提高。

六、消防工作和队伍建设可持续发展

胡锦涛总书记“三句话”总要求学习活动深入开展，总队党委被公安部评为“先进总队党委”，基层党建规范化试点推广工作成效显著，党风廉政建设和“三争优”活动常抓不懈，思想政治教育、人文关怀、从优待警、奖励激励和警营文化建设卓有成效，部队保持高度安全稳定和集中统一。市、区（县）消防业务经费保障规范性文件正式出台并部署实施。《上海市消防“十二五”规划》形成初稿并征询了各方意见。

七、以“11·15”特大火灾为鉴，强力推进公共消防安全工作

“11·15”特大火灾发生后，总队认真贯彻国务院办公厅《关于进一步做好消防工作坚决遏制重特大火灾事故的通知》精神，提请市政府下发《关于切实做好消防和安全生产工作的意见》，积极配合国务院工作组做好火灾调查善后工作，推出了加强公共消防安全的一揽子举措：一是以高层建筑、地下空间、人员密集场所、在建工地、居民小区等为重点，组织公安、消防、安监、建设等部门连续开展两轮消防安全大排查大整治，共排查单位11.06万家次，发现并责令整改火灾隐患4.88万处，依法处罚单位4054家、个人761人，责令“三停”单位145家，拘留254

人。二是提请市政府下发《关于进一步加强消防工作的意见》，细化各级各部门消防安全责任，明确“十二五”期间公共消防基础设施建设要求，整治建筑市场、建筑材料、居民小区等消防安全薄弱环节，提升城市综合管理水平。三是按程序修订《上海市烟花爆竹安全管理条例》、《上海市建设工程施工安全监督管理办法》、《上海市住宅设计标准》等法规规章和技术标准，不断强化政策法规支撑。四是将“加强全民消防安全演练和消防知识普及”、“新建改建一批公共消防站”、“整治居民小区消防安全问题”列为 2011 年市政府头号实事项目、重大工程和平安工程，强化防灾减灾救灾基础。五是加强高层、地铁、隧道、化工、船舶、大型商场、大跨度厂房等复杂火灾的灭火技战术研究和实战演练，进一步提升灭火救援能力。

第十章　江苏省消防工作和队伍建设情况

2010年，江苏省公安消防部队认真践行胡锦涛总书记“三句话”总要求，更加注重科学发展、更加注重基层基础、更加注重信息化引领，稳步推进构筑“防火墙”工程、打造消防铁军和综合应急救援队伍建设等重点工作，圆满完成了世博消防安保任务，全省火灾形势平稳，队伍安全稳定，消防工作和部队建设取得了新成绩、创造了新经验、实现了新跨越。2010年，全省共发生火灾5296起，死亡85人，伤52人，直接财产损失8975.5万元，连续11年未发生一次死亡10人以上的群死群伤火灾事故。

一、班子和干部队伍建设成效显著

不断强化学习型班子建设，深入开展“学习践行‘三句话’总要求，大力培育当代革命军人核心价值观”主题教育活动，组织“三句话”总要求理论研究课题组深入基层开展调研，举办师团职领导干部理论读书班，分片召开主题教育协作会，不断提升班子驾驭全局能力。推进民主集中制建设，开展重大事项票决制、党务公开机制、基层大队党委工作机制科学运行三项试点工作，切实提高班子科学决策水平。优化干部队伍结构，推行“双考”选拔干部机制，调整任命营团职领导干部478名，树立了公开、公平、公正的用人导向。加强党风廉政建设，开展纪律作风整顿，建立“个别人”工作制度，深化完善内控机制，树立了部队清正廉洁的良好形象。强化审计监督效能，全省共审计金额45.4亿元，公安部对总队主官经济责任审计评价为“好”。总队党委在全国总队级领导班子考核中名列第一，被评为“先进总队党委”。

二、消防工作社会化向纵深推进

省、市、县政府逐级召开消防工作会议并签订目标责任书，省部级领导先后43次就江苏消防工作作出批示。消防法制建设日趋完善，新修订的《江苏省消防条例》已经省人大审议通过。省消防联席会议严格履行职责，认真开展指标体系监测，全面科学评估全省消防事业发展状况。省综治委修订消防工作考核标准，工作目标责任更加明确，在全国社会治安综合治理消防工作考核中名列第一。围绕“全民消防、生命至上”的主题，广泛开展社会化消防宣传活动，组织举办消防公益广告大赛，在8674家娱乐场所推广消防安全视频提示系统，分期分批组织500万人参加了疏散逃生演习。扎实开展中小学“消防安全教育示范学校”创建活动，3所学校被命名为国家级示范学校，50所学校命名为省级示范学校。强化与各级各类媒体合作，64 个消防专版（专栏）定期策划主题宣传报道，联合央视网开办全国首个省级消防网络电视频道。在中央级报刊、网络用稿居全国第一。

三、构筑“防火墙”工程全面启动

省政府部署构筑社会消防安全“防火墙”工程，围绕 10 项重点开展“百日行动”。全省 13 个省辖市、106 个县（市、区）政府全部制定实施意见或工作方案，将“防火墙”工程纳入政务督察、“平安创建”、“文明创建”等内容，召开会议进行安排部署。深入推进社会单位“四个能力”建设，全省选取试点单位 2075 家，培训单位员工 49.6 万人、消防安全“明白人”6.9 万人，考评验收人员密集场所 1.8 万家。全面开展消防职业技能培训和鉴定工作，4912 人参加了职业技能培训，3720 人取得职业资格证书。强力整治火灾隐患，出台《高层建筑消防安全管理规定》，开展高层建筑等专项检查，督促消除火灾隐患 20.7 万处，整改政府挂牌重大隐患单位 260 家。积极探索社会管理创新举措，建立网上服务平台，实行社会化等级巡防，推进派出所消防监督工作，大力推广农村社区消防标准化管理、消防工作纳入社区警务平台、家庭火灾智能救助系统等试点工作经验。

四、打造消防铁军迈出重要步伐

深化打造消防铁军，全省组建 204 个攻坚组，集中培训 816 人，组织 33 支代表队、564 名队员参加比武竞赛。加强战训基础工作，扎实开展“六熟悉”和实兵、实装、实战演练，巩固发展多种形式消防队伍，升级改造 24 个保安消防队，采取地方建设省政府补贴的方法建成 43 个化工集中区消防站。全力推动综合应急救援队伍建设，省、市、县三级综合应急救援队伍全部建成，实现了三年任务一年完成。全年共接警 3.9 万次，出动车辆 8.2 万辆次，官兵 43.9 万人次，圆满完成了原南京塑料四厂“7·28”丙烯管道泄漏爆炸、上海世博会“环沪护城河”消防安保等一系列急难险重任务。

五、信息主导警务工作初见成效

加强硬件建设，投入经费 6632 万元，推广应用一体化系统，建成基本覆盖全省的消防卫星通信系统，完成总队、支队 14 辆通信指挥车改造任务，实现了部队内部上下级指挥中心、固移指挥中心视频指挥互联互通。深化成果运用，利用视频系统开展远程教育培训、可视化调度指挥和网上演练。坚持信息主导警务，加强信息反馈和深度研判，成功改版江苏消防网，上报信息得到省部级领导 19 次批示肯定，综合信息连续 7 年全国第一，在省公安厅各部门中名列前茅。建立舆情应对和引导机制，扎实做好传统媒体、网络媒介的舆情监控，办好手机《江苏消防快讯》短信平台，及时报送国内外消防动态、重大新闻等重要情况。

六、部队正规化水平进一步提高

坚持从严治警、按纲建队，部署开展学习贯彻新《共同条令》和“条令条例学习月”活动。大力开展“五无”创建活动，明确管理职责，强化安全措施，加大督察检查力度，确保部队安全稳定。制定基层基础建设三年规划和大、中队建设标准实施细则，召开经常性思想工作规范化现场会推广试点经验。推进执法规范化建设，制定执法规范化34项制度，明确和细化6大类执法行为218个执法环节的执法程序、方法和要求，制作22个执法工作流程图。开展执法技能竞赛和示范单位、示范标兵创建活动，14个单位和31名个人受到表彰。充实基层监督执法队伍，县（市）大队均配备5名以上监督干部。组织开展“警营文化·警体年”活动，不断激发官兵的工作热情和战斗激情。总队被评为省文明创建先进行业，4个单位、232人立功，34个单位、28人受到省部级以上表彰。

七、后勤综合保障能力稳步提升

逐步完善各级消防经费保障机制，确保全省消防事业与经济社会同步协调发展。2010年，全省投入6.95亿元新、改、扩建消防站63个；投入4.66亿元新购消防车198辆，其中特种车辆占80%；投入1.67亿元保障信息化、世博安保、打造铁军、综合应急救援队伍建设等重点工作，6个区域性灭火应急救援中心基本建成，7个市级中心建设正在稳步推进。加强预算执行管理，建立完善预算项目论证、备选排序、效益评估制度，总队投入1128万元为基层办理8件实事，推进扶持苏北地区支队第二批项目建设。加强财务规范化建设，深化资产管理改革，严格落实资产标准，制定资产日常管理制度，定期组织开展固定资产管理情况检查，进一步提高资产使用效益。加大财务检查力度，全年共组织财务检查和资金安全访查16次，检查单位59家，下发整改意见109条。修订完善采购管理办法和采购目录，加强采购专业人员培养，进一步提高采购规范水平。开展消防员职业健康管理试点工作，完善职业健康医疗体系和管理制度，配齐配强职业防护装备和医疗设施，向全国交流推广了经验。深化装备技师编配培训工作，开展首届装备技师比武竞赛，提前完成执勤中队装备技师编配任务。

第十一章　浙江省消防工作和队伍建设情况

2010年，浙江省公安消防部队忠实践行胡锦涛总书记“三句话”总要求，深入贯彻落实科学发展观和“创业富民、创新强省”总战略，按照“三抓三树三强化”的工作思路，以世博消防安保、构筑“防火墙”工程、打造消防铁军和推进“三项建设”为抓手，开拓创新，求真务实，较好地完成了各项工作任务，为维护社会和谐稳定、保卫人民生命财产安全做出了突出贡献。

一、深入推进“防火墙”工程，全力维护火灾形势稳定

全力推动消防安全责任制落实，积极争取党委政府的信任和支持，省委、省政府主要领导对消防工作和部队建设做出批示指示33次，省人大常委会制定出台了《浙江省消防条例》，提请省政府将省消防工作联席会议更名为省消防安全委员会，成员单位从20家增加到31家，并先后召开两次会议和全省今冬明春消防安全工作会议，进一步强化了各级对消防工作的领导。强势推进构筑社会消防安全“防火墙”工程，省政府将“防火墙”工程作为“政府工程”加以推动，省公安厅将其作为“全警任务”督促落实，并在全省公安工作会议上进行了部署，选择省、市、县三级共607家社会单位开展了消防安全“四个能力”示范点建设，并在全省13262家属于人员密集场所的消防安全重点单位推广，完成率达100%。按照“控大防小”的要求，始终围绕世博消防安保这一中心，部署开展了“百日消防安全集中清查大行动”、非重点地区“三合一”场所整治、“平安2010”火灾隐患排查整治和消防安全“大排查、大整治、大宣传、大培训、大练兵”活动，高强度开展了公众聚集场所、高层地下建筑、“三合一”场所、居住出租房屋和政府挂牌重大火灾隐患等专项整治，并提请省公安厅出台了《浙江省公众聚集场所消防安全八条常态严管措施》，实施了《浙江省消防安全有奖举报办法》，保持了违法必究、隐患必除的高压态势。特别是在长达214天的世博消防安保专项行动中，广大官兵夜以继日、扎实工作，圆满完成了世博“护城河”消防安保各项任务，被省委、省政府授予世博安保突出贡献单位。强力推进消防执法规范化建设，部消防局在杭州召开全国现场会，总队和杭州支队执法规范化建设经验得到推广。2010年，全省共发生火灾3773起（不含放火）、死亡71人、直接财产损失8152万元，与上年相比，分别下降11.7%、7.8%和4.4%，未发生重特大火灾事故，连续7年实现了省政府提出的“零增长”目标。

二、深化打造公安消防铁军，全力提升部队攻坚打赢能力

坚持紧盯实战、服务实战，掀起了全员岗位大练兵大比武热潮，并为全国打铁比武项目提供了示范“样板”。狠抓战训基础工作，部署开展了为期4个月的大跨度大空间建筑灭火救援准备专项行动，全省11个支队102个大队共摸排大跨度大空间建筑746家，开展针对性测试演练1235次，修（制）订预案746份。大连“7·16”输油管爆炸火灾事故发生后，邀请公安部和全国防火、灭火救援专家在舟山召开大型油库消防安全和灭火救援工作研讨会，并举行了大型油罐跨区域灭火演习。全力推进综合性应急救援队伍建设，提请省政府召开了全省综合性应急救援队伍建设视频推进会，出台了《关于依托公安消防部队加强综合性应急救援队伍建设的意见》，挂牌组建了浙江省综合应急救援总队和12支地市级综合应急救援支队以及98支县（市）综合应急救援大队，超额完成了建队任务。狠抓部队信息化建设，圆满完成了全国“一体化消防业务信息系统”试点工作，并在全国率先启用信息新系统，试点经验得到部消防局的肯定。推进宁波支队消防警力增长试点工作，探索破解消防现役警力不足的问题，取得了初步成效。2010年，全省部队共接警出动48119次，出动消防车82936辆次、消防官兵518026人次，抢救疏散遇险群众17103人，保护财产价值12.7亿元，特别是成功扑救和处置了宁波“3·23”杭州湾跨海大桥、嘉兴“5·16”华盛塑料有限公司、金华“12·24”国美电器分公司等重大火灾以及杭州“8.13”毒气泄漏等急难险重抢险救援任务，得到了各级领导和社会各界的一致好评。总队连续两年被部消防局评为战训工作先进总队。

三、狠抓班子和队伍建设，全力夯实消防事业发展根基

始终把各级班子建设置于突出位置，深入开展争创“好班子”和“一对好主官”活动，出台《支队级领导班子及成员量化考核评价办法》和《基层党管干部实施办法》，采取“双推双考”选拔领导干部，有力激发了各级班子的干劲和活力。深入开展学习践行胡锦涛总书记“三句话”总要求主题教育和“之江先锋”创先争优活动，涌现出了“浙江骄傲——2010年度最具影响力人物”之一的丽水支队左秀俊等为代表的一大批先进集体和个人。营造栓心留人环境，修订了《浙江消防部队基层俱乐部建设标准》，部署开展了新一轮星级俱乐部创建活动，组织开展形式丰富的警营文化活动，创编了浙江消防部队队歌，组织全省部队功模代表开展了“践行三句话、重走长征路”活动，激发了官兵创先争优的士气和斗志。部署开展了以“讲政治、听招呼、守规矩”为主题的纪律作风教育整肃、条令条例教育训练月和增强法纪观念教育整顿活动，加大从严治警力度，部署开展了部队精细化管理试点工作，出台了《浙江省公安消防部队队伍建设七项严管措施》和《党风廉政建设责任制责任追究实施办法》，形成了一级抓一级、一级管一级、压力层层传递的责任追究机制。组织开展了车辆违章治理及安全行车警示教育、作战训练安全行动专项教育和百日安全竞赛活动，大力宣贯《作战训练安全行动要则》，严格复选退以及节假日等敏感节点的安全管理，确保了部队安全稳定。全省消防部队有15个基层党组织被省公安厅授予“党员先锋岗”，4个党组织、13名党员、3名党务工作者以及5个团组织、11名团员和7名团干部受到省公安厅表彰。

四、切实强化综合保障能力，全力推动部队可持续发展

狠抓基层基础建设，部队经费继续保持了逐年稳步增长的势头，装备和营房设施建设力度进一步加强。全年争取地方业务经费5.17亿元，比上一年增长19.4%，争取专项经费4.35亿元。严格财经管理，组织开展了为期2个月的财务大检查，出台了《浙江省消防部队强化资金安全管理十项措施》，通过对支、大队在落实党委理财、资金安全、债权债务清理、收费和票据管理、生活费管理等方面的检查，切实提高了资金使用效益，堵塞了管理漏洞。2010年，全省共有23个消防站竣工并投入使用，33个消防站开工建设；投资1.5亿元的国家（浙江）陆地搜寻与救护基地即将投入使用；训练基地20个模拟训练项目主体已完成验收，两幢新建士官宿舍楼已动工建设；总队质检站、消防装备维修中心以及总队机关干部住房等工程建设项目正有序推进。投入装备经费3.632亿元，新购各类消防车149辆，消防器材12906件（套）。狠抓执勤中队编配装备技师工作，实现了装备管理规范化、维修保养制度化、技术保障信息化。加大战勤保障建设力度，共购置消防战勤保障用车19辆，储备战勤保障物资16000件，杭州、宁波战勤保障大队和嘉兴战勤保障中队进一步发挥了实战效能；温州、金华战勤保障大队年内建成并投入使用；绍兴、台州、衢州、丽水、舟山等支队的战勤保障中队建设稳步推进。

五、不断创新宣传教育举措，全力提高全民消防安全意识

协调省综治办制定出台了《浙江省综治委成员单位开展消防宣传教育工作的意见》，明确细化了24个综治成员单位的消防宣传教育职责、任务，并将消防宣传教育工作纳入“平安浙江”建设和社会治安综合治理考核范畴。推行“全民消防”宣传模式，建立“六进”工作示范点198个；联合省教育厅开展了“消防安全教育示范学校”创建活动；以“六小”企业为重点，开展了以“小讲座、小资料、小广播、小互动、小板报、小配件”为主要形式的消防安全宣传活动，该经验做法在全国消防宣传工作现场会上被部消防局推广；完成11779家人员密集场所“三提示”宣传工作，实现了“消防设施标识化、消防提示常态化、消防常识普及化”的目标；全省共建立消防教育馆（室）63

个，其中杭州Do都城青少年消防体验馆被中国科学技术协会命名为“全国科普教育基地”；组织全省55万消防志愿者开展了“共建平安浙江·消防志愿者在行动”、消防志愿者“冬季防火百日宣传”等专项宣传行动。巩固消防宣传阵地，在主流媒体设立火灾隐患“曝光台”，拓展楼宇电视、公交视频、企业发展陈列馆等新型宣传平台；联合新华社浙江分社共同开设了“新华网浙江频道·消防在线、《浙江领导参考（企业高管版）》消防安全专栏、《浙江消防手机报》”等三大宣传平台；联合浙江人民广播电台开设了《消防全接触》专栏。全省共开设消防电视专栏21个、广播专栏37个、报刊专栏25个、网站16个，自办刊物32个，购置流动消防宣传车15辆。组织中央驻浙及省级18家媒体记者历时半年，深入全省11个地市、41个县（市、区），开展了“消防安全千里行”主题宣传。集中开展了以“遵守消防条例，构建和谐社会”为主题的《浙江省消防条例》宣贯宣传月活动。

第十二章　安徽省消防工作和队伍建设情况

2010年，安徽省公安消防部队在省委、省政府、公安部消防局和省公安厅的领导下，认真践行"三句话"总要求，按照"凝心聚力、乘势而为、奋勇争先"的工作思路，围绕"风气好、效率高、队伍稳、战斗力强"的目标，积极构建"防火墙"工程，深入打造消防铁军，全面加强班子和队伍建设，着力做好战勤保障，圆满完成了各项消防安全保卫任务，为全省经济社会发展创造了优质的消防安全环境。全年全省发生火灾5173起，死亡35人，伤21人，直接财产损失8474.3万元，同比分别下降了6%、29%、14%和1%，连续27年未发生群死群伤火灾事故。

一、党委政府空前重视，消防工作社会化进程明显加快

各级党委政府对消防安全的重视程度进一步提高，抓消防工作的力度进一步加大。省政府召开全省消防工作会议，与各市政府签订消防工作责任书。各级领导纷纷组织召开专题会议研究消防工作、带队暗访督察社会单位火灾隐患。省委书记张宝顺多次就消防安全做出重要指示，省长王三运两次莅临总队视察调研、指导工作。上海"11·15"火灾发生后，省政府第一时间发出紧急通知，连续召开3次紧急会议，部署开展5个专项督察，取得了良好的效果。一年来，各级党委政府召开消防工作会议529次，出台文件625份，解决难题86个，有13位市委书记、17位市长听取汇报、慰问部队、检查消防安全。省人大审议通过《安徽省消防条例》，消防法制化建设更趋完善。

二、创新社会管理手段，消防安全环境显著改善

积极推进"防火墙"工程建设，并在全国"防火墙"工程现场会上做经验交流。制定社会单位消防安全"四个能力"建设导则、消防安全分级与评定标准等规章。实施重大火灾隐患政府挂牌督办，建立与教育、工商等部门联合执法机制，不断深化以派出所三级管理为核心的多警联动。积极创新火灾隐患整治手段，组织"安徽媒体消防隐患百家访"活动。开展"严冬祥和"、"皖江围歼"等系列整治行动，组织50个督察组，采用异地用警、交叉执法方式，对火灾隐患进行大排查、大整治。一年来，共检查社会单位5.2万多个，整改火灾隐患4.7万余处，责令"三停"482家，行政拘留74人，罚款2000多万元，圆满完成上海世博会、广州亚运会、四体会、国庆等重大活动、重要节日的消防安保任务。

三、拓宽宣传培训渠道，公民消防安全素质日益提高

聘请央视主播赵普和黄梅戏表演艺术家韩再芬担任“安徽消防形象大使”，创作推广安徽消防卡通吉祥物“水星”，新建功能领先的消防演播室，举办《火警大冲关—高楼逃生体验》和“119进社区”等电视直播特别节目。中央电视台、人民公安报等主流媒体多次报道安徽火灾防控做法。大力开展职业技能鉴定工作，职业技能鉴定站通过国家验收，1600多名派出所分管所长接受系统培训，3000多人获得国家初级建（构）筑物消防员职业资格，5300多名消防从业人员通过培训考核、持证上岗。

四、改革执勤备战模式，打造铁军工作富有成效

对支队级指挥员、攻坚组队员、执勤中队长助理进行全员培训，组建攻坚组161个，配备执勤中队长助理148人。成立作战指挥中心，搭建作战指挥平台，作战指挥体系更加科学。综合应急救援队伍建设进展顺利，组建综合应急救援总队1个、支队17个、大队111个。着手建设总队搜救犬基地，建设地震事故搜救队和山岳救援队。多种形式队伍发展迅速，建立政府专（兼）职消防队274个，招收合同制消防员1165人、文职雇员343人。紧盯“实战管用”的目标，开展世博安保、四体会灭火救援跨区域增援拉动演练，各支队分别组织无预案拉动演练、消防运动会、乡镇专职队业务技能竞赛等活动，全省消防部队练兵热度、强度、难度不断提高，救人、控火、减灾快速反应能力明显增强。特别是在抗洪抢险、“复旦学子黄山遇险”等战斗中，消防官兵不畏艰难、排险救人，充分展现了“安徽消防铁军”的英勇形象，赢得党委政府和人民群众的高度赞誉。

五、坚持严管厚爱并举，部队管理正规有序

全省消防部队采取有力举措，确保部队安全稳定无事故，在公安部消防局安全工作会议上作典型发言。扎实宣贯《共同条令》，积极开展“五无”创建活动，组织专项督察，举办车辆安全、作战训练安全专题培训，编印《血的教训——车辆交通事故案例与鉴戒》教育读本。立足抓早抓小、抓苗头抓预防，建立管理教育预警机制和经常性督察机制。规范各级各类兵员管理，全面清查外借士兵和“三类兵员”，顺利移交4名滞留士兵。做好调研摸底工作，科学编定总队新编制方案。组织官兵和离退休干部参观世博会、进行疗养，主动协调、解决转业干部安置问题。部分支队建设官兵公寓房，设立“战友基金”，以解决官兵切身利益问题。

六、注重基层基础建设，发展实力有效夯实

总队指挥中心、军人服务中心建成投用，培训基地综合楼完成改造，二期工程土建项目即将结束。全省消防部队共新（改扩）建营房57个，其中，宿州支队指挥中心、亳州支队特勤中队等22个项目竣工投用，巢湖含山消防站等35个项目正在建设。着力优化器材装备结构，新购常规器材3.2万件（套）、攻坚组装备1.7万余件（套）、常规车辆52辆、高喷和排烟等特种车辆38辆。下拨2790万元补助基层基础建设，选派20名机关干部下基层蹲点帮扶。召开战勤保障推进会，投入6000多万元推进战勤保障体系建设，为全省各级消防部队配备41辆战勤保障车。4个战勤保障大队和2个战勤保障中队全部投入执勤。

七、积极争取财力支持，服务保障更加有力

2010年，全省各级消防部队业务费纳入同级财政预算，全部达到保障标准，消防业务经费总额达6.85亿元，较上年增长82%；总队争取事业专项及基本建设经费6000余万元、公用经费4700余万元，比上年增长1000余万元；阜阳、淮南等7个支队本级正常业务费超过500万元，亳州蒙城、宿州灵壁等37个大队超过100万元，巢湖支队人均达到6.8万元，芜湖支队争取各类经费超亿元；宣城市政府决定消防业务经费涨幅不低于同期国民经济增长比例。深化财务规范化建设，召开现场会。推广应用伙食管理网络系统。落实《消防员职业健康标准》，为全体官兵办理意外伤害保险，举办应急救护培训；总队培训基地、招待所和黄山休养所主动服务，在职业技能培训、官兵疗养等工作中做出了积极贡献。

八、切实提高服务水平，“三项建设”取得实效

积极推进消防执法规范化建设，成立安徽省火灾事故调查专家组，制定消防、刑侦部门火灾调查工作协作规定，提高火灾原因认定准确率；建立监督执法三级审核体制，开展执法技能竞赛、消防监督业务比赛，“月统考”、“年度竞赛”做法受到部消防局肯定。投入4500多万元用于信息化建设，建成总队卫星地面站、动中通、便携站和短波电台通信网，构建全省应急通信网络，完成纵向指挥调度网建设，具备部队战斗力动态管理、跨区域联合作战通信调度等功能，在舟曲救灾、四体会等重大行动中得到检验。深化信息主导警务，改版后的总队信息网被评为“十佳”信息网站。开展“五民”主题实践活动和“百户危困家庭帮扶工程”，树立消防部队亲民爱民的形象。

九、抓住根本不放松，班子和队伍建设日益过硬

开展争创先进支队、一对好主官、标兵大（中）队评比，对支队级领导班子和年度工作进行综合考评。制定基层党委规范化建设标准。坚持凭实德实绩的用人导向，出台干部监督工作联席会议制度，不断扩大“双考选拔”干部范围，晋升调整120多名团职干部，49名机关干部下沉基层一线，166名院校毕业学员充实基层，4名干部进入国防大学和武警学院进修，75名干部参加团营职干部晋升培训，一大批战训干部评任技术职称。出台士官选取“三个必须六个严禁”、争创先进支队“五个一票否决”、干部任用“六个不准”等规定，部署“开展警示教育，树立新风正气”

专项教育，对节日期间的党风廉政建设进行反复强调，公安部消防局政工网专门访谈总队党委风气建设做法，《为官之德、崇尚敬畏》等一批调研文章被编入《新时期中国共产党人思想宝库》。前移审计关口，审计各类项目 124 个，审计金额 4.63 亿元，审减资金 2100 多万元。

十、始终用“三句话”总要求统领思想，部队官兵忠诚可靠

结合“三句话”总要求的学习贯彻，部署开展“四个教育”、乒乓球比赛、文艺作品征集评选、歌咏竞赛等活动，纪念“三句话”总要求发表一周年。建立理论教学人才库，开设理论教育大讲堂，对重要节日、重大活动、关键环节的经常性思想工作进行专门部署、跟踪指导，普遍开展政工干部授课比赛、巡回授课。心理健康教育有效开展，心理咨询队伍不断壮大，心理行为设施日益完善。发挥警营文化熏陶和育人作用，警营文化建设丰富多彩。一年来，全省消防部队共有 19 个集体、210 名官兵受到省级以上表彰；淮南、铜陵等支队被驻地政府记功嘉奖通报表扬；7 个单位荣立集体三等功，5 名官兵荣立二等功，267 名官兵荣立三等功。总队被公安部评为先进总队党委，被公安部消防局评为安全工作先进总队。

第十三章　福建省消防工作和队伍建设情况

2010年，福建省公安消防部队在各级党委、政府和公安机关的领导下，扎实践行胡锦涛总书记“三句话”总要求，着力在“保稳定、树形象、增实力”上下功夫，不仅确保了全省火灾形势持续平稳和部队安全稳定，并且在世博、亚运等消防安保中履职到位，在抗洪抢险、抗击台风中屡立功勋，为福建科学发展、跨越发展和社会和谐稳定做出了积极贡献。

一、保稳定促发展，围绕中心、服务大局的能力显著提升

2010年，全省公安消防部队始终贯彻“预防为主，防消结合”的方针，以实施构筑“防火墙”工程和打造海西公安消防铁军为抓手，大力提升社会化消防工作水平和部队灭火救援战斗力，社会抗御火灾的能力得到较大增强。

一是消防安全环境不断优化。省政府出台构筑“防火墙”工程指导意见，并组织对各地进行检查考评；省政协组织就“防火墙”工程深入9个地市调研；省人大开展《消防法》、《消防条例》回头看活动；省公安厅联合省综治办等七部门制定农村消防工作自查方案。有力推动了消防工作各项措施的落实，进一步改善了全省消防安全环境。在消防基础建设方面，全省9个设区市、16个县级市、44个县城、131个中心镇、重点镇消防规划全部通过政府审批；454个一般建制镇有353个完成消防规划编制，276个通过审批；全省年内共新增市政消火栓670个，总数达到25719个，除福州、龙岩、宁德三地市外，其余各地市均达到国家建设标准。在火灾隐患治理方面，持续开展了建筑消防设施、校园及周边消防安全等8次专项治理，共检查单位2.3万家，消除隐患1.5万处，责令“三停”285家，查封危险部位182处，罚款807.1万元，提请政府挂牌的100家重大火灾隐患单位，其中91家单位已完成整改。在消防宣传教育方面，以“四个能力”建设为着力点，截至2010年底，全省共有5355家单位开展达标创建活动，3859家经考评验收达标；各地共举办消防宣传“五进”活动2535次、培训班2120期，发放宣传资料322万余份；组建消防志愿者队伍1208个，注册30.9万人，开展各类活动3241场（次），参与者近百万人，消防安全宣传教育受众面不断扩大。

二是消防行政执法日趋规范。一方面，主动服务经济社会发展。制定《贯彻省委八届九次全会精神实施消防工作“五大行动”意见》，服务保障“五大战役”实施；积极落实服务海西建设二十条措施，建立健全消防服务质量反馈制度，跟踪服务关系国计民生的重点工程、重大项目。其中，为全省增建邮政所统一消防安全标准、简化审批工作手续的做法得到省政府肯定。另一方面，以创建消防监督执法示范单位和“大培训、大教育、大比武”活动为契机，深入推进执法规范化建设，组织全省监督业务技能竞赛，各级监督执法规范化水平显著提高，厦门同安消防大队被公安部命名为全国公安机关执法示范单位。

三是灭火救援能力不断提升。深入推进消防铁军建设，掀起“人人争尖兵，队队铸铁军”的比武练兵热潮，在“一对一”对抗赛的基础上，选派精兵参加全国南方地区大比武，勇夺团体总分第四名和“竞赛组织奖”。持续开展执勤岗位练兵，组织2期基层中队指挥员培训，培训参与率达77.36%；扎实推进七大类灭火救援预案编制和战评工作，开展大跨度、大空间灭火救援准备工作专项行动，部队攻坚克难能力显著提高。加快综合应急救援队伍建设，提请省政府出台《关于推进综合性应急救援队伍建设意见》，省综合应急救援总队、9个地市支队、所有县区级大队均依托消防部队完成挂牌组建任务，实现了“三年任务一年完成”的工作目标。

通过一年的努力，全省火灾形势持续平稳，共发生火灾4016起，死亡55人（含放火死亡8人），受伤18人，直接财产损失9374.8万元，同比上年，火灾四项指数分别下降了0.3%，9.1%，52.6%和28.2%；公安消防部队共接警出动1.6万次，出动车辆2.6万辆次，出动人员16万人次，救助群众2.57万人，抢救保护物资价值30.4亿元，成功扑救了“3·22”福州台江木屋毗邻区等火灾，参与处置了“6·13”南平、三明抗洪抢险、“7·6”福州房屋坍塌救援事故和“凡亚比”、“鲇鱼”强台风等灾害事故，圆满完成了世博、亚运、亚残运会等重要活动消防安保任务，得到各级党委政府的充分肯定和人民群众的高度赞扬。

二、抓队伍树形象，凝心聚力、风清气正的氛围逐渐浓厚

2010年，全省公安消防部队始终把队伍建设放在各项工作首位，抓班子带队伍，抓作风促廉政，抓管理保安全，部队实现“零事故、零案件、零伤亡”；官兵的政治立场进一步坚定，工作作风进一步转变，精神面貌进一步改善，良好形象进一步树立，在年末总队纪委组织的政风行风建设社会调查中，全省消防部队满意度为99.8%，其中8个支队满意度达100%。

一是引导官兵凝心聚力干事。狠抓领导班子建设，出台《进一步加强党委班子建设若干措施》，组织开展班子建设达标创优和“一对好主官”评选活动，强化经常性考核及结果运用，各级班子战斗力、向心力进一步提升。狠抓干部队伍建设，制定干部管理规定，大力推进公开平等、竞争择优的干部选拔任用机制，对60名正营职干部进行公选，上报任免调配22名正团职干部，任命121名副团职干部和199名营职干部；推行完善“双选一公两定向”模式，接收89名地方大学生，进一步树立正确的选人用人导向。狠抓思想政治教育，深入开展践行“三句话”总要求一周年十项主题实践活动；组织“坚定理想信念、锤炼坚强党性、模范遵纪守法”纪律作风教育整顿；召开“八闽特色文化教育”（宁德）现场会，整合社会教育资源，形成独具特色的“警地联动大协作”教育模式；表彰32名“扎根基层、建功山区”先进个人，进一步激发官兵“扎根驻地、奉献海西”的责任感和使命感。

二是营造队伍风清气正氛围。突出廉政建设，召开纪委书记和反腐倡廉建设会议，出台并推行执法“问廉制”、党委议廉、议“防”和主官不直接分管业务工作等“四项制度”；积极推进廉政教育常态化，强化审计监督作用，继续落实廉政谈话、诫勉谈话、述职述廉和重大事项报告等制度；依法查处违法违纪案件，对6名支、大队领导和2名干部进行责任追究，对4名有执法过错、未履行上级督察部门意见或执法不廉等行为的大队领导给予严肃查处，形成廉政工作高压态势。突出作风建设，大力开展“队兴我荣、队衰我耻”大讨论，部队上下“知荣辱、爱队伍、明职责、作奉献”的风气日益浓厚，《人民公安报·消防周刊》全面报道了总队“大讨论”取得“五大成效”。2010年，全省共有14个单位被评为“先进集体”，75名官兵被评为“先进个人”，另有5个单位和61名同志被总队记功；宁德支队被市委、市政府授予“闽东卫士”荣誉称号。

三是确保部队管理正规有序。连续开展“交通安全专项整治”、创“五无”安全竞赛、作战训练安全专项教育、作风纪律教育整顿、新条令宣贯等活动；下发《进一步规范部队管理若干工作的通知》，加大部队管控力度；在福州开展士官量化考评试点，明确考核标准，定期考评并实行末位淘汰，激发士官队伍干事创业热情；出台《督察工作实施细则》，推进督察工作程序化、常态化、正规化，2010年，共开展各类专项督察11次，督察支、大、中队289个，发现问题1160条，逐一跟踪落实整改，有力确保了部队“四个秩序”规范。加强总队机关作风建设，制定《改进办文办会的有关规定》，整肃文风会风；组织封闭式集训，开展唱红歌、警示教育等“五个一”活动，机关作风进一步改善，表率作用明显增强。

三、打基础增实力，后勤保障、科技强警的水平不断提高

2010年，全省公安消防部队始终树立“基层至上”的理念，积极争取经费投入，大力推进部队营房设施、器材装备、信息化建设进度，全力夯实基层基础，部队综合实力进一步提高。

一是部队后勤保障能力进一步增强。依法拓宽增收渠道，努力增加经费总量，全省公安消防部队地方业务经费同比增长15%，基本实现县（市）大队正常经费预算50万元以上，政府专职消防员（含消防文员）人均保障经费每年不少于3.2万元两个目标。联合省发改委和国土资源厅等部门下发《加强消防站营房改造建设的通知》，积极争取信息化建设、马保培训基地二期建设经费和装备建设“以奖代补”优惠政策，为基层基础建设提供有力的经费保障和政策支持。全年共投入基本建设资金2.8亿元，动工建设消防站25个，已竣工投入使用11个，建成漳州、宁德指挥中心。

二是车辆器材装备建设再上新台阶。落实《装备建设三年规划》，全省消防装备初步实现由“数量规模型”向“质量效能型”转变。更新添置举高、压缩空气泡沫、多功能抢险救援、重型水罐、化学洗消等各类消防车65辆；购置个人防护装备、抢险救援器材6.5万件（套），基本完成达标配备任务。同时，逐步建立战勤保障体系，出台《进一步加强全省消防部队战勤保障建设的意见》，完成泉州、三明支队战勤保障大队建设任务。

三是部队信息化建设水平稳步提高。在硬件建设方面，完成移动接入平台建设，顺利通过部消防局验收；与省电信公司协作，购置、租用卫星电话24部，初步建立起卫星应急通信保障机制；采取以租代建方式，完成行政车辆GPS监控系统建设，全省513辆车纳入监控管理；积极推动总队机关和全省9个支队加入当地公安350M集群网，保障全省跨区域增援调度需要。在软件建设方面，推广应用一体化消防业务信息系统；编制《信息化建设可行性研究报告》，顺利通过“数字福建”三期项目立项专家评审，基础系统运行的软件环境进一步完善。

第十四章　江西省消防工作和队伍建设情况

2010年，江西省公安消防部队以胡锦涛总书记“三句话”总要求为指引，深入学习实践科学发展观，着眼服务地方经济社会发展大局，抢抓机遇，乘势而为，全面构筑社会消防安全“防火墙”工程，大力打造消防铁军，扎实推进应急救援工作，深化班子队伍、部队正规化和后勤保障能力建设，圆满完成各项消防保卫任务，保持了社会火灾形势和队伍内部“双稳定”，为促进江西经济快速发展、社会和谐稳定创造了良好的消防安全环境。

一、以推动消防责任落实为主线，消防工作社会化取得新成效

政府主导作用更加显现。省委、省政府高度重视消防工作，省领导多次作出指示，出席消防活动，专题部署消防工作，带队督导检查社会单位。省政府采取年初下达目标任务书、年末考核验收的方式，促进各级政府落实消防安全责任制。省人大修订颁布《江西省消防条例》。发挥省市两级防火安全委员会和职能部门的协调指导作用，推动消防工作纳入政府目标责任考核、社会治安综合治理、文明城市创建和平安建设范畴，逐级签订目标责任状，形成齐抓共管工作局面。2010年，全省党政领导对消防工作作出批（指）示166次，带队检查206次，召开会议247次，下发文件125份，解决重大问题53个。

城乡消防工作更加协调。推动社区农村消防工作纳入各地政府公共安全管理的范畴，发挥赣州市农村社区火灾防控“四个基础”建设示范辐射功能，依靠乡镇政府、街道办事处、村（居）委会和公安派出所等基层组织，加大公共消防设施建设投入力度，推进消防规划编制工作，城乡抗御火灾能力明显提高。2010年，全省累计投入经费4.25亿元，新建市政消火栓1780个，新城区、工业园区（开发区）市政消火栓达标率达到82.1%，铺设有市政管网的乡镇市政消火栓达标率达到76.1%；10个地级市、45个县（县级市）、83%的城关镇、87%的重点镇完成消防专项规划编制，城乡消防工作协调发展。

消防宣传教育更加深入。围绕“两节两会”、“119”消防日和冬季防火等主题，利用新闻媒体、公共传播平台和消防志愿者组织，结合构筑社会消防安全“防火墙”工程建设，大力开展群众性消防知识宣传和单位员工消防安全技能培训，营造全民关注消防、学习消防常识、提高逃生技能的浓厚氛围。2010年，全省举办大型消防宣传活动211次、消防志愿者活动13万人次，开放

127个消防站接待群众110万余人次；省消防教育博物馆和8个市（县）级消防科普教育基地被命名为全国科普教育基地；全省3所学校受到公安部、教育部通报表彰，省公安厅被评为全国消防安全教育示范学校创建活动先进单位。

二、以优化消防服务效能为目标，消防现实斗争开创新局面

火灾防控工作成效明显。围绕世博会、中博会、省运会和亚运会等重点时期消防安全，持续开展火灾隐患排查整治、建筑消防设施专项治理、消防执法百日大会战、消防产品打假等行动，集中进行文物古建筑、新农村建设、中小学校和幼儿园等消防安全检查，实施重大火灾隐患政府挂牌督办，保持整治火灾隐患的高压态势。吉林、上海大火发生后，突出抓好“大排查大整治大宣传大培训大练兵”活动，全面排查人员密集场所、高层地下建筑、重点行业系统等单位（场所）的火灾隐患，净化社会消防安全环境。2010年，全省共检查社会单位2.4万余家，督促整改火灾隐患1.1万余处，罚款1312万元，拘留23人，责令“三停”146起；发生火灾4715起，死亡21人，受伤11人，直接财产损失8074.4万元，起数和亡人同比分别下降20.9%、8.7%，确保了火灾形势的平稳。

社会消防管理成效明显。扎实推进社会单位“四个能力”建设，举办“四个能力”培训班1582期，培养“明白人”4.2万余名。南昌市西湖区政府在全国构筑“防火墙”工程现场会上做经验交流。规范建筑消防设施检测维护和内部装修材料见证取样检验工作，推广建筑消防设施“末端试水”新方法，全省建筑消防设施运行状况明显好转。推出单位火灾风险预警卡，实行消防安全风险等级亮牌评分机制，依托“周俊军工作法应用平台”，分期对全省公安派出所干警进行业务培训，增强消防安全管理水平。

消防执法服务成效明显。围绕服务全民创业大局，深化行政问责、服务承诺、首问责任和限时办结等四项制度，出台廉洁自律“三项铁规”和廉洁执法规定；组建消防执法服务队，组织16次消防会审和专家论证，检查重大项目20多个，为企业节省资金近3亿多元；开展“大走访”爱民实践、“开门评警”、“创业服务年”和监督执法示范单位创建等活动，开通群众满意度短信服务平台，积极畅通消防行政审批“绿色通道”，推出一批便民惠民新措施。2010年，总队在全省创业服务年“百千万”内设机构测评考核中综合排名第二，社会群众满意率高达98.7%；1个基层大队获评全国消防执法示范单位，1名同志评为全国模范监督员。

三、以部队打赢制胜为导向，灭火救援实战能力实现新提高

打造消防铁军建设强力推进。提请省政府将打造消防铁军建设纳入政府消防工作目标任务书，列入政府督办和年度考核内容；组建139个灭火救援攻坚组、配备556名队员，分期选拔100名攻坚组队员进行集训；举办两期基层指挥员培训班，组织4次全省视频战评研讨讲座，官兵业务素质显著提高；深化全员执勤岗位大练兵，组织器材装备革新评比、指挥员交叉轮岗轮训和优秀基层指挥员评选等活动，举办全省打造消防铁军比武竞赛，打造消防铁军中队试点，促进打造消防铁军工作纵深发展。

应急救援队伍建设稳步推进。提请省政府出台《关于依托公安消防队伍组建综合性应急救援队伍的通知》，依托省公安消防总队挂牌组建应急救援总队，成立由常务副省长凌成兴担任总指挥的省综合应急救援指挥部。省政府安排约8000万元投入省应急救援指挥中心及培训基地建设，划拨100亩土地建设应急物资装备储备库。启动县级应急救援工作试点，完成11个地级市、74个县（市、区）应急救援队的组建挂牌任务，开展大型综合应急救援演练69次，有效提升了社会综合应急救援能力。

重大勤务保卫任务圆满完成。着眼“贴近实战、提升战力”的要求，完善了“1+7”灭火救援全勤指挥体系，加快以移动接入系统和消防卫星通信为主体的通信指挥系统建设，建成全省消防通信综合指挥大厅，完成“三台合一”消防接处警系统试点和一体化消防综合业务平台推广应用工作，提高部队信息化条件下的勤务警务效能；开展大跨度大空间建筑和石油化工场所灭火救援准备专项行动及“六熟悉”演练月活动，加大防汛抗洪和世博会、中博会、省运会和亚运会等重要时期演练力度，部队灭火救援能力全面提升。2010年，全省公安消防部队接警出动1.2万余次，抢救疏散人员32万余人，抢救和保护财产价值88.7亿元，成功处置“5·23”沪昆铁路列车脱轨和“11·6”江西商业运输公司建材批发仓库火灾事故，圆满完成“6·21”抚河唱凯溃堤抗洪抢险和“11·5”沪昆高速樟树段特大交通事故等重大应急救援任务，得到各级党委政府和人民群众的高度赞誉。

四、以提升基层实力为牵引，部队综合保障水平取得新增强

消防经费保障力度空前。围绕打造消防铁军、构筑“防火墙”工程、应急救援队伍和消防信息化建设等重大项目建设需要，积极争取，加大保障，全省落实地方消防业务费4.25亿元，比2009年增长60.6%；争取行政经费1.25亿元，比2009年增长11.5%；协调省财政厅、省地震局落实省应急指挥中心、省消防培训基地和省地震救援队等三项建设经费合计4650万元。

营房装备建设步伐加快。基层营房建设全面提速，投入2.45亿元，新、改建和搬迁35个消防队（站），改造总队机关营区及办公楼，全省部队执勤、训练和生活条件明显改善。加强消防专勤力量体系建设，投入7000余万元，先后建成4个列入国家第三期考核验收的特勤队、2个国家第二期考核验收的战勤保障大队和1个地震搜救犬队。投入经费1.07亿元，新增各型消防车78辆、各类器材装备4.4万件（套），高精尖装备比例达96%，全省消防车总数达到617辆。

财务军需保障充足有力。健全财务监管体系，开展了治理“小金库”、财务“回头看”活动和全省资产管理与预算管理相结合试点。加大军需物资保障和基层建设补助力度，全年全省共发放被装190多个品种、14万件（套），拨付基层军粮125万千克，合计价值近2150万元；下拨基层建设经费2965万多元，组织全省装备器材巡检活动，帮助解决器材装备问题415处，节省维修资金达40余万元。

五、以内部和谐稳定为主题，队伍保证能力建设取得新成效

领导班子建设扎实有效。健全总队机关党组织，开展创先争优“履承诺、当标兵”主题活动，完成基层党支部规范化建设试点，各级党组织的凝聚力和战斗力明显增强。狠抓党风廉政建设，开展全省廉政主题征文、军政主官廉政授课和纪律作风专项整顿、工程建设突出问题专项治理等活动，推进审计关口前移，全年共对19个单位41名主官实施了经济责任审计，提出审计意见和建议81条；对16个基建、物资采购项目实施了跟踪审计，审计金额总数约为3.88亿元，查出违规资金932.95万元，审减基建金额423.6万元。2010年，全省公安消防部队有83个集体、31名个人受到省级以上表彰，总队被省政府表彰为中部论坛南昌会议和第五届中部博览会组织工作先进单位和全省国防教育先进单位，总队党委被中组部表彰为全国防汛抗洪救灾先进基层党组织。

干部队伍建设扎实有效。推行团职领导干部“双考”选拔任用机制，调整提拔正团职领导干部19人，公开选拔副团职领导干部76人，强化干部教育培训，改善干部队伍结构及素质，形成良好的选人用人导向。狠抓从优待警措施落实，分批组织270余名官兵、老干部休假和疗养，协调做好干部转业安置工作，干部队伍干事创业的活力更加激发。总队“双考”选拔团职领导干部方式得到省委政法委领导的肯定，总队被公安部政治部评为全国公安现役部队干部转业工作先进单位，南昌支队特勤大队大队长李胜利被表彰为第二届“全国消防部队十大杰出卫士”。

正规化建设扎实有效。坚持政治建警，创新教育手段和方法，部署学习实践“三句话”总要求、新老“四个教育”和“红色记忆”等活动，狠抓新《公安消防部队思想政治教育大纲》的宣贯，举办全省基层政治指导员集训班，启动遂行任务政治工作试点，为部队抢险救灾任务完成提供精神动力。坚持从严治警，扎实开展条令条例学习月、宣贯新共同条令、“治三松、创五无”等活动，启动精细化管理试点，举办作战训练安全专项教育培训班，完成新编制方案报批工作。规范兵员管理，对全省543名特殊岗位兵员进行教育培训。狠抓机关正规化建设和管理，依靠车辆GPS卫星定位和远程视频监控系统。建立健全督察长效机制，严格网络信息安全管控，确保了部队安全稳定。

第十五章　山东省消防工作和队伍建设情况

2010年，山东省公安消防部队在省委、省政府、省公安厅和部消防局的领导下，认真贯彻落实胡锦涛总书记"三句话"总要求，紧紧围绕公安部构筑社会消防安全"防火墙"工程和打造公安消防铁军两大战略部署，不断深化基层基础建设和"三项建设"，努力提升消防监督执法水平和灭火救援能力，确保了全省火灾形势和部队内部"两个稳定"。

一、以构筑"防火墙"工程为总抓手，着力提升社会火灾防控水平

提请省政府确立2010年为"城乡消防基础建设推进年"，全力构建政府推进、部门齐抓、单位落实、全民参与的火灾防控基础建设格局。一是积极推动各级政府及部门落实消防安全责任。提请省政府先后3次下发文件、2次召开现场会，部署推动构筑"防火墙"工程，将目标任务量化为建立消防工作机构、培训社会单位员工、解决文职雇员执法资格等"七千指标"，与各市层层签订消防工作目标责任书，并召开消防工作联席会议，下发文件明确省政府28个部门构筑"防火墙"工程的职责任务。省公安厅分别与教育、卫生、人防、广电、供销等九部门联合下发工作方案，联合培育示范单位，联合召开现场会，分系统、分行业推进构筑"防火墙"工程。二是强力推动社会单位"四个能力"建设。协同省质量技术监督局出台8类场所消防安全"四个能力"建设地方标准，省公安厅印发《社会单位"四个能力"建设工作标准》，明确建设范围、内容和验收方法，建立达标验收公告、与保险费率挂钩、消防安全星级挂牌等制度，利用经济杠杆、公众舆论等推动"四个能力"建设。同时，不断加大"四个能力"培训力度，培训消防监督员、消防文员和派出所消防民警等"四个能力"小教员4440名，培训消防安全重点单位和"九小场所"责任人41.1万余人。全省3.1万家消防安全重点单位和31.9万家"九小场所"已经全部开展了"四个能力"建设，1.6万家人员密集场所消防安全重点单位全部达标。三是大力排查整治火灾隐患。建立多警联动的联合执法机制，提请省公安厅将消防工作纳入全省市级公安机关绩效考核内容，部署开展火灾隐患大排查、大整改行动，会同治安、警务督察、基层派出所对全省35万家社会单位逐一进行清查，对检查的社会单位，实行消防监督"实名制"，落实整改责任到人；提请省公安厅、综治办和安全生产监督管理局联合开展建筑消防设施专项治理活动。2010 年，全省共检查社会单位 65 万余个次，督促整改火灾隐患 30 余万处。四是全力推动公众提升消防安全素质。提请省委宣传部下发通知部署加强构筑“防火墙”工程宣传工作，在淄博召开全省消防宣传现场会，开展以“掌握火场逃生知识，提高自防自救能力”为主题的系列消防宣传教育、“消防安全教育示范学校”创建等活动；组织开展百日百场消防安全“四个能力”演讲比赛暨巡回宣讲活动，深入 17 个市、97 个县巡回演讲 300 余场次，100 多万人受教育；与山东艺术学院联合成立“山东消防艺术团”，进行“防火墙”工程尤其是“四个能力”专场巡回演出；发放构筑“防火墙”工程指导手册、宣传册 1300 余万份。11 月 9 日，省公安厅、省综治办及济南市在山东大学联合举办“全民消防，生命至上”“119”消防宣传周活动启动仪式，组织开展全省万名高校师生疏散逃生大演习，央视进行现场直播。11 月 16 日，公安部在山东召开全国深入推进构筑“防火墙”工程全面提高单位“四个能力”现场会，推广山东经验做法。

二、以提升群众满意度为落脚点，强力推进消防执法规范化建设

牢固树立执法为民的思想，努力打造以“四推进、三创新、两提高、一满意”为主要内容的执法规范化建设“4321”模式，着力提升消防执法能力和公信力。一是坚持“四个推进”。推进执法制度精细化，制定完善《公安消防执法规范》等 46 项执法制度和执法标准。推进执法手段信息化，依托公安网“消防监督管理系统”和互联网“网上办事大厅”，所有执法行为全部实现网上运行。推进执法监督系统化，健全完善内部、外部监督机制，畅通监督渠道。推进执法保障标准化，消防业务经费全部纳入当地财政预算。二是创新“三种模式”。创新消防执法力量发展模式，面向社会公开招收 1029 名消防文员从事执法辅助工作，协调省政府法制办为培训合格的 156 名消防文职颁发《行政执法证》，协助日常消防检查工作，全省 90% 以上的大队达到了至少 6 名执法人员、4 名消防文员的标准。创新社会消防监管模式，推行社会单位消防安全标准化管理、消防安全分级分类管理、“防消联勤”消防巡查服务模式和消防安全重点区域重点监控制度，提高单位消防安全管理水平。创新消防执法服务模式，依托互联网研发建立“365”消防服务网络平台，丰富服务形式和内容，规范服务程序和行为，成为全省服务名牌之一。三是实现“两提高、一满意”。通过执法规范化建设，促进警务信息公开，消防监督执法力量不断发展壮大，覆盖城乡的消防监管队伍基本建立，对社会面消防安全的监管力度明显增强，消防执法公信力和社会防控火灾能力进一步提高，在各地开展的“开门评警”活动中，群众对消防工作的满意率达到 96%。

三、以提升部队战斗力为核心，深入锻造齐鲁公安消防铁军

把打造消防铁军作为提升部队战斗

力的有力抓手，通过组织开展岗位练兵，着力强化专业技能培训，推进了打造消防铁军工作的深入开展。一是强化灭火救援训练基础工作。部署开展“应用训练年”活动，组织编制高层、地下、人员密集场所、可燃气体、易燃液体、隧道、地震等七类火灾和灾害事故数字化救援预案，编写《消防执勤中队应用训练教材》，规范训练制度、组训方法和操课程序，使执勤中队和攻坚班组50项101个操法更贴近实际、更贴近实战。二是强化部队攻坚能力建设。在2009年对全省基层中队600名攻坚组队员进行集训的基础上，2010年分两批对619名攻坚组队员进行为期45天超负荷、高强度集中训练，在济南、潍坊召开训练观摩会，并从7月份开始自下而上组织全省6000名官兵分级分类开展指挥员、攻坚组、执勤中队百日练兵大比武活动，在全省范围内迅速掀起大练兵、大比武、大展示、大提高的热潮，部队整体素质和攻坚克难能力进一步增强。三是推进应急救援队伍建设。在建成省、市、县三级综合性应急救援队伍的基础上，提请省政府出台协调运行办法，制定市、县两级应急救援队伍建设发展规划基本框架，指导烟台和潍坊寿光市开展试点工作。11月1日，省政府召开17个市分管市长、应急办主任、公安局负责人、应急救援支队支队长参加的全省应急救援工作推进会，进一步推动全省应急救援工作的发展。

四、以班子和队伍建设为根本，下大力气狠抓部队正规化管理

围绕“抓班子、带队伍、树正气、保稳定”这一思路，进一步深化“三抓三树”实践活动，切实加强部队正规化建设。一是强化思想政治教育。深化“向人民负责，让人民满意”和“弘扬公安消防精神，忠诚履行职责使命”主题教育，结合贯彻刘金国副部长“山东要走在全国前列”的批示精神，部署开展“做表率、走前列、创一流”活动和向“泰山卫士”学习活动，把官兵思想凝聚到干事创业上来。定期举办“齐鲁消防大讲堂”和“每周一课”，增强思想政治教育的针对性和实效性。二是突出抓好班子建设。修订总队党委议事规则、党委中心组理论学习制度、党委成员联系点制度，严格落实民主集中制原则，明确支、大队军政主官职责分工，完善内部监督制约机制。深入开展创先争优、争做齐鲁先锋活动，进一步强化各级党组织尤其是大队党委规范化建设。举办全省消防部队支、大队军政主官培训班，着力提升领导干部能力素质。三是加强干部队伍建设。出台干部调动工作规定、总队机关公开选调干部规定等一系列规范性文件，组织对全省干部队伍现状进行专题调研，制定干部队伍充实调整、优化结构方案，在全省范围内选调23名干部到缺配严重的支队挂（任）职帮扶工作，确保全省工作平衡协调发展。四是狠抓队伍安全管理。针对近年来发生的事故案件，通过召开党委扩大会议、形势分析会等，找准症结，深挖根源，制定《全省公安消防部队大队行政车辆巡检制度》，充分利用GPS卫星定位仪、电子巡岗仪和视频监控“三大技防”系统，加强对重点部位、重点环节的排查管控，建立从安全责任落实、官兵教育管理、重点人员排查管控、车辆安全管理到安全责任追究的安全防范体系。五是狠抓党风廉政建设。针对消防执法、选人用人、基建招标等容易出问题的薄弱环节，制定出台“六条铁规”，为基层执法单位和执法人员逐一建立廉政档案，组织开展“小金库”专项治理、慰问和赞助款项清退检查活动，解决党风廉政方面存在的突出问题。

五、以增强部队发展后劲为着力点，深入推进基层基础建设

制定出台装备、信息化建设等“三年规划”，着力夯实消防工作根基，提升部队可持续发展能力。一是加强消防装备建设。为加强高层建筑消防安全工作，根据省委、省政府领导加强举高消防车等特种车辆装备建设的批示精神，提请省政府划拨专项经费6300万元，为各市增配举高车等特种消防车。2010年，全省各级共投入消防经费13亿元，青岛市政府一次投入3.24亿元专项用于消防装备建设。二是加快训练基地建设。征地200余亩用于省陆地搜寻与救护基地建设，基地建成后将具备陆地搜寻与救护、快速响应、日常训练和教育培训等功能。在东营建设集消防搜救犬训练、饲养、繁育、救治、培训于一体的综合性消防搜救犬训练基地，规划用地面积300亩。三是推动消防信息化建设。总队配备“动中通”卫星通信指挥车、便携式卫星通信站，17个支队配备通信指挥车，建成全省灭火救援3G无线视频传输系统，“天地一体、固移结合”的通信指挥平台搭建完毕，省内任意灾害事故现场声音、图像均能通过支队通信指挥车第一时间传输到总队指挥中心。

第十六章　河南省消防工作和队伍建设情况

2010年，河南省公安消防部队紧紧围绕确保“两个稳定”的目标，以深入践行胡锦涛总书记“三句话”总要求为主线，以构筑“防火墙”工程建设、打造中原消防铁军“两个轮子”为抓手，加压奋进，务实苦干，在稳定中发展，在发展中创新，消防工作和部队建设呈现出快速发展的良好态势。总队党委在公安部考核中被评为全国消防部队“先进总队党委”，总队被省委、省政府授予“平安建设特别贡献奖”。全省发生火灾3534起，亡16人，伤13人，直接财产损失3781.9万元，未发生重特大火灾事故，亡人数继续保持历史较低水平。

一、坚持以创新的手段推进“四大防控”体系建设，全力筑牢具有河南特色的“防火墙”工程

深入推进社会消防管理创新，全面构建依法防控、重点防控、基础防控、全民防控“四大防控”体系。提请省委将消防工作纳入国民经济和社会发展“十二五”规划，省委、省政府将消防工作纳入“平安建设”、社会治安综合治理考评和政府综合目标管理体系，省人大常委会审议通过《河南省消防条例》，省政府出台“防火墙”工程三年规划和“七化”目标，并先后6次召开专题会议、9次开展专项督导。强力推进消防执法队伍正规化、责任明晰化、业务信息化、监督经常化、考评动态化、服务优质化“六化机制”建设。大力开展“人民满意执法队伍”、消防监督执法示范单位创建和消防执法岗位比武竞赛活动，大力实施“十百千”人才工程，培训消防监督执法人员1700余人次。坚持围绕中心、服务大局，向社会公开作出消防执法服务“十项承诺”，对事关国计民生的重点工程、产业聚集区、生产园区以及重大火灾隐患单位，提前介入，上门服务，赢得各级政府和群众一致好评。制定出台“四个能力”建设和商场市场、宾馆饭店、公共娱乐场所消防管理等5部地方标准，广泛开展以“百名专家大督导”、“千家样板大带动”、“万名干警大宣讲”、“十万骨干大培训”、“百万员工大演练”为主要内容的“百千万十万百万”活动，推动全省10637家重点单位全部达标，指导超大型商场市场和公共娱乐等场所建成专职消防队385个。紧盯重点时期、重点场所、重点问题，持续开展了9次专项治理，6次“守护中原”专项行动以及13次大规模夜间清查整治行动，全省共检查社会单位48万余家，消除火灾隐患36万余处，依法行政拘留1787

人。全面推行网格精细化管理和“四抓三防两落实一到位”工作模式，督促1865个乡镇、街道成立消防办公室，社区、行政村明确3.6万余名专兼职管理人员。积极推行消防标牌管理，80%的“九小”场所达到建设标准。发展壮大多元化防控力量，全省建成128个乡镇政府专职消防队和1683个多种形式消防队；积极推行“巡消合一”、“保消合一”模式，为社区巡防队配备消防巡逻车3400余辆、灭火器材1.6万余件（套），全省派驻消防专业保安4800余名，12余万名巡防队员、保安承担起消防职能。大力实施警务室消防战略，培训专兼职民警1.5万余人，全省2545个派出所和8634个警务室消防监督工作全面开展；推行文职人员辅助检查制度，全省征招1434名文职人员，其中469名通过岗位资格考试走上协助检查岗位。2010年，全省公安民警、消防文员共办理或协助办理消防处罚案件1.2万余件。积极构建消防大宣传、大教育、大培训工作格局，开展集中培训，将消防知识纳入党政领导培训、公务员普法教育和农村劳动力转移培训内容，举办培训班1022期，培训领导干部8.6万人次、农民工210万人次。加大宣传力度，全省投入5000余万元，高标准建成2万块宣传橱窗、20万个宣传标牌和178条“消防示范街”，购置200辆消防宣传车，组建218支宣传队，每个宣传队每月深入辖区至少开展错时宣传20场次。强化全民教育，持续开展“全民消防总动员”、“全警进社区、消防保平安”等主题活动，受教育群众达1300万人次。

二、坚持以超常的举措打造消防铁军，全面提升部队灭火应急救援能力

突出抓好指挥长、战训专业技术干部、中队长助理和士官骨干“四支队伍”建设。提请省公安厅任命团职专职指挥长14人，破格评任灭火专业技术职务中级5人、初级35人，为符合条件的中队干部全部确定灭火专业技术资格。全省18个省辖市全部建成特勤队，并依托特勤队组建210个专业分队。郑州、洛阳、平顶山等9个地市高标准建成战勤保障队，开封、焦作、信阳等8个地市战勤保障队正在建设。组织对各支队参谋长、专职指挥长、中队长和指导员共500余人进行集中培训，组织全省300名灭火救援攻坚组队员进行为期45天的集中强化训练。强力推进大跨度大空间灭火救援准备工作，重点对820幢大跨度大空间建筑进行实地演练1286次，开展跨区域联动演练43次。举办全省消防部队打造中原消防铁军比武竞赛，部队灭火应急救援能力大幅提升。提请省政府制定出台应急救援三年规划，下发《关于依托公安消防部队建设综合应急救援队伍的通知》，协调各级政府将应急救援纳入同级财政预算，足额拨付。健全完善灭火应急救援专家机构，省、市、县三级综合应急救援队伍全部建成。2010年，全省消防部队参加灭火应急救援1.4万余次，抢救遇险群众6467人，保护财产价值15.6亿元，成功处置郑州“2·28”客车坠河、荥阳“3·18”化工厂爆炸、驻马店“3·20”铁矿透水和焦作武陟“12·29”化工厂爆炸等灾害事故，圆满完成抗洪抢险和赴玉树抗震救灾等急难险重任务。

三、坚持以过硬的作风带队伍，不断提升部队整体建设水平

突出抓好班子建设。大力推行干部公开选拔，实施“两轮测评、两轮推荐”，严把笔试面试、体能测试、任前考核、班子成员评价和党委研究“五道关口”，制定出台严防干部考核推荐拉票行为“双四条”等规定，强化对制度措施的规范和监督。2010年，全省提拔的75名团职、136名营职干部全部由公选产生。深入开展创先争优和帮扶基层单位、帮建基层班子、帮带基层干部“三帮”活动，各级班子领导科学发展能力显著提升。突出抓好部队教育管理。大力开展“无亡人责任事故、无刑事案件、无自杀事件、无违反‘五条禁令’、无严重违纪、无丑闻事件、创平安警营”安全稳定“六无一创”，狠抓涉车、涉酒及执勤训练和灭火救援中的安全管控，总队每季度、支队每月召开一次安全调度会，分析安全形势，跟进有效措施，确保部队安全稳定。突出抓好部队正规化建设。总结出以“规章制度健全，责任体系完备，管理手段精细，过程控制精确，考核奖惩严格”为主要内容的精细化管理体系。组织开展新一轮正规化培训工作，对全省416名基层业务骨干进行集中强化培训，80%的基层中队达到精细化管理标准。

四、坚持以更大的力度推动党风廉政建设，大力弘扬部队清风正气

大力开展“争当廉洁干部、争建廉洁班子、争创廉洁警队、树立清风正气”廉政建设“三争一树”活动，切实筑牢拒腐防变的坚固防线。在落实廉政责任制上下功夫。严格落实党风廉政建设责任制，层层签订《廉政建设目标责任书》。积极推行双向评议、公开述廉、廉政情况核查、廉政问责等制度，总队和18个支队全部设立了廉政账户，总队党委成员分头下基层，对各支队级领导班子成员共175人逐一进行了廉政谈话。在规范消防执法行为上下功夫。部署开展为期3个月的消防执法领域专项教育整治活动，制定出台消防执法“十个决不允许”、“七个严禁”等刚性措施，对法律法规未明确规定的行政许可前置条件一律取消，对消防企业单位租赁部队房屋的进行全面清理。在财务管理上下功夫，开展为期2个月的检查整治和“回头看”活动，制定出台招投标工作“三个必须、三个一律”、后勤管理“七个不准”、招标采购“六个严禁”等规定。强化常态审计监督，开展财务收支定期报送审计，对全省18个支队82个大队经费收支情况进行审计。针对检查审计中发现的问题，总队专门召开会议，向支队军政主官现场交办，并督促限期整改。在热点岗位领导干部的监督上下功夫。总队规定，支队军政主官不得直接分管消防执法和后勤财务工作，凡新提任支队主官、防火处长一律跨地市交流，防火处长、大队主官一地任职满两年的一律交流，全省共交流敏感岗位团职干部113人。在全国首创执法离任审计，制定并落实《河南省公安消防总队执法人员执法离任审计暂行办法》，对离任的151名执法人员进行了执法审计。

五、坚持以攻坚的勇气狠抓基层基础建设，全面夯实消防工作和部队建设发展根基

着力在加强基层、筑牢基础上下功夫，推动消防工作和部队建设持续提升。增强经费保障能力。积极协调各级政府将消防经费纳入当地财政预算，制定经费保障标准。总队本级业务经费增长34.7%，各地业务经费增长29%。加快队站建设步伐。全省共启动建设项目65个，新建队站45个，续建16个，扩建4个。全省综合训练基地二期工程顺利竣工，总队和18个支队通信指挥中心全部建成，总队培训基地模拟训练设施建成投入使用。提高装备建设质量。大力实施装备建设“1155”工程，加大现代化高、精、尖装备的配备力度。总队在每年帮扶基层装备建设的基础上，又拿出3100万元补贴攻坚组装备建设。2010年，全省新购消防车116辆，新增各类消防装备器材18692件（套）。提升信息化建设水平。全省共投入1500余万元，建立完善全省消防移动接入系统、二级指挥调度网、公安信息网络安全保障系统。着力建立跨区域灭火救援无线通信网络，总队“动中通”卫星通信车已配备到位。

第十七章　湖北省消防工作和队伍建设情况

2010年，湖北省公安消防部队在省委、省政府和公安部消防局、省公安厅的坚强领导下，坚持以科学发展观和胡总书记“三句话”总要求为统领，以“两个稳定”为目标，以构筑“防火墙”工程、打造消防铁军和应急救援体系建设为重点，全面推进消防工作和部队建设，努力提升消防监督执法水平、灭火救援能力和部队正规化建设水平，圆满完成了各项工作任务，确保了全省火灾和队伍形势高度稳定。2010年，全省共发生火灾9383起，死亡25人，受伤9人，直接财产损失3821.3万元，同比分别下降17.4%、40.1%、66.7%、25.4%，连续13年未发生群死群伤火灾事故。

一、深入落实消防工作责任制，消防工作社会化进程进一步加快

依据新《消防法》修订《湖北省消防条例（草案)》，提请省第十一届人大常委会第十九次会议一审通过；修订完善内部执法监督、质量考评、责任追究、档案管理等4个规范性文件，申请地方标准《电气火灾监控系统设计施工验收规范》、《光纤光栅感温火灾报警系统设计、施工及验收规范》和《阻隔防爆橇装式加油（气）装置设计施工验收规范》，列入2010年度地方标准制（修）订计划；研究出台《湖北省公安派出所消防监督检查规定》，制定《湖北省消防发展“十二五”规划（草稿)》，消防工作法制化程度越来越高。将消防工作作为“一把手”工程纳入各级政府年度目标任务，逐级签订消防安全责任书。省领导多次专题研究部署、调研、检查消防工作，视察慰问消防部队，帮助解决应急救援指挥中心建设、消防装备建设等重大问题。省直相关职能部门充分发挥行业监管作用，督促整改重大火灾隐患；大力推进“以业管火、以房管火、以证管火”模式，社会单位消防安全管理逐步规范。2010年底，省政府组织8个检查组对全省各级政府年度责任目标完成情况暨冬季防火工作进行检查督导，16个市、州、直管市年度责任目标任务基本完成，12266家人员密集场所消防安全重点单位“四个能力”建设全部达标，1878个农村、1142个社区“四个基础”建设达标。深化消防宣传“三提示”工作，加强志愿者队伍建设，积极举办消防科技周、“119”消防宣传周等活动，拉近公众与消防之间的距离，扩大消防宣传的影响力。总队在全国构筑社会消防安全“防火墙”工程石家庄现场会、全国推进构筑社会消防安全“防火墙”工程宣传工作会上做经验交流，被公安部评为“消防安全教育示范学校”创建工作先进单位。

二、深入构筑消防安全“防火墙”，社会消防安全环境进一步改善

围绕“六个 100%”目标，严格实行“七个一律”措施，先后开展“四类单位和场所”11 个方面专项治理及在建工程消防设施普查整治。全年共排查各类单位和场所 2.4 万家，发现和整改火灾隐患 7735 处（重大火灾隐患 49 处）、责令“三停”423 家，警告 2198 人次，行政拘留 58 人，行政处罚 2829.75 万元，有效预防了重特大火灾尤其是群死群伤火灾事故的发生。为确保重大节假日（元旦、春节、五一、国庆）、重大活动（世博、亚运）期间消防安全，认真研判全省消防安全形势，吸取外地火灾事故教训，找准火灾防控重点和薄弱环节，统筹协调、周密部署，大力开展“荆楚天网行动”，有效改善全省消防安全环境。以执法规范化建设为抓手，大力开展全省消防监督干部“大培训、大考核”，举办培训班 14 期，累计培训 1000 余人次，抽考 10 次，提高监督执法素质和能力；组织 3 个检查组，对全省 14 个支队的执法群众满意度、执法总量、执法质量和廉洁自律情况开展全面考评。首批命名全省执法示范单位并宣传推介经验，充分发挥激励、导向和示范作用，大力营造崇尚先进、学习先进、争当先进的浓厚氛围，将执法示范单位创建活动不断引向深入。

三、深入开展打造“消防铁军”活动，部队战斗力进一步提升

完善 15 个特勤中队、128 个特勤班，组建 155 个尖刀组，分两批集训 354 名尖刀队员，选拔 62 名官兵成立“荆楚消防尖兵突击队”，建立高层、地下、石油化工等八类专业救援队，初步形成核心攻坚作战力量。以公安部消防局 15 个比武科目为牵引，依托总队特勤训练基地增建 12 套模拟训练设施，召开比武动作示范研讨会，组织集中比武竞赛，开展昼夜演练 3400 多次、实战对抗 40 次、研讨班 32 期，攻坚克难能力明显提升。针对辖区灾害事故特点和世博、亚运等消防保卫工作实际，制定高层、地下建筑、人员密集场所等 7 大类型预案和世博、亚运总体预案及分预案，明确 583 名官兵、110 辆消防车跨区增援。开展大跨度大空间建筑灭火救援准备专项行动和全省示范会，在公安部消防局片区检查中成绩第一。开展为期 60 天作战训练安全教育专项活动，每逢重大季节、重大活动或任务转换，及时进行预警提示 160 余次，在重点时段、区域和重点单位、场所实行定点执勤和流动巡逻 2000 余次，全面落实“五个第一时间”要求，前移火灾防控关口，让老百姓更有安全感。2010 年，全省消防部队共接警出动 56497 起，出动消防官兵 511232 人次、消防车辆 85040 辆次，解救遇困群众 47993 人，保护财产价值 5.8 亿元。快速有效处置了“1·8”硚房大厦火灾及“10·16”京港澳高速公路多车连环撞事故、“12

·5”黄石液氧泄漏事故等，完成屈原故里端午文化节、世界华人炎帝故里寻根节、第十三届省运会、武当山武术节等重大保卫任务50余次，尤其出色地完成抗洪抢险任务，受到省领导的亲切接见和肯定，得到社会各界和人民群众的广泛好评。

四、深入推进应急救援体系建设，应急救援能力进一步增强

一是健全机构，搭建“一大平台”。推动全省各地、各有关部门普遍建立完善的应急工作领导、指挥和办事机构；省、市、县三级依托消防部队建设或升级改造应急救援指挥中心全面启动，省级指挥中心建设项目征地40亩并完成选址和总体规划，赤壁等重点试点县（市）建成指挥中心，依托消防119通信指挥专网搭建基层应急救援指挥平台，成为政府应急救援作战指挥阵地。二是因地制宜，创新“三种模式”。各地结合灾情处置需求、地方经济条件以及应急力量建设等特点，因地制宜，整合创新，探索形成以咸宁赤壁为代表的“单位出人、政府补贴、集中备勤、轮流值守”模式，以十堰郧西为代表的“社会招聘、政府出资、整合收编、混编值守”模式，以襄樊谷城、黄石大冶、宜昌宜都为代表的“分类建队、统一调度、定期联训、分点执勤”模式，有效提高应急救援快速反应能力和专业处置水平。三是夯实基础，构筑“五大体系”。按照“统一指挥与专业指挥相结合”原则，成立各级应急救援指挥部，规范调度指挥程序，健全应急指挥体系；全面组建综合应急救援队伍，大力整合专业救援、辅助决策、战时动员力量，健全应急力量体系；总队投入1000万元优先加强装备建设，推动各级专业队装备建设，健全应急装备体系；争取各级政府落实应急救援建设经费2亿余元，推进“一中五点”战勤保障为基础的装备物资保障网络建设，健全应急保障体系；以打造“消防铁军”为牵引，大力开展基地化、模拟化、实战化训练，组织实地、实装、实战应急演练，健全应急训练体系，全省应急救援能力有效提升。

五、深入抓好后勤管理和基层基础建设，后勤保障水平进一步提高

争取省、市、县三级政府落实业务经费6.09亿元，同比增长1.16亿元，增幅23.5%，为年度重点工作的完成和部队可持续发展提供了有力保障。投资1.24亿元，购置各类消防车70辆，器材4万件（套）。其中，城区消防站载液高喷车、压缩空气泡沫车配备率达80%以上，强力排烟车、涡喷消防车、消防坦克等特种消防装备大大提升部队装备实力。投资1.09亿元，新建、搬迁、扩建中队25个。省应急救援指挥中心被省政府列入本届政府十大重点工程之一；省应急救援装备物资储备库和基地干部培训楼建设全面启动。武汉支队战勤保障大队新营房建设和装备维修中心已建成投入使用，宜昌、襄樊第二批战勤保障大队年底前投入执勤，黄石、荆州战勤保障物资储备库开工在即，全省“一中五点”战勤保障体系建设已现雏形。提前完成总队、支队两级信息中心改造任务；建设总队机关公安网备份光纤，铺设143条指挥调度专线；完成全省远程教育、视频监控系统从公安信息网向指挥调度专网的迁移工作，网络基础设施全面优化。确定卫星通信网建设、施工方案，组织总队卫星地面站改造，招标采购四台便携式卫星站，应急通信保障能力迅速提升。搭建移动接入平台，为移动接入系统应用打下基础。作为全国首批完成任务的六个单位之一，总队顺利实施一体化软件系统切割上线。

六、深入贯彻胡总书记“三句话”总要求，队伍形象进一步提升

以学习践行“三句话”总要求为主线，不断强化官兵思想政治教育。举办各类培训班16期，选派152名基层政工干部赴解放军西安政治学院培训学习。先后开展了“条令学习月”、“新条令学习宣贯”、百日安全竞赛活动和预防案件事故集中教育整顿、警风警纪整肃、部队工程建设突出问题专项治理、干部及其直系亲属经营娱乐休闲场所排查、民主评议政风行风等专项活动，有效预防责任事故和违法违纪案件。调整提拔40名正团职干部，12个支队级班子得到充实；围绕党建攻关课题和政治工作新形势、新任务，确定一批试点单位，广泛开展“创先争优”活动，总队党委被公安部评为较好班子、被省直机关工委评为先进党组织，7个支队被表彰为“先进党委”、21个基层大（中）队被评为“先进基层党组织”、62名个人被评为“优秀共产党员”和“优秀党务工作者”。围绕年度重点工作，积极培育先进典型。全年共有16个单位被命名为“青年文明号”、7名个人被授予“青年岗位能手”，14个集体、110名个人被记功，95个集体、205名个人被评为先进集体或个人，武汉支队江汉中队被评为武汉市“人民最喜爱的警队”、十堰支队特勤中队被评为全省“杰出青年文明号”、襄樊支队赵宏当选为全省“杰出岗位能手”、第二届“荆楚十大爱民警察”。

第十八章 湖南省消防工作和队伍建设情况

2010年，湖南省公安消防部队在省委、省政府和公安部消防局、省公安厅的领导下，以胡锦涛总书记“三句话”总要求为统领，以“安全发展”为主线，以筑牢社会“防火墙”和打造三湘消防铁军为重点，以火灾形势和队伍建设“两个稳定”为目标，坚持抓中心、促主业，抓队伍、强作风，抓基层、打基础，团结拼搏，创新发展，圆满完成各项工作任务。总队党委被公安部评为“先进总队党委”。全省共发生火灾2915起，死亡33人，伤4人，直接财产损失8388万元。与2009年相比，火灾四项指数三降一升，其中火灾起数上升14%，亡人、伤人和损失分别下降36.5%、75%和15.7%。

一、坚持政府主导，消防工作责任制进一步落实

省政府先后8次召开全省性消防工作会议，2次召开常务会议专题研究消防工作，并与各市州政府签订年度消防工作目标责任状，组织对2010年度消防工作责任状落实情况进行督查考核。省政府常务会议审议通过《湖南省实施〈消防法〉办法（修订草案）》，并提请省人大常委会审议。建立消防工作联席会议、联合执法、信息互通、目标考评等机制，形成职能部门齐抓共管的强大合力。省消防安全委员会每月召开一次联席会议，通报消防工作开展情况，协调解决工作中存在的困难和问题。发改、建设、工商、文化等部门在实施行政许可过程中严把消防安全关，依法加强消防安全源头控制；文化部门着力加强文化产业及文化经营场所消防安全工作，联合开展消防安全大检查。全面开展乡镇、街道消防安全“网格化”管理，全力推广实施“有消防工作领导小组、有消防工作办公室、有专兼职消防管理人员、有义务或志愿消防队伍”的“四有”模式，全省1478个乡镇、479个街道办事处完成“四有”建设任务。

二、坚持以点带面，“防火墙”工程取得阶段性成果

公安部部署构筑社会消防安全“防火墙”工程后，总队及时提请省政府制定下发实施方案，加强社会单位“四个能力”建设。实施标准管理。联合省质监局制定出台公共娱乐场所、易燃易爆场所、商场市场等11大类社会单位“四个能力”建设地方标准，明确8类人员职责、15类工作制度、9类操作规程、5类消防管理台账、12项建筑消防设施维护管理制度、22类消防标识标牌设置标准。坚持示范带动。选定各行业、各系统最有代表性单位进行试点，对照“四个能力”建设标准逐个帮扶、逐个考核，确保试点单位硬件设施、软件资料、队伍建设达标。全省 122 个县市区共培育 11 个行业 1540 家试点单位，保证每个县市区“四个能力”建设都有学习典型。强力督导推进。提请省政府专门在湘潭召开现场会，推出各行业“四个能力”建设的样板，在全省全面推广实施。全省 14 个市州政府、122 个县市区政府分别组织 4900 余家消防安全重点单位参加现场会，签订工作责任状。

三、坚持执法为民，社会消防安全环境明显改善

狠抓火灾隐患排查整治，从严查处消防违法行为，先后部署开展建筑消防设施、中小学校舍、文物单位、消防控制室、“防火墙”和“平安使命”等多项消防安全专项整治（检查）行动。提请省政府出台“四拆除”、“五查封”、“七关停”、“八拘留”等 24 项整治措施，提请省公安厅出台烟花爆竹“六个一律”执法规定。2010 年，全省各级政府挂牌督办并投入 1.2 亿余元整改重大火灾隐患 136 处，各级公安机关消防机构共检查社会单位 10 万余家，查处火灾隐患 4 万余处，责令“三停”2505 家，临时查封 3907 处，拘留 550 人。加强执法规范化建设，采取视频培训与视频抽考相结合、强化培训与自主学习相结合、分片联考与集中统考相结合等方式，狠抓消防监督执法队伍素质建设。大力推广消防监督管理系统应用，全面实行网上执法。强化消防法制基础工作，组织对规范性文件和行政审批项目进行清理，出台《湖南省公安机关消防机构行政处罚自由裁量标准》、《湖南省消防行政执法案件取证规则》等规章制度。加强执法监督工作，扎实开展执法稽查，严格实施执法质量考评，委托省民调中心开展“人民群众对消防执法工作满意程度”民意调查，并将民调结果所占执法质量考评总分值提升至 50%。在省委政法委组织的 2010 年度省直政法机关执法考评中，总队考评得分位列第一。深入开展消防宣传教育，以深化消防宣传“五进”为载体，积极探索建立常态化、社会化的消防宣传模式。省委书记、时任省长周强应公安部邀请作为首期嘉宾出席人民网“书记省长谈消防”节目访谈，在全社会引起强烈反响。徐守盛省长在第 65 次常务会议上提出“消防安全进校园，消防教育从娃娃抓起”。2010 年，总队联合相关部门先后开展“走村入户送温暖”、“平安生活无弱者”和“消防总动员、平安伴成长”等系列消防宣传活动，提请省委宣传部将消防宣传纳入“三下乡”、“送温暖”、文明创建活动范畴，协调人力资源和社会保障、教育等部门将“四个能力”建设内容纳入劳动用工培训、职业技能培训内容，社会消防宣传工作开展得有声有色、富有成效。

四、坚持管教结合，班子和队伍建设呈现新活力

坚持政治建警，筑牢忠诚警魂。部署开展“学习型、团结型、务实型、创新型、廉洁型”“五型”班子创建活动和以“思想大武装、素质大提升、工作大发展，争创全国一流公安消防总队”为主题“三大一创”系列活动，扎实推进支队级党委班子和基层党组织规范化建设试点，班子和队伍建设水平进一步提升。深入践行“三句话”总要求，组织开展“‘三句话’总要求引领我成长”演讲比赛、纪念“三句话”总要求批示一周年座谈会等一系列活动，配合公安部消防局拍摄并在中央电视台电影频道播出数字电影《宋文博》。加大从优待警力度，为基层执勤官兵增发补贴，统一安排官兵轮流休假，妥善解决随军家属安置等实际问题。坚持从严治警，规范部队秩序。深入开展“安全双百日竞赛”和“安全防事故年”活动，出台《安全管理“十二条铁规”》、《安全工作奖惩办法》、《士兵管理量化考评规定》等一系列规章制度。推行公务用车改革，精简总队、支队两级机关1/3的行政车辆，规范公务车辆的管理和使用，最大限度消除安全隐患。强化对部队的可视化、实时化、全天候监管，推行交叉互检、量化排名、暗访督察、车辆GPS定位监控、远程视频点名抽查等人防、物防和技防相结合的部队管理手段。大力开展学习贯彻新《条令》活动，组织开展正规化建设试点，全面规范部队执勤、训练、工作和生活秩序。坚持管理励警，激发队伍活力。积极开展正副团职、正营职和机关干部公开选拔工作，规范了后备干部选拔培养、班子和团职干部考核、考试结果运用等一系列干部选用工作机制，营造公开、平等、竞争、择优的良好氛围。推行“任务分解、责任到人、周结月评、奖惩兑现”的干部精细化管理考评办法，并把考评结果与干部岗位津贴、评先评优、提拔使用结合起来，建立了“工作规范化、管理精细化、考评层级化、激励多元化”的干部经常性管理模式，调动干部工作积极性。

五、坚持全员练兵，部队整体作战能力显著增强

深入开展执勤业务训练，分层次、分岗位、分专业开展全员岗位练兵活动，着力提升部队灭火救援实战能力。突出加强指挥员队伍建设，集中举办3期基层干部战训业务回炉培训班，对全省所有基层指挥员进行战训业务回炉轮训。加强执勤中队长助理业务培训和选拔考核，173名执勤中队长助理顺利通过结业考试和答辩，充实到基层一线指挥岗位。加强战训专业人才队伍培训，依托广州潜水学校举办潜水员培训班，组建全省消防部队水域救助专业队伍；举办接警员培训班，进一步规范接处警调度工作；举办装备技师培训班，培养一批装备管理和维护保养方面的专业人才。夯实执勤业务基础工作，部署开展烟花鞭炮及爆炸危险品场所、易燃易爆化学危险品场所、人员密集场所、大跨度大空间建筑和地下工程等5类特殊场所灭火救援准备专项执勤活动，重点狠抓辖区情况“六熟悉”工作和预案制作演练，全面夯实执勤基础工作。扎实开展大跨度大空间建筑灭火救援准备工作专项行动，对542个大跨度大空间建筑逐一建立档案，开展测试、演练641次，修订灭火救援预案462份。开展作战训练安全专项教育活动，出台战训安全工作“六个必须、六个严禁”以及战训安全管理“五类”免职规定。严格落实全勤指挥部遂行指挥制度，创造性制定“五类”场所灭火救援报告、重大指挥决策审批、重大节假日和重大活动期间出警报告等措施。突出攻坚力量建设，部署开展打造消防铁军比武竞赛活动，组建总队、支队两级比武竞赛集训队，经过科学、严格训练，在部消防局、总队两级比武竞赛活动中取得优异成绩，其中总队比武集训队夺得全国消防部队南方地区打造铁军比武竞赛团体总分第二名和竞赛组织奖。强化攻坚组建设，先后组织开展2期灭火救援攻坚组集训，通过结业考核共有698名官兵获得攻坚队员资格。在此基础上，全省消防部队共组建灭火救援攻坚组152个、抢险救援攻坚组14个和化学救援攻坚组3个。2010年，全省消防部队共接警出动7350次，抢救被困人员2932人，疏散遇险人员1.5万余人，保护财产价值13.5亿元，圆满完成上海世博会、广州亚运会、省运会等重大消防安保任务，为维护经济社会发展、保障人民安居乐业做出应有的贡献。

六、坚持重点突破，应急和保障能力实现新发展

推进综合应急救援队伍建设，省政府在全省14个市州分别选择1个县市和乡镇开展基层应急救援队伍建设试点，着力从力量体系、制度机制、综合保障等方面探索基层应急救援工作模式，召开全省基层应急救援工作会议，总结推广各地经验做法。整合各类专业应急救援力量，先后开展湘江流域水上应急演练、省运会大型灭火救援演习、“3+5”城市群跨区域灭火救援实战演习，综合应急救援队伍协同作战能力不断提升。强化部队后勤保障能力建设，积极争取各级政府加大消防经费投入，全年消防业务经费总量达到7.54亿元，较上年增长31.4%，占全省GDP的万分之五。同时，扎实开展预算管理工作试点，不断提高党委理财能力，确保经费投向投量科学合理。大力实施消防装备建设三年规划，全面推进利用外国政府贷款购置消防装备，探索并推广政府担保融资租赁消防装备模式，年度装备建设经费达到3.45亿元，部队共新增消防车262辆，装备器材5万余件(套)，提前一年实现三年规划目标。全省新建消防站6个，在建11个，完成省消防和应急救援培训基地、衡阳战勤保障大队等重大项目建设任务。加强应急通信保障能力建设，作为部消防局确定的同时开展一体化软件应用和卫星通信网建设试点的单位，总队坚持“建、管、用”并举，在人力、物力、财力上予以重点保障，累计投入信息化建设经费3100余万元，购置1辆“动中通”卫星通信指挥车，对全省原有13辆“静中通”指挥车进行升级改造，率先在全国实现“资源共享、互联互通”的卫星通信网建设目标，为提升部队指挥作战能力提供了技术支撑。公安部消防局在长沙召开公安消防部队卫星通信系统建设暨应急通信保障现场会，重点推广总队卫星通信网建设经验。

第十九章　广东省消防工作和队伍建设情况

2010年，广东省消防工作和队伍建设在各级党委、政府和公安机关的正确领导下，认真践行胡锦涛总书记“三句话”总要求，紧紧围绕“平安亚运”总目标，以“六个创新、六个突出”为抓手，深入贯彻落实《消防法》，全面推进“防火墙”工程建设，不断创新社会消防安全管理，大力加强打造公安消防铁军和综合应急救援工作，圆满完成以亚运消防安保为中心的防火、灭火和应急救援各项任务，确保了社会面火灾形势和队伍管理“两个稳定”。据统计，全省全年共发生火灾6158起，死亡132人，受伤64人，直接财产损失1.78亿元，与上年相比，火灾起数上升33.4%，死亡人数持平，受伤人数下降26.3%，财产损失上升38.9%；全年消防部队共接警出动4.3万次，比上年增长26.2%，抢救疏散被困人员6.3万人，抢救保护财产价值89.2亿元。

一、全力以赴应对“亚运大考”，圆满完成各项消防安全保卫任务

一是组织部署和运行机制完善高效。制定《广州亚运会消防安全保卫工作方案》等8大类20余份安保子方案，确立总体工作思路和原则，建立完善亚运消防安保方案体系。成立亚运消防安保办公室，设立8大功能组，召开50多次会议研究部署亚运消防安保工作。二是涉亚场所消防安全监管到位。严格涉亚场所消防审验工作，严格隐患排查整治，对广州、佛山、东莞、汕尾四个赛区市所有涉亚场所进行反复排查，发现各类火灾隐患2946个，发出《亚运场所消防安全措施检查意见》493份，火灾隐患整改率100%，确保亚运会、亚残运会火炬传递、开（闭）幕式和各项赛事、重大活动消防安全。三是社会面火灾防控成效明显。组织实施火灾隐患排查整治“五大专项行动”，全面开展建筑消防设施、中小学校舍专项治理，圆满完成第13届省运会和广交会、深圳高交会、珠海航展等重大活动消防安保任务。全省共排查社会单位55万多家，发现整改火灾隐患50多万处，政府挂牌督办重大火灾隐患78处并全部整改销案，全面实现亚运会期间涉亚场所不着火不冒烟、亚运赛区不发生有影响的火灾、全省不发生重特大火灾的“三不发生”目标。

二、全面夯实公共消防安全基础，社会化消防网络基本形成

一是政府消防安全责任制有效落实。省政府召开5次会议、下发5个文件部署推进消防工作，连续第三年举办县级以上政府消防安全责任人和省消防安全委员会成员单位负责人消防法律法规培训班，挂牌督办全省第二批20个火灾隐患重点地区，组织开展消防安全责任制落实情况检查考评。省政府成立省消防安全委员会，县级以上政府全部成立消防安全委员会。二是部门依法监管的体制基本建立。各级综治、教育、文化、卫生、建设、工商、安监、质监等部门进一步健全消防工作组织领导机制，加强行业系统消防安全监管。三是农村社区消防工作基础进一步夯实。大力开展农村社区消防工作“五个基本”建设，社会主义新农村消防工作得到了中央综治办等七部委联合检查组的高度评价。全省88个县级以上城市完成消防规划编制，119个重点镇和599个建制镇完成消防规划编制，新增市政消火栓9676个。超额完成专职消防队组建和协管员招收任务，专职消防队和合同制消防员数量居全国前列。

三、积极宣贯《消防法》，消防执法服务水平明显提升

一是《广东省实施＜中华人民共和国消防法＞办法》颁布实施。全力推动省人大和省政府法制部门修订《广东省实施＜中华人民共和国消防法＞办法》，并于2010年10月1日颁布实施，实现广东省消防立法的重大突破。制定出台一系列规范性文件，加强建设工程监督管理和装修防火材料监管、建设工程消防审核验收和备案、建设工程内部装修防火材料见证取样和抽样检验等工作。成立广东省消防标准化技术委员会，制定广东省地方标准《电气火灾监控系统设计、施工及验收规范》。二是消防监督执法进一步规范。开展执法规范化建设东莞试点工作，修订《消防监督执法规范化制度汇编》和《广东省消防监督执法指引》，组织全省消防部队支队长、防火处长、大队长及消防监督人员培训，联合省公安厅刑侦局举办全省火灾现场勘验培训班，进行执法岗位练兵网上考试。三是消防监督执法力度不断加大。全年共办理消防设计审核业务23491宗、备案38580宗、抽查8246宗，验收26741宗、备案33221宗、抽查7241宗，消防安全检查10578宗，监督检查30024宗，火灾调查1960起。调整确定消防安全重点单位28730家，责令“三停”820家，罚款3998.5万元，行政拘留523人。

四、创新推出“六个e网”，社会消防安全管理创新成效显著

着眼创新消防管理、提升服务水平，推出消防监督e网信息e网公开、消防监督业务e网受理、咨询举报投诉e网办理、消防重点单位e网管理、消防知识技能e网培训“六个e网”服务平台，实现信息公开最大化、申报受理即时化、业务审批透明化、办理结果公开化、教育培训常态化，在全国公安机关社会管理创新现场会和公安部消防局执法规范化建设现场会上作经验介绍，全国防火部长现场观摩广东创新社会管理试点。探索建立“两办两队两员”为力量架构的基层消防组织，进一步完善“三分三定”消防监管模式。深化执法规范化建设，突出执法质量现场考评、网上考评和业务考核，7 个支队被评为执法质量考评优秀单位。

五、进一步强化社会消防安全教育培训，全民消防安全素质不断提高

一是新闻传媒宣传优势有效发挥。加强与中央电视台、人民日报、中央人民广播电台等主流媒体的沟通，在中央级媒体发布消防宣传片 370 多条，省级新闻媒体 1550 条，专版、专栏、专题 180 个。二是消防宣传氛围浓厚。继续巩固“一报一刊一栏一网一讯一站”六大宣传阵地，省、市、县同步组织开展“119”宣传月、“消防志愿者进家庭”等消防安全系列宣传活动，广东消防网总点击量超过 4850 多万人次。三是消防知识培训广泛普及。结合社会单位“四个能力”建设，进一步落实“消防安全检查培训”制度，充分运用“广东消防网络教育学院”开展宣传教育培训工作。全省 3 所学校被评为“全国消防安全教育示范学校”。全省共举办各类培训班 7186 期，培训 290 万余人，其中培训消防施工单位和设计单位人员 2000 多人、消防控制室值班操作人员 18704 人。

六、全力打造“南粤铁军”，综合应急救援队伍体系基本形成

围绕打造“精干专业、英勇顽强、攻坚克难、敢打必胜”的南粤消防铁军，大力加强灭火救援专业队、攻坚组和专职队集中培训，全面开展“迎亚运·铸铁军”大比武、大竞赛，划分“八大战区”实施跨区域实战演练，扎实做好大跨度大空间建筑灭火救援准备工作，进一步健全完善全勤指挥体系，完成指挥调度三级网建设。大力推进综合应急救援队伍建设，挂牌成立省综合应急救援总队，全省共组建综合应急救援支队 21 个、综合应急救援大队 148 个，组建跨区作战轻、重型机动队 21 支，各类专业队 117 支、队员 1348 人，攻坚组 262 个、队员 1048 人，提前两年完成综合应急救援建队任务。在全国安全生产应急管理广东现场会和公安部应急救援“大连会议”上作经验交流。

七、扎实推进“绩效考核”，部队正规化建设水平明显提升

依托公安消防网，搭建基层干部网上绩效考核和基层中队信息应用两个平台，建立从战士到干部、基层到机关、个人到单位的一体化考核体系，强力推行考核结果与福利待遇、晋职提拔和评先评优“三挂钩”，有效提升官兵素质，促进工作的有效落实。大力践行“三句话”总要求，深入开展“读书·思考·进步”和党委班子建设达标创优活动，突出抓好基层党组织规范化建设，组织“三警三有”和“服务亚运”系列专题教育，不断强化警营文化建设，为出色完成重大任务发挥了强有力的服务和保证作用。深入宣贯《廉政准则》，从严惩处违规违纪问题，不断强化廉洁从政意识，规范廉洁从政行为。全面落实总、支队两级队伍管理责任制，坚持依法从严治警，开展“迎亚运·创五无”安全竞赛活动，强化不间断、全天候督察，队伍保持高度稳定，13 个支队级单位实现“五无”。

八、全面完善“战勤网络”，后勤综合保障能力有效增强

大力开展“战勤保障年”活动，全力推进7个区域性保障中心、6个保障大队建设，战勤保障体系取得重大进展。实施第三轮扶持经济欠发达地区消防装备建设计划，推进第二轮个人防护装备达标活动，投入经费5.8亿元，采购消防车211辆，器材13万余件（套），个人防护装备7万余件（套）。强化经费标准化供应，21个支队本级、168个大队落实消防业务经费最低保障标准，全省争取亚运安保经费近3亿元，业务费突破22亿元，同比增长35%。深入开展财务“监督检查年”活动，着力强化审计监督，全面清理债权债务，部队财经秩序进一步规范。部消防局先后在广东召开全国公安消防部队后勤工作会议和全国消防部队财务规范化建设现场会，推广广东财务规范化建设经验，展示战勤保障、装备技师编配和装备维保体系建设成果。

第二十章　广西壮族自治区消防工作和队伍建设情况

2010年，广西公安消防部队认真贯彻落实胡锦涛总书记“三句话”总要求，深入推进构筑社会消防安全“防火墙”工程和打造公安消防铁军活动，着力提高社会防控火灾能力和消防部队灭火救援水平，圆满完成广西消防发展“十一五”规划、2009—2010年消防重点建设目标以及第七届中国——东盟博览会、中越青年大联欢活动等消防安全保卫任务，实现全区火灾形势和消防队伍持续稳定，为保证广西经济社会又好又快发展提供良好消防安全环境。2010年，全省共发生火灾1287起，死亡32人，受伤14人，直接财产损失6094.2万元，与2009年相比，起数上升16.9%，亡人下降13.5%，伤人下降36.3%，直接财产损失上升22.1%。连续11年未发生群死群伤恶性火灾事故。

一、坚持政府主导，推动责任落实，消防工作社会化有新进步

广西各级党委、政府高度重视消防工作。自治区党委书记郭声琨，自治区主席马飚，自治区党委常委、政法委书记温卡华，自治区副主席梁胜利等领导多次带队深入基层，实地调研、检查、指导消防工作，视察慰问消防部队，并就消防工作作出重要批示、指示。自治区人民政府启动《广西壮族自治区消防条例》修订工作，召开春季防火电视电话会议等5次消防工作会议，印发《关于加强2010年重大火灾隐患整治工作的通知》、《全区构筑社会消防安全“防火墙”工程工作方案》等6份文件，组织自治区公安、住房和城乡建设、民政等有关部门赴全区各地开展4次专项督查和2次检查验收，全力推动消防工作任务落实。柳州、河池、崇左等市将公共消防设施建设纳入本市城市建设项目和政务督察内容，贵港、玉林等市以消防联席会议为平台，坚持每季度召开例会及时通报消防工作情况和重点消防目标建设进度，有效推动消防工作深入发展。全区各地召开消防工作会议320次，出台消防工作文件542份，消防装备、消防队（站）建设和火灾隐患整治等问题得到进一步解决和落实。

二、坚持重点推进，抓好防火改造，农村消防工作有新突破

广西连续三年将少数民族村寨防火改造项目列入自治区人民政府年度主要目标任务和为民办实事项目。公安、消防、发改委等部门密切配合，全力推动农村消防工作。全区三年投入9亿多元，1156个50户以上村寨基本完成水改、电改、灶改、寨改加房改的“4＋1”防火改造任务，改造消除电气隐患

13.4 万户，建成节柴灶 13 万个，开辟防火隔离带 2000 多条；新建消防水池 2468 个 19.4 万立方米，铺设供水管网 3701 公里，安装消火栓 1.2 万个，配备手抬消防泵 2000 多台；购置微型消防车 35 辆、消防摩托车 141 辆，其他消防器材 5 万多件（套），组建志愿消防队 1500 多支。防城港市在全区率先实现所有乡镇建有一专多能消防队，并全部配备微型消防车和消防摩托车。柳州市融水苗族自治县、三江侗族自治县在全国首创成立村寨防火工作管理局，所有乡镇设立村寨防火工作管理办公室，并配备防火助理、消防专干，各村屯设立防火协会和巡寨喊寨员，村寨防火自救能力大大提高，得到国家新农村消防工作检查组高度评价。

三、坚持严查严管，推动关口前移，社会消防管理有新成效

自治区人民政府将全区构筑“防火墙”工程按 3 年分解成 147 项具体指标，层层落实任务，在防城港市召开“防火墙”工程现场推进会并组织年度工作考评。自治区公安厅制定《广西社会单位消防安全“四个能力”建设通用指南和九类场所“四个能力”建设指南》，消防总队开发社会单位消防安全“四个能力”建设应用数字化服务系统。全区所有市、县（区）推动“防火墙”工程实现 5 个 100%：即 100% 召开会议部署，100% 印发实施方案，100% 成立领导机构，100% 签订《“防火墙”工程目标责任书》，100% 开展社会单位消防安全“四个能力”建设。全区各地以人员密集场所、在建工程、高层建筑为重点，组织公安、消防、安监、住建、文化等部门开展 6 次火灾隐患排查整治和 2 次消防产品专项整治行动，消防行政处罚 1197 起，责令“三停”单位 421 家，罚款 1074.4 万元，行政拘留 142 人，查扣假冒伪劣消防产品 1880 件，自治区人民政府挂牌督办的 14 家重大火灾隐患完成整改 13 家。

四、坚持全民消防，加强宣传培训，公众消防素质有新增强

围绕“全民消防，生命至上”主题，广西各级公安消防机构与有关部门及主流媒体密切配合，开展内容丰富、形式多样的消防宣传教育活动。提请自治区公安厅与教育厅联合开展“消防安全教育示范学校”创建活动。创新消防宣传模式，依托广西党员干部现代远程教育系统举办消防知识讲座，在全区 5000 多个公共娱乐场所推广安装消防安全视频点播系统，邀请著名歌手韩红出任广西消防宣传大使。全区举办规模性消防宣传活动 320 多次，培训 1531 个派出所 9650 名民警，培训相关行业人员 2.8 万人次；在中央级媒体刊播广西消防新闻（专题片）606 条（部），在自治区级媒体刊播消防新闻 4055 条，在新华网等网络媒体开设消防专栏 4 个；发放消防宣传资料 180 多万份，播放消防公益广告、张贴挂图、发送消防短信等 1100 多万条（张）。

五、坚持一专多能，打造消防铁军，灭火救援能力有新提升

按照打造消防铁军三年规划，广西

如期完成114个灭火救援攻坚组组建以及集中强化训练任务，增建梧州、北海、贵港、来宾、崇左市等5个消防特勤队。投入1700多万元用于完善训练设施、添置训练器材和比武奖励。举办全区消防部队打造铁军大比武，14支公安现役队和14支专职消防队238名运动员同场竞技。在全国打造公安消防铁军南方地区大比武中，广西代表队取得团体总分第五名。自治区及14个地级市、97个县（市、区）政府依托消防部队挂牌组建应急救援队，征召合同制消防员466人弥补现役消防警力不足，提前超额完成部消防局提出的目标任务。坚持练为战，突出抓好高层、地下建筑、大型商场市场、大跨度大空间等重点场所灭火救援准备工作，开展实战演练750多次，召开战例研讨会128次，技术革新23项，操法创新31项，培训指挥员65期1826人，接警出动7205次，出动警力62954人次，抢救人员3011人，抢救和保护财产价值近4.4亿元，出色完成南宁永凯糖纸公司“5·21”重大火灾扑救和黎南铁路那适2号隧道“7·11”塌方、贵港市“8·13”房屋坍塌事故处置等急难险重任务。抗旱和抗洪抢险一线官兵受到温家宝总理、李建国副委员长等领导亲切慰问并给予高度赞扬。

六、坚持综合保障，深化“三项建设”，基层基础建设有新成效

全区消防部队争取消防业务经费3.6亿元，同比增幅27%；投入1.27亿元，新购执勤消防车63辆、微型消防车17辆，灭火抢险救援器材及防护装备2.3万余件（套），从部消防局争取配发行政车、专勤车等42辆，装备结构得到优化；多渠道争取基建经费7851万元，新建项目19个，维修改造项目21个，其中总队新指挥中心开工建设，广西消防职业技能鉴定站建成投入使用。强力推进信息化建设与应用，争取自治区公安厅批准成立总队、支队两级信通机构，配备专兼职人员173人。落实信息化建设经费6300万元，建成总队至支队、大中队的155兆直联网络，实现三级点对点透明传输；建成高清视频会议系统二级网和移动接入系统，实现移动办公、现场执法和数据采集等功能。完成总队卫星动中通指挥车改造和固定卫星地面站建设，贵港、河池市等10个支队购置移动指挥车，火灾事故现场音视频信号能够实时传输至自治区公安厅和总队指挥中心。柳州、钦州、防城港市支队建成集“四方通话”等功能于一体的智能远程调度系统。广西成为全国首批安装部署一体化消防业务信息系统的总队，在部消防局组织的全国消防部队2010年度信息化工作考核中取得第二名。认真贯彻落实自治区党委、政府决策部署以及“工作落实年”活动要求，规范消防执法、提高行政效能，开展执法示范单位创建和执法大比武活动，制定消防行政许可和非行政许可操作规范，修订公安派出所消防监督检查等3个规定以及7大类64种新法律文书范例，推出消防行政许可6项服务和40多项便民利民措施，16

次组织消防会审和专家论证，审验重大项目25个，纠错100多处，为企业节省资金3亿多元。总队被评为2010年度全区招商引资项目大兑现工作先进单位和自治区公安厅机关2010年度执法勤务先进单位，被公安部消防产品合格评定中心选定为全国消防产品型式认可管理两个试点总队之一。全区没有发生因消防执法过错引起的行政复议、行政诉讼和国家赔偿案件。

七、坚持政治建警，严格部队管理，部队正规化建设有新面貌

全区消防部队深入学习贯彻胡锦涛总书记“三句话”总要求，加强部队思想政治工作，按照“一队一品牌”思路大力开展警营文化建设，举办首届书法美术摄影评比等活动，成功承办公安消防部队第二届“消防卫士杯”乒乓球决赛，在广西公安系统第一届警察运动会中夺得乒乓球团体冠军、女子单打冠军等好成绩，在全区政法系统书画摄影展评活动中有11幅参赛作品获奖。坚持抓班子带队伍，深入推进“三争优”活动，推行团职干部双考制，考核任免团职领导干部85人。总队党委班子被公安部评为“较好班子”，农有良副政委被评为“优秀领导干部”。2个集体和341名官兵荣立战功，3个集体和4名官兵被地方政府记二等功，69个集体、109名官兵受自治区级以上表彰。加强党风廉政建设，推行经济责任告知制度，强化审计监督，对2008年以来立项、在建和竣工的22个项目严格排查治理。抓好案件查办工作，全部受理并办结群众信访30件。严格贯彻落实新条令，深入开展“五无”创建活动，突出抓好抗旱救灾、抗洪抢险等重要时期、重点环节事故预防，强化访查，有效防止各类事故发生。加强士官队伍建设，配齐中队长助理，并享受相应岗位津贴和福利待遇，骨干作用发挥明显，队伍安全稳定。

第二十一章　海南省消防工作和队伍建设情况

2010年是国务院批准实施海南国际旅游岛建设的开局之年，也是海南省消防事业面临重大历史机遇、取得明显成效的一年。海南公安消防总队在省委、省政府和公安部消防局、省公安厅党委的领导下，始终坚持以胡锦涛总书记“三句话”总要求为指导，紧紧围绕国际旅游岛建设，努力做强自己、做实工作，大力加强班子、队伍、业务和基层基础建设，狠抓“防火墙”工程、打造消防铁军和应急救援工作，持续保持了全省火灾形势和部队的高度安全稳定。全年全省共发生火灾1052起，死亡3人，受伤1人，直接财产损失1201.3万元。与上年相比，火灾起数上升4.7%，死亡人数、受伤人数、直接财产损失分别下降50%、80%和18.4%。总队被公安部评为全国消防部队“先进总队党委”，被部消防局评为“安全工作先进总队”和“战训工作先进总队”，被省政府评为“2010年度海南省安全生产工作责任目标考核先进单位”。

一、坚持抓班子和队伍建设

修订完善各级党委建设12项制度机制，组织实施团营职领导干部公开推荐选拔，提拔调整118名领导干部，全部配齐支大队班子，高配40名大队主官，增设18个市县大队警训、政工和后勤岗位干部。组织支大队班子年度考核，评选表彰一批“先进党委”和“先进个人”。召开总队党委扩大会议，大力倡导“学习、争先、创业、务实、廉洁”五种风气。总队和支大队班子成员带头对执行“四个严禁”作出承诺，敢于叫响“向班子看齐、向主官看齐”。召开年度廉政会和纪检工作会，开展廉政准则和警示教育，狠抓工程建设领域和消防收费专项治理，强化审计监督，建立干部风险基金和廉政档案。公安部审计局对总队审计结果评价为“好”，总队被省纪委、省文明委树为“廉政文化进机关示范点”。组织开展为期半年的“建设国际旅游岛，消防怎么办”大讨论活动，强化监督执法和队伍形象品牌。开展学习“三句话”总要求等系列主题教育，举行演讲、书画、公文和宣传舆论引导竞赛。开展文化警营、生态警营创建活动，319名士兵取得大中专文凭。开展“素质能力提升年”活动，举办各类培训班35期，培训干部1500人次。组织防火、战训、政工、后勤等岗位业务竞赛，建立季度网上考试制度，参加全国岗位资格考试合格率83.6%。深入开展“安全双百日竞赛”、“夏季创安”、“五无创建”等活动，狠抓人员、车辆、重点时段和岗位的安全管理，把“防事故、防案件、防违纪”贯穿始终。

二、坚持抓“防火墙”工程

提请省政府印发“防火墙”方案，召开现场会，层层签订责任书。突出旅游和油气化工两个重点，制定旅游场所“四个能力”建设标准，开展“旅游消防安全月”活动，在旅游场所、星级接待酒店和家庭旅馆实行量化管理。对星级旅游接待酒店、旅游景区、家庭旅馆实行100%的排查、100%的整治、100%的指导。全省100%的星级接待酒店和A级景区、70%的家庭旅馆“四个能力”建设达标。省政府召开专题会议、下发通知，总队函告督办，在油气化工企业内部层层落实消防安全责任，开展为期一个月的专项检查。全省一次性投入1.8亿元购置消防装备和灭火药剂，一次性储备灭火泡沫液1500吨。强力推进消防安全“五大”活动，省政府制发方案，专项督察，并召开全省消防安全工作电视电话会议，通报督察情况，作出全面部署。各级政府建立挂牌督办、领导问责机制，各职能部门形成自查自改、群防群治局面，总队实行每日早会制和主官责任制，持续保持排查整治的高压态势。

三、坚持抓应急救援工作

省长罗保铭亲自签发《海南省人民政府关于进一步加强应急救援工作的意见》，省政府召开全省应急救援工作会议，挂牌成立省应急救援总队，与各市县签订目标责任书。截至2010年10月底，全省19个市县区及海口下辖的4个区全部挂牌成立应急救援支大队。着力推动全省31个重点乡镇和开发区、旅游景区多种形式消防队伍建设，新增合同制消防员1000人、企业专（兼）职消防队员1000人、义务（志愿）消防员1万人。全省共建立社区消防服务站1165个，农村消防服务站2926个，在97个重点社区配置了165辆消防摩托车。推动海口、三亚、洋浦三个水陆两用消防站建设，填补海南海上消防力量空白。结合海南区域功能，推动建设琼北、琼南两个综合训练基地。在海口、三亚、洋浦、琼海四市建立战勤保障大队，打造1小时保障圈，努力形成“物资、装备、通信、训练、经费”五位一体的大保障格局。

四、坚持抓打造消防铁军

突出“六熟悉”训练和演练，执勤中队基本做到每周“六熟悉”训练课时不少于3个半天，演练次数不少于3次、夜间不少于1次。组织全省铁军比武竞赛，开展比武科目训练和冬训考核，建立战训岗位津贴制度，对训练成绩突出的单位和个人实施重奖。在全国铁军比武竞赛中，洋浦支队班长张星星夺得攀爬横渡项目第一名，创造全国纪录。部署开展大练兵竞赛活动，细化战斗员、攻坚组、指挥员、大学生干部等各个岗位人员的练兵标准和时间内容。组建全省比武骨干集训队，挑选100人，集训100天，叫响“队队是铁军、个个是铁人”和“一人带一班、一班带一队”。圆满完成博鳌亚洲论坛、国际旅游论坛、国际大帆船拉力赛、环岛国际自行车赛以及“三月三”、“欢乐节”等重大消防保卫任务，实现点上不冒烟、面上无大火、内部无事故。在2010年10月海南特大暴雨抢险救灾中，共出动官兵4086人次，解救被困人员4075人，疏散转移群众3.5万人，抢救财产价值4.42亿元。全年57个集体、268名个人受到省市各级表彰。

五、坚持抓基层基础建设

全年投入基层建设资金1.3亿元，新、改、扩建消防站20个，新增器材装备1.3万件套，新增各类消防车63辆。进一步完善大中队训练场地、攻坚组装备和器材设施，装备技师配备率100%。建成海口、三亚两地148套干部经济适用住房并交付使用，同时抓好支大队干部公寓房建设，新增干部住房237套，基本做到每名干部都有房住。建成全省应急救援指挥中心和总队培训基地，推动完成8个基层大中队营区一体化建设，稳步推进文昌、琼海、儋州、东方四个支队建设。加快三亚水上救援特勤培训基地建设步伐，2011年春节前土建主体已经封顶。争取省政府信息化建设专项资金3600万元，完成指挥中心综合集成、卫星通信网、移动接入系统三个项目的招标采购。坚持为基层办实事，大部分市县将高危行业补贴纳入地方财政预算。2010年全省落实消防事业费达3.32亿元，比上年增长88%。

六、立法和规划工作取得明显进展

11月25日，省人大审议通过新修订的《海南省消防条例》，为进一步落实消防安全责任、推动消防工作社会化提供了法律保障。同时，为适应国际旅游岛发展战略，年初报请省政府批准启动《海南省消防发展规划（2011—2020年）》编制工作，即将组织专家论证，为未来十年消防事业发展打下坚实基础，为解决消防基础设施建设中的用地、资金等重大问题提供了科学依据。公安部刘金国副部长作出批示：“规划是令人鼓舞的，前景广阔，大有希望，大有作为。”

第二十二章　重庆市消防工作和队伍建设情况

2010年，重庆市公安消防部队以胡锦涛总书记“三句话”总要求为指引，紧紧抓住构筑社会消防安全“防火墙”工程和打造山城消防铁军“两大抓手”，推进综合应急救援队伍和战勤综合保障能力“两大建设”，实现基层基础水平和队伍整体形象“两大提升”，全面完成了“十一五”期间的各项工作任务目标。2010年，全市共发生火灾5040起，死亡43人，受伤24人，直接财产损失13689.3万元，与上年相比，火灾起数下降了16.2%，亡人数持平，伤人数下降了14.3%，直接财产损失上升了263.6%，连续13年未发生群死群伤火灾事故。总队党委被评为全国消防部队“先进总队党委”；总队被评为“重庆市文明单位标兵”、“依法行政先进单位”、“安全生产先进单位”；总队特勤支队被党中央、中央军委、国务院授予“抗震救灾英雄群体”、“全国公安系统爱民实践模范”荣誉称号。

一、统筹发展，固本强基，消防工作社会化水平进一步提升

全市各级公安消防部门努力推动消防工作与经济社会协调发展，着力构建点面结合的火灾防范机制，筑牢“平安重庆”消防安全的第一道防线。一是建章立制，消防法规体系日臻完善。在全国率先修订并施行了《重庆市消防条例》，出台了地方标准《城乡社区消防安全管理规范》（DB50/T341－2009），向公安部送审了国家标准《坡地民用建筑防火设计规范》（征求意见稿），顺利推进了6项标准规范编制工作，全市消防法律法规体系进一步健全。二是落实责任，“四位一体”消防工作格局基本形成。提请市政府进一步明确了各级政府及部门的消防工作职责，健全了市、区（县）、镇（乡）防火安全委员会三级架构，推动消防执法联动机制不断完善。大力推进社会单位“四个能力”建设，分行业、分系统编制7类建设标准，打造重庆理工大学、西城天街等4个样板单位；编制培训教材，培训消防安全管理、从业人员40余万人次；分级考核验收，全市人员密集场所消防安全重点单位“四个能力”建设基本达标。三是统筹城乡，农村、社区火灾防控能力不断增强。全面实施《城乡社区消防安全管理规范》，开展“城乡消防安全示范社区”创建活动，全市1009个乡镇（街道）全部成立消防安全管理办公室，10960个村（居）全部设立消防工作小组。全市累计投入9280万元，建成专兼职消防队845支，志愿消防队10960支，拥有专兼职消防队员1万余人、志愿消防队员15万余人，完成了多种形式消防队伍三年规划攻坚任务，形成了以公安现役为主导、专兼职消防队和志愿消防队为补充、覆盖城乡的消防力量体系。

二、服务民生，重点突破，公共消防安全环境进一步优化

全市消防部队牢固树立大局意识、忧患意识、主业意识，经受住了消防现实斗争的重大考验，以决战决胜的姿态全力保障了民生民安。一是贴近民心，服务"五个重庆"建设大局能力逐步彰显。全市消防部队坚持"执政为民，服务发展"的理念，持续强化和延伸消防服务，将消防政务信息纳入阳光警务查询系统，稳步推进派出所消防工作，进一步精简办事程序，规范消防监督执法工作，加强消防安全源头管控，强化建筑消防设施、消防产品监督管理，主动跟进重大民生工程，对接全市公租房、寸滩保税港建设等重点项目，全力支持万州第二大城市建设。开展"执法规范化建设示范单位"创建活动，九龙坡区消防支队被评为"全国公安机关执法示范单位"，队伍执法理念更加端正，执法形象大幅提升。二是情系民安，火灾隐患整治模式逐步形成。调动公安派出所和社区、村组基层力量，采取部门联动执法、跨区域交叉检查、集中清查等措施，针对重点地区、重大场所、重要目标，开展消防安全监督检查7万余次，检查单位6.4万余家，下发责令改正文书近3万份，强力督促整改了一大批火灾隐患，确保了上海世博、亚运等重大消防安全保卫任务万无一失。尤其上海"11·15"火灾发生后，全市消防部队高强度工作、超负荷运转，倾力策动大排查、大整治、大执法以及建筑消防设施等11个专项整治，出重拳、严整治，开展的三次大规模、超常规"巴渝风暴"行动，得到了社会各界的充分肯定。三是惠及民生，群众消防安全意识和自防自救能力逐步增强。建立健全媒体联动机制，出台突发事件应急宣传办法，深入开展消防宣传"五进"活动，利用"网络媒体看重庆消防"、"一法一例一规"网络竞赛、"全民消防、生命至上"消防宣传周、《重庆市消防条例》启动仪式等多种形式，不断扩大消防宣传影响力；利用3G无线技术设置"119信息在线"电子屏2500余个，通过农民版画、灯戏等民间艺术，提升消防宣传内涵。全年，实施消防教育培训3433期，组织消防志愿者30万人（次），开展宣传活动3700余次，消防演出200余场，承办的《走近中国消防》卫星电视栏目全国收视份额达0.8%。

三、创新发展，精武砺兵，灭火应急救援能力进一步增强

积极探索山城消防精兵强兵之路，努力开创打造消防铁军建设和应急救援工作新局面。一是创建综合应急救援力量体系。提请市政府编制了三年规划，成立了重庆市应急救援总队，创建了专业救援队伍和综合保障队伍相结合的"8+1"建队模式，在全市组建综合应急救援支队41支、镇（街）综合应急救援大队1011支，村（居委会）综合应急救援中队10954支，提前两年构建了四级应急救援力量体系。二是深化打造山城消防铁军。紧扣灭火救援实战需要，提前完成了全市200个灭火救援攻坚组、800名攻坚队员培训任务，实现了翻倍建设目标。以赛促训，组织7个片区开展业务竞赛，举办了第八届消防业务运动会暨攻坚组比武，有效提升了部队攻坚打赢能力。在承办的全国消防部队打造铁军南方地区比武竞赛中，总队夺得了11个竞赛项目中的6个第一，荣获南片区铁军比武团体冠军，取得了办赛、参赛“双丰收”。三是着力夯实战训基础工作。针对重庆地域和灾害事故特点，编制6类典型火灾扑救规程，完善分类、分级处置力量编成，全市50米以上高层建筑全部制定三维灭火救援预案，部队整体实战能力进一步提升。加强多种形式消防队伍建设管理指导，组织开展了区域性业务竞赛，“联勤、联训、联战”机制逐步完善。2010年，全市消防部队共接警出动3.7万余次，出动消防车5.2万余辆次，消防官兵36.8万余人次，抢救被困人员3902人，抢救财产价值53.7亿元。在青海玉树地震中，总队官兵千里驰援，成功搜救埋压人员24人（生还2人），转移安置受灾群众300余人，救助伤员50余人；在长寿煤矿透水以及全市抗洪救灾等急难险重任务中，消防官兵不畏艰险，冲锋在前，经受住了重大考验，孟建柱部长称赞“重庆消防很有战斗力”、“在汶川、玉树，重庆消防都冲锋在前，立了大功”。

四、抢抓机遇，积极作为，勤务综合保障实力进一步加强

把握重庆发展态势，争取各级党委政府对消防工作和部队建设的重视支持，强力推进重大建设，切实保障灭火应急救援形势需要。一是加大经费保障力度。各级消防部队在地方行政经费普遍压缩的情况下，积极协调争取支持，全年累计争取各类经费达12.7亿元，较上年增长57%，总队本级争取经费首次突破亿元大关。二是加快推进基础建设。国家（重庆）陆地搜救与救护基地暨总队特勤模拟训练基地一期工程建设已经完工，三峡库区（万州）综合应急救援中心项目建设已报国务院审批。战勤物资仓库、仙女山干部休养所等项目进展顺利，消防职业鉴定中心建成使用，6个支（大）队指挥中心、16个消防站开工建设，2个消防大队办公楼迁建并投入使用。启动了第二批战勤保障大队建设，逐步形成了规划合理、点面结合的消防基础设施建设布局。三是加快信息化建设。全面启动应急通信网络、移动指挥中心、信息中心改扩建工作，研发消防水源卫星定位管理系统，为实战提供科技支撑，进一步提高了消防警务信息化建设水平。四是优化消防装备结构。立足实战需要，新购消防车77辆，配备冲锋舟40艘，新增各类器材1.2万余件（套），联合地方企业研发消防装甲车，配齐消防铁军攻坚组器材装备，提前超额完成第三期公安消防特勤队伍装备建设任务。加大消防专勤装备建设投入力度，78米举高消防车配置到位并投入执勤，满足了高层建筑火灾扑救需要。健全完善了战勤保障体系，修订九类预案并组织开展演练，在"4·14"青海玉树抗震救灾、"7·19"重庆城口堰塞湖抢险救援等重大战斗任务中发挥了突出作用。

五、教管并重，激发活力，队伍精神面貌进一步提振

围绕胡锦涛总书记"三句话"总要求，加强官兵理想信念教育，激励官兵忠诚履职，激发队伍生机与活力。一是搭平台，让思想政治教育"活起来"。根据重庆地域特色，开辟了6个政治工作协作区，以协作区教育为平台，以《思想政治教育大纲》宣贯为主线，以"践行'三句话'，推动新发展"教育活动为契机，以"星级中队"创评为载体，狠抓经常性教育，掀起了"创先争优"活动热潮。二是重人文，让警营文化建设"亮起来"。大力推进"文化建警"工程，积极培养消防文体人才，深入开展《重庆消防员誓词》创作、宣誓活动，生动展示"一队一精品"警营文化成果，总队13次代表市公安局参加重庆市"唱读讲传"汇报演出和"中华红歌会"大型文艺演出。三是抓培训，让官兵能力素质"高起来"。以培育"会说、会写、会做、会指导、会调研"的"五会"干部为基点，大规模、全方位、深层次开展"大教育、大培训"系统工程，分司、政、后、防、医五大专业开展全员比武竞赛，使官兵个人综合素质和履职能力明显提高。四是正风气，让队伍整体形象"好起来"。大力开展"除积弊、正风气、强素质、树形象"教育整顿活动，建立了廉政教育基地，在全国率先出台了廉洁执法跟踪监督制度、工程建设"十不准"规定，组织开展了"亲民爱民建雷锋式警队"、"访贫问苦结穷亲"等爱民实践活动。2010年，为重点项目解决消防技术难题73件，定点帮扶困难群众177人，捐献慰问金10.2万元、捐物1082件，总队连续5年排在市级部门"执政为民，服务发展"考评工作前列，为服务"平安重庆"建设做出了突出贡献。

第二十三章　四川省消防工作和队伍建设情况

2010年，四川省消防工作和部队建设在省委、省政府和省公安厅党委的领导下，坚持以科学发展观为指导，认真践行胡锦涛总书记“三句话”总要求，紧紧围绕“西部第一、全国一流”的目标，全力确保火灾形势和部队管理“两个稳定”，深入推进“三项建设”和“三项重点工作”，圆满完成了各项工作任务，为全省经济社会发展创造了良好的消防安全环境。全省共发生火灾6204起，死亡37人，伤21人，直接财产损失11197.8万元，与上年相比，火灾亡人数和伤人数分别下降27%和50%，连续9年杜绝了群死群伤和重特大火灾事故的发生。

一、扎实推进“防火墙”工程建设，消防工作社会化进程进一步推进

公安部部署开展构筑社会消防安全“防火墙”工程后，总队提请省政府将“防火墙”工程作为政府工程推进实施，召开了构筑社会消防安全“防火墙”工程现场推进会，制定下发了《关于构筑社会消防安全“防火墙”工程的实施意见》和《四川省社会单位“四个能力”建设及验收标准》，并组织省直有关部门对《四川省消防条例（修订草案）》进行了调研论证，报省人大审议通过，为推进“防火墙”工程深入开展提供了有力的政策支撑，省政府蒋巨峰省长，张作哈、李成云、王宁副省长等省领导多次听取消防工作汇报、作出批示指示，进一步推进了各级政府消防工作职责的落实。总队组织召开了构筑社会消防安全“防火墙”工程新闻通气会，深入宣传构筑“防火墙”工程的重要意义和内容标准，有效推进了构筑社会消防安全“防火墙”工程的深入开展。各地消防部队积极报请当地政府出台实施方案，大力推动行业和系统主管部门深入开展“四个能力”建设培训和试点，制作规范社会单位消防工作相关表册、消防安全标志，全力打造政府部门落实消防工作责任、农村社区消防安全群防群治工作等“八大样板”，积极落实社会单位消防安全标准化管理，落实社会单位消防安全管理责任，全省基本建立了消防工作领导部署、议事决策、投入保障、联合执法、督导检查和考核奖惩等六项机制和火灾隐患分级整治工作模式，初步形成了“政府统一领导，部门依法监管，单位全面负责，公民积极参与”的社会化消防工作格局。

二、深入开展火灾隐患排查整治，社会消防安全环境进一步改善

以预防重特大火灾和群死群伤恶性火灾为重点，以专项行动为抓手，重点开展了高层地下建筑、石油化工企业、中小学校舍、消防产品以及建筑消防设施消防安全专项整治，突出抓好大型活动场所、灾民安置点、涉藏地区、秋冬季等容易导致群死群伤火灾和引发不良社会影响的场所、区域和特殊时段的消防安全管理，对排查出的火灾隐患，严格执行“三停四罚”、“三停五罚”和“六个一律不准”等刚性措施，始终保持整治火灾隐患的高压态势。特别是上海“11·15”特大火灾事故发生后，总队报请省政府召开紧急会议，启动省、市、县、乡四级火灾隐患排查整治“百日会战”，对全省在建工程、高层建筑和人员密集场所实施拉网式排查，逐一登记造册，建立火灾隐患排查整治台账，对未经消防审核验收的工程、场所全部责令关闭和实施查封，严厉打击了一批消防违法行为，有效避免了重特大和群死群伤火灾事故的发生。

三、强势推进消防安全宣传教育，全民消防安全素质进一步提升

一是积极创新消防宣传形式。总队制定了《关于利用消防宣传教育资料广泛开展宣传工作的通知》，编辑出版了《消防时代》、《四川消防》、《中国西部科技》等消防专业刊物，引导各级公安消防机构依托广播、电视、报刊、网络等媒体，加大消防宣传力度，延伸消防宣传触角，全年共开展千人以上大型消防宣传活动143次，对外开放消防站1660次，接纳参观人数14万人，开展消防安全教育培训965批次，培训各类人员48000余人。二是深入开展主题宣传活动。总队在全省开展了以“全民消防、生命至上”为主题的“您好，我是消防员”消防日大型互动宣传系列活动，实现了消防宣传规模和社会宣传效应的双突破，学校消防宣传教育“5个100%”经验和“家庭自救逃生计划”在全国推广。三是扎实做好重大工作专题宣传报道。总队与中国新闻社、四川新闻网等媒体合作，通过召开新闻媒体通气会、派员随队深入一线、启动四川消防新闻宣传应急联动机制，建立新华社四川分社消防通讯员队伍，全力做好“打造天府消防铁军”、构筑社会消防安全“防火墙”以及青海玉树地震、甘肃舟曲泥石流等重大工作专题宣传报道，形成了良好的社会效应。

四、大力提升消防监督执法水平，人民群众满意度进一步提高

一是大力加强执法工作指导。总队定期收集、评议各支队防火工作数据和在执法中遇到的问题，及时答疑解惑并通报情况，推进了消防监督执法工作的开展。二是深入开展执法质量考评。总队组织开展了年度执法质量考评，将21个支队划分为3种类型，评选了4个支队和10个大队作为省级执法示范单位，其中，金牛大队“1441”工作法在全国执法规范化建设现场会上作经验发言，得到了部消防局领导的高度肯定。三是积极破解执法工作难题。总队制定下发了《关于明确执行<建设工程消防监督管理规定>有关问题的通知》和《关于进一步加强火灾事故调查工作的意见》等规范性文件，对建设工程管辖权限、备案抽查比例等一系列有关问题作出了明确规定，全省火灾事故调查率、查清率分别上升了3%、4%。

五、扎实开展执勤岗位练兵，打造天府消防铁军工作进一步深化

总队将打造天府消防铁军作为提升部队攻坚克难能力的有力抓手，不断深化技战术改革创新，深入开展全员执勤岗位练兵比武，组建了灭火救援攻坚队伍，全省共组建攻坚组142个，开展了3批次、20多个创新项目的攻坚集训，培训指挥长800人，考核培训灭火救援攻坚骨干574名，“天府消防铁军”在全国打造消防铁军南方片区比武竞赛中位列前三名。部署开展了两次消防员训练等级达标工作和作战效能评估，修订完善了总队、支队、大（中）队三级七类典型灾害事故预案，组织全省五个战区开展了跨区域作战演练及油罐火灾扑救、气田灭火救援、地震拉动演习等科目演练，信息共享、协作训练、快速反应、应急保障等跨区域作战机制进一步完善，部队攻坚克难能力显著增强。2010年，全省消防部队共接警出动63689起，出动官兵453880人次，车辆82497辆次，抢救群众9221人，疏散60812人，圆满完成了多次灭火救援和重大自然灾害事故抢险救援任务，特别在“4·14”青海玉树地震、“8·8”甘肃舟曲特大山洪泥石流抢险救援中，全省消防官兵反应迅速、不怕疲劳、高效救援，第一时间抢救疏散遇险群众2417人，搜寻转移遇难者182人，挽救经济损失3亿元，受到了各级领导和人民群众的高度赞誉。

六、全力推动综合应急救援队伍建设，部队应急处置能力进一步提升

总队报请省政府依托消防部队组建了省级紧急机动救援队，全省14个市（州）政府依托消防部队成立了市级综合应急救援支队，88个县（区）政府依托消防部队成立了县级综合应急救援大队，省、市、县三级应急救援队伍体系基本形成；在全省组建了10个地震重型搜救队、12个轻型搜救队和1个搜救犬分队，更新完善了省、市、县三级灭火救援专家库，增强了应急救援的技术支持，强化了应急救援队伍的规范化、专业化和多功能化建设，建立了反应快速的专家咨询制度和联动机制。

七、全面加快基层基础建设，部队发展基础进一步夯实

一是装备建设取得重大突破。各地按《灭火救援攻坚班建设暂行规定（试行）》要求，落实资金3000余万元，配齐了攻坚组装备。全省消防部队新购置各类消防车143辆，新增各类灭火救援器材和个人防护装备4.5万件（套），全省现有执勤车辆达到901辆，器材装备达到17.6万件（套），实现了数量和质量双突破。二是信息化建设再上台阶。积极争取省政府及省发改委、省财政厅等部门支持，落实信息化建设地方财政投入3733万元，全省19个支队完成了指挥中心建设和系统升级，总队及成都支队2辆“动中通”卫星指挥车和2个卫星地面站正式投入执勤备战并加入部消防局卫星通信网，消防二、三级专网220条线路建成连通，全省201个视频会议室、226个点位远程监控及移动接入设备和相关网络设备全部落实到位。三是战勤保障水平取得新提升。总队在全省范围内编配了装备技师190名，建立了装备维护社会人才库，购置了野战炊事车、加油车、器材检修车等保障车辆，投入200余万元用于西南应急物资储备库改造。各地消防部队进一步加大战勤保障力度，成都支队投入7823万元建设的战勤保障大队已投入执勤，内江、南充完成了战勤保障大队营房建设，提升了战勤保障效能。

八、狠抓队伍管理，部队正规化建设水平进一步提升

总队高度重视部队安全稳定工作，先后4次召开全省消防部队安全管理工作电视电话会议，对各阶段和特殊时期的部队安全管理工作进行部署；大力加强部队正规化建设，组织召开了部队正规化建设现场会，制定印发了《正规化管理示范》、《三个经常性工作》手册等规章制度，重点加强了营区内外、执勤训练和灭火救援行动的安全教育管理，强化车辆安全管控，对部队车辆违法违章行为抄告通报，坚决遏制违章驾驶和公车私用，进一步消除了安全事故隐患和源头。加大督导检查工作力度，部署开展了“反四违、保安全”专项督察行动，由总队党委成员带队，对23个支队级单位，115个基层大、中队进行了督察。全年共排查各类安全隐患70余个，梳理突出问题40余个，督促落实整改措施160条，整改率达100%，有效遏制了各类事故案件的发生，确保了部队高度安全稳定。

第二十四章　贵州省消防工作和队伍建设情况

2010年，贵州省公安消防总队在省委、省政府和公安厅的领导下，坚持以科学发展观为统领，认真学习贯彻胡锦涛总书记“三句话”总要求，团结协作，锐意进取，开拓创新，出色完成了各项急、难、险、重灭火救援任务。2010年，全省共发生火灾1661起，死亡73人，伤41人，直接财产损失4566.2万元，与上年相比，起数上升83.3%，死亡人数下降20.8%，伤人数上升17.2%，直接财产损失上升26%。全省消防工作和队伍建设得到了国务院、公安部、公安部消防局以及省委、省政府的充分肯定，涌现出了一大批先进单位和个人，1名官兵被中共中央、国务院授予“上海世博会先进个人”荣誉称号，总队党委被中共贵州省委授予“全省抗旱救灾先进党组织”荣誉称号，总队及4个支队、大队被省政府授予“全省抗旱救灾和森林防火工作先进集体”荣誉称号，8个单位被记“全省抗旱救灾和森林防火工作集体一等功”，2人被省政府授予“全省抗旱救灾和森林防火工作先进个人”荣誉称号，16人被省政府授予“全省抗旱救灾和森林防火工作个人一等功”。

一、加强政府消防工作责任制建设，社会化消防工作深入推进

全省各级党委、政府和公安机关对消防工作和队伍建设高度重视，省委书记栗战书，省长赵克志，省委副书记王富玉，省委常委、常务副省长王晓东，省委常委、副省长黄康生，省委常委、政法委书记、公安厅长崔亚东，副省长孙国强、辛维光以及各地党政主要领导多次主持召开会议，研究消防工作和部队建设重大问题，并作出重要指示和批示，省十一届人大常委会第十八次会议审议通过了《贵州省消防条例》。总队提请省政府制定了《贵州省消防工作行政责任规定》，出台了《贵州省消防行政处罚自由裁量标准》等首批10项执法制度；提请省公安厅修订了《贵州省公安派出所消防监督工作规定》；制定了《贵州省建设工程消防监督管理办法》（试行）和《贵州省建设工程消防技术专家评审规程（暂行）》等规范性文件；各级政府建立了消防工作联席会议制度和年度消防工作考核奖惩机制，进一步健全了消防法规体系，完善了消防安全责任体系，有力推进了消防工作社会化进程。

二、加强思想政治工作和队伍建设，部队焕发新的生机与活力

坚持以胡锦涛总书记“三句话”总要求为思想政治建设的根本指针，切实强化官兵思想政治教育，扎实推进基层党组织规范化建设和新一轮基层基础建设达标创优工作。坚持创新思想政治教育方式，开办了“网络大讲坛”，形成了“名师开讲坛、千人同受益”的教育工作长效机制。加强警营文化建设，积极创建“一队一特色”的警营文化建设模式，各基层单位在营区内建立了警营文化长廊、语音广播系统和视频教室、“影视吧”等，并通过与爱国主义教育基地、学校等共建单位结对子等形式开展教育，有效拓展了警营文化生活阵地和经常性思想政治工作阵地，提升了思想政治工作水平，坚定了官兵理想信念。扎实做好官兵心理工作，狠抓“六个一”工程建设，组建了心理健康服务站，构建了覆盖全省消防部队的心理工作骨干队伍。加强干部队伍建设，制定出台了《副团级以下干部选拔任用工作程序规定（试行）》等系列规章制度，提高了选人用人的公信力；着力强化干部教育培训，举办干部业务培训班12期，培训干部4610人次。加强纪律作风建设，制定了《贵州省消防部队加强管理教育“双十条”警规》；深入推进部队精细化管理，建立了远程监控视频督察制度，确保了部队高度安全稳定。大力开展爱民实践活动，开展了“落实总理嘱托、滋润百姓心田”主题实践活动和“红水桶”大型公益行动，为灾区送水80218吨，浇灌农作物25524亩，惠及群众286.94万人；联合民进中央、省红十字会开展了“春雨行动”和“抗旱救灾送粮送温暖助春耕行动”，向54个重点受灾县捐赠抗旱资金及生产、生活类物资总价值达6千多万元，更加密切了警民关系。

三、突出筑牢“防火墙”工程，消防安全环境明显优化

总队提请省政府对构筑“防火墙”工程进行了专题部署，将构筑“防火墙”工程纳入各级政府和公安机关责任目标和绩效考评内容，全省各级各部门召开消防工作会议875次，下发消防工作文件1337份，签订消防工作责任书10.4万份，对消防工作作出批示指示521次，政府领导带队开展消防安全检查748次；部署开展了以人员密集场所、易燃易爆化学物品单位、高层地下建筑、农村50户以上村寨为主要内容的消防安全专项整治行动，各级政府挂牌督办重大火灾隐患单位100个，隐患整改率达到100%；总队与省建设厅联合出台了《全省建筑施工监理从业人员消防安全工作的实施意见》，狠抓建筑工程监理，有效解决了建筑工地消防责任不落实的问题。加强农村消防工作，提请省发改委、省旅游局和省公安厅联合投入150万元，完善了雷山县西江千户苗寨消防基础设施建设，总队投入29万元，为千户苗寨1333户每户配备2具灭火器和部分消防水枪、水带以及机动泵等器材，进一步增强了农村抵御火灾的能力。

四、着力打造贵州消防铁军，部队灭火救援能力全面提升

深入推进打造消防铁军工作，建立完善了勤务实战、社会联动和战区联防联战等八项练兵机制，构建了总、支、大、中队四级灭火救援体系。深化岗位练兵活动，组织开展了2010年度打造铁军练兵大比武活动，举办了2期灭火救援攻坚组培训班，组建了100个灭火救援攻坚组，在全国消防部队南片区打造消防铁军比武竞赛中取得了团体总分第六名的较好成绩。扎实推进综合应急救援队伍建设，省、市两级政府依托公安消防部队组建了应急救援总队和9个应急救援支队，84%的县（市、区）政府依托消防部队组建了应急救援大队，同时总队还组建了4支跨区域地震救援搜救队、4支搜救犬分队及森林火灾扑救机动队、化学事故处置专业队。在“6·28”关岭特大山体滑坡事故处置中，消防部队第一时间深入现场展开拉网式搜救，疏散转移被困群众400余人。

五、强化消防宣传教育，社会消防安全意识不断提高

总队坚持“消防工作，宣传先行”的工作信念，以消防宣传“七进”工作为重点，组织开展了“5·12”防灾减灾日、消防安全月、“119”消防宣传周、“红水桶”大型消防公益行动，深入开展消防宣传“五进”活动。积极创新消防宣传形式，以贴近实际，贴近群众，贴近生活的宣传手段，多方位、多视角、多渠道开展消防宣传教育，总队与贵州阿幼朵文化传播有限公司、雷山县政府在西江千户苗寨联合摄制了全国首部以反映农村消防工作为题材的电影《苗乡情》。努力拓展消防宣传渠道，贵州消防教育馆被确定为全国中小学生校外消防安全培训基地首批示范点，全省3所学校被公安部、教育部评为“全国消防安全教育示范学校”。加大媒体宣传力度，全省消防部队在中央、省级新闻媒体发稿8375篇，在各级各类媒体开辟消防专题专栏86个，组织开展大型消防宣传活动450余次，张贴悬挂标语11000余幅，发放宣传品30万份，动员和组织消防志愿者开展活动14000次，受教育群众达600余万人，切实做到了“报上有文、电视有影、广播有声、信息有量”，营造了浓厚的消防宣传氛围。

六、强化基层基础建设，部队后勤保障能力显著增强

积极争取经费支持，全年全省共争取地方财政经费5.78亿元（其中含地方政府代建的营房和财政直接采购的器材装备物资经费1.17亿元），同比增长107.91%。加大营房建设力度，启动了全省9个无公安消防站县的营房建设，“县县有公安消防站”的目标即将实现；加快总队训练基地建设步伐，第一期工程已基本完工；推进公寓房和干部住房建设，投入1400余万元，对基层部队营房、设施进行完善和更新。大力加强消防信息化建设，全省共投入800万元完成了二、三级视频专网升级改造和各级信息中心服务器等硬件设施采购工作，完成了总队消防信息网和总队综合业务办公化系统的升级改版工作。加强消防装备建设，全省共投入6916.61万元，购置各类执勤消防车168辆，争取中央、省、地三级配套资金8800余万元，完成了108个攻坚组装备和部分支队战勤保障车辆购置任务；总队组织举办了全省消防部队装备技师培训班，121名装备技术骨干取得了装备技师资格，部队综合保障能力进一步增强。

第二十五章　云南省消防工作和队伍建设情况

2010年，云南省消防工作和部队建设在省委、省政府和公安厅的领导下，坚持以科学发展观为统领，深入学习贯彻胡锦涛总书记“三句话”总要求，以确保火灾形势持续平稳和部队安全稳定为目标，以纵深推进部队建设与发展“三年规划”为主线，以筑牢“防火墙”工程和打造云岭消防铁军为抓手，进一步丰富发展“亲民消防、法治消防、专业消防、数字消防、社会消防、魅力消防”六大战略，巩固完善“思想基础、组织保证、队伍管理、素质建设、监督执法、应急救援、信息通信、火灾防控、后勤保障、责任落实”十大体系，在挑战中寻求机遇，在实干中创造佳绩，各项工作呈现出创新发展、整体推进的良好态势。2010年，全省共发生火灾2069起，亡64人，伤20人，直接财产损失7363.9万元，与上年相比，火灾起数下降4.8%，亡人数持平，伤人数下降25.9%，有效预防和遏制了重特大火灾尤其是群死群伤恶性火灾事故的发生。总队党委被公安部评为“先进总队党委”，全省消防部队有4个单位荣立集体二等功，21个单位荣立集体三等功，4个单位、7名个人被省委、省政府表彰为抗旱救灾先进集体和个人，14个单位被评为“省级青年文明号”，1人当选云南省第二届“百姓最喜爱的十大人民警察”。

一、发展环境更加优化

省委、省政府高度重视消防安全工作，省委书记、省人大常委会主任白恩培，省委副书记、省长秦光荣，省委常委、政法委书记、公安厅厅长孟苏铁，副省长曹建方等领导同志多次专题听取消防工作情况汇报，研究解决消防工作和部队建设重大问题，曹建方副省长专门带队启动“省长消防日”检查活动，省、州（市）级党委政府领导带队调研和检查指导消防工作283次，州（市）级以上政府先后召开研究消防工作的常务会议和办公会议46次，有效提升了各级、各部门抓消防工作的主动性。总队提请省政府下发了《进一步加强消防工作的意见》，成立了消防安全委员会，2次召开专题会议部署消防工作，省十一届人大常委会第十九次会议审议通过了《云南省消防条例》，为进一步做好消防工作提供了政策支撑。各级公安消防部队将消防工作纳入经济社会发展大局来推进，普遍提请本级政府调整充实消防安全委员会，建立并实施消防安全目标管理责任制考评制度，建立完善消防工作联席会议、工作问责等机制，构筑了“横向到边、纵向到底”的消防工作责任体系。

二、部队建设更加正规

一是狠抓领导班子建设。坚持抓好

班子、带好队伍，制定实施了加强和改进党的建设《三年规划》，持续开展了“云岭消防党旗红”和“争创一个好班子、争当一对好主官”活动，建立了团职干部公开选拔机制，规范了干部选拔任用和竞争激励机制，各级党委班子核心领导作用日益凸显，部队上下形成了团结干事、共谋发展的良好局面。二是努力提升官兵思想和业务素质。深入推进思想政治教育大纲宣贯试点工作，积极探索思想政治教育规范化建设，开展了警营文化“创先争优”评比活动，唱响“云岭消防之歌”，思想政治教育工作成效明显；坚持素质强警，出台了进一步提高队伍素质的意见，定期组织开展大规模业务培训和岗位练兵比武活动，鼓励官兵参加学历教育和在职培训，队伍能力素质明显增强。三是大力推行部队精细化管理。在全省消防部队组织开展了“安全日”、“安全月”和“安全流动红旗评比”、“五无”创建等活动，采取试点规范、召开现场会等形式深入宣贯新共同条令，建立健全监管防范机制，有效预防了各类事故案件的发生，保持了部队高度安全稳定。四是突出抓好廉政建设。总队制定了反腐倡廉教育计划，严格落实党风廉政责任制和领导干部述职述廉、诫勉谈话等制度，积极推行“阳光作业”，在重大基建工程、大宗物资采购等敏感问题上一律实行公开招标，要求各级领导干部严格遵守“五讲五带头”承诺（即讲学习，带头提升政治素养；讲党性，带头坚定理想信念；讲纪律，带头做到按章办事；讲道德，带头做到风清气正；讲和谐，带头做到倡廉助廉），赢得了官兵的信赖和尊重。

三、火灾防控基础更加扎实

总队提请省政府把消防工作纳入经济社会发展规划纲要，批准启动了“十二五”时期消防工作发展规划编制工作，部署开展了构筑社会消防安全“云岭防火墙”工程建设，为推进消防发展提供了组织领导保证。各级政府把构筑“云岭防火墙”工程作为“政府工程”强力推进，专门发文部署、组织召开现场会，深入开展推进平安消防县（市、区）和“零火灾”乡镇（村寨）创建活动，3645 家社会单位达到了消防安全“四个能力”建设标准。加强农村公共消防基础设施建设，深入实施“乡乡、村村有消防队”工程，新组建乡镇政府专职消防队 162 支、企业专职消防队 25 支、志愿消防队 910 余支；稳步推进人员密集场所火灾公众责任险，农村房屋火灾财产保险投保覆盖率达 99%。总队围绕上海世博会、广州亚运会和重大节事活动消防安保，集中开展了“重大火灾隐患政府挂牌整治月”、“抗大旱、迎世博、除隐患、保平安”专项治理和“云岭平安”系列活动，部署了消防安全“五大”活动，查处整治火灾隐患 23369 处，145 家政府督办重大火灾隐患单位提前整改销案。总队联合省委宣传部下发了《关于进一步加强消防宣传工作的通知》，提请省政府举行了“119”消防日系列宣传活动启动暨省综合应急救援总队成立仪式、“七彩公交·消防你我他”、“119 米”平安祝福画卷传递、百场火场逃生疏散演练、百名记者（作家）话消防等系列活动，在社会上引起了良好反响。

四、灭火救援体系更加完善

总队提请省政府出台了加强应急救援队伍建设的意见，组建了综合应急救援总队，所有州(市)、县(市、区)均依托消防部队组建了综合应急救援队伍，提前2年完成了建队任务，同时调整了省应急救援中心和特勤支队规划，提请部消防局批准建设了昆明消防搜救犬培训基地。深化打造“云岭消防铁军”，组建攻坚组159个，组织2期、共426名灭火救援攻坚组队员开展了集中轮训，争取省级攻坚组装备建设配套经费4900万元，灭火救援攻坚组装备建设三年规划稳步推进。建立了灾情等级力量调派和战勤保障机制，深入开展基层指挥员培训、攻坚组大比武和实战测试演练，首次举行了滇中协作区跨区域地震灾害救援拉动训练，部队灭火应急救援实战能力大幅提升，圆满完成了曲靖马龙“6·25”洪涝和昭通巧家“7·13”、怒江贡山“8·18”、保山隆阳“9·1”泥石流灾害事故救援等急难险重任务。特别是全省遭遇百年不遇特大旱灾时期，总队党委坚决响应省委、省政府号召，全面打响“云岭消防抗旱救灾先锋行动”，出动官兵20.4万余人次、车辆7.2万余辆次，送水28.8万余吨，帮助630余万群众解决了饮水困难；参与扑救森林火灾432起，保护了村寨和文物古建筑、寺院等单位365个，总队是参战时间最早、作战面最广、持续时间最长、作用发挥最为明显的单位之一，4个单位、7名个人被省委、省政府表彰为抗旱救灾先进集体和个人，受到了各级党委、政府和人民群众的高度赞誉。

五、基层基础建设更加巩固

一是积极争取经费支持。全省消防部队不断加大地方党委政府的重视和支持力度，所有基层单位业务经费呈现了稳步增长势头，全省共投入消防经费7.15亿元，年均增幅达44%，经费投入水平创历史新高。二是强化基层基础建设。组织开展了“百名校官业务能手下基层帮促”活动，投入4812万元为基层办“九件实事”，全省新改扩建营房15个，新增营区216.4亩、营房面积5.2万平方米，顺利完成了大理、红河战勤保障大队建设，玉溪战勤保障大队建设稳步推进，总队培训基地和地震灾害救援专业训练基地一期工程竣工并投入使用。三是加强信息化建设。加快网络基础建设升级改造，稳步推进卫星通信网和移动指挥中心建设，8个支队完成了信息通信指挥中心改造。四是加强消防装备建设。全省消防部队投入经费2.08亿元，新购消防车171辆、器材装备2.88万件套，特种防护、抢险救援装备器材配备率大幅提升，举高消防车、涡喷消防车等一大批新型技术装备陆续配备，器材装备投入之大、数量之多创历史之最。

第二十六章　西藏自治区消防工作和队伍建设情况

2010年，西藏公安消防部队在各级党委、政府和公安机关的坚强领导下，牢记胡锦涛总书记“三句话”总要求，深入贯彻落实中央第五次西藏工作座谈会、全国公安消防部队2010年度工作电视电话会议和全区公安局处长电视电话会议精神，以确保队伍管理和火灾形势“两个稳定”为目标，以深入推进“三项建设”和“三项重点工作”为载体，以打造高原消防铁军、构筑社会消防安全“防火墙”工程和加强应急救援队伍建设为重点，突出抓好维稳处突、防灭火和应急救援三大勤务，为全区经济发展和社会稳定提供了强有力的安全保障。2010年，全区共发生火灾219起，无人员死亡，伤11人，直接财产损失623.9万元，连续10年无群死群伤火灾。

一、加快推进消防工作社会化进程，公共消防安全水平实现新提升

一是健全完善消防法律法规体系。总队提请自治区人大深入调研、反复修改、两次审议，经自治区第九届人大常委会第十五次会议审定通过了新修订的《西藏自治区消防条例》；制定了《西藏文物建筑及宗教活动场所消防监督检查管理暂行办法（试行）》、《西藏自治区文物建筑及宗教活动场所公安机关消防机构消防监督业务工作指南（试行）》、《常用消防法律文书制作指南（修订）》和《西藏自治区社会单位“四个能力”建设指南》，申请了《西藏自治区文物建筑及宗教活动场所维修工程消防设计标准》立项，进一步完善了消防执法规范性文件体系。二是健全完善消防安全责任体系。狠抓《西藏自治区2010年度消防安全目标管理责任书》落实，提请自治区人民政府组织开展了年度消防安全目标管理责任考评，并将消防工作纳入社会综治考评内容，召开了全区消防工作会议，进一步推动了各级政府履行消防工作责任。三是扎实开展社会单位消防安全“四个能力”建设。认真贯彻落实公安部全国构筑社会消防安全“防火墙”工程现场会精神，提请自治区人民政府召开了日喀则地区社会单位消防安全“四个能力”建设、林芝地区工布江达县农牧区火灾防控“四个基础”建设现场会，在拉萨市消防支队、拉萨城关区消防大队、布达拉宫消防大队推行了消防监督管理“四个水平”建设试点，社会主义新农村消防工作示范点建设得到了自治区党委书记张庆黎的高度评价和肯定。四是大力开展消防宣传教育培训。依托“六进”载体，拓宽消防宣传渠道，普及消防安全常识和

《消防法》、《西藏自治区消防条例》等法律法规。全区各级政府、政府职能部门、社会单位和广大公民积极组织参与消防宣传和教育活动，自治区教育厅、安监局、地震局等单位在全区1020所大中小学校53万师生中开展了“119”消防日应急疏散演练，在“119”消防日等节点组织开展消防培训、消防宣传一条街、消防常识演示等活动，营造了政府及职能部门牵头，社会单位和广大公民积极参与的消防宣传格局。一年来，全区共开展各类消防宣传活动900余次，在《西藏日报》刊发藏汉双语“平安西藏”消防专刊42期共计210万份。在西藏电视台、西藏人民广播电台等媒体播发新闻236条，消防公益广告1000余次，组织社会单位培训590余次，培训9000余人，开展各类演练340余次，悬挂消防宣传条幅、标语3010余条，发放宣传资料16万余份。

二、大力加强灭火救援基础工作，部队战斗力得到新提升

总队结合贯彻落实国务院59号文件，提请自治区政府依托消防总队挂牌成立了西藏自治区综合应急救援总队，研究制定了《西藏公安消防部队执勤中队长助理管理办法》，举办了第二期灭火救援攻坚组暨执勤中队长助理培训班和打造高原消防铁军比武竞赛活动，成立攻坚组26个，修订完善各类灭火预案912份，开展“六熟悉”973次，开展总队级演练5次，支队级演练90次。青海玉树“4·14”地震发生后，总队坚决执行自治区党委、政府和公安部消防局的决策部署，迅速启动跨区域应急救援预案，派出消防官兵105人，车辆11辆及抢险救援装备867件（套），驰援青海玉树参与抗震救灾行动，先后在2万余平方米的范围内搜寻出1名重伤人员和数十具遇难者遗体，挖掘出保险柜6个，抢救佛像、唐卡等宗教用品数十件，挖掘转移青稞、清油、大米、面粉等10余吨，挖掘出各类物资价值共计500余万元。总队赴玉树抗震救灾救援队被党中央、国务院和中央军委命名为“全国抗震救灾英雄集体”，李两名同志被授予“全国抗震救灾模范”称号。全区消防部队共参加抗洪抢险救援20余次，出动人员397人次，出动车辆（舟艇）64辆（艘）次，抢救遇险人员35人，疏散被困人员600余人。

三、全力开展火灾隐患排查，消防安全保卫工作取得新战果

总队按照“大事、中事不出，小事预知预防、及时处置”的要求，提早谋划，精心组织，健全完善指挥体系，提升战备等级，强化预案演练，落实战勤保障，严密现场勤务，全力确保了春节、藏历年、“3·10”、“3·14”、“西藏百万农奴解放日”、“萨嘎达瓦”宗教活动、昌都解放60周年等重大活动、敏感节点的消防安全保卫工作万无一失。一年来，全区消防部队共接警出动1571起，出动消防车辆2453辆次，出动警力14445人次，抢救被困人员220人，抢救财产价值2342.1万元。大力开展“火灾隐患、消防违法百日围剿”专项行动及公众聚集场所火灾隐患和屋顶违章简易建筑专项排查整治活动，对党政机关、人员密集场所、易燃易爆化学物品储存经营单位、出租房屋和文物建筑保护单位等重点单位、要害部位进行了“拉网式”排查。全年，全区消防部队共派出检查组3198个，检查单位11284家次，发现火灾隐患12016处，当场整改火灾隐患11041处，责令限期整改975处，临时查封11处，实施行政处罚79例，责令“三停”8家，消除了一大批火灾隐患，净化了消防安全环境。全省各级消防部队紧扣发展稳定大局，组织开展了特色鲜明、内容丰富、形式多样的警民共建共保活动和“大走访”爱民实践活动，先后为消防安全重点单位统一制作、分发张贴了疏散指示标志、消防手动报警按钮标志等各类消防标识39种；发放《社会单位火灾隐患整改技术服务咨询表》800余份，提出整改咨询服务意见2400余条；走访企事业单位131家，慰问困难群众600余人次，为灾区捐赠钱物折合人民币350440元，进一步巩固了新时期警民关系，群众对消防部队的满意度进一步提升。

四、深化“三基”工程建设成果，部队正规化建设水平有新提高

总队深入贯彻落实中央第五次西藏工作座谈会精神，紧密结合实际，研究制定了《关于贯彻落实中央第五次西藏工作座谈会精神进一步加强和改进西藏消防工作的意见》，提出了17项贯彻落实措施，为有效推动全区消防工作和部队建设指明了方向。一是加强官兵思想政治教育。总队制定出台了加强部队思想政治教育和党的建设两个意见，深入开展了学习贯彻全国和自治区“两会”、中央第五次西藏工作座谈会、十七届五中全会、自治区七届七次全委会议精神等教育活动，官兵干事创业的宗旨意识进一步增强。二是加强班子和队伍建设。组织召开了西藏消防部队贯彻落实部消防局党委扩大会议精神暨加强部队党建工作电视电话会议，调整支队级党委班子11个，公推公选团职干部26名；落实党委理论中心组学习制度，制订下发了《2010年武警西藏消防部队党委中心组理论学习意见》，部署开展了班子建设“达标争创”活动、效能建设年活动和党风廉政教育，各级领导班子、基层党组织和干部队伍建设水平进一步提升，部队团结干事、务实创新的氛围更加浓厚。三是加强部队安全管理。总队在全区消防部队开展了“五个严查严管和整治”活动，从人员、车辆、接处警和勤务安全、消防执法等方面进行了整治规范；开展了条令条例学习活动，进一步增强了官兵严格执行条令条例和“五条禁令”的意识，确保了部队的安全稳定。四是加强后勤保障能力建设。总队提请自治区财政厅、公安厅印发了《关于西藏公安消防部队消防业务经费保障标准的通知》，落实了火调、战训岗位补贴制度，为全区消防官兵办理了人身意外伤害保险，消防业务经费保障标准化建设取得长足进步。2010年，全省消防部队共投资2453万元，购置灭火抢险车32辆、消防员个人防护装备和抢险救援器材3000余套（件）充实基层消防部队，投资718万元对全区消防部队基础网络进行了升级改造，投资68.8万元完成了总队信息中心机房升级改造，投资109万元建成了总队多媒体教室，为全面实施科技强警战略奠定了基础。五是推进部队基础设施建设。驻拉萨消防部队公寓房、7个寺庙消防大队营房等工程建设相继完工，直属特勤大队、战勤保障大队等22个基建工程项目按计划稳步推进。完成了《西藏自治区“十二五”公安消防总队基础设施建设项目发展规划》编制工作，召开了资产管理和预算管理相结合现场会，制定了资产编配标准，完善了资产处置办法，进一步推动了预算管理和资产管理工作正规化、科学化。

第二十七章　陕西省消防工作和队伍建设情况

2010年，陕西省公安消防部队在省委、省政府和省公安厅的领导下，坚持以胡锦涛总书记“三句话”总要求为统领，以贯彻实施《消防法》为主线，深入推进“防火墙”工程建设和“打造三秦公安消防铁军”工作，实现了部队内部和社会面火灾形势“两个稳定”，全年共发生火灾4620起，死亡23人，受伤11人，直接财产损失8354万元，与上年相比，火灾起数下降1%，死亡人数下降35.5%，伤人上升120%，直接财产损失上升21.4%，连续13年未发生群死群伤火灾事故。总队党委被中共陕西省委授予“全省抗洪救灾创先争优先进基层党组织”称号，总队被陕西省人民政府授予“三秦忠诚消防卫士”荣誉称号。

一、坚持以胡锦涛总书记“三句话”总要求引领班子和队伍建设，部队始终保持了坚定正确的政治方向

坚持以胡锦涛总书记“三句话”总要求为统领，以党委班子和队伍建设为根本，全面加强和改进部队思想政治工作，组织开展了学习实践胡锦涛总书记“三句话”总要求成果展等系列主题活动，各级班子成员撰写心得体会和调研文章180多篇，推动了学习实践活动向纵深发展。按照公安部消防局“依法建设、全面规范、简便通用、突出先进性、服务和保障中心”的部署要求，总队在基层党建试点的基础上，组织编撰了22万字的《公安消防部队组织工作手册》，并协助部消防局制定了《公安消防部队党的基层组织建设若干规定》，进一步规范了支队、大队、中队组织生活制度、党内议事决策程序、双主官监督等制度，建立了党组织和党员信息资料库，全面提升了基层党建工作整体水平。以立功创模活动为牵引，加大培育树立典型工作力度，延安、咸阳、商洛、铜川、宝鸡五个支队先后被省政府授予“圣地消防铁军”等荣誉称号，12个单位荣立集体三等功。强化反腐倡廉教育和审计督察，加强对重大工程招投标工作的全程监督，确保了重大经费开支公开、透明；全力做好信访工作，最大限度地消除了因信访问题引发的不和谐、不稳定因素。

二、全面推进“防火墙”工程建设，全省火灾形势持续保持了高度平稳态势

坚持以服务西部强省建设和创建“平安和谐陕西”为目标，牢牢抓住构筑社会消防安全“防火墙”工程这一载体，全面落实政府、行业部门和社会单位消防安全责任制，强力整治火灾隐患。总队提请省政府制定了《全省构筑社会消防安全“防火墙”工程三年规划实施方案》和《陕西省社会单位消防安全“四个能力”建设标准》等10部标准，将“防火墙”工程纳入各级政府和行业部门目标责任考核范畴，提请省政府与各市、区政府和行业部门分别签订了“防火墙”工程建设责任书和年度《消防安全责任书》，进一步细化量化了政府消防工作领导责任、行业部门监管责任和社会单位主体责任。总队在全省开展了争创社会单位消防安全“四个能力”建设“双百标兵”活动，在宝鸡市开展了“防火墙”工程建设试点，为构筑社会消防安全“防火墙”工程和指导社会单位开展消防安全“四个能力”建设提供了样板。全年，全省市、县两级累计投入资金1800多万元，建成各类消防水源3633处、消火栓2359个，建立“四个能力”示范点600多个，80%以上的社会单位基本达到消防标准化管理要求；全省11652个警务室50%达到了“六有”标准，50%的警务室人员达到了“三会”要求，社会整体抗御火灾能力明显提升。部署开展了“迎世博、保安全、促和谐”、“三秦春雷”、“铁拳整治”等13次大型消防安全专项整治行动，全省共检查单位47980余家，发现消除火灾隐患11万处，罚款426万元，责令“三停”863家，临时查封509家，极大地震慑了消防违法违规行为；深入开展消防产品专项整治，共查处消防产品违法案件26起，进一步净化了社会消防安全环境。总队还依托中央、省、市三级媒体，开辟、开办消防宣传专栏20个，播（刊）发各类宣传稿件2000余篇；组织开展大型消防宣传活动600多场次；采取多种形式，培训重点岗位人员4万多人，受教育群众达20多万人次。

三、以打造“三秦公安消防铁军”为抓手，部队攻坚打赢能力显著提升

坚持以打造“三秦公安消防铁军”为目标，深入开展全员大练兵和复杂条件下实战演练，以强对抗检验真本领，以双竞赛练就铁队伍，部队快速反应和攻坚打赢能力显著提升。积极探索建立基地化、模拟化、实战化、科学化训练模式，深入推进灭火救援攻坚组建设，努力提升部队跨区域联合作战能力，组织开展了全省地震救援跨区域拉动实地演练和蒙陕两地跨区域灭火救援实战演习。总队提请省委、省政府组建了陕西省应急救援指挥部，依托公安消防部队组建了陕西省应急救援总队和11个应急救援支队以及医疗、地震等5支省级专业应急救援队、67个县级应急救援大队，全省处置重大自然灾害、事故灾难、公共卫生安全和社会安全等突发事件的能力显著提升。一年来，全省公安消防部队共接警出动11500余次，出动警力143500余人次，车辆25180辆次，扑救火灾7253起，抢险救援3638次，社会救助961次，抢救遇险群众2229人，保护财产价值7.5亿元。特别是甘肃舟曲特大泥石流灾害发生后，总队紧急调集215名精干力量和优势装备千里驰援，连续奋战60余小时，搜救出31

名遇难群众遗体，疏散群众1300余人，抢救、转移物资500件（套）。

四、强力推进消防信息化建设，为消防警务、勤务机制创新提供了强有力的支撑

坚持“科技强警”战略，按照“实用、高效、集约、提升战斗力”的原则，大力推进消防信息化建设，为消防警务、勤务机制创新提供了强有力的支撑，目前已投入消防指挥中心建设资金4530万元，一体化消防业务信息系统硬件平台建设资金430万元，指挥调度专网建设资金670万元，有力推进了消防信息化建设进程。积极推动公安网线路扩容改造，启动了总队、支队两级灭火救援指挥中心、移动接入平台和指挥调度专网以及卫星通信系统建设，统一招标采购了77台服务器，各支队与市公安局线路带宽均达100M以上。按照“基础工作信息化，信息工作基础化”的总要求，加强了全省消防资料数据库的信息录入和一体化消防业务信息系统推广使用，推动了办公自动化系统、消防监督系统、化学灾害事故处置辅助决策系统、军粮核算管理系统、财务管理信息系统、票据管理系统、网上财务结算系统的全面应用，信息资料录入率、系统应用普及率达到90%以上，为消防警务、勤务机制创新提供了及时高效的信息服务保障。

五、深入推进精细化管理和安全防事故工作，部队保持高度集中统一和安全稳定

坚持把部队高度集中统一和安全稳定作为管理工作的根本出发点和落脚点，以贯彻落实新颁布的共同条令为主线，积极推进部队精细化管理，全力确保部队高度安全稳定。深入推进部队正规化建设，以开展“五无”创建活动为载体，制定印发了《陕西省公安消防部队支队机关、消防科、大队精细化管理规范》，不断拓展精细化管理的内涵和外延，西安、渭南、商洛、汉中等支队还采取召开现场会、外出参观学习、邀请专家授课和组织基层主官对检互查等办法，交流经验，查漏补缺，确保了管理步骤精心、管理环节精细。不断加强和完善士官骨干管理工作，从编制、计划、条件、程序等环节，修订完善了士官评议考核办法，按照“本人申请、群众评议、基层推荐、机关考核、选前公示、党委审批、结果公开”的程序，公开选取初中高级士官，大力培育和宣扬士官队伍的先进典型，极大地激发了广大士官爱警习武、爱岗敬业的工作热情。按照公安部消防局关于开展“五无”创建活动的部署要求，成立了由军政主官挂帅的“五无”创建活动领导小组，建立了安全形势分析制度，以落实公安部“五条禁令”为重点，突出抓好人员车辆、执勤训练、接警出动、战斗展开等环节的安全管理，本着“一人一责、一事一责、一岗一责”的原则，从总队、支队、大队（科）、中队、班到各岗位人员，层层签订安全工作目标责任状，形成了安全工作“人人想、事事讲、时时抓”、一级抓一级，一级对一级负责的安全管理工作格局，有效预防了违法违纪事故案件的发生。全年共发放安全教育读本500余册，开展专题教育280余次，邀请专家辅导讲座20余次，制作安全教育墙报、板报200多期。

六、以加强车辆装备和消防队站建设为重点，部队综合保障能力大幅提升

坚持面向基层、服务一线，以经费争取、车辆装备和队站建设为重点，开源节流，强化管理，努力实现后勤保障效益最大化。各级在全面落实《武警陕西省消防部队消防业务费保障标准》的同时，把提高经费保障效益作为后勤工作的重中之重，积极争取消防业务经费，2010年全省消防业务费总量达到2.4亿元，同比增长53.9%。落实特勤装备购置费、消防装备补助经费、个人防护装备购置费5520万元，购置消防车51辆，三期特勤装备器材2351件（套），抢险救援和个人防护装备46751件（套），从装备上保证了部队执勤灭火和抢险救灾需要。总队认真落实省政府关于全省41个县消防队站建设的部署要求，争取省级基建预算内计划资金4035万元，目前有1个县消防队站建成投入执勤，20个县消防队站基本完成建设任务。加快推进特勤消防队站和灾后重建以及基层部队基础生活设施建设，铜川、宝鸡特勤消防队站基本完工，咸阳、商洛、安康特勤消防队站完成征地等工作，宝鸡、咸阳、商洛、安康支队灾后重建工作进展顺利，总队教导大队体育场、灭火攻坚综合训练设施等全面建成，完善了消防培训中心、体能训练馆等内部设施建设。坚持以人为本，秉承“爱民更要爱警”的理念，筹措资金400多万元，落实从优待警“七大工程”，投入60多万元为新建基层中队安装太阳能和晾衣房等基础生活设施，极大地改善了部队执勤训练、工作学习和生活环境，部队综合保障能力显著提升。

第二十八章　甘肃省消防工作和队伍建设情况

2010年，甘肃省公安消防部队坚持以科学发展观和胡锦涛总书记“三句话”总要求为统领，深入开展打造“陇原消防铁军”活动，全面构筑社会消防安全“防火墙”工程，为全省经济建设和社会发展创造了良好的消防安全环境。全年，全省共发生火灾1141起，死亡16人，受伤13人，直接财产损失2887.9万元。

一、政府消防安全责任制有效落实

省委、省政府高度重视消防工作，省委书记、省人大主任陆浩，省委副书记、省长刘伟平，省委常委、政法委书记、公安厅厅长罗笑虎，副省长张晓兰等领导多次听取消防工作汇报，慰问消防部队，检查社会单位场所消防安全工作，就加强消防工作和消防部队建设作出重要指示，省人大常委会审议通过了《甘肃省消防条例》，省长办公会先后2次研究消防工作，部署和解决消防工作的重大事项。省政府与各市、州政府签订了《消防工作目标责任书》，并出资70万元对完成2010年度消防工作责任目标较好的市、州进行了奖励，进一步推动了消防安全责任制落实。总队提请省政府依托消防总队挂牌成立了甘肃省应急救援总队，全省14个市、州和27个县、区分别完成了应急救援支队、大队组建任务，建成了省、市、县三级综合性应急救援队伍体系。

二、社会防控火灾能力全面提升

总队提请省政府制定下发了《关于甘肃省构筑社会消防安全“防火墙”工程实施方案》，先后召开了构筑社会消防安全“防火墙”工程电视电话会议和平凉消防工作现场会，全面启动了为期三年的“防火墙”工程建设，部署开展了社会单位“四个能力”建设达标创优活动。全省各地在党委、政府的统一领导下，先后组织开展了建筑工程、消防产品、建筑消防设施、火灾隐患排查整治等多项消防安全专项治理行动，严肃排查整治火灾隐患，始终保持了严格执法的高压态势。全省各级消防部门始终坚持严格执法、热情服务，通过开展联合执法、执法服务和执法技能竞赛等活动，不断加大执法力度，规范执法行为，完善重大火灾隐患排查治理机制，部署开展了新一轮重大火灾隐患排查整治行动，确定政府挂牌督办重大火灾隐患单位93家，整改摘牌79家。全年共排查单位、场所23811个，督促整改消防安全违法行为及火灾隐患10153处，罚款345.9万元，责令“三停”80家，临时查封危险部位27处，有效预防了较大以上火灾事故的发生。

三、人民群众消防安全意识明显增强

全省各地紧紧围绕“两节”和“两会”消防安保、《甘肃省消防条例》宣贯、“安全生产月”、“防火墙”工程建设和冬季防火等，以消防宣传“五进”活动为载体，充分利用电视、广播、报纸和互联网等媒体，广泛开展了形式多样的消防宣传教育活动，发动消防志愿者50万人次，组织开展志愿服务活动1200余场次，深入推进了消防宣传工作的社会化进程。总队提请省综治委制定下发《甘肃省综治成员单位消防宣传教育工作职责》，明确了25家省消防安全领导小组成员单位的宣传教育工作职责。总队与省广电总局在甘肃卫视联合推出了以消防为主题的大型体验类娱乐节目《魅力橙色》，以寓教于乐的方式向广大群众宣传消防常识，全年共录制播出30期，收看和受教育观众达5.5亿多人（次），营造了浓厚的消防安全氛围。

四、部队灭火救援实战能力显著提升

全省消防部队持续深化执勤岗位大练兵活动，成功举办了甘肃省2010年度打造消防铁军业务大比武，全力打造“陇原消防铁军”，部队灭火救援实战能力不断增强。全年，全省消防部队共接警出动1722次，出动人员21679人次、车辆3051辆次，抢救被困人员996人，疏散被困人员4396人，抢救财产价值23542万元，特别是在青海玉树“4·14”地震、甘肃舟曲“8·7”抗洪救灾中，先后调集官兵973人、救援车辆126辆，第一时间奔赴一线展开救援，成功营救生还者87人，搜救挖掘遇难者遗体144具，抢救财产价值达200多万元，受到了胡锦涛、温家宝、周永康等中央领导和甘肃省委书记陆浩、省长刘伟平、公安部副部长刘金国等领导同志的亲切接见和慰问，树立了甘肃公安消防部队的良好形象，涌现出了一大批先进集体和个人。兰州支队被党中央、国务院、中央军委授予“全国抗震救灾先进集体”荣誉称号，总队党委被中组部授予“防汛抗洪救灾先进基层党组织”荣誉称号，舟曲大队等7个集体和14名官兵受到省委、省政府、省军区和省公安厅表彰，总队和69名官兵被部消防局表彰为玉树抗震救灾先进集体和先进个人。

五、基层基础建设水平显著增强

总队在全省消防部队深入开展了“践行‘三句话’、推动新发展”主题教育和“创先争优”活动，总结提炼出了“艰苦创业乐于奉献，求真务实勇于拼搏，励精图治善于创新，至诚无畏敢于超越”的“甘肃公安消防精神”。全面启动了为期三年的新一轮基层基础建设达标创优工作，召开了试点现场会，进一步提升了基层基础建设水平；组织开展了“送文化下基层”巡回宣讲演出和甘肃消防部队队歌征集等活动，为基层中队配发价值300多万元的数字影院，丰富了官兵的文化生活。始终坚持从严治警方针，以学习贯彻新共同条令为契机，广泛开展了条令知识竞赛、演

讲比赛和“安全文化年”建设等系列活动，增强了官兵遵章守纪意识，部队管理工作进一步规范。深入推进消防信息化建设，全年共投入2468万元用于信息化建设，总队完成了信息中心、指挥中心和移动指挥中心建设任务，7个支队建成了消防指挥中心，5个支队完成了指挥中心升级改造，全省消防部队完成了视频会议系统三级网建设任务。全省各地共投入消防业务经费1.66亿元，比上年增长39.5%；新建、扩建公安消防队站4个，新建政府专职消防队3个，新增专职消防队员39人，新建消火栓352个，更新、增配各型消防车26辆、灭火救援器材和消防员个人防护装备27084件（套），车辆器材装备结构更趋合理、科技含量明显提高。总队还提请省政府组织相关部门成立督导组，对庆阳、金昌等5市、州特勤队伍建设情况进行了督导，督促当地政府落实建设经费，按标准配齐消防车辆和装备器材，为确保第三批特勤队建设任务按期完成奠定了坚实的基础。

第二十九章　青海省消防工作和队伍建设情况

2010年，青海省公安消防部队坚持以科学发展观为指导，认真践行胡锦涛总书记“三句话”总要求，全面贯彻落实党中央、国务院和公安部一系列工作部署，以防患保稳定，以实战促练兵，以建设谋发展，大力推进构筑社会消防安全“防火墙”工程、打造消防铁军、信息化建设和公共消防基础设施建设，实现了消防工作社会化有新发展、消防监督执法能力和灭火救援能力有新提高、公共消防基础设施建设有新进展、后勤保障综合效能有新提升、信息化建设应用有新推进、队伍正规化建设上新台阶的“六大目标”，保持了火灾形势和部队管理“两个稳定”。2010年，全省共发生火灾1623起，死12人，伤13人，直接财产损失926万元，未发生群死群伤及重特大恶性火灾事故。

一、社会化消防工作全面推进

一是政府和部门消防安全责任有效落实。提请省政府召开了全省消防工作会议，与各州、地、市政府签订了《青海省2010年消防工作目标责任书》，明确了政府8项消防工作职责，并印发了《关于进一步加强应急救援队伍建设的意见》，3次组织督导检查各地政府消防工作责任落实情况。提请省综治委将消防工作纳入社会治安综合治理体系，省综治办、公安厅、发展改革委、民政厅、财政厅、住房和城乡建设厅、农牧厅等七部门联合印发了《青海省农牧区消防工作专项检查实施方案》，进一步明确了农牧区消防工作责任。一年来，各级党政领导带队检查消防工作130余次，作出批示34条，下发文件90余份。二是消防法制建设进一步完善。提请省人大审议通过了《青海省消防条例》，解决了消防工作亟需地方立法规范调整的突出问题，总队联合省相关部门颁布了《地震灾区安置点消防安全管理规定》、《青海省宗教活动场所消防安全管理规定》等16项管理规定和《灾后过渡安置点消防安全技术规范》、《电气防火检测技术规程》等12个地方性技术标准，进一步健全了消防法律法规和技术规范体系，为依法行政、依法治火奠定了基础。

二、社会防控火灾能力整体提升

一是构筑“防火墙”工程扎实推进。提请省政府印发了构筑“防火墙”工程实施方案和社会单位“四个能力”建设标准，成立工作组，深入各地专项指导“四个能力”试点建设，分别在西宁、海东召开了现场会，全面部署开展构筑社会消防安全“防火墙”工程，2010年，全省人员密集场所“四个能力”建设合格率达到70%。二是火灾隐患排查整治扎实有效。总队针对不同时期火灾特点，开展了“高原迅雷”等13次火灾隐患整治专项行动和建筑消防设施、消防产品专项治理，完成了“两会”、“两节”等重大活动消防安全保卫任务，全年共检查单位17833家次，整改隐患25869处。三是执法规范化水平明显提升。按照《青海省公安消防总队执法规范化建设推进方案》，围绕“5项机制、36项制度”规范执法行为，开展了消防执法示范单位创建活动，从加强执法思想建设、执法队伍建设和执法行为建设等8个方面制定了规范化建设工作任务。依托消防信息网和视频会议系统开展了全员“大教育、大培训、大考核”活动，组织全省消防监督执法岗位678人参加了模拟考试和执法技能竞赛，83.8%的干部获得了全国消防岗位资格证书；提请省公安厅印发了《青海省公安派出所消防监督检查规定》，进一步明确了派出所及警务区民警消防安全职责，细化了派出所列管单位，充实了基层消防监督力量。总队在全省消防部队开展了以“爱民温情送万家”为主题的“大走访”爱民实践活动，走访群众4367户，结成帮扶对子1300余对，帮助社会单位和弱势群体解决了一批实际困难和问题。大力开展文明执法、文明执勤实践活动，公布监督电话、及时受理信访投诉，全年受理执法投诉、信访案件6起，比2009年下降了53.8%。四是玉树重建消防安全保卫成效显著。总队积极推行消防安全“网格化”管理，构建政府主导、部门联动、严防死守“三大体系”，建立联合执法、信息沟通、行业督导、联席会议“四项机制”，采取“白加黑、五加二”、10户联防、使用明火场所24小时监护等工作模式，坚持1分钟出动、3分钟控火、防灭火一体化等原则，招募消防志愿者和义务消防工作者266人，建立消防组织71个，设立消防工作点84个，抽调官兵204名，配备消防车辆64辆，设立7个执勤点现场驻勤，确保了灾区火灾形势持续平稳。

三、基层基础建设成效明显

一是消防业务经费保障实现新突破。提请省公安厅联合省财政厅出台了《青海省消防部队消防业务经费保障标准》，全省各支、大队消防业务经费全部纳入当地财政预算，实现了消防业务经费预算单列的目标；完善了消防业务经费保障机制，人均业务经费保障标准达到2万元。全年，全省消防部队共争取消防业务经费2.03亿元，比上年增长278%，其中总队本级增长2591.11万元，支队级增长16919.37万元，实现了历史性突破。二是消防站和装备建设实现新突破。全省新建11个消防站，其中，西宁市城中、甘河滩和海西州都兰、天峻、大柴旦以及格尔木市昆仑经济开发区等6个消防站已竣工，西宁市东川特勤、海东地区特勤、循化、海西州乌兰、海北州海晏等5个消防站开工建设，落实了西宁市生物园区、城西消防二站、多巴消防二站、海北州海晏、海南州贵德等5个消防站的建设用地，累计新增营房面积35835平方米，总计投资1.1亿元。争取装备建设经费1.16亿元，购置消防车86辆，消防员特种防护装备及抢险救援器材25487件（套），其中，西宁市政府一次性投入6000万元采购各类消防车34辆、消防员特种防护装备及抢险救援器材4400件（套），优化了车辆装备配置结构，提升了消防部队扑救特殊火灾的能力。三是营房基础建设实现新跨越。加大基层部队营房改造和营区生活设施建设力度，投资1.25亿元建设了果洛、玉树、海南、海西、海北、黄南、格尔木支队7栋公寓楼以及果洛、西宁、海南、海北4个支队机关训练馆和海东互助、海北门源2个中队训练馆，安装了玉树、果洛2个支队的高压氧舱和全省基层部队12个氧吧，维修改造了17个单位营房，工程总量5大类、56项，总面积达9万平方米，大力开展营房保温节能改造和营区设施配套工程，草原牧区支队级单位公寓楼建设项目全部完成，极大地改善了基层官兵生活和训练条件。四是信息化建设实现跨越发展。筹资5000余万元建设了总队、支队指挥中心以及卫星通信、各级视频会议、短波通信、移动接入、一体化消防业务信息等“七大系统”，并联通至所有9个支队、46个大队、27个执勤中队和5个直属单位。

四、消防队伍建设全面加强

一是思想政治建设水平实现新提升。总队在全省消防部队组织开展了“践行总要求、推动新发展”大讨论和“三句话”总要求学习实践活动，在公安部纪念胡锦涛总书记作出“三句话”重要指示一周年电视电话会议上，总队作了经验交流发言。紧密结合抗震救灾、构筑“防火墙”工程、打造铁军等重点工作，开展创先争优活动，结合地域特点和民族风情，打造“大美青海，和谐消防”的警营文化品牌，开展了基层俱乐部达标活动，27个大队、17个中队达标，成立了军乐队、锣鼓队、篮球队等16支文体队伍，基本形成了“一队一特色”的警营文化氛围。二是班子和干部队伍建设实现新发展。调整任免了30名支队班子成员，新组建了格尔木支队领导班子，调整充实大队班子13个、交流30人，进一步改善了支队、大队两级班子结构；创新干部选拔任用机制，实行“双考”选拔团职后备干部30名，任免团营职干部60名，高配大队主官5名。加大干部培训力度，分三批将78名优秀干部充实到玉树灾区挂职，40名干部参加了公安部消防局举办的各类培训，有效提高了干部队伍整体素质。三是惩防体系建设实现新发展。深入贯彻全国公安机关反腐倡廉建设电视电话会议精神，总队、支队、大队层层签订《党风廉政建设目标责任书》，分解落实党风廉政责任；在干部调整任命、大学生入警期间，对所有新任职干部进行了集体廉政谈话。全面加强纪检队伍建设、执法规范化建设和信访工作，开展了6次集中督察活动，组织109名副团以上党员领导干部对2009年度个人有关事项进行了对照检查和集中报告，进一步提升了全省消防部队党风廉政建设整体水平。四是部队管理实现新发展。大力加强士官队伍建设，按照士官编制标准明确了士兵岗位，开展了“十佳士官”评选活动，进一步调动了士官队伍的积极性。2010 年，全省消防部队共有 11 名士官考入南京士官学校。健全安全防事故工作管理机制，总队与各支队签订了安全防事故责任书和落实“五条禁令”责任状，开展了“六无一创”、“条令条例学习月”、“作战训练安全专项教育”等活动，加大安全防事故工作督导力度，深入基层排查整治安全问题，全年未发生等级以上违纪事件和安全事故，保持了部队的高度安全稳定。

五、灭火救援能力显著增强

大力加强从优待警工作，提高基层指挥员福利待遇，筹资 100 万元直补一线指挥员；充分发挥公安消防部队应急救援专业力量的骨干作用，圆满完成了玉树抗震救灾、格尔木防汛抗洪和甘肃舟曲特大泥石流抢险救灾三次大兵团、大跨度、远距离的作战任务。果洛州达日、班玛县组建了 2 支政府专职消防队，在西宁市、海西州组建了 4 支跨区域搜救队，全省 9 个支队成立了 29 个灭火救援攻坚组，全面开展了打造高原消防铁军比武竞赛活动，提升了部队科学指挥、攻坚救援和综合保障能力。全年灭火救援出动消防车 3221 辆次，官兵 20578 人次，抢救群众 840 人，疏散 9954 人，保护财产价值 2. 65 亿元。

第三十章　宁夏回族自治区消防工作和队伍建设情况

2010年，宁夏公安消防部队在各级党委、政府和公安机关领导下，以科学发展观为指导，深入贯彻落实胡总书记“三句话”总要求，全力推动消防工作和部队建设迈上新台阶，为全区经济社会和谐发展营造了良好的消防安全环境。2010年，全区共发生火灾3447起，死亡5人，受伤1人，直接财产损失1338.2万元，与2009年相比，火灾起数下降12.5%，亡人数增加1人，伤人数增加1人，直接财产损失上升60%；全区消防部队共接警出动5079次，抢救财产价值3.9亿元，圆满完成了赴青海玉树、甘肃舟曲跨区域应急救援和“宁洽会暨中阿经贸论坛”等大型活动消防安全保卫任务。

一、以提升公共消防安全水平为目标，全面夯实社会防控火灾基础

一是各级党委、政府倾力支持。自治区党委、政府把严控火灾指标纳入自治区政府公共安全量化考核和社会治安综合治理体系，建立健全了消防安全监管厅级联席会议机制。自治区党委书记张毅、政府主席王正伟等党政领导20多次听取汇报并作出重要批示，30多次带队检查消防工作、慰问部队官兵。2010年，全区各级政府共召开消防工作会议145次，签订消防工作目标责任书1013份，区、市级领导带队视察消防工作415人次，推动了消防工作的深入开展，形成了推动消防经费投入、基础设施建设、消防安全监管的强大合力。二是构筑社会消防安全“防火墙”工程扎实有效。自治区政府组织召开了构筑“防火墙”工程电视电话会议和社会单位“四个能力”建设试点现场会，全面部署工作，督促落实责任。各级公安消防部门积极指导社会单位培育消防安全管理“明白人”，并组织投保火灾公众责任险等举措，提升了社会单位消防安全管理水平。2010年，全区1218家人员密集场所消防安全重点通过了“四个能力”建设达标验收。三是农村和社区消防工作不断加强。总队组织开展了以“有消防组织机构、有防火公约、有志愿消防队、有宣传阵地，有消防水源和灭火设施、有职责制度”的“六有”建设活动，全区组建乡镇、街道办消防安全领导小组188个，设置消防器材配置点的村庄1518个，设置消防器材配置点社区183个。四是公共消防安全基础不断夯实。全区市、县级消防规划全部编制完成，21个重点镇完成消防规划编制，完成率达96%；971个行政村完成消防规划编制，编制率达到42%。新建消火栓245个，维修268个，实有消火栓5296个，达到应建总数的91.2%。发展政府、企业专职消防队28支，农村、社区专职消防队伍13支，志愿和义务消防队534支。五是火灾隐患排查整治成效显著。组织开展了“宁安”系列行动、“火灾隐患百日围剿专项行动”、消防产品等一系列消防安全专项治理，加大了对人员密集、公共娱乐、建筑消防设施和建筑内部装修材料、高层、地下建筑和易燃易爆等单位和场所的火灾隐患整治。2010年，共检查单位15376家，发现火灾隐患13410处，督促整改火灾隐患13255处，销毁假冒伪劣消防产品近7000件，立案查处消防违法案件380起。六是消防宣传教育异彩纷呈。开展了“消防·保险知识进万家”等系列消防宣传活动，充分运用广播、电视、报刊、互联网、手机等媒体，深化消防宣传“八进”活动，设立永久性消防宣传牌159块，全区50%的广场、商场和银川市132个大中型社区开设LED大屏幕每周循环播放消防宣传片。全年，共举办大型宣传活动123次，发放宣传资料44.2万份，开放消防站557次，举办培训班147期，培训22986人。

二、以打造“回乡”消防铁军为载体，全力提升部队灭火救援实战能力

一是执勤作战基础工作逐步规范。总队制定了7大类、1922份预案，建立了上下配套、无缝衔接的“三级”预案体系，聘请72名灭火救援专家成立了专家组，修订完善相关制度18条，进一步规范了应急救援作战指挥程序。二是打造“回乡”铁军凸显成效。瞄准实战需要，调整配齐了40个灭火救援攻坚组、160名攻坚队员和40名后备队员，组织举办了全区公安、企业消防队伍打造“回乡”消防铁军比武竞赛，培养了一批灭火救援“尖刀”力量，在全国打造消防铁军南片区比武竞赛取得了班组项目1个第二、1个第三，单兵项目1个第五和团体总评第七名的好成绩。突出大跨度、大空间，高层、地下建筑，石油化工等特殊火灾和特种灾害事故的技战术研究与实战演练，拓展了9项支队级合成科目测试和26项大（中）队合成科目，部队实战能力不断提升，圆满完成了“4·14”青海玉树地震救援、“8·7”甘肃舟曲特大泥石流抢险救灾、“1·29”银川市西塔市场火灾扑救、“8·11”同心县河西镇抗洪抢险等急难险重任务。三是应急救援队伍建设步伐加快。提请同级政府依托各级消防部队挂牌成立了应急救援总队、支队、大队。总队提请自治区政府制定了《综合性应急救援队伍建设方案》，财政部门一次性安排8000万元用于应急救援装备建设，全区各市、县累计投入应急救援经费667.8万元，同时自治区政府第60次常务会议审议通过了《警务航空大队建设方案》，明确了领导小组、机构编制配备等事宜，协调空军部队招聘4名飞行员，选派2名干部参加公安部“零起点”飞行员培训。总队分级建立了《灭火救援战勤保障社会联动资源库》，组织研制了消防应急救援携行背囊，并申请了国家专利，设立了应急救援物资装备库，模块化储备7类146件（套）应急救援器材，保证部队30分钟内集结。全力打造“1+2”立体救援圈，推进宁北（银川）、宁南（中卫）战勤保障大队建设，构筑了全方位、全覆盖的应急救援新体系。

三、以政治建警、从严治警为核心，切实强化班子和队伍建设

一是加强班子和干部队伍建设。完善了各级党委班子学习、组织、奖惩等制度，着力培养“重学、民主、优化、务实、廉洁”的领导集体；补齐配强了各支、大、中队班子，干部配备率达到98%，三级主官配备率达到100%；完善了干部培训、管理、引进、绩效考核、选拔任用“五位一体”的工作机制，推行团职干部“公推双考”，45名干部参加了正、副团职公开选拔，进一步营造了良好的选人用人环境。切实加强部队廉政建设，层层签定廉政建设责任书，推行廉政风险防范管理机制，向社会公开“七项”廉政承诺，接收群众监督。强化支队军政主官、重大开支、大宗采购项目的审计，审计金额48719万元。二是加强思想政治建设。以深化胡总书记“三句话”总要求教育为主线，抓好经常性思想教育和心理健康教育，培养官兵“吃大苦、献大爱、立大功，不到长城非好汉”的宁夏公安消防精神。探索创新教育方法，制定了《分层次实施思想教育意见》、《思想政治教育绩效考核办法》，研发了《基层政治工作信息系统》，增强教育的针对性和实效性，保证了官兵思想稳定。全年，全区有209个集体和629名个人获各类奖励，1人荣立一等功，10人荣记二等功，58人荣记三等功。三是加强警营文化建设。以“四化”、“四有”为目标，依托宁夏歌舞团和总队军乐队成立宁夏消防文工团，组建文、体“两支队伍”，办好板报、广播、网络“三个阵地”，成立书法、摄影、绘画、诗歌“四个创作小组”，构筑谈心亭、小花园、文化长廊、音乐走道、主题雕塑“五种景观”，积极打造文化气息浓郁的警营育人基地。全年，组织开展春节团拜会、第三届全区消防部队文艺汇演、赴基层慰问演出、红色主题教育歌会、赴延安参观及书画摄影、演讲、征文20余次，极大地丰富了部队文化生活。四是加强部队正规化管理。扎实开展安全管理“五无”创建活动，将安全责任与年度工作目标挂钩，逐级签订责任书，健全了安全工作“四级责任制”、“一票否决制”及责任追究制，以学习贯彻新条令为抓手，修订完善了规章制度，对人、物、事，实行定岗、定位、定责管理，规范了部队“四个秩序”，确保了部队高度稳定。

四、以社会管理创新为引领，扎实推进“三项建设”

一是全区消防法治化进程进一步加快。推动自治区人大、政府和公安厅加强消防立法工作，颁布了宁夏回族自治区《实施〈中华人民共和国消防法〉办法》等地方性法规，修订了《公安派出所消防监督工作规定》，实现了宁夏地方消防法律体系与《消防法》的有机衔接。二是信息化建设基础进一步夯实。提请自治区公安厅将消防网络纳入公安“金盾工程”，申请350M无线单频点7个；投资230余万元，完善了“一体化”软件和硬件设施；研发了智能IP互联互通系统，扩展了灭火救援指挥箱功能；按标准建设完成移动接入系统和总队卫星地面站、网关中心和便携站建设。开展多种层面的专业和业务应用培训10次，参训人员300人次。三是和谐警民关系进一步巩固。全面应用消防监督业务信息系统，严格实行网上执法办案，及时更新业务窗口公示内容，增设触摸电脑查询系统，方便群众办事。指导消防协会开展免费服务，深入开展“大走访”爱民实践活动，为灾区捐款38万元、电脑15台，参加义务劳动180次，清理水渠1500米，植树33000棵，送水3240吨。1个单位被评为国家级“青年文明号”、5个单位被评为自治区级青年文明号，37个单位被评为市、县级“青年文明号”。

五、以提高后勤保障效能为抓手，着力增强综合保障实力

一是经费保障总量实现新突破。全区各级消防部队紧紧抓住消防安保、抢险救援以及工程项目建设的机会，积极争取地方党委政府支持，经费保障总量再创新高。2010年，全区部队向地方财政争取经费总量达到20336万元。二是消防装备建设水平实现新突破。在自治区财政大力支持下，一次性投入1.2亿元引进了一批高、精、尖消防装备，包括消防车56辆，运输车3辆，个人基本防护装备9195件（套）、特种防护装备10061件（套），抢险救援器材5433件（套），灭火器材5052件（套），搜救犬11只。其中，18米多功能抢险破拆车、40米直臂云梯消防车、灭火机器人、照明消防车、排烟消防车等装备器材，在品种上、功能上填补了宁夏空白，实现了个人基本防护配备率、特种防护装备配备率、普通中队抢险救援器材配备率、特勤中队抢险救援器材配备率、攻坚组装备配备率5个100%的目标。三是营房基础建设实现新突破。应急救援队暨综合训练基地工程项目于6月初正式开工建设，现已完成教学综合楼、综合办公楼、战士公寓楼、物资储备库等单体砌体工程。翻建、新建了6个消防站，完成了银川二中队原址翻建，银川特勤三中队、石嘴山惠农特勤中队、吴忠太阳山中队建成并投入使用，中卫美利工业园区中队进入室内外装修阶段，石嘴山沙湖水上中队完成基础工程建设，银川七中队、石嘴山二中队、隆德中队、青铜峡中队、同心中队和中宁中队等6个中队翻建工程已完成立项审批等前期手续办理工作。

第三十一章　新疆维吾尔自治区消防工作和队伍建设情况

2010年，新疆公安消防部队在各级党委、政府和公安机关的领导下，以胡锦涛总书记“三句话”总要求为统领，大力加强消防工作和队伍建设，圆满完成了防火监督、灭火救援、维稳处突三大任务，为维护新疆社会稳定、经济发展和民族团结做出了应有贡献，全区部队有5个单位荣立集体三等功，4人荣立个人二等功，185人荣立个人三等功，130个单位荣获自治区、地市级文明单位和双拥先进单位，总队被自治区民族事务委员会和自治区公安厅评为“民族团结进步模范集体”。全年全区共发生火灾5209起，死亡60人，受伤41人，直接财产损失3040.9万元。

一、“防火墙”工程建设见成效

一是消防工作责任进一步落实。总队提请自治区政府起草了《自治区消防条例（修订草案）》，将政府部门消防工作“四项责任”、建筑消防设施“三化”暨社会单位“四个能力”建设内容写入《条例》，目前已通过自治区人大二次审议。各级政府层层召开动员大会，制定工作方案，签订了为期3年的目标责任书，将构筑“防火墙”工程主要内容纳入《安全生产“十二五”规划》，同时纳入安全生产、综合治理等考评内容，进一步明确了各级政府和有关部门责任。二是社会单位“四个能力”建设成效显著。总队提请自治区政府制定出台了《建筑消防设施管理规范》、《社会单位消防安全管理规范》地方标准，召开了构筑“防火墙”工程现场会，发放“防火墙”工程系列宣传品122万个，培训各类人员11万余人，全区3713家人员密集场所重点单位除关停或装修的260家外，其余3453家全部达标，建筑消防设施主要功能完好率、年度检测率、维保协议签订率均达到100%，控制室值班人员职业化管理100%、持证上岗率超过97%。年底，总队抽调警力对全区15个中心城市、2513家人员密集场所重点单位进行了二次集中攻坚，实现了“四个能力”建设全部达标。三是农村社区“四个基础”工作稳步推进。总队提请自治区政府下发了《社区消防安全管理规范》、《农村消防安全管理规范》地方标准，着力加强农村、社区消防安全建设，6879个行政村、1282个社区达到了建设标准。四是社会消防安全环境进一步改善。全区7个县编制实施了消防规划，新增消防站10个、市政消火栓1842个，确定社会消防援疆项目12个、正在论证36个；组织开展了“八大专项行动”，检查单位10万个（次），整改隐患3.9万处，查封、“三停”单位881家，提请政府挂牌督办的26家重大火灾隐患单位，年底前已全部整改完毕。

二、消防铁军建设出成绩

一是着力推动灭火救援工作改革，总队召开了灭火救援“三化”建设现场会，明确了“三化”建设标准，指导各支队通过创新指挥模式、规范作战规程、加强专业队伍建设，使各级消防部队灭火救援能力得到了较大提升。二是着力加强综合应急救援队伍建设。全区15个地（州、市）均依托公安消防支队挂牌成立了综合应急救援支队，40个县依托公安消防大队成立了综合应急救援大队，各地争取综合应急救援队伍装备建设资金6312.8万元，制作完成各类应急救援预案1184份，开展综合救援演练234次。2010年6月，总队在巴州库尔勒市成功召开综合应急救援队伍建设现场会，向全区推广综合应急救援队伍建设的先进经验及做法，明确全区综合应急救援队伍建设发展方向。三是着力推进打造消防铁军工作。按照《打造公安消防铁军三年规划》，完成了全区69个执勤中队76个攻坚组的组建、集训任务，举办了打造消防铁军大比武活动，全面检验了部队训练成果。在此基础上，总队抽调人员赴哈萨克斯坦参加了上合组织成员国比武竞赛集训队和全国南方片区铁军比武竞赛，并在上合组织成员国比武竞赛中取得优异成绩，为国家争得了荣誉。在部消防局年终组织的战训业务考核中，总队列西部七省（区）第一。

三、执法规范化建设上水平

深入开展监督执法岗位练兵活动，分级、分期对全区消防监督干部进行了全员培训，举办了消防监督执法技能对抗赛，进一步提高了消防监督执法岗位人员的业务素质。扎实开展执法示范单位创建活动，总队组织召开了执法规范化建设现场会，命名“全国消防监督执法示范单位”1个，自治区级“公安机关执法示范单位”2个、“消防监督执法示范单位”8个，地级“消防监督执法示范单位”37个，出台了《服务新疆跨越式发展消防工作六项承诺》，为援疆工程和国家、自治区重点工程提供优质、高效的消防执法服务。

四、和谐警民关系添新彩

全区消防部队大力开展“五个一百”和“学双语、用双语”民族团结实践活动，总队与喀什地区莎车县帕克其乡结成定点帮扶单位，先后投入169万元加大对消防希望小学、抗震安居房等基础设施建设力度，总队还建立了“警民恳谈日”制度，确定每年11月5日为全区消防部队“警民恳谈日”。6月10日，自治区民族事务委员会、自治区公安厅举行公安消防部队民族团结进步表彰大会，对全区消防部队16个民族团结模范集体和23名模范个人进行了表彰。11月23日，在自治区召开的民族工作会议暨第六次民族团结进步表彰大会上，总队4个单位被评为“民族团结进步模范单位”，2名个人被评为“民族团结进步模范个人”。

五、部队正规化建设上台阶

深入学习实践胡锦涛总书记“三句话”总要求，开展了系列主题教育活动，推动“151”警营文化工程建设，强化干部队伍培训，官兵思想政治素质和综合素质进一步增强。努力建设学习型班子，建立了总队、支队两级党委中心组集体学习制度；进一步完善基层党委班子工作制度，10月底至11月初，总队党委与公安厅现役办联合对全区部队基层党委班子建设进行了考核验收，进一步优化了班子组合，激发了基层组织建设的活力。落实从优待警政策，出台了《艰苦边远地区干部晋职及补贴发放暂行规定》，着力提高艰苦边远地区警官福利待遇。切实加强党风廉政建设，狠抓“两个禁令”专项整治，自治区政风行风民主评议组对吐鲁番、乌鲁木齐、昌吉等支队和总队机关开展了民主评议，总队机关被评为自治区“最佳文明单位”。大力宣贯新共同条令，积极开展纪律作风专项整顿和“五无”创建活动，部队秩序进一步正规，总队被部消防局评为“安全工作先进总队”，阿克苏、阿勒泰支队被部消防局评为“2010年度安全工作先进支队”。

六、“四项基础建设”结硕果

一是积极争取经费投入。全区消防部队业务经费全部纳入当地财政预算，财政预算指标经费总量达10991万元（含总队机关预算基数4550万元），较2009年增长了15.2%，其中支队级纳入财政预算经费达3133万元，比上年增长31.4%，消防业务经费的大幅度增长，为推动消防工作和队伍建设提供了坚实保障。二是加快消防装备建设步伐。总队依据新修订的《城市消防站建设标准》，结合全区消防车辆装备现状，进一步优化配置结构，完成了消防车辆和装备器材招标采购工作。同时，利用外国政府贷款购置消防装备，已签订项目684万美元，在谈项目1370万美元，完成项目280万美元。此外，总队向部消防局申请专项资金969万元用于防暴车辆器材装备建设，共购置9辆特种防暴消防车和5113件各类防暴防护装备。三是加强资产、预算规范化管理。总队在克拉玛依召开了资预结合现场会，进一步规范了预算编制、审批、执行程序，建立了完善的资产编配标准，促进了部队综合保障效益的提高。四是规范营房基建管理。按照工程建设评估要求，总队对全区各地消防部队上报的16个新建消防站及部分支队指挥中心和公寓楼等工程建设进行了评估审核，下达了建设批复，同时积极争取部消防局经费支持，严格按步骤落实全区部队公寓房五年建设规划。截至年底，国家陆地搜寻与救护基地办公执勤楼、质检站综合楼工程已竣工。

第三十二章 新疆生产建设兵团消防工作情况综述

2010年，新疆生产建设兵团公安局消防局以科学发展观为统领，以确保兵团火灾形势稳定为目标，以“社会矛盾化解、社会管理创新、公正廉洁执法”为准则，深入推进“三基”工程和“三项建设”，努力提升兵团消防队伍业务工作能力，坚决预防和遏制各类火灾事故特别是群死群伤火灾事故的发生，较好地完成了全年各项工作任务，有力地维护了辖区消防安全形势的稳定。

一、深入推进构筑“防火墙”工程，着力提升消防工作社会化水平

一是以构筑社会消防安全“防火墙”工程为主线，严格落实消防安全责任制。根据公安部《构筑社会消防安全“防火墙”工程工作方案》和“河北会议”精神，消防局结合兵团实际，制定了《构筑社会消防安全“防火墙”工程工作方案》，并提请兵团党委制定下发了《兵团关于进一步加强消防工作意见》，进一步明确了各级政府及有关部门、社会单位的消防安全责任。二是以消防宣传“五进”活动为抓手，提升社会消防安全素质。消防局先后4次组织兵团公安机关200余名基层派出所领导及兵团驻乌企事业单位的86名内保干部开展了消防法律法规培训活动，并利用电视、广播、报刊、网络“四大媒体”，结合“3.29中小学生消防宣传日”和“119”消防宣传日，进行立体式消防宣传，大力开展多种形式的消防安全知识宣传教育活动。全年兵团共投入消防知识宣传教育经费159.9万元，举办各类消防宣传活动260次、消防培训班241期，开展电视宣传524分钟、广播宣传806分钟、报刊宣传89条（次），培训人数近7万人，受教育人数达45万人。三是以建立消防安全教育示范学校为载体，加大消防宣传力度。消防局按照公安部全国消防安全教育示范学校创建活动安排，在学校部署开展了“教育一个学生、带动一个家庭”活动，农二师三十四团中学、农四师六十八团学校、农十三师黄田农场学校被公安部、教育部评为2010年度“全国消防安全教育示范学校”。

二、大力开展火灾隐患排查整治，着力改善兵团消防安全环境

一是组织开展大清查、大整治专项行动。以加强人员密集场所、易燃易爆场所、高层地下建筑、城乡结合部“六小”场所及连队职工房前屋后麦场、堆垛等为重点，采取包片、包点的方法，开展消防安全大清查、大整治行动，组织各级消防部门和兵团基层防火组织对辖区所有社会单位、个体工商户、出租房屋，集中开展消防安全自查自改工作，逐个清查、入户核对，建立台帐，集中整治各类火灾隐患。二是部署开展“三秋”消防安全专项行动。按照公安部关于在全国范围内开展火灾隐患排查整治专项行动方案的统一要求和自治区人民政府《关于开展火灾隐患排查整治专项行动的通知》精神，结合“三秋”消防安保工作需要，部署开展了消防安全隐患专项排查整治行动，重点整治人员密集场所、易燃易爆单位、高层地下建筑以及生产、住宿、经营“三合一”建筑，特别抓好植棉团场棉花采摘、运输过程中的防火安全检查工作，及时消除各类火险隐患，确保了“三秋”期间的消防安全。三是扎实做好重点时段的防火工作。根据兵团《关于切实做好今冬明春防火工作的通知》，自1月1日至3月31日，在全兵团开展了冬季火灾隐患排查整治行动，明确了整治范围、任务分工和人员责任，主要针对商场、学校、幼儿园、医院、养老院等人员密集场所以及高层地下公共建筑和城乡结合部的“六小”场所，开展专项整治。一年来，兵团消防局始终保持严查各类火灾隐患和消防违法行为的高压态势，共开展整治火灾隐患专项行动7次，检查人员密集场所3916家、社会单位1142家，易燃易爆单位2091家，发现火灾隐患6251处，整改火灾隐患4940处，排查重大火灾隐患单位11家，挂牌督办1家，下发责令当场改正通知书578份，下发限期改正通知书343份，行政处罚50家，其中“三停”50家，查封4家，处罚16家单位，传唤12人，处罚9人，确保了重要节日和节点的消防安全。

三、扎实推进“三项建设”，着力增强服务经济社会发展能力

一是完善消防业务体系建设，提高消防执法规范化建设水平。以提高消防部门执法能力、执法水平和执法公信力为目标，根据公安部《消防法》配套法规和新法律文书的执行要求，研究制定了《兵团公安局消防业务职能调整通知》、《兵团公安局消防执法权限划分》、《兵团建设工程消防监督管理办法》等配套文件，规范了兵团建筑工程消防备案施工企业、消防工程检测单位及消防电气检测机构在兵团辖区开展业务的管理办法，并组织消防局民警学习了公安部106、107、108、109号令和《建设工程消防验收评定规则》（GA836－2009）及《火灾现场勘验规则》等规范和标准。同时，在人员少、任务重的情况下，拓展思路，采取各师建筑工程交叉验收的方法，解决了困绕消防局业务建设的瓶颈问题，自9月份起正式将建筑消防设计审核工作与消防验收工作分离，使兵团建筑工程消防设计申报、验收业务的行政执法行为步入规范化轨道。2010年，共审核完成37个项目，建审面积63.62万平方米，总投资40.7亿元，城市消防设施收费124.97万元；验收消防工程项目10个，面积21.01万平方米。二是完善信息化建设体系，加强消防信息网络业务平台建设。抽调11名基层消防业务骨干，分四个论证小组进行了兵团公安消防综合信息系统建设需求研讨论证，提出了兵团公安消防信息网业务平台建设需求初步意见，局金盾办先后2次组织专家对兵团公安消防信息网业务平台进行了技术论证，消防信息网业务平台建设方案初步成型。三是推行“阳光执法”，积极构建和谐警民关系。在互联网上公布了便民联系电话、联系人、办事指南以及消防建审业务、消防工程施工、验收等相关办事程序，对消防工程施工企业、检测企业的资质认定等企业信息在消防局门户网站予以公开，大大提高了办事效率，得到了社会各界的广泛认同。

四、认真履行职能，全力推进各项消防工作扎实开展

一是完成兵团“十一五”期间社会事业及基础设施类建设项目消防验收工作。根据兵团《关于开展兵团建设项目验收清理工作的意见》，组织对“十一五”期间283项违规建设项目进行了监督检查、督办整改和验收。2010年，283个项目已全部整改并验收完毕。二是配合兵团校安办完成全国中小学校校舍安全消防安全检查整治及验收工作。2010年是兵团中小学校校舍安全工程实施第2年，为确保此项工作的落实，消防局安排专人负责该项工作，并先后2次参加兵团检查组赴各师检查工作。各师公安消防部门大力配合各师校安办对中小学校校舍安全工程的开展，消防部门的工作得到了兵团领导的肯定及好评。三是开展检查督导，促进消防工作落实。为督促基层消防监督检查工作的开展，全年共组织工作督导组深入基层检查督导工作4次。2月12日组织2组人员对兵团驻乌单位和五家渠市兴乐商贸城、鑫泰燃气有限公司等单位场所进行了节前消防安全检查；5月7日至9日，与农一、二师公安局消防支队组成检查小组，对图木舒克市热电联产建设项目和图木舒克市前海纺织品有限责任公司二期建设项目进行了消防安全督导检查，形成工程施工现场消防监督检查意见书；5月17日至19日，对农七师辖区消防安全工作中面临的难点问题进行了实地调研，并督导125团二连做好“5·2”油库火灾事故调查处理工作；8月23日对十二师消防安全大排查活动中发现的火灾隐患和隐患整改工作进展情况及“7·27”五一农场同翔化工有限公司废机油加工厂爆炸事故处理情况等进行检查督导。通过一系列的检查督导，督促了基层进一步加大力度，扎实做好各项消防工作。

第三篇

党中央、国务院领导关于消防工作和队伍建设的重要批示

中央领导关于大连“7·16”爆炸火灾的重要批示

（2010年7月）

7月19日，中共中央总书记、国家主席、中央军委主席胡锦涛就大连港中石油储备库输油管线爆炸火灾扑救情况作出批示：在多次应急、抢险、救灾斗争中，消防官兵冲锋在前，英勇战斗，作出了突出贡献。请转达我对辽宁消防官兵的诚挚问候。同日，国务院总理温家宝批示：消防官兵在这场扑灭大火的战斗中，经受住了严峻考验，应予鼓励和表彰。中共中央政治局常委、国务院副总理李克强批示：向奋战在抢险一线的消防官兵表示敬意！中共中央政治局常委、中央政法委书记周永康批示：迅速传达锦涛、家宝、克强同志的重要批示，总结表彰先进，不断提高应急处置水平，更好地保护人民生命财产安全。7月18日，国务委员、公安部党委书记、部长孟建柱批示：辽宁消防官兵英勇顽强、不怕牺牲，在这次扑灭火灾中作出了重要贡献。7月20日，孟建柱批示：即向全体消防官兵传达总书记和其他中央领导的重要指示，要把中央领导同志的勉励化为强大的精神动力，不断提高我国应急、抢险、救灾的水平。对在此次扑救大火中作出突出贡献的同志，应予以表彰。

第四篇

公安部领导关于消防工作和队伍建设的讲话摘要

刘金国副部长在全国构筑社会消防安全“防火墙”工程现场会上的讲话

（2010年4月2日）

这次会议的主要任务是：以胡锦涛总书记“三句话”总要求为指导，深入贯彻落实《消防法》，总结推广河北社会单位消防安全“四个能力”建设经验，交流各地加强消防管理工作的典型做法，部署构筑社会消防安全“防火墙”工程，进一步提升社会防控火灾水平，维护火灾形势稳定。

会议期间，河北省委常委、政法委书记、公安厅厅长张越同志介绍了省委、省政府抓消防安全的基本经验和做法，大家实地参观了河北社会单位消防安全“四个能力”建设情况，听取了河北省公安厅、石家庄市政府和有关单位的经验介绍，河南、辽宁、安徽、广东、江苏、山东、湖北等7省份分别作了交流发言。与会代表普遍反映，河北等地经验做法，具有很强的说服力，大家深受启发，开阔了思路和视野。这次会议主题突出、内容丰富、任务明确，既是一次交流经验的现场会，也是一次推进工作的部署会，必将对加强当前和今后一个时期的消防工作产生深远影响。

近年来，河北消防工作在省委、省政府的坚强领导和有关部门的大力支持下，发生了很大变化，取得了显著成效。不到两年时间全省新建消防队（站）160个，消除了县（市）消防队（站）空白点；连续两年新增消防执勤车辆位居全国第一；连续8年没有发生死亡10人以上的火灾，是百万人口火灾死亡率最低的省份之一，成绩来之不易。特别是河北省大胆探索、勇于实践，创造性地实施社会单位消防安全“四个能力”建设，着力提高社会单位消除火灾隐患、扑救初起火灾、组织人员疏散逃生和宣传教育能力，闯出了火灾防控的新路子，取得了火灾防控新成效。总结河北的经验，主要有五个显著特点：一是坚持政府主导。全省各级党委、政府把社会单位消防安全“四个能力”建设摆上重要位置，纳入平安创建重要内容，采取有力措施推动落实。省委、省政府主要领导同志高度重视、亲自过问，省委副书记车俊同志，省委常委、政法委书记张越同志，副省长宋恩华同志多次组织研究、带队检查指导。党委、政府的高度重视，有力地推动了“四个能力”建设的顺利开展，也为河北消防工作创新发展提供了重要保证。二是坚持标准先行。将“四个能力”建设写入新修订的《河北省消防条例》，出台了统一、简明、实用的“四个能力”建设地方标准，制定了人员密集场所、易燃易爆单位、小型场所等9类行业场所消防安全专项标准，并深入开展社会单位“四个能力”达标创建活动。目前，已有1.3万个消防安全重点单位达标，占全省重点单位的60%。法律手段和行政手段并用，有效提升了“四个能力”建设的强制力和执行力，是在短时间内迅速推开、收到实效的重要一环。三是坚持部门联动。县级以上政府普遍建立消防工作联席会议制度，明确了有关部门的职责任务。各部门进一步细化标准和要求，将“四个能力”建设纳入本行业、本系统检查考评内容。公安机关内部建立了消防为主、多警联动的联合执法机制，大大提高了消防监管效能。坚持部门联动，有效改变了以往公安消防部门唱“独角戏”的局面，形成了全方位的监管网络。四是坚持专群结合。公安机关及其消防机构在加强专门工作的同时，采取多种措施，共组织培训单位消防安全管理人6万余名，建立“四个能力”建设示范点1300多个，设置大型宣传牌1.3万余个，组建志愿消防队伍2.8万余支，培训单位员工200余万人，开展灭火疏散逃生演练5万余次，单位自防自救能力明显提升。群众的广泛发动，消防安全意识的普遍增强，为稳定火灾形势奠定了坚实基础。五是坚持关口前移。着眼于将隐患解决在火灾发生之前，全省上下把“治隐患、防火灾、保安全”作为“四个能力”建设的重要目标，强力排查整治火灾隐患。去年社会单位投入3.5亿元用于消防设施建设和隐患整改，共整改火灾隐患20余万处，其中重大隐患397处，85%的火灾在初起阶段得到有效控制，全省没有发生群死群伤火灾。河北的做法，把握了消防工作基本规律，抓住了防控火灾的关键，既有对传统经验的继承，又具有鲜明的时代特色，为全国构筑“防火墙”工程提供了十分有益的借鉴，值得各地认真学习。

当前，我国正处在经济转轨、社会转型的特殊历史时期，阶段性特征在消防工作中表现十分突出，火灾隐患大量滋生，消防管理难度不断加大，火灾防控压力前所未有。在各级党委、政府的高度重视下，我们采取了一系列超常措施，保持了火灾形势总体平稳，但全社会防控火灾的基础仍然薄弱，火灾总量仍然很大，一次致多人死亡的火灾时有发生。进入21世纪以来，全国发生一次死亡20人以上的火灾15起，共造成815人死亡、349人受伤。有些火灾虽然未造成群死群伤，但损失惨重。深刻分析火灾频发的原因，主要是一些地方政府、部门、单位消防工作责任不落实，农村、社区消防安全工作基础薄弱，小场所、小单位消防安全失控漏管，火灾隐患排查整治不力，部分群众消防安全意识不强，消防监督管理水平不适应。如果不从根本上解决这些问题，就很难保持火灾形势的持续稳定。国务委员、公安部部长孟建柱同志多次强调，要把预防重特大火灾作为衡量消防工作成效的根本标准。

有效预防火灾尤其是重特大火灾，必须紧紧依靠各级党委政府，必须广泛发动公众参与，大力加强全社会防控火灾的基础建设，有效提升公共消防安全水平。为此，公安部决定，自2010年至2012年，在全国实施构筑社会消防安全“防火墙”工程，力争通过三年不懈努力，使消防工作社会化水平明显提升，全社会消防安全环境明显改善，重特大尤其是群死群伤火灾得到有效遏制，全国火灾形势持续稳定。

构筑“防火墙”工程，是部党委继打造消防铁军之后作出的又一重大战略部署。对内打造消防铁军，主要目的是提高消防部队灭火和应急救援能力；对外构筑“防火墙”工程，主要目的是提高全社会预防火灾能力。这两项战略部署，是推动消防事业发展的两个“轮子”、两个“抓手”，相辅相成，相互促进，构成了新时期消防事业科学发展的基本思路。全国公安机关及其消防机构要充分认识构筑“防火墙”工程的重大意义，切实把思想和行动统一到部党委的决策部署上来，牢固确立预防为先的工作理念，充分发挥我们国家的政治优势和制度优势，广泛动员全社会力量，打一场防控火灾的“人民战争”。公安部在深入调研、反复研究和广泛征求意见的基础上，制定下发了《构筑社会消防安全“防火墙”工程工作方案》。各地要结合实际，认真贯彻落实。下面，我讲五点意见：

一、认真履行职能，全力推动政府及部门落实消防工作责任

推动政府及部门落实消防工作责任，是构筑“防火墙”工程的核心，也是提高全社会防控火灾水平的前提。各级公安机关要加强汇报，加强协调，千方百计争取政府及部门把消防工作摆上位置、落实到位。

要强化宏观规划和整体部署。提请政府制定消防事业发展规划，并纳入政府综合目标管理体系，每年召开消防工作会议进行部署，并层层签订责任状，量化分解任务，明确完成时限。要通过召开联席会议、现场办公等形式，及时研究并协调解决涉及消防设施和装备建设、消防力量发展、火灾隐患整治等重大问题。年内，各地都要提请政府编制“十二五”消防事业发展专项规划，部消防局要抓紧制定全国“十二五”消防事业发展指导意见。

要强化检查督导。提请政府把消防工作列入政务督查的重要内容，定期组织检查督导和述职讲评，及时了解掌握工作进度，及时发现和解决问题。要充分利用综治委和安委会这两个平台，会同有关部门适时组织专项检查，推动各项工作任务的落实。在重大活动保卫、消防安全专项整治、季节性防火工作期间，要提请政府或会同有关部门组织开展专项督导检查。

要落实考评问责。提请本级政府对下级政府和所属部门消防工作每年组织考评，对年度消防工作任务完成好的地区和部门给予奖励，对没有完成或落实不好的进行通报，发生问题的要坚决追究责任。今年是落实“十一五”规划的收关之年，各地要提请政府对国务院15号文件落实情况开展自查，抓紧落实既定的目标任务。今年底，拟对各地贯彻落实15号文件情况进行检查，有关情况将通报全国。

二、坚持多策并举，全力提高社会单位“四个能力”

从统计数据看，近十年90%以上的重特大火灾发生在社会单位。可以说，抓住了社会单位，就抓住了防控大火的关键。

要制定建设标准。借鉴河北做法，将社会单位“四个能力”建设纳入地方性消防法规内容，会同有关部门制定地方标准，对人员密集场所、易燃易爆单位等分别制定具体建设标准，确定建设范围、内容和验收方式、方法。要明确“检查消除火灾隐患能力”建设标准，要求落实各级各类人员消防安全责任，切实做到消防安全自查、火灾隐患自除；明确“组织扑救初起火灾能力”建设标准，要求建立专、兼职消防队伍，配备必要的灭火器材装备，经常组织开展训练、演练，切实做到火情发现早，小火灭得了；明确“组织人员疏散逃生能力”建设标准，要求完善应急疏散预案，加强经常性演练，切实做到能火场逃生自救、会引导人员疏散；明确“宣传教育培训能力”建设标准，要求落实消防宣传培训制度，切实提高单位员工消防安全素质。

要搞好专题培训。针对不同对象，多形式、多渠道开展“四个能力”建设专题培训。要对各部门、各行业负责人进行培训，使他们了解目标任务、工作要求和组织方式，成为“四个能力”建设的“带头人”；对消防监督人员和派出所民警进行培训，使他们掌握具体内容、工作标准、指导方法，成为“四个能力”建设的“明白人”；对社会单位消防安全管理人进行培训，使他们切实增强主体意识，熟练掌握建设标准和达标要求，成为“四个能力”建设的“责任人”。督促社会单位开展全员培训，提高员工参与“四个能力”建设的积极性、主动性。

要形成工作合力。将单位“四个能力”建设纳入社会治安综合治理、“平安建设”内容，纳入单位等级、星级评定和安全评估内容。要指导行业、系统制定建设方案，明确目标任务、工作措施和时限要求，抓好本系统、本行业“四个能力”建设试点，并适时召开现场会，以点带面，全面推开。要督促社会单位消防安全责任人切实履行职责，对本单位消防安全“四个能力”建设精心组织、周密部署、狠抓落实。要采取切实有效措施，确保今年人员密集场所消防安全重点单位全部达标，2011年消防安全重点单位全部达标，2012年属于人员密集场所的一般单位基本达标。

三、立足机制创新，全力夯实农村、社区防控火灾基础

当前，农村、社区消防安全失控漏管等问题十分突出，全国64%的亡人火灾发生在农村和居民家庭，一次致多人死亡的“三合一”场所火灾也大多集中在乡镇。加强农村、社区消防工作，是减少火灾和亡人总量的客观要求。

要健全基层消防组织。要创新思路和方法，积极整合社会资源，着力解决基层消防工作无人抓、无人管的问题。要推动乡镇、街道办事处建立行政负责人牵头、有关部门参与的消防联席会议制度；依托综治办、安监办等设立消防管理工作机构，配备消防专职干部，组织并督促落实消防安全工作；督促社区及村民委员会、居民委员会确定消防专、兼职管理人员，整合保安、巡防以及社区民警等力量，建立基层火灾综合防控体系，在农村、社区构筑起防控火灾的“铜墙铁壁”。

要建立“网格”排查隐患机制。一些乡镇（街道）、社区商业店铺密集，“三合一”等场所数量庞大，用火用电用油用气管理混乱，历来是火灾防范的重点和难点，必须采取超常手段，建立综合整治长效机制。要督促乡镇、街道建立完善火灾隐患发现、报告、整改、督办等制度，分层级、高密度地开展防火检查和巡查。要推行“网格”排查新模式，以乡镇和社区为基本单元，逐级细化“网格”，逐一明确责任人员，组织消防、治安、公安派出所全警参与，发动基层安监办、工商所和居委会、村委会等基层力量，分片包段，拉网检查，形成全民围剿隐患的强大攻势，坚决防止失控漏管。

要完善初起火灾扑救机制。按照“专群结合、整合资源、一队多能、覆盖城乡”的原则，大力推进乡镇（街道）、社区消防力量建设。要加快乡镇专、兼职消防队伍建设进度，力争通过两年的努力，没有公安消防队（站）的乡镇全部建成其他形式的消防队伍。要积极依托农村、社区现有治安巡防队伍，将消防安全纳入治安巡防内容，并配备必要装备器材，承担扑救初起火灾任务。要加强对保安人员的消防业务培训，赋予保安人员消防安保职能；对于重点单位和火灾高危场所，要配备专职消防保安人员。要广泛发展志愿、义务消防组织，最大限度地拓展基层消防力量的覆盖面。要切实加强农村、社区公共消防设施建设，为有效扑救火灾打下重要基础。

四、突出宣传效果，全力增强公众消防安全素质

加强消防宣传，是构筑“防火墙”工程、保障公共消防安全的基础性工作，也是提高全民消防安全素质的重要途径。尤其是在一些消防警力覆盖不到的广大农村地区，消防宣传工作显得尤为重要。

着力抓好大众化消防宣传教育。要本着贴近群众、贴近生活、贴近实际的原则，广泛深入开展消防宣传教育工作，使每一个群众都成为消防宣传对象，每一个宣传平台都成为消防宣传阵地，每一名消防官兵都成为消防宣传骨干。要在各大网站和县以上主流媒体设立固定消防宣传栏目，大力宣传消防法律法规和消防安全常识。要充分利用手机短信、楼宇电视、宣传标牌等载体，广泛开展提示性宣传，扩大消防宣传覆盖面。要积极推动将消防知识纳入学历教育、义务教育和职业教育。要充分利用群众喜闻乐见的形式开展宣传，使消防宣传教育真正进企业、进社区、进学校、进农村、进家庭。要推动宣传、广电、文化等部门和有关社会团体，落实消防宣传职责，积极推进消防文化建设，扩大宣传效果。

着力抓好多元化消防培训。要落实《社会消防安全教育培训规定》，推动教育、民政、人力资源社会保障、建设、文化、安监、旅游等部门，严格落实消防安全培训管理职责，强化本系统、本行业的消防培训。要将消防安全知识纳入领导干部和国家公务员培训内容，利用各级党校、行政学院、干部学院等培训机构开展培训。要发挥社会消防培训机构的作用，开设针对不同对象的培训课程，加强对单位法人、消防安全管理人员、消防控制室人员以及消防从业人员的专业培训。要推动单位将消防安全知识作为在岗培训、岗前培训的必训内容，使不同层次、不同领域、不同岗位人员都能了解基本的消防安全知识，掌握基本的防火灭火技能，最大限度预防和减少火灾危害。

五、着眼消除隐患，全力提升消防监督管理水平

构筑“防火墙”工程，强化消防监督管理是关键。公安机关及其消防机构作为职能部门，必须充分发挥职能作用，加强与有关部门的协调，以整治火灾隐患为重点，创新监管模式，全面提升消防监督管理效能。

要持续整治火灾隐患。紧紧依靠党委、政府，发动全社会开展火灾隐患排查整治。要协调各有关部门加大对本系统、本行业火灾隐患排查整治力度，把排查整治与健全制度、加强培训、改进技术等有机结合起来，切实提高系统、行业消防安全管理水平。要以人员密集、易燃易爆、高层地下建筑等容易引发群死群伤的单位和场所为重点，每年集中开展一两个专项行动，集中解决一批突出问题，不断改善消防安全环境。今年，公安部将会同有关部门部署开展建筑消防设施集中整治活动，各地要全力抓好落实。

要加大联合执法力度。与安监、建设、工商、质检、教育、民政、卫生、文化、体育等部门建立联合执法机制，形成消防监管合力。要严把工程建筑消防设计、施工、监理、检测、验收关，坚决预防“先天性”火灾隐患。对超规范、标准要求的新异特建筑，要从严审批，决不允许以性能化评估来规避消防技术规范。对备案抽查的建设工程，要加大抽查力度。要充分发挥宣传、治安、督察等部门、警种以及公安派出所的作用，明确各相关警种和派出所的消防监管职责，实施多警联勤，联合开展防火检查、隐患整改、消防宣传等工作。对严重威胁公共安全的重大隐患，必须及时报请政府挂牌督办，确保如期整改到位。要借鉴辽宁、河南等地做法，用足用好法律手段，对严重违反消防安全管理的，该关停的关停，该拘留的拘留，决不姑息手软。

要确保公正廉洁执法。消防执法总体是好的，但也存在一些突出问题，主要是执法不公不廉，插手消防工程，参与消防产品经营。去年，部消防局部署开展了两个“禁令”自查自纠，取得了一定成效，但巩固、深化的任务还很重，群众还有不少反映，必须加大力度、长抓不懈。要运用典型案例开展警示教育，提高教育的针对性和有效性。要健全完善各项执法制度，细化各类执法标准，严密执法程序，压缩自由裁量空间，有效规范和约束各项执法活动。要强化执法监督，全面推行网上执法，实行阳光作业，切实提高消防执法透明度和公信力。要抓好执法示范单位创建和执法业务竞赛活动，分级分批对消防监督执法人员进行全员轮训。今年，公安部将表彰一批消防执法先进单位和先进个人。

要发挥消防文员作用。在当前消防监督执法任务异常繁重、警力严重不足的情况下，要大胆创新，积极探索解决的有效途径。近年来，各地征招了一部分消防文员，江苏、河北等地还通过出台规定，对消防文员开展辅助检查进行规范，为解决消防执法警力不足作了十分有益的尝试。其他经济发展快、执法任务重、执法警力不足的地区，也要进一步解放思想，打破条条框框的束缚，做好内部挖潜工作。目前全国各地共有消防文员1．2万余人，其中绝大多数具有大专以上学历，如果这些人员能承担起辅助检查任务，就会有效缓解一线执法警力不足的问题。在这方面，部消防局要鼓励各地大胆地闯、大胆地试，并及时总结推广经验。

构筑“防火墙”工程时间跨度长、涉及范围广、标准要求高，是一项系统工程。各级公安机关及其消防机构要积极主动向地方党委、政府汇报，力争把构筑“防火墙”工程作为政府“民心工程”来落实，并成立由政府领导牵头、有关部门负责同志参加的领导小组强力推进；各公安厅、局和消防总队也要成立专门的组织机构，全面掌握情况，及时研判形势，提出对策，推动工作落实。要把构筑“防火墙”工程纳入公安机关及其消防机构年度目标考核和干部绩效考核内容，与单位和个人评优评先挂钩。

刘金国副部长在全国公安消防部队应急救援工作现场会上的讲话

（2010年7月5日）

这次会议是经孟建柱部长批准召开的。主要任务是：认真落实今年国务院18号文件和公安部长沙会议精神，总结推广辽宁应急救援工作经验，交流各地做法，加快推进应急救援队伍建设，进一步提升公安消防部队应急救援能力。

会议期间，与会代表听取了辽宁省公安厅、大连市和旅顺口区政府应急救援工作经验介绍，参观了大连市旅顺口区应急救援大队，观摩了重大灾害事故处置综合演习，江苏、广东、湖北、宁夏、浙江、天津等地交流了工作经验。大家认为，各地尤其是辽宁省、大连市的经验做法，具有很强的示范作用，对进一步推进全国公安消防部队应急救援工作，具有重要意义。

近年来，在省委、省政府的坚强领导下，辽宁公安及消防工作取得了显著成效，许多方面走在全国前列。他们充分发挥消防、治安、督察和公安派出所的作用，建立多警联勤的执法机制，严厉打击消防违法违规行为，起到了强大的震慑作用；他们率先组建灭火救援攻坚组，深化训练改革，为打造消防铁军趟出了一条成功之路；他们创新消防宣传机制，深化“五进”工作，不断增强消防宣传的针对性，社会化消防宣传成效显著。特别是在加强应急救援工作中，仅半年时间，全省 14 个地级市、100 个县（市、区）全部挂牌组建了综合应急救援队伍，参加应急救援 1.2 万多起，抢救遇险人员 2700 多人，安全疏散 5300 多人，受到党委政府的充分肯定和人民群众的高度赞誉。他们之所以能取得这么大的成效，最关键的是公安机关积极争取、主动作为，最根本的是党委政府极为重视、直接推动。辽宁省政府把依托公安消防队伍、加强应急救援工作作为提高执政能力、保障民生的重要内容来抓，省政府下发文件，明确由各级政府负责组建，省委常委、省政府常务副省长许卫国同志，省政协副主席、公安厅长李文喜同志亲自动员部署，亲自解决难题。全省建立了省、市、县三级应急救援领导体系。正是这种强有力的领导，为加强应急救援工作提供了重要的组织保证。省政府提出“三年同步规划、同步建设、同步推进，三年任务一年基本完成”。大连市政府提出陆海空三位一体、应急救援力量全方位覆盖的建设标准，建立了应急救援人才体系、装备体系、指挥体系。省、市两级将应急救援经费纳入本级财政预算，省、市、县构建三级应急装备物资储备平台，建立政府集中调用机制，增配 600 多辆应急救援车、8 万余件（套）救援装备。大连市投入 4 亿多元新建消防站 34 个、一次性投资 2.6 亿元对消防装备进行升级换代，分期投资 4.2 亿元用于购置消防艇和消防直升机。这样超常的重视和投入，对于正在全面振兴的辽宁来讲，需要很大的魄力。正是这种高标准的设计，使辽宁应急救援工作始终站在很高的起点上，为全国树立了样板。辽宁省政府专门出台文件，建立应急救援调度指挥一体化、实战训练一体化、灾害处置一体化、物资保障一体化的联勤联动机制。消防、应急、市政、医疗等救援力量统一调度，分级响应，协同联动，形成合力。正是这种高效能的整合，使辽宁应急救援综合能力得到大力提升。辽宁省的经验做法，符合应急救援工作的方向，再一次为全国创造了宝贵经验。

长沙会议以来，全国公安消防部队应急救援工作推进很快，呈现出良好的发展态势。上海、河南、海南等 17 个省（区、市）政府专门下发文件；河北、黑龙江、重庆等 17 个省（区、市）政府领导亲自主持会议专题研究部署，湖南省委书记周强亲自协调解决综合应急救援队伍建设的重大问题，湖北省常务副省长李宪生亲自担任应急救援队伍领导职务；全国累计争取应急救援专项经费15亿元，购置、更新救援器材46.7万件（套）。17个省级政府挂牌成立了应急救援总队，153个地级政府挂牌成立了应急救援支队，821个县级政府挂牌成立了应急救援大队。其中，辽宁、山东、湖北、湖南的省、市、县三级政府，均成立了综合应急救援队伍。通过综合应急救援队伍建设，公安消防部队抢险救援能力明显加强，在玉树地震和近期广西、江西等地特大洪灾救援中表现突出、立了大功。公安消防部队应急救援工作取得的成绩，与各级党委、政府高度重视，和发改、财政、编制、民政、应急等部门大力支持是分不开的。借此机会，我代表孟部长和公安部党委表示衷心的感谢！

我们要清醒地看到，公安消防部队应急救援工作仍处于起步阶段，发展还不平衡。目前，有15个省（区、市）没有以政府名义下发专门文件或挂牌成立应急救援总队；山西、黑龙江、福建等省份仅挂牌成立1至2个市综合应急救援支队；内蒙古、江西、广西、贵州等省份，市级支队还是空白。一些地方虽然拉起了队伍，但应急响应、联勤联动、经费保障等机制还不完善，救援装备和力量明显不足；有的省份试点工作进展缓慢。

我们还应当看到，在突发地震、洪灾等特大灾害事故时，公安消防部队作为一支重要的骨干力量，需要与解放军、武警部队及其他专业救援队伍协同作战、共克时艰。但大量的日常应急救援工作，主要还是靠公安消防部队，这是不可替代的。近几年来，公安消防部队应急救援任务量逐年增加，今年上半年已占出警总数的73%。现在几乎每天都能从媒体上看到反映消防官兵救援救助的报道。可以说，哪里有危险，哪里就有消防官兵，消防救援已成为政府救灾、群众求助的一个首选，已成为公安的一个品牌。今年6月9日，国务院下发的《关于进一步加强防震减灾工作的意见》，提出了“加强以公安消防队伍及其他优势专业应急救援队伍为依托的综合应急救援队伍建设”的要求，这既是国家对公安消防部队多年来应急救援工作的充分肯定，更是赋予了公安消防部队新的更大责任。如果讲“长沙会议”我们提出省、市、县三级同步推进是超前谋划、主动作为，那么现在则是落实国务院部署的重要任务、法定职责。特别是现阶段，我国经济社会高速发展，人流物流加大，各类事故易发多发，地震和雪灾、洪灾、泥石流等极端灾害也明显增多，应急救援任务十分艰巨繁重，消防部队综合救援能力面临严峻挑战。加强公安消防部队应急救援工作，比以往任何时候都更加重要、更加急迫。各级尤其是领导同志一定要切实增强责任感和紧迫感，以坚韧不拔的意志、只争朝夕的精神，下大气力推动应急救援工作，确保在短期内取得大的突破。下面，我讲三点意见：

一、全力提升自身综合救援能力

要加快推进综合应急救援队伍建设。目前，全国东、中、西部已成立的综合应急救援队伍，省级分别占50%、50%和60%，市级分别占42%、24%和58%，县级分别占50%、18%和35%。西部建设进度最快，东、中部要迟缓一些。今年时间已经过半，但完成任务并没有过半。希望进展缓慢的地方拿出打攻坚战的劲头，切实加大工作力度，迎头赶上。年底前，东部所有省份要完成应急救援总队的组建，80%的市、县要完成组建任务；中部50%、西部30%的省、市、县要完成三级组建任务；已挂牌成立应急救援中队的，东部地区要按照30人标准补齐，中、西部地区也要达标。这是硬任务，无论有多大困难，都必须想方设法克服，确保按期完成。针对消防现役警力普遍不足的问题，各地要借鉴大连旅顺口、江苏张家港等地做法，大力发展政府核编的合同制消防员，同时要提请政府解决合同制消防员的保障问题。县级以下地区要依托乡镇专职、志愿消防队伍和保安力量等，组建应急救援队伍，确保突发灾害事故时能先期到场处置，形成城乡一体化的应急救援力量体系。

要大力加强应急救援装备建设。要配齐基本装备。按照《县级综合（消防）应急救援队装备配备标准》，重点配备个人防护、生命搜寻、救生排险等常规救援车辆及器材。年底前，东部地区必备救援装备要全部达标，中部50%、西部30%的要达标，每个中队灭火救援车辆要不少于4辆，其中抢险救援车不少于1辆。要强化特殊装备。结合本地区灾害事故特点，科学统筹特殊装备配备，化学危险品企业密集的地区，要优先配备化学事故抢险救援车及侦检、洗消救援器材；地质结构复杂、地震及泥石流等灾害多发的地区，要配备地震救援车及生命探测仪和搜救犬；洪涝灾害多发的地区，要配备冲锋舟、救生衣等救援装备。要利用社会资源。建立由政府主导的紧急调用机制，充分发挥民政、卫生、市政、交通、环保、供水、供电等部门应急装备的作用，确保需要时能够快速调集到位。

要切实强化应急救援训练演练。要注重基础训练。深入推进打造消防铁军工作，坚持科学练兵、全员练兵，既要注重体能、技能和心理训练，更要注重生命探测、人员搜救的专业训练，切实提高救援效能。要分类制定战斗员、指挥员、战勤保障人员训练内容和标准，增强训练的针对性。尤其要加强基层指挥员培训，提高临机处置和科学施救水平，最大限度地避免官兵伤亡。要强化应急演练。针对本地易发灾害事故的特点，加强实地、实装、实战拉动演练，强化模拟实战训练和处置规程训练，不断提高处置特殊灾害事故水平。要提请政府定期组织有关部门参加的联合演练，公安机关也要定期开展多警联动救援演练，切实提高协同作战能力。要完善训练设施。目前，消防部队实战性训练有待进一步加强，尤其缺乏模拟训练设施，难以满足应急救援训练需要。要切实抓好总队、支队培训基地建设，有条件的县要抓紧启动消防大（中）队综合训练基地建设；条件不具备的，要尽量完善现有训练设施，为开展生命搜救、防爆侦检、破拆救生等训练创造条件。

二、着力完善应急联动机制。

充分发挥我国社会主义制度的政治优势，建立健全政府统一领导下的应急联动机制，有利于整合力量，提升救援效能。

要完善应急响应机制。要报请政府建立健全应急响应机制，明确公安、安监、卫生、交通、建设、市政等部门的职责，确保一旦突发灾害事故，能第一时间响应、第一时间协同作战。年底前，挂牌成立综合救援队伍的市、县，要完成应对本地易发多发灾害事故的救援预案；各级公安机关要建立多警联动机制，确保突发灾害事故时，消防、交警、特警、巡警和派出所民警能够协同作战。

要完善应急指挥机制。借鉴国外成功经验，推动建立政府统一领导下的跨部门、跨地区的应急指挥系统，实行扁平化指挥。大连旅顺口区政府依托消防部队，建立应急一体化指挥中心的模式很好，各地要认真借鉴。要建立完善现场指挥机制，一般情况下，日常应急救援行动由公安机关或消防部门现场最高指挥员负责指挥，并由政府授权统一调度指挥相关部门及专业力量；涉及地域广、危害范围大的重大灾害事故救援，由政府领导统一指挥，消防部队主要负责抢救人员生命。

要完善应急保障机制。汶川、玉树地震救援都暴露出保障滞后的问题。要提请政府依托消防部队，建立应急救援物资、装备储备库，确保应急处置急需。每个应急救援大队至少要配备1辆战勤保障车，提高遂行保障能力。担负国家陆地搜寻与救护基地建设的6个省份，要抓紧协调有关部门，加快建设进度，争取今年底或明年早些时候投入使用。要探索建立区域协作机制，实现区域联动。要抓紧与民航、铁路和交通等部门建立协作机制，确保在发生重大灾害事故时，救援力量和装备能在第一时间运输到位。

要完善应急宣传报道机制。一些重大灾害事故往往会成为社会热点和焦点，如果宣传报道不能及时跟进，就可能受到群众和舆论的质疑，甚至被炒作。要完善应急救援舆情引导机制，掌握宣传工作主动权。年底前，各级都要与主流媒体建立突发灾害事故随警宣传制度，确保及时准确报导灾情和救援情况。要加强宣传队伍建设，配强宣传装备，发挥“动中通”、“静中通”作用，确保在山地、野外等复杂环境下，都能第一时间传输救援图像和信息，第一时间作出宣传报道。

三、切实加强应急救援工作领导。

当前，各级党委政府对应急管理高度重视，对公安消防部队十分信赖，是我们推进应急救援工作的极好时机，必须紧紧抓住不放。

要争取政策支持。政府的重视程度，取决于我们的工作力度。各地要像辽宁、湖北等地那样，公安机关主要领导亲自出面，提请成立由政府领导牵头，公安、应急、发改、财政、安监、卫生、交通等部门领导参加的应急救援工作领导小组，建立联席会议制度。还没有以政府名义规划部署的地方，年底前要提请政府出台相关文件或专门进行部署。部消防局要抓紧启动《武警消防部队消防业务费管理暂行办法》的修改，争取将综合应急救援队伍建设纳入保障范畴。

要强化检查考评。提请政府将综合应急救援队伍建设纳入目标管理，纳入督办和年度考核内容，定期开展检查督导和考评。部消防局、督察局要联合开展督察，对各地综合应急救援队伍建设进展情况随时抽查，及时进行讲评、排名。各公安厅、局和消防总队、支队也要采取类似措施推动。年底前，公安部将对各地政府重视消防工作、加强综合应急救援队伍建设情况作出评价，并向国务院写出报告。

要加强调查研究。应急救援既是公安消防部队的一项新职能，也是社会管理创新的一个重要方面，没有现成的模式可以遵循，在推进过程中必然会遇到这样或那样的问题。各地要坚决贯彻全国公安机关社会管理创新座谈会精神特别是孟部长重要讲话要求，认真总结成功经验，推动完善政策措施，以点带面、整体推进。要及时发现突出问题，切实加强分类指导，边建设、边规范、边发展。要结合当地实际，大胆创新综合应急救援队伍建队模式，创新一体化的应急响应、指挥、训练、保障机制，提高综合应急救援水平。

刘金国副部长在纪念胡锦涛总书记作出“三句话”总要求重要指示一周年电视电话会议上的讲话

（2010 年 8 月 25 日）

一年前，胡锦涛总书记作出“努力建设一支‘忠诚可靠、服务人民、竭诚奉献’的消防队伍”的重要批示，指明了新时期公安消防队伍建设的前进方向，提出了消防事业发展的总要求。今天的会议，主要是回顾一年来学习实践情况，交流经验做法，对深入学习实践“三句话”总要求进行再动员、再部署。

会议开始前，孟建柱部长亲切接见了宋文博同志家属和电影《宋文博》主创人员，就深化学习实践“三句话”总要求活动做出重要指示，刚才伟明局长已经作了传达，我们要认真贯彻落实。刚才，五个单位分别作了大会发言，从不同角度展示了一年来学习实践“三句话”总要求的经验做法，也从不同侧面反映了全国公安消防部队学习实践的丰硕成果。发言简明扼要，很务实，极具感染力和说服力。过去的一年，在“三句话”总要求指引下，消防工作和部队建设发生了深刻变化，取得了显著成效。一是党委政府重视程度明显提高。国务院专门发文，要求依托公安消防部队组建综合应急救援队伍，省、市、县三级政府全面启动这项工作。各级党政领导主动过问、积极协调解决消防工作中遇到的重大问题。各级政府对消防工作投入大幅度增长，2009 年消防经费突破 300 亿元，重视程度、支持力度是空前的。二是防控火灾和应急救援能力明显增强。根据新形势新任务，部党委科学谋划，确立了防火、灭火、抢险救援“三位一体”的消防事业发展思路。各地结合实际，扎实推进构筑社会消防安全“防火墙”工程，深入打造公安消防铁军，全面加强综合应急救援队伍建设，消防工作呈现出快速发展的良好势头，全国火灾形势保持了总体平稳，伤亡人数持续下降，群死群伤火灾得到有效遏制。三是基层基础工作明显加强。深入推进“三项建设”，信息系统建设整体推进，为消防工作发展提供了有力支撑；开展执法示范单位创建活动，执法规范化建设取得新的成效；实施分级分类全员培训，队伍整体素质进一步提高；多种形式消防力量和公共消防设施、消防装备建设实现了新发展，仅公安现役和地方专职消防力量就超过 30 万人。四是公安消防队伍形象明显提升。强化教育管理，狠抓部队正规化建设，违法违纪和事故案件总体下降。广大消防官兵始终保持高昂士气，迎难而上、顽强拼搏，圆满完成了各项工作任务，涌现出了泰山消防中队、玉树抗震救灾先进集体和个人等重大典型。在各地组织的行风评议中，公安消防部队名次普遍靠前。尤其是在新中国成立六十周年、上海世博会消防安保和青海玉树抗震救灾、大连“7·16”爆炸火灾事故处置、甘肃舟曲特大泥石流灾害救援及全国大范围抗洪抢险战斗中，包括昨晚的伊春空难灭火救援，广大消防官兵舍生忘死、连续奋战，全力保卫了国家和人民群众生命财产安全，向党和人民交上了满意答卷。全国公安消防官兵用实际行动，深刻诠释、有力践行了“三句话”总要求。胡锦涛总书记最近专门作出重要批示：“在多次应急、抢险、救灾斗争中，消防官兵冲锋在前、英勇战斗，作出了突出贡献”。

一年来的生动实践，进一步加深了我们对“三句话”总要求深刻内涵和重大意义的理解。我们深刻认识到，正是因为公安消防部队秉持了忠诚可靠的政治准则，彰显了服务人民的核心价值，弘扬了竭诚奉献的职业精神，才最广泛地凝聚了官兵的智慧和力量，最充分地激发了消防事业发展的生机和活力，最有力地创造了党和人民满意的工作业绩。实践证明并将继续证明，“三句话”总要求是引领消防事业发展的伟大旗帜，是检验消防工作成效的最高标准，是加强公安消防队伍建设的根本要求，必须一以贯之、长期坚持！

当前，我国经济社会高速发展，各类致灾因素大量增多，火灾事故易发、多发，各类重大自然灾害事故也呈高发趋势，防火、灭火和应急救援任务艰巨繁重。党委、政府要求越来越高，人民群众寄予厚望，做好消防工作责任重大、使命光荣。全国公安消防部队要把“三句话”总要求作为长期坚持的基本方针，在学习践行上下功夫，努力把消防工作和队伍建设提高到一个新水平。

一、进一步深化学习宣传，不断增强践行“三句话”总要求的自觉性、坚定性。要坚持长期学、深入学、反复学，不断强化官兵的理解认同，使“三句话”总要求成为各项工作的根本遵循，成为广大官兵的自觉行动。要把“三句话”总要求作为部队思想政治建设的重要内容，纳入理想信念、革命人生观、优良传统、当代革命军人核心价值观等基本教育内容，进教材、进课堂、进操场，教育引导官兵永做党的忠诚卫士，永做人民群众的贴心人。要深入开展践行“三句话”总要求大讨论活动，广泛征求地方党委、政府和社会各界的意见、建议，对照查找、认真整改消防工作和队伍建设存在的突出问题。要大力培养学习践行“三句话”总要求的先进典型，继续深化宋文博和泰山中队等重大典型的学习活动，教育引导官兵把个人追求同消防事业发展紧紧联系起来，兢兢业业、奋不顾身地为党和人民工作，在平凡的工作中创造不平凡的业绩。要大力宣传践行“三句话”总要求的先进事迹，充分展示消防队伍执法为民的良好形象，进一步争取党委、政府重视和关心，争取社会各界理解和支持，为新形势下消防工作发展创造良好环境。

二、进一步突出工作结合，在践行“三句话”总要求中创造更加辉煌的业绩。深入践行“三句话”总要求，最终要落实在具体工作上，体现在提高部队战斗力和维护火灾形势稳定上。尽管近年来全国火灾形势总体平稳，但群死群伤火灾仍时有发生，今年以来一次死亡 3 人以上火灾有所上升，消防安全形势不容乐观。我们必须时刻绷紧防大火、救大灾这根弦。要把握消防工作规律，充分发挥我国政治和体制优势，紧紧依靠各级党委、政府，广泛发动社会单位和群众，创新社会消防管理机制，大力构筑社会消防安全“防火墙”工程，推动落实消防安全责任，深入排查整治火灾隐患，加强针对性消防宣传教育，不断改善消防安全环境，全力预防和减少火灾，坚决遏制群死群伤火灾。要针对现代火灾和突发灾害事故处置难度大的实际，深入推进打造消防铁军工作，全面加强综合应急救援队伍建设，大力加强消防力量、设施装备、综合保障等“硬实力”建设，全面推进指挥体系、技战术、联动机制等“软实力”建设，努力破解高层地下、石油化工、大跨度、大空间火灾等事故处置难题，加强针对性实战演练，最大限度地提高灭火救援攻坚能力。要深入推进执法规范化建设，坚持理性、平和、文明、规范执法，把群众的事当作自己的事来办，落实好各项便民利民措施，不断提高工作质量和服务水平，使群众真正感受到践行“三句话”总要求的实际成果，努力营造更加和谐的警民关系。今年后 4 个月，要集中力量构筑社会消防安全“防火墙”工程，最大限度消除火灾隐患，确保火灾形势持续稳定，通过重点突破，带动其它工作开展。

三、进一步加强队伍建设，在践行“三句话”总要求中树立清风正气。尽管消防队伍建设有了明显进步，但与“三句话”总要求相比还有不小差距。从这次总队班子考核情况看，个别班子凝聚力、战斗力不够强，模范带头作用发挥不够好，特别是一些地方带有消防行业特点的问题时有反映，违法违纪和事故案件时有发生。对此，我们要始终保持清醒，时刻绷紧队伍建设这根弦，坚持不懈地加强队伍建设。要大力加强各级领导班子建设，广泛开展建设学习型党组织和创先争优活动，以过硬班子带过硬队伍，创造一流业绩。各级领导班子和领导干部要有强烈的事业心和责任感，扑下身子、真抓实干，一届班子任期内一定要办成几件实实在在的大事、实事。对问题集中、软弱涣散的班子要限期整改，必要时果断调整。要严格队伍管理教育，狠抓条令条例落实，培育部队铁的纪律作风，严防各类事故案件，确保部队高度安全稳定。要扎实开展“查思想、查执法、查纪律、查作风”教育整顿活动，抓好公安机关领导干部“五个严禁”和消防部队“四个严禁”的落实，坚决整治突出问题，树立消防队伍的良好形象。各级领导干部要把廉洁自律作为最基本要求，干干净净为党和人民工作，切实为部队官兵做好表率。广大官兵长期加班加点、超负荷工作，超常付出，非常辛苦。特别是今年，各类灾害事故异常多发，抢险救援任务极其繁重，官兵出警十分频繁。各级领导机关和领导干部要在从严治警的同时，更加体恤关爱官兵，帮助他们解决实际困难。

同志们，践行胡锦涛总书记“三句话”总要求，是一项长期的政治任务。全国公安消防部队要进一步统一思想，凝心聚力，躬身践行，为党和人民做出新的更大贡献！

刘金国副部长在深入推进“防火墙”工程全面提高单位“四个能力”现场会上的讲话

（2010 年 11 月 16 日）

这次会议是深入推进“防火墙”工程、全面提高单位“四个能力”的现场会。

会议期间，山东省委常委、政法委书记柏继民同志介绍了山东省有关情况，郭兆信副省长介绍了省政府构筑“防火墙”工程的经验做法，济南市政府和河南省政府、广东东莞市政府及新疆自治区安监局做了典型发言，湖北武汉市等单位做了书面交流，大家很受启发。特别是会议参观方式打破常规，济南市 1018 家人员密集场所由与会代表随机抽查，每一个都经得起检查，给大家留下了十分深刻的印象。

多年来，山东公安和消防工作在省委、省政府的坚强领导下，创造了许多宝贵经验，走在全国前列。“河北会议”后，他们结合实际，创新发展，强力推进，“防火墙”工程建设迅速铺开，单位“四个能力”普遍提升，人员密集场所的重点单位90%以上达到“四个能力”建设要求。总结山东经验，最关键的就是党委、政府极为重视，各级党政领导亲自抓。省委书记姜异康同志在多个场合明确要求，各级党委政府一定要认真落实消防工作领导责任，动员全社会力量推进“防火墙”工程。姜大明省长多次听取工作汇报，并做出明确指示。省委常委、政法委书记柏继民同志，副省长郭兆信同志多次带队检查，直接推动工作落实。省政府连续三次下发文件、四次召开会议推进，把任务落实到各级政府、部门和社会单位，使“防火墙”工程成为各级政府的一项重要职责，成为全社会的共同责任。省政府将三年目标任务量化分解，明确了28个部门的职责任务，建立联席会议制度和信息沟通、联合执法机制，在制度、机制上保障了部门之间的协作配合，形成了强大工作合力。制定了八类场所“四个能力”建设和验收标准，明确了建设范围、内容和验收方法，使单位消防管理逐步走上规范化轨道。省委、省政府建立消防工作考评机制，将构筑“防火墙”工程纳入社会治安综合治理考评的重要内容之一，并派出7个督导组督导检查，抓落实的力度很大。省、市、县三级主流媒体和政府网站都开设了“防火墙”工程专栏，组织开展了多种形式的宣传活动，使“防火墙”工程有了广泛的群众基础。正是由于全省各级党委政府的高度重视，才有了部门协同配合、单位主动落实、群众广泛参与的工作格局，才有了火灾形势持续稳定的良好局面。这是真正的执政为民，真正的重视民生，真正的对群众负责。

从全国看，各地认真学习借鉴“河北经验”，出台实施方案或指导意见，认真动员部署。内蒙、浙江、广东、甘肃等15个省区市将构筑“防火墙”工程写入地方性消防法规；上海把做好世博消防安全与构筑“防火墙”工程有机结合，圆满完成了世博安保任务，构筑“防火墙”工程搞得也不错。各地还结合实际制定了单位“四个能力”建设标准，确定不同行业、不同类型的单位进行试点，培训“明白人”、召开现场会，以点带面，全面推进。以建筑消防设施为重点，深入开展火灾隐患排查整治，部督察局与消防局多次联合开展督察，整改消除了一大批火灾隐患。加大宣传力度，广泛发动社会各界和广大群众积极参与，营造浓厚的社会氛围。今年的“119”消防宣传活动，组织严密，有特色，有声势，有深度，也极具感染力。特别是通过实施构筑“防火墙”工程，解决了一大批制约消防工作发展的重大难题，在城乡消防规划、公共消防设施建设、经费保障、重大火灾隐患整改等方面取得了新突破，有力地促进了消防事业发展。

当前存在的突出问题：首先是认识不到位，其次是作风不实，工作不落实的问题仍然突出。最近，连续发生几起大的火灾，就充分说明了问题。11月5日，吉林商业大厦发生大火，造成19人死亡、24人受伤。在死亡的人员中有10多人是商厦员工，有些员工本来已经逃出来，在返回抢救财物时被烧死。商厦内部私拉乱接电线问题严重，事发前一天还有商户自行从外面拉接照明电线。火灾发生时，商场电工错将消防电源切断，致使消防设施不能启动，商厦采用铝塑板、玻璃幕墙和实体墙封堵外墙，给人员逃生和灭火救援增加了很大难度。这座商厦的五楼是舞厅，当时有80多个老人在上面，这些人疏散到楼顶才得以脱险。昨天，上海市静安区一栋28层居民住宅楼发生特大火灾，已造成53人死亡、70人受伤。世博会刚结束，在上海市中心区出了这么大的事，引起了国内外广泛关注。火灾发生后，受胡锦涛总书记、温家宝总理委托，孟建柱国务委员率国务院工作组连夜赴上海开展工作。初步调查是大楼外墙翻新施工过程中违规操作电焊引起的，教训十分深刻。这是一起典型的生产事故，一起严重的责任事故。不管引起火灾的直接原因是什么，造成了重大人员伤亡，我们都应认真查找教训。

对吉林“11·5”和上海“11·15”火灾，党中央、国务院领导同志高度重视，及时作出重要指示批示，要求认真汲取教训，切实加强火灾防范工作。国务院办公厅今天还要下发紧急通知，对做好当前消防工作提出严厉要求，严令各地加强防范，严防此类事故再次发生。为贯彻落实好中央领导同志的重要批示精神，进一步推进“防火墙”工程，最大限度地预防重特大火灾事故，我重点讲两个问题。

一、深化认识

要深化对当前消防安全形势的认识。总体上看，当前火灾形势朝着好的方向发展，由此一些同志产生麻痹、侥幸心理，对形势的严峻性认识不足。大家知道，1994年，克拉玛依友谊馆火灾造成323人死亡；2000年，河南焦作天堂录像厅火灾造成74人死亡，洛阳东都商厦火灾造成327人死亡；2004年，吉林中百大厦火灾造成54人死亡；2008年广东省深圳市龙岗区舞王俱乐部发生火灾，造成43人死亡。各级领导同志，一定要记住这些事故的深刻教训，以对党和人民高度负责的精神做好工作。我们衡量一个地方火灾形势，不单是看火灾总量的升、降，更主要是看能否遏制住重特大火灾。各级都要把注意力放在预防重特大群死群伤上来。必须看到，我们处在火灾易发、高发的阶段没有改变，社会消防管理、消防设施建设、公众消防意识总体滞后的状况没有改变，加之人员密集场所和易燃易爆单位大量增加，发生恶性火灾的可能性比过去增大。去年发生的央视大火，假如这栋地上30层地下3层、10万多平米的大楼投入使用，假如有人员在里面办公，后果将更为严重。大连“7·16”大火，如果不是消防官兵拼死一搏，顽强顶住，一旦发生连环爆炸，后果不可想象。各级领导同志在火灾形势严峻时，要有信心，努力把各项工作措施落到实处；在火灾形势平稳时，要有忧患意识，居安思危、警钟长鸣，把工作做在前面。

要深化对“防火墙”工程的认识。稳定火灾形势的着眼点必须放在预防上，扑救总是被动的，预防才是主动的。上海“11·15”火灾扑救是成功的，救出了100多人，但仍造成了重大伤亡。宏观上讲，火灾隐患是动态的，但就某一处隐患来讲，它又是具体的、固定的。隐患是摆着的，是可以消除的，关键是下不下决心。如果我们有条件消除而不去做，失火就是早晚的事，大的隐患会造成大的火灾，小的隐患同样会酿成大灾。增加灭火装备的投入是必要的，但要把更大的力量放在火灾预防上。在近几年内，我们的工作重点还是要放在消防基础建设上，放在加强单位消防安全管理上，放在增强全民消防安全意识上，叫响“全民消防”。不但是消防部门要预防，政府要预防，单位更要预防，全民都要预防，用一个一个单位的消防安全，保证全国火灾形势的稳定。我们必须从单位抓起，必须从“四个能力”抓起，坚决把火灾隐患解决在火灾发生之前，这是政治任务。实践证明，“防火墙”工程是我们贯彻《消防法》、抓火灾预防工作的有效载体，是对“预防为主、防消结合”方针认识的深化，符合消防工作规律和发展方向，有利于争取党委、政府的重视，有利于调动社会各个方面的积极因素，是从根本上稳定火灾形势的重大战略部署。这是一项为民工程，各级一定要从战略的高度来深化对“防火墙”工程的认识，集中精力，坚定不移地推进，长期不懈地坚持，力争在三年内使全社会火灾防控水平上升到一个新的高度。

二、狠抓落实

抓落实不是一件容易的事情，是一项非常艰苦的工作，需要付出巨大的努力。

要紧紧依靠党委、政府抓落实。这是“防火墙”工程能不能取得实效的关键。各地要认真借鉴山东等地的经验，善于把公安机关的意见建议转化为党委政府的决策，发挥好参谋助手作用。要提请政府将构筑“防火墙”工程纳入当地“十二五”经济社会发展规划，作为“平安建设”一项重要内容，列入年度工作计划，并签订责任状。要建立完善政府领导负责的消防安全委员会或消防工作联席会议制度。要提请政府明确各部门的职责任务，推动各部门落实消防监管责任。要争取以政府的名义，对“防火墙”工程进行检查。这些工作，要作为考核公安消防工作的重要内容。

要突出重点抓落实。要突出抓好人员密集场所“四个能力”建设。春节前，各地要结合冬季防火，开展消防安全大检查，重点检查疏散通道、安全出口是否畅通，装饰装修材料是否符合要求。要对学校、医院、商场、宾馆、饭店、娱乐场所等重点单位进行突击性的集中排查整治，采取更加严格的监管措施，对严重违反消防安全管理的，要依法采取责令停产停业、拘留等强制性措施。从上海“11·15”火灾看，今后要把居民楼也纳入排查重点，加大隐患整治力度。各地排查整改情况，要以文字形式报部。年底前，要责令单位普遍对员工开展消防安全培训，组织灭火应急疏散演练，特别是对消防控制室和电工等特殊工种人员，要普遍进行一次集中培训，加大对其检查力度，不合格的要坚决督促调整。要突出加强全民消防宣传教育。宣传出安全，出效益。消防形势的好转，最终取决于公民自防自救能力的提高。要扩大宣传的覆盖面，不分男女老幼，不论什么职业，只要有认知能力，就是我们宣传的对象；不管是哪一类的媒体，都是我们的宣传阵地。要采取各种有效形式，使消防宣传真正进学校、进企业、进家庭、进社区、进农村。要注重宣传的时效性、针对性，多搞一些提示性、普及性的消防知识宣传。对典型的火灾案例，要反复宣传。各级消防部门要把宣传纳入业务范畴，组建专门队伍，设立宣传阵地，拿出专门经费，每年有部署，有检查，有考评，真正把宣传工作做实。要通过坚持不懈的努力，把“全民消防、生命至上”的理念，渗透到各个领域，拓展到各个方面。

要强化责任抓落实。从以往情况看，工作不落实，根本原因在于部署了没检查，发生了问题不追究，大事化小，小事化了，对下没有形成足够震慑。这种现状必须改变。要把督促单位提高“四个能力”的任务，细化分解到支队、大队和公安派出所，落实到每一名监督执法人员身上。总队长、支队长、大队长对所在省、市、县（区）的安全状况要经常开展分析研判，监督执法人员对监督单位的消防安全要及时掌握，哪个单位不放心，突出问题是什么，必须心中有数。要加强年度检查考评，确保一年上一个台阶。要明确派出所的责任，注重发挥其作用。公安部将认真总结各地经验，每年都要表彰一批消防监督管理先进派出所。

要转变作风抓落实。各级公安机关党委要把构筑“防火墙”工程纳入整个公安工作之中，及时研究分析，加强组织领导。公安机关主要领导、分管领导，要经常、主动地向地方党委、政府领导同志汇报，百折不挠，全力协调解决推进过程中政策性、保障性问题。各级领导要扑下身子、埋头苦干，多做打基础的工作，绝不能急功近利。要经常深入基层，特别要深入到那些基础差、困难多、推进难度大的地方，千方百计帮助他们解决实际困难和问题。要坚持分类指导，尊重基层首创，发现和推广不同类型的典型，以点带面。

当前，各项工作任务十分繁重。各级要充分认识当前消防安全面临的严峻形势，认真贯彻落实中央领导同志的重要批示精神，督促落实冬季防火各项安全措施，严防发生重特大特别是群死群伤火灾，确保元旦、春节消防安全，确保全年火灾形势平稳。广东及环粤地区要切实加强亚运场馆和社会面火灾防控工作，确保亚运会消防安全万无一失。

刘金国副部长在公安部认真贯彻落实中央领导重要批示精神坚决遏制重特大火灾事故电视电话会议上的讲话

（2010年11月25日）

这次会议十分重要，主要是坚决贯彻落实中央领导重要指示和国办《通知》精神，认真吸取上海“11·15”大火教训，动员全国公安机关和消防部门紧急行动起来，采取强有力措施，深入开展“大排查、大整治、大宣传、大培训、大练兵”活动，坚决遏制重特大火灾事故，全力保障消防安全。

上海“11·15”大火，造成58人死亡、71人受伤，损失惨重。火灾发生后，党中央、国务院高度重视，胡锦涛总书记、温家宝总理和周永康同志等中央领导分别作出重要批示；受胡锦涛总书记、温家宝总理委托，国务委员、公安部长孟建柱同志率中央工作组连夜乘专机赶赴上海，指导事故救援和善后工作；国务院办公厅迅即下发《关于进一步做好消防工作坚决遏制重特大火灾事故的通知》，对加强冬季防火工作提出严格要求。为贯彻落实中央领导重要批示和国办《通知》精神，公安部党委专门召开会议研究消防工作，孟建柱部长要求深刻吸取教训，切实改进工作，坚决防止类似问题发生。针对当前严峻的火灾形势，公安部决定，从现在起到明年底，在全国集中开展“大排查、大整治、大宣传、大培训、大练兵”活动，全力维护火灾形势稳定。工作方案会后下发。下面，我代表部党委讲三点意见：

一、以对党和人民高度负责的精神，坚决遏制群死群伤火灾事故

上海大火，发生在世博会刚刚结束不久，发生在我国现代化程度最高的城市，震惊了全国，成为国内外舆论关注的焦点。各级领导同志要深刻吸取事故教训，认真学习、坚决贯彻中央领导的重要批示指示，始终以如履薄冰、如临深渊的责任感，尽职尽责、尽心尽力抓好消防工作，最大限度地保护人民群众生命财产安全。

上海等地的大火再次说明，社会防控火灾的基础仍然比较薄弱，大火随时都可能发生，我们什么时候都不能掉以轻心。特别是高层、地下建筑和石油化工单位一旦发生火灾，往往迅速蔓延扩大，施救难度很大，因此，我们必须把立足点放在预防上，放在严格落实消防安全责任上，放在提高全社会的消防安全意识上。今年初，公安部部署开展了构筑社会消防安全“防火墙”工程，有效推动了全社会的火灾预防工作。集中开展“大排查、大整治、大宣传、大培训、大练兵”消防专项活动，是对构筑“防火墙”工程、打造消防铁军的具体化，是赢得火灾防控主动权，扭转被动局面的重要举措。各地要充分认识开展这项活动的必要性和紧迫性，迅速行动起来，全警动员，全力以赴，务求取得实实在在的效果。

二、深入开展“大排查、大整治、大宣传、大培训、大练兵”活动，切实解决影响消防安全的突出问题

第一，要深入开展大排查。各地要报请当地党委、政府，制定具体实施方案，会同建设、安监、文化、教育、工商、卫生等部门，以人员密集场所、建筑工地、高层居民楼为重点，联合开展火灾隐患大排查活动。公安派出所要对辖区小场所、小单位和居民住宅区逐一排查，不留死角。要组织动员群众积极参与本单位、本社区的隐患排查工作，鼓励他们举报身边的火灾隐患，打一场预防火灾的“人民战争”。排查情况要全部登记造册，做到底数清、情况明。坚持“谁检查、谁负责”，凡单位发生较大以上火灾事故的，要实行严格的责任倒查，从严追究检查人员的责任。春节前，要对所有建筑工地全面检查一遍，明确施工单位的消防安全责任人，督促落实消防安全管理制度；要对高层居民楼全面检查一遍，督促物业管理单位加强防火检查巡查，确保消防设施完整好用，疏散通道、安全出口、消防车通道畅通，并普遍组织员工和居民开展一次疏散逃生演练；要对商场、宾馆、学校、医院及集贸市场、歌舞娱乐等人员密集场所开展一次全面检查，督促强化消防安全措施，将“四个能力”落实到各个岗位、各个环节。需要指出的是，必须把消防控制室作为重中之重，凡达不到岗位要求的操作人员，坚决不能上岗。针对控制室人员素质不高、制度不落实的问题，部消防局要会同有关部门制定管用措施，切实改变这一现状。

第二，要深入开展大整治。对排查发现的火灾隐患和违法行为，该拘留的拘留、该关停的关停、该重罚的重罚，决不姑息迁就。对占用、堵塞、封闭疏散通道、安全出口、消防车通道，或者在人员密集场所门窗上设置影响逃生和灭火救援的障碍物，拒不改正的，一律依法予以强制执行；对投入使用的建筑实施节能综合改造或其他装修改造不符合消防安全要求的，一律督促停工整改；对有人员居住的建筑改造工程，一律责令停止施工；对未经建设工程消防设计审核或者备案抽查不合格的建设工程，一律依法责令停止施工、停止使用；对存在火灾隐患不及时消除可能严重威胁公共安全的，一律依法采取临时查封措施；对违反规定进行电焊等明火作业或者在具有火灾、爆炸危险的场所使用明火的，对指使或者强令他人违反消防安全规定冒险作业的，一律对直接责任人和负责人依法拘留；对建筑消防设施损坏、不能正常运行、擅自关停，或者消防控制室人员无证上岗、不会操作设施设备的，一律依法从重处罚。对影响公共安全的重大火灾隐患，要书面报告本级人民政府挂牌督办。整改期间，要督促严格落实责任，确保安全。

第三，要深入开展大宣传。从根本上减少和预防火灾，关键还是靠增强全民消防安全素质。上海“11·15”火灾起火点在9、10层之间，但在二楼室内却有人被烧身亡，还有的居民明知大楼着火却不赶紧逃生，而是呆在室内等待救援，结果失去了逃生机会。消防安全意识不强，是导致他们遇难的重要原因，也反映了我们宣传工作存在的不足。各地要像重视业务工作一样重视宣传工作，加大投入，做到有机构、有人员、有经费。要紧紧依靠政府，推动把消防知识纳入普法宣传计划，充分发动街道（乡镇）政府、村（居）委会等基层组织，广泛开展消防教育，扩大覆盖面。要突出抓好中小学生的消防知识宣传，通过一个学生带动一个家庭。要注重防火灭火、火场逃生常识普及。元旦、春节期间，要集中开展消防安全提示，协调中央及地方各种媒体集中发布消防安全公益广告、烟花爆竹燃放常识；在人员密集场所设置消防安全提示牌、摆放消防安全宣传品，特别是在公共娱乐场所必须设置严禁燃放烟花爆竹的明显标志。消防宣传是一项长期的任务，要用三年时间实施“全民消防宣传教育计划”，实现“人人受到宣传教育、人人增强防范意识、人人掌握基本常识”的目标。

第四，要深入开展大培训。要把社会单位消防安全责任人、管理人、消防控制室值班操作人员作为消防培训的重点对象，制定培训大纲或培训计划，确保不漏一人；要严格执行消防安全培训合格上岗制度，督促有关部门加强对电工、电气焊等特种作业人员的安全培训，切实提高他们的消防安全技能，这是用血的教训换来的。要对全国350多万保安队员进行全员消防安全培训，提高他们开展消防安全检查巡查、宣传教育和组织扑救初起火灾的能力。春节前，所有学校、医院、商场等人员密集场所要普遍开展一次全员消防安全培训，开展一次疏散逃生演练，切实提高“四个能力”；对所有消防控制室操作人员要集中培训一遍。明年上半年，要对所有公安消防监督人员和派出所民警进行一次系统的消防业务培训。

第五，要深入开展大练兵。立足于“灭大火、打恶仗”，广泛开展大练兵，打造消防铁军。要牢固树立“救人第一”、“预防第一”的指导思想，在思想上、组织上、装备上、训练上时刻做好灭火救援的准备。要把“六熟悉”作为最基础的战训工作来抓，组织官兵掌握责任区内水源、道路以及重点单位内部消防设施情况。要着眼实战，既要重视攻坚组的训练，更要重视整体训练水平的提高，加强搜寻救生、灭火强攻、破拆排烟等战法研究和技能训练，确保复杂火场下能攻得进、救得出、灭得了。要提高初战指挥水平，明年上半年前，对基层大、中队指挥员要全部轮训一遍。要加强第一出动，重点单位、居民住宅或夜间发生火灾的，至少要按照常规情况下一倍以上调集力量，一次性将举高、救援、破拆、排烟、照明等车辆装备调到现场。当前，北方地区要切实做好严寒条件下灭火救援的各项准备，南方地区要研究雨雪冰冻天气条件下的作战对策，提高部队在寒冷、大风和大雪等复杂恶劣环境下的战斗力。要坚持全员练兵，不仅防火、灭火岗位要开展，其他岗位都要开展。要组织广大官兵立足本职，苦练基本功，使人人精通本职，胜任职责，成为岗位的行家里手。

三、多策并举，全力推进各项措施落实

一要主动争取党委政府重视。国务院办公厅《通知》下发后，各级党委政府高度重视，许多书记、省长亲自过问、亲自部署、亲自检查，把消防工作摆上了更加突出的位置。公安机关和消防部门要紧紧抓住机遇，推动完善政府主导的消防工作机制，把消防工作纳入政府目标责任考评、政绩考核和政务督查的重要内容，建立考核评价和行政问责制度，进一步推动落实消防工作责任制。当前，各地要对消防安全形势进行深入分析研判，就消防安全责任制落实，多种形式消防队伍建设，消防队（站）、消火栓、消防通信等公共消防设施和消防装备建设，居民区消防车通道被堵等方面的问题，综合提出意见，提请政府解决。

二要形成强大的工作合力。认真吸取大火教训，推动政府明确、细化各部门消防安全职责，督促落实“谁主管、谁负责”的原则，加强对所属单位的消防管理，确保本部门、本行业消防安全。同时要主动与有关部门沟通，建立工作会商、信息互通机制，对涉及消防安全的审批事项要严格依法审批，形成监管合力。各级公安机关要把预防群死群伤火灾作为当前重中之重的任务，一把手亲自抓，分管领导具体抓，消防、宣传、治安、督察等警种要联合开展防火检查、隐患整改、消防宣传等工作。公安派出所是做好消防工作的一支重要力量，在火灾预防工作中发挥了重要作用，各地要继续认真抓好。

三要注重从制度上解决问题。孟建柱部长多次强调，教训在一定程度上比经验更重要。部消防局要组织专家，对今年这几起典型火灾进行技术调查，查找不足，总结教训，属于技术层面的要修订技术标准；属于政策层面的要抓紧制订规范性文件；该立法解决的，要抓紧推动立法。当前，要抓紧会同建设部门制订《建筑工程施工现场消防安全技术规范》，将《民用建筑外保温系统及外墙装饰防火暂行规定》纳入《建筑设施防火规范》，修订高层建筑消防管理有关规定。高层建筑在设计审核方面要从严把关，违反消防技术规范的坚决不予审批，严禁利用性能化设计规避标准。

四要切实改进工作作风。各地公安消防部门要集中精力做好当前工作，深入基层狠抓落实。各级领导干部要减少应酬，埋头苦干，殚精竭虑地抓好工作。从现在到春节，除特殊情况外，消防部门与火灾防控无关的会议、考核、评比等活动一律取消，领导干部不得安排出国出境考察，总队、支队主官离开辖区必须严格执行向上级请假制度。部消防局要立即组织工作组下去督导检查，各总队、支队机关要有相当的警力到基层检查指导，推动各项工作落实。要尊重基层首创，注意培养和推广不同类型的典型。会后，各地要及时向公安厅（局）党委和省政府分管领导汇报这次会议精神，各公安厅（局）要专门召开会议，研究部署消防工作。各地活动开展情况，年底前要向公安部写出简而明的报告。

同志们，预防和减少火灾事故，任务艰巨，责任重大。各级公安机关和消防部门要进一步认清形势，振奋精神，真抓实干，用我们的心血和汗水换取人民群众的安宁，不负党和人民的重托，不负人民警察、人民消防的光荣称号！

第五篇

有关消防工作的重要文件资料

国务院关于进一步加强防震减灾工作的意见

（国发〔2010〕18号）

各省、自治区、直辖市人民政府，国务院各部委、各直属机构：

防震减灾事关人民生命财产安全和经济社会发展全局，党中央、国务院对此高度重视，采取一系列加强防震减灾工作的重大举措。在各地区、各部门的共同努力下，我国防震减灾事业取得了较大进展，在抗击历次地震灾害中有效减轻了损失。但也存在监测预报水平较低、城乡建设和基础设施抗震能力不足、应急救援体系尚不健全、群众防灾避险意识和能力有待提高等问题。为进一步加强防震减灾工作，现提出以下意见：

一、指导思想和工作目标

（一）指导思想。以邓小平理论和“三个代表”重要思想为指导，深入贯彻落实科学发展观，坚持以人为本，把人民群众的生命安全放在首位，坚持预防为主、防御与救助相结合，依靠科技，依靠法制，依靠群众，全面提高地震监测预报、灾害防御、应急救援能力，形成政府主导、军地协调、专群结合、全社会参与的防震减灾工作格局，最大限度减轻地震灾害损失，为经济社会发展创造良好条件。

（二）工作目标。到2015年，基本形成多学科、多手段的覆盖我国大陆及海域的综合观测系统，人口稠密和经济发达地区能够监测2.0级以上地震，其他地区能够监测3.0级以上地震；在人口稠密和经济发达地区初步建成地震烈度速报网，20分钟内完成地震烈度速报；地震预测预报能力不断提高，对防震减灾贡献率进一步提升；基本完成抗震能力不足的重要建设工程的加固改造，新建、改扩建工程全部达到抗震设防要求；地震重点监视防御区建立比较完善的抗震救援队伍体系，破坏性地震发生后，2小时内救援队伍能赶赴灾区开展救援，24小时内受灾群众基本生活得到安置；地震重点监视防御区社会公众基本掌握防震减灾知识和应急避险技能。

到2020年，建成覆盖我国大陆及海域的立体地震监测网络和较为完善的预警系统，地震监测能力、速报能力、预测预警能力显著增强，力争做出有减灾实效的短期预报或临震预报。城乡建筑、重大工程和基础设施能抗御相当于当地地震基本烈度的地震；建成完备的地震应急救援体系和救助保障体系；地震科技基本达到发达国家同期水平。

二、扎实做好地震监测预报工作

（三）进一步增强地震监测能力。科学规划和布局，加强立体地震监测网络建设，大力推进强震动观测台网和烈度速报台网建设，积极推进重点水库及江河堤防、油田及石油储备基地、核设施、高速铁路等重大建设工程和建筑设施专用地震台网建设。建立健全地震台网运行维护、质量检测技术保障体系，依法加强地震监测设施和地震观测环境的保护。加强火山、海洋地震监测及海啸防范。

（四）加强地震预测预报。充分发挥地学界等各方面的作用，多学科、多途径探索，专群结合，完善地震预测信息会商机制，努力提高地震预测预报能力。大力推进地震预测理论、方法和技术创新，加快建立南北地震带和华北地区地震预报实验场。完善地震预测预报管理制度，依法规范社会组织、公民的地震预测行为，建立开放合作的地震预测预报机制。

（五）加强群测群防工作。继续推进地震宏观测报网、地震灾情速报网、地震知识宣传网和乡镇防震减灾助理员的“三网一员”建设，完善群测群防体系，充分发挥群测群防在地震短临预报、灾情信息报告和普及地震知识中的重要作用。研究制定支持群测群防工作的政策措施，建立稳定的经费渠道，引导公民积极参与群测群防活动。

三、切实提高城乡建筑物抗震能力

（六）加强建设工程抗震设防监管。完善全国地震区划图，科学确定抗震设防要求。修订抗震设计规范和分类设防标准。国土利用规划、城乡规划、环境保护规划等相关规划，必须依据地震活动断层探测和抗震设防要求，充分考虑潜在的地震风险。要把抗震设防要求作为建设项目可行性论证的必备内容，严格按照抗震设防要求和工程性建设标准进行设计。加强工程勘查、设计、施工、监理和竣工验收等环节的抗震设防质量监管，切实落实工程建设各方责任主体的质量责任。

（七）全面加强农村防震保安工作。加强对农村基础设施、公共设施和农民自建房抗震设防的指导管理。村镇基础设施、公用设施要按照抗震设防要求和抗震设计规范进行规划、设计和施工。各地区要从实际出发，制定推进农村民居地震安全工程的扶持政策，引导农民在建房时采取科学的抗震措施。完善农村民居建筑抗震设防技术标准，建立技术服务网络，加强农村建筑工匠培训，普及建筑抗震知识。

（八）着力加强学校、医院等人员密集场所建设工程抗震设防。抓紧实施中小学校舍安全工程，逐步开展其他学校、医院等人员密集场所建设工程抗震普查、抗震性能鉴定，根据鉴定结果进行加固改造。新建的学校、医院等人员密集场所的建设工程，要按照高于当地房屋建筑的抗震设防要求进行设计和施工。要建立健全学校、医院等人员密集场所建设工程地震安全责任制，落实各项防震抗震措施，提高综合防灾能力。

（九）组织开展震害防御基础性工作。制定实施全国主要地震构造带探测计划，抓紧完成省会城市和地震重点监视防御区大中城市的地震活动断层探测和危险性评价。进一步做好全国地震区划工作，尽快完成地震重点监视防御区县级以上城市的地震小区划和震害预测。对处于地震活动断层以及地质灾害易发地段的建筑，要抓紧组织搬迁、避让和实施地质灾害防治工程。加强抗震新技术、新材料研究和推广应用。

四、强化基础设施抗震设防和保障能力

（十）全面提升交通基础设施抗震能力。严格落实公路、铁路、航空、水运等交通设施抗震设防标准，加快危险路段、桥梁整治改造，在地震重点监视防御区、人口稠密和经济发达地区适当提高设防标准。完善交通运输网络，建立健全紧急情况下运力征集、调用机制，增强应对巨灾的区域综合运输协调能力和抢通保通能力。

（十一）加强电力、通信保障能力建设。本着安全性和经济性相结合的原则，适当提高电力、通信系统抗震设防标准。优化电源布局和电网结构，对重要电力设施和输电线路实行差异化设计，加强重要用户自备保安电源的配备和管理。加强公用通信网容灾备份能力建设，提高基础电信设施防震能力。充分利用国家应急通信网络资源，结合卫星通信、集群通信、宽带无线通信、短波无线电台等各种技术，保证信息传输及时可靠。

（十二）提高水利水电工程、输油气管线、核设施等重大工程的抗震能力。优化抗震设计、施工，确保重大工程安全。加强抗震性能鉴定与核查登记，及时消除安全隐患。加快落实水库、重点江河堤防的安全保障措施，抓紧完成地震重点监视防御区内病险水库的除险加固。加强输油气管线、核设施、重点污染治理设施等管理和维护，防止地震引发次生灾害。

（十三）加强建设工程地震安全性评价监督管理。重大建设工程和可能发生严重次生灾害的建设工程，必须严格依法开展地震安全性评价，按照评价要求进行抗震设防。强化地震安全性评价资质单位和从业人员的监督管理，实行建设工程地震安全性评价质量终身负责制。

（十四）开展重要工程设施紧急自动处置技术研究。组织开展城市轨道交通、高速铁路、输油输气主干管网、核设施、电力枢纽等重要工程设施地震紧急自动处置技术系统研究，选择地震重点监视防御区的相关工程设施进行试点，逐步将紧急自动处置技术纳入安全运行控制系统，提升重要工程应对破坏性地震的能力。

五、大力推进地震应急救援能力建设

（十五）健全完善地震应急指挥体系。按照统一指挥、反应迅速、运转高效、保障有力的要求，加强抗震救灾指挥体系建设。完善规章制度，明确职责分工，健全指挥调度、协调联动、信息共享、社会动员等工作机制。结合防震减灾工作实际，加强灾害损失快速评估、灾情实时获取和快速上报等系统建设，为抗震救灾指挥决策提供支撑。进一步增强地震预案及相关预案的针对性和可操作性，经常性地开展预案演练，适时组织跨地区、跨部门以及军地联合抢险救灾演练。

（十六）加强地震灾害救援力量建设。加强国家和省级地震灾害紧急救援队伍建设，完善装备保障，提高远程机动能力，满足同时开展多点和跨区域实施救援任务的需求。建立健全军地地震应急救援协调机制，充分发挥解放军、武警部队在抗震救灾中作用。加强以公安消防队伍及其他优势专业应急救援队伍为依托的综合应急救援队伍建设，提高医疗、交通运输、矿山、危险化学品等相关行业专业应急救援队伍抗震救灾能力。积极推进地震应急救援志愿者队伍和社会动员机制建设，规范有序地发挥志愿者和民间救援力量的作用。

（十七）推进应急避难场所建设。各地区要结合广场、绿地、公园、学校、体育场馆等公共设施，因地制宜搞好应急避难场所建设，统筹安排所需的交通、供水、供电、环保、物资储备等设备设施。学校、医院、影剧院、商场、酒店、体育场馆等人员密集场所要设置地震应急疏散通道，配备必要的救生避险设施。

（十八）完善应急物资储备保障体系。加强国家、省、市、县四级救灾物资储备体系建设，优化储备布局和方式，合理确定储备品种和规模，完善跨地区、跨部门的物资生产、储备、调拨和紧急配送机制。加强救灾物资设备的质量安全监管。鼓励引导社会力量开展应急物资储备，推进应急救援产品动员生产能力建设，实现专业储备与社会储备、物资储备与生产能力储备的有机结合。

六、进一步健全完善政策保障措施

（十九）制定实施防震减灾规划。各地区要结合本地区地震安全形势，编制防震减灾规划，并纳入国民经济和社会发展总体规划，实现防震减灾与经济社会同步规划、同步实施、同步发展。做好防震减灾规划与其他各相关规划之间的衔接，统筹资源配置，确保防震减灾任务和措施有效落实。

（二十）增加防震减灾投入。要把防震减灾工作经费列入本级财政年度预算，并引导社会各方面加大对各类工程设施和城乡建筑抗震设防的投入，建立与经济社会发展水平相适应的防震减灾投入机制。健全完善抗震救灾资金应急拨付机制。加大对地震重点危险区、中西部和多震地区防震减灾工作的支持力度。研究探索符合国情的巨灾保险制度，进一步完善再保险体系，提升全社会抵御地震灾害风险的能力。

（二十一）加强防震减灾法制建设。有关部门要依照《中华人民共和国防震减灾法》的规定，抓紧制定完善相关法规规章和标准，建立健全防震减灾政策法规体系。各地区要结合本地区经济社会和防震减灾工作实际，做好地方立法工作。完善防震减灾行政执法、行政监督体制和机制，加强执法队伍建设，提高执法队伍素质。

（二十二）强化科技和人才支撑保障体系建设。落实《国家地震科学技术发展纲要（2007－2020年）》，加大防震减灾科技创新力度，深化大陆地震构造、地震孕育发生机理、地震成灾机理等重大基础科学研究，推进地震、火山监测预警、灾害防御、灾难医学和应急救援等领域的关键技术研发，努力突破制约防震减灾事业发展的科技瓶颈，提升科技对防震减灾的贡献率。要建立科学的防震减灾人才培养、选拔、使用评价制度，为防震减灾事业发展提供智力支持。

（二十三）加强国际交流合作。加强与有关国家、地区及国际组织在防震减灾领域的合作，建立完善大震巨灾参与和接受国际救援工作机制。密切跟踪国际地震科技和防震减灾发展趋势，学习借鉴国际先进技术和管理经验，促进我国防震减灾事业的发展。

七、加强组织领导和宣传教育

（二十四）落实防震减灾责任。地方各级人民政府要把防震减灾工作列入重要议事日程，切实加强领导，及时研究解决影响防震减灾事业发展的突出问题。各有关部门要依法履行防震减灾职责，形成工作合力。加强市县基层防震减灾力量，保障工作条件，切实保证防震减灾基层管理责任得到落实。

（二十五）大力开展防震减灾宣传教育培训。建立防震减灾宣传教育长效机制，把防震减灾知识纳入国民素质教育体系及中小学公共安全教育纲要，并作为各级领导干部和公务员培训教育的重要内容。加强防震减灾科普宣传，推进地震安全社区、示范学校和防震减灾科普教育基地等建设，充分利用国家防灾减灾日等开展宣传活动，增强公众自救互救意识，提高防灾能力。

（二十六）做好信息发布和舆论引导。完善地震信息发布制度，加强信息发布、新闻报道工作的组织协调。建立健全重大地震灾害舆情收集和分析机制，提高主要新闻单位地震突发新闻报道快速反应能力。建立地震谣言应对机制，及时澄清不实报道和传闻。

各地区、各有关部门要按照本意见的精神，结合实际，制定贯彻实施的具体措施和办法，并加强监督检查，推进防震减灾法律法规和各项工作部署的贯彻落实。

国　务　院

二〇一〇年六月九日

国务院办公厅关于进一步做好消防工作坚决遏制重特大火灾事故的通知

（国办发明电〔2010〕35号）

各省、自治区、直辖市人民政府，国务院各部委、各直属机构：

今年以来，全国消防工作形势总体平稳，火灾事故呈下降趋势。但是，近期部分地区接连发生重特大火灾事故，给人民群众生命财产造成重大损失。11月5日，吉林省吉林市船营区商业大厦发生重大火灾，造成19人死亡、24人受伤；11月13日，全国重点文物保护单位、清华大学清华学堂发生火灾，过火面积约800平方米；11月15日，上海市静安区一高层居民住宅楼发生特大火灾，造成53人死亡、70人受伤。党中央、国务院领导同志对此高度重视，多次作出重要批示、指示，要求有关方面深刻吸取教训，举一反三，针对冬季火灾易发、高发特点，进一步采取有力措施，坚决预防和遏制重特大火灾事故发生。经国务院同意，现就有关事项通知如下：

一、高度重视冬季防火工作。消防工作事关人民群众生命财产安全，事关社会和谐稳定。地方各级人民政府和有关部门一定要从落实科学发展观、保障和改善民生的高度，进一步提高对做好消防工作重要性的认识，清醒判断当前消防工作面临的严峻形势，增强做好这项工作的责任感、紧迫感。目前已进入冬季，风干物燥，用火、用电、用油、用气增加，元旦、春节即将来临，人流、物流集中，各种庆祝集会和传统民俗文化活动频繁，火灾事故隐患增多，防控难度加大，消防安全形势将更加严峻。各地区、各部门、各单位负责人要针对本地区、本部门、本单位消防工作存在的薄弱环节，组织制定各项防范措施，坚决防止重特大火灾事故的发生。

二、认真组织开展火灾隐患大排查大整改。各地区、各部门、各单位要针对当前消防工作实际情况，认真组织检查消防安全责任是否落实，安全管理制度、消防设备设施和火灾防范措施是否到位。地方各级人民政府要组织公安、安监、建设、文化、教育、工商、旅游等部门，以商场市场、宾馆饭店、学校医院、高层建筑、地下工程和公共娱乐场所等人员密集地点为重点，全面排查整治火灾隐患，严格督促单位、业主落实消防安全主体责任。各级公安、安监等执法部门要认真履行职责，加大联合执法力度，依法查处各类消防违法行为，对不具备消防安全条件的场所，经检查发现不能立即整改的，一律依法责令停产停业。要对建筑工地普遍开展一次消防安全检查，督促建立施工现场消防安全制度，落实用火、用电、易燃可燃材料等消防管理制度和操作规程，保障施工现场具备消防安全条件，切实消除火灾隐患。同时，要针对高层建筑、地下工程、石油化工等特殊火灾的防控，进一步修订完善应急预案，配足配齐相关消防装备，加强技战术训练和综合演练，不断提高灭火实战能力。

三、广泛开展消防宣传教育和培训。各地区、各部门、各单位要结合实际，围绕提高检查消除火灾隐患、组织扑救初起火灾、组织人员疏散逃生、消防宣传教育培训等“四个能力”，有重点地开展消防安全知识的宣传教育和培训。各级新闻、宣传、文化部门要利用群众喜闻乐见的形式和各种传播媒介、宣传手段，积极主动做好消防宣传工作，开展提示性宣传，广泛宣传火灾防范措施，普及安全用火、用电、用气、用油等防火常识和逃生自救知识。各单位要加强对员工尤其是流动务工人员的消防安全教育培训。各类学校要对学生开展必要的消防知识教育，增强学生的消防安全意识和自防自救能力。村民委员会、居民委员会应当协助人民政府以及公安消防部门做好消防宣传教育。

四、严格落实消防安全责任制。地方各级人民政府全面负责本地区消防工作，政府主要负责同志为第一责任人，分管负责同志为主要责任人。地方各级人民政府主要领导要亲自安排部署消防工作。要层层落实责任，把任务分解到各有关部门、单位和个人。各单位负责人对本单位消防安全工作负总责，进一步落实消防安全责任制和岗位责任制。要加大火灾事故责任追究力度，实行责任倒查和逐级追查，做到事故原因不查清不放过、事故责任者得不到处理不放过、整改措施不落实不放过、教训不吸取不放过。发生特别重大火灾事故的，除追究单位主要负责人和实际控制人责任外，还要追究地方负责人和上级单位主要负责人的责任；触犯法律的，依法追究单位主要负责人、单位实际控制人和上级单位负责人的法律责任。

各省（区、市）人民政府要切实履行职责，抓紧落实相关工作。同时要统筹安排，全面贯彻落实《国务院关于进一步加强企业安全生产工作的通知》（国发〔2010〕23号）精神，切实做好道路交通等重点行业（领域）的安全生产各项工作，有效防范和坚决遏制重特大事故发生，确保元旦、春节期间的生产安全和春运安全。

国务院办公厅

2010年11月16日

公安部关于印发《构筑社会消防安全“防火墙”工程工作方案》的通知

（公通字〔2010〕16号）

各省、自治区、直辖市公安厅、局，新疆生产建设兵团公安局：

为进一步提高社会火灾防控水平，遏制重特大火灾尤其是群死群伤火灾事故发生，确保全国火灾形势稳定，公安部决定从2010年至2012年，在全国实施构筑社会消防安全“防火墙”工程。现将《构筑社会消防安全“防火墙”工程工作方案》印发给你们，请结合本地实际，认真组织实施。

公　安　部

二〇一〇年三月二十九日

构筑社会消防安全“防火墙”工程工作方案

为深入推进《消防法》的贯彻实施，认真落实“政府统一领导、部门依法监管、单位全面负责、公民积极参与”的消防工作原则，推动社会消防安全管理创新，前移火灾预防关口，提升社会火灾防控水平，确保全国火灾形势稳定，公安部决定从2010年至2012年，在全国实施构筑社会消防安全“防火墙”工程，特制定工作方案如下：

一、总体目标

构筑社会消防安全“防火墙”工程，以提高社会单位消防安全“四个能力”、落实政府部门消防工作“四项责任”、夯实农村社区火灾防控“四个基础”、提高公安机关消防监督管理“四个水平”为着力点，力争通过三年努力，使消防工作社会化水平明显提升，全社会消防安全环境明显改善，重特大尤其是群死群伤火灾事故有效遏制。

二、工作任务

（一）开展社会单位消防安全“四个能力”建设

1. 提高检查消除火灾隐患能力，切实做到“消防安全自查、火灾隐患自除”。要确定消防安全管理人，具体负责本单位的消防安全管理；定期开展防火检查巡查，落实员工岗位消防责任；对检查发现的火灾隐患要立即消除，不能立即消除的，要制定整改方案，明确整改措施，落实整改资金，限时消除。

2. 提高组织扑救初起火灾能力，切实做到“火情发现早、小火灭得了”。依法应当建立专职消防队的企事业单位要建立专职消防队，其他单位要建立志愿、“保消合一”等多种形式的消防队。要结合单位实际，制定灭火和应急疏散预案并定期组织演练，确保一旦发生火情，员工能按职责分工及时到位、有效处置。消防控制室值班操作人员要持消防行业特有工种职业资格证书上岗，熟悉消防设备，并熟练掌握火警处置及启动消防设施设备的程序和方法。

3. 提高组织人员疏散逃生能力，切实做到“能火场逃生自救、会引导人员疏散”。员工普遍掌握火场逃生自救基本技能，熟悉逃生路线和引导人员疏散程序。单位要明确疏散引导人员，确保一旦发生火灾，能够及时组织在场人员安全疏散。

4. 提高消防宣传教育培训能力，切实做到“消防设施标识化、消防常识普及化”。消防设施器材要设置规范、醒目的标识，用文字或图例标明操作使用方法；重点部位、重要场所和疏散通道、安全出口要设置“提示”和“禁止”类消防标语。要落实消防教育培训制度，员工普遍达到“懂基本消防常识、懂消防设施器材使用方法、懂逃生自救技能，会查改火灾隐患、会扑救初起火灾、会组织人员疏散”的要求。

消防安全重点单位要全面落实消防安全“四个能力”建设标准；一般单位可结合实际，有重点地落实消防安全“四个能力”建设要求。2010 年，属于人员密集场所的消防安全重点单位全部达标；2011 年，所有消防安全重点单位全部达标；2012 年，属于人员密集场所的一般单位基本达标。

（二）落实政府部门消防工作“四项责任”

1. 落实组织领导责任。提请地方各级人民政府将消防工作纳入国民经济和社会发展计划，将消防经费、公共消防设施和装备建设、社会消防力量发展、重大火灾隐患整改等纳入政府任期工作目标，并制定实施“十二五”消防发展规划，保障消防工作与经济社会发展相适应；建立政府分管领导牵头、有关部门领导参加的消防安全委员会或消防工作联席会议制度，定期研究解决消防工作重大问题；针对消防安全突出问题，适时开展消防安全专项治理，对影响公共安全的重大火灾隐患实施挂牌督办并如期销案；在重大节假日期间以及火灾多发季节，组织开展消防安全检查、消防知识宣传提示和教育培训。提请地方人大、政府制定、修订地方性消防法规、规章。

2. 落实监管责任。建立健全消防工作部门信息沟通和联合执法机制，行业、系统主管部门将消防工作纳入本行业系统管理内容，落实消防工作责任，开展消防安全检查和消防知识教育培训；严格依法审核涉及消防安全的审批项目，加强消防安全源头控制。督促相关职能部门落实安全监管职责，严格依法监管，对发现的火灾隐患依法查处或移送相关部门处理。

3. 落实设施建设责任。提请地方各级人民政府编制、实施城乡消防规划，加强公共消防设施建设和维护管理。凡不符合当地经济社会发展需要的消防规划要及时组织修订；凡公共消防设施不能满足防火和灭火应急救援需要的，要及时增建、改建、配置或进行技术改造。提请地方各级人民政府结合城镇改造，集中整治城乡结合部、棚户区、“城中村”及出租屋、“三合一”场所、务工人员聚集地等存在的消防安全突出问题，全面改善城乡消防安全环境。

4. 落实检查考评责任。提请地方党委、政府将消防工作纳入社会治安综合治理检查考评内容，地方各级人民政府每年逐级签订消防工作目标责任书，定期组织考评验收并将消防工作任务纳入政务督查内容，定期对下级政府和有关部门履行消防安全职责情况进行监督检查；推动政府有关行业、系统主管部门每年对本行业、本系统消防工作进行考评。

（三）夯实农村、社区火灾防控“四个基础”

1. 夯实组织建设基础。农村、社区要建立健全消防组织，确保基层消防工作有人抓、有人管。2010 年，推动乡镇政府、街道办事处成立消防安全领导组织；鼓励经济发达地区的乡镇成立消防工作专门机构，其他地区乡镇依托综治办、安监办等机构，组织开展消防宣传和消防安全检查；2011 年，各行政村、城市社区要落实消防安全专（兼）职管理人员，负责日常消防安全工作。

2. 夯实设施建设基础。城市社区要完善公共消防设施建设并加强维护保养，确保正常运行；每个社区要设置公共消防器材配置点，配足配齐灭火器材，保证扑救初起火灾的需要。农村公共消防设施建设要纳入新农村建设总体规划，与农村公共基础设施同步建设、同步发展。对木结构等易燃建筑集中、连片的村庄，要结合村庄整治和人居环境改造进行治理，建设消防水源，打通消防通道，拓宽防火间距，提高建筑耐火等级，增强火灾抗御能力。

3. 夯实群防群治工作基础。村民委员会、居民委员会要确定消防安全管理人，制定防火安全公约，组织开展群众性的消防工作；居民住宅区物业管理单位要落实消防管理责任，定期开展防火检查，整改消除火灾隐患。社区内的小场所要实行消防安全区域联防制度，开展消防安全互查互督，保证一旦发生火灾能够联合组织扑救；村庄要实行消防安全多户联防制度，轮流值班开展消防安全提示和检查。

4. 夯实队伍建设基础。乡镇人民政府要根据当地经济发展和消防工作需要，依法建立专职、志愿消防队，承担火灾扑救任务。设有治安巡防队的村庄、社区，要建设治安、消防合一的治安联防消防队，并加强保安人员消防业务培训，配备必要的消防器材，使其承担防火检查、消防宣传教育和扑救初起火灾的职能；没有治安巡防队的村庄、社区要建立群众参加的志愿消防队。2012 年前，所有乡镇、村庄、社区要按照有关规定建成专职、志愿消防队伍。

（四）提高公安机关消防监督管理“四个水平”

1. 提高火灾隐患排查整治水平。要建立消防、治安、内保、警务督察及公安派出所“多警联勤”的消防执法机制，形成整治火灾隐患合力。公安消防部门要严格履行消防监督职责，主动分析研判本地区消防安全形势，针对突出问题持续开展火灾隐患排查整治，把火灾隐患消除在火灾发生之前；2010 年，要提请政府组织公安、建设、安全监管等部门集中开展以人员密集场所、高层地下建筑等为重点，以建筑消防设施为主要内容的消防安全专项整治；加强建设工程消防监督管理，依法查处未经消防验收合格或消防竣工验收备案抽查不合格的工程投入使用等违法行为。公安派出所依法做好辖区有关单位的消防监督检查工作。

2. 提高消防监督执法规范化水平。要健全消防监督机构，配齐消防监督人员，县级以上公安机关全部建立消防机构；积极探索、完善合同制消防文职雇员工作制度，允许经消防培训考试合格的消防文职雇员从事消防检查和宣传教育培训工作；大力加强消防监督执法信息化建设和应用，切实做到执法信息网上录入、执法流程网上运行、执法活动网上监督、执法质量网上考核；深化警务公开，向社会公开消防行政许可和行政处罚的依据、程序、进度、结果，增强执法透明度；加强执法中的廉政建设，集中整改人民群众反映强烈的突出问题，提高消防执法的公信力和满意度；配齐消防监督检查装备，提高消防监督检查技术含量；开展消防监督执法示范单位创建和消防监督执法大比武竞赛活动，定期对消防监督人员和派出所民警进行消防业务培训，全面提升消防执法能力和水平。

3. 提高消防宣传教育水平。要建立健全消防宣传教育常态化工作机制，不断创新方式方法，丰富内容，加大投入，充分利用社会资源开展消防宣传，全面提高公民消防安全意识；继续深入开展消防宣传“五进”活动，在主流媒体定期开展消防安全提示性宣传、火灾案例警示教育和逃生自救能力普及活动；全面落实《社会消防安全教育培训规定》，推动各级各类学校开展消防安全教育；积极培育发展社会消防安全培训机构，开展社会化消防教育培训，提高社会消防从业人员素质；充分发挥消防博物馆、防灾馆、消防站等教育基地作用，加大社会消防宣传力度。从

2010年起，建设互联网公共消防服务平台，向社会发布火灾预警信息，开展网络消防宣传教育和在线消防咨询。

4. 提高社会管理创新水平。要针对新时期消防工作出现的新情况、新问题，不断探索、创新社会消防安全管理机制和模式；深化消防爱民实践活动，不断推出便民利民措施，积极开展消防技术咨询服务，指导社会单位开展消防安全工作；在推进合同制消防文职雇员从事日常消防检查的制度上取得新进展；全面推行消防行业特有职业技能鉴定工作，落实单位消防安全管理人、消防控制室值班操作人员、消防安全检查人员职业资格证制度；鼓励试行消防安全检查师制度，为社会单位提供消防技术服务；积极培育和规范消防设施检测、消防安全监测等社会消防中介组织；充分发挥市场机制和经济杠杆作用，将单位的消防安全状况纳入信用等级评定、火灾公众责任保险费率调整的内容，推动单位自觉做好消防工作。

三、工作要求

（一）提高认识，统一部署。构筑社会消防安全“防火墙”工程是适应新时期消防工作需要，推动社会消防安全管理创新的重要举措。各级公安机关要将其作为当前和今后一个时期消防工作的中心任务，积极争取当地党委、政府的领导和支持，2010年上半年要争取以政府名义下发指导意见或实施方案，广泛动员部署，全面启动这项工作；要按行业、系统和单位分类制定具体建设标准和考核验收标准，明确各级、各部门、各单位及农村、社区的工作职责、目标任务和措施要求；要提请地方各级人民政府及相关部门逐级签订责任状，督促社会单位、村庄、社区逐一签订责任书；要推动系统、部门将构筑社会消防安全“防火墙”工程纳入行业系统管理内容，建立和完善联动工作机制，形成“政府牵头、部门联动、单位落实、群众参与”的工作格局。

（二）加强培训，广泛宣传。要加强对消防监督人员和公安派出所民警的业务培训，充分发挥消防执法监督员、消防安全“四个能力”建设辅导员、消防知识宣传员的作用，指导单位扎实开展消防安全“四个能力”建设。各级公安消防部门要对单位的消防安全管理人、专兼职消防管理人员进行专门培训，确保每个单位有一至两名消防安全“四个能力”建设的“明白人”和责任人。同时，要运用各种宣传媒体，采取多种形式，大力宣传构筑社会消防安全“防火墙”工程的重要意义和内容标准，在全社会形成浓厚的舆论氛围。

（三）典型引路，整体推进。要按照“区分层次、分类指导、突出重点，扎实推进”的原则，结合实际，积极培育树立典型，打造构筑社会消防安全“防火墙”工程建设的样板，做到学有榜样、赶有目标。要发挥典型的示范带动作用，及时总结推广好经验、好做法，指导和推动构筑社会消防安全“防火墙”工程扎实开展。

（四）落实责任，严格奖惩。要逐项细化分解构筑社会消防安全“防火墙”工程的目标任务，层层签订责任书，一级抓一级、层层抓落实；要加强工作检查和督导，对工作薄弱、进展缓慢的地区和单位要蹲点帮扶，确保取得实效；要将构筑社会消防安全“防火墙”工程纳入公安消防部门、公安派出所的绩效考核，对成绩突出的先进单位和个人给予表彰，对工作进展迟缓、成效不明显的给予通报批评，对重视不够、组织不力、工作不到位，导致发生重特大尤其是群死群伤火灾事故的，实行“一票否决”，并依纪依规追究有关人员的责任。

（五）考核验收，整体达标。要提请地方各级人民政府把构筑社会消防安全“防火墙”工程纳入政府工作考评机制，每年进行考核验收。社会单位消防安全“四个能力”建设由单位对照标准自我评价合格后，向当地公安消防部门或公安派出所申报验收；政府部门落实消防工作责任制、夯实农村社区火灾防控基础工作情况，提请政府组织考核验收；消防监督管理工作由各级公安机关组织逐级考核。公安部对各地构筑社会消防安全“防火墙”工程总体进展情况每年进行一次检查，2012 年底进行总体验收并总结表彰。

关于深化多种形式消防队伍建设发展的指导意见

（公通字〔2010〕37 号）

各省、自治区、直辖市公安厅、局，发展改革委，民政厅、局，财政厅、局，人力资源社会保障厅（局），交通运输厅、局、委，工会，新疆生产建设兵团公安局、发展改革委、民政局、财务局、劳动保障局、交通局、工会：

近年来，各地各部门认真贯彻落实公安部、国家发展改革委、财政部、原劳动保障部、原交通部《关于加强多种形式消防队伍建设发展的意见》（公通字［2006］59 号），采取各种有力措施，大力加强多种形式消防队伍建设，取得了明显成效。截至目前，全国共组建政府专职消防队 6600 个、专职消防队员 6.8 万余人，消防文员 1.2 万余人；组建单位专职消防队 2870 个、队员 6.2 万余人。全国多种形式消防队伍共参加灭火救援 69.4 万余次，抢救遇险被困群众 54478 人，为减少人员伤亡、保障经济建设作出了积极贡献，已成为维护公共消防安全的重要力量。

实践证明，发展多种形式消防队伍，是弥补消防力量不足的有效途径，是完善中国特色消防力量体系的创新举措。但是，在多种形式消防队伍特别是政府专职消防队的建设发展过程中，也逐步暴露出部分地方在队伍管理、工资待遇、经费保障等方面存在的问题，影响和制约了多种形式消防队伍的稳定发展。一是多数地区专职消防队员工资仅略高于本地最低工资标准，与其承担的高危险灭火救援任务极不适应，人员流失严重，影响队伍稳定；二是有的地方在表彰奖励、伤残抚恤、党团关系等方面尚未健全机制，影响消防队员的积极性；三是有的队伍管理机制不健全，人员、装备、业务经费等保障不足，影响战斗力的生成；四是队伍发展不平衡，全国尚有 112 个县（市、旗）和超过 80% 的乡镇没有专业灭火救援力量，影响火灾防控的基础。为全面贯彻党的十七大关于落实科学发展观、推进社会主义和谐社会建设的战略部署，进一步提高全社会防控火灾能力和公共消防安全水平，实现消防安全惠及人民群众的目标，现就深化多种形式消防队伍建设发展提出以下意见：

一、坚持把发展多种形式消防队伍作为建设消防力量体系的战略要务

（一）提高认识。消防力量的发展是消防事业的根基。多种形式消防队伍特别是政府专职消防队作为承担火灾扑救、应急救援任务的社会公益组织，履行着公共安全服务职能，是现阶段我国消防力量体系的重要组成部分。各地要充分认识加强多种形式消防队伍建设发展的重要意义，把握加快发展机遇，坚持机制创新，认真谋划，破解难题，推进多种形式消防队伍持续健康发展。

（二）加强组织领导。地方各级人民政府应加强对多种形式消防队伍建设发展的领导，将多种形式消防队伍建设纳入本地区国民经济和社会发展规划，明确有关部门的建设目标任务，认真组织实施。公安、发展改革、民政、财政、人力资源社会保障、交通运输等部门和工会组织应当按照各自职能，制定促进和支持多种形式消防队伍建设的政策，共同促进发展。

（三）明确目标任务。“十二五”期间，下列未建公安消防队的地方应当建立政府专职消防队：一是消防站数量未达到国家《城市消防站建设标准》规定的城市和县人民政府所在地镇；二是建成区面积超过五平方公里或者居住人口五万人以上的乡镇；三是易燃易爆危险品生产、经营单位和劳动密集型企业密集的乡镇；四是全国和省级重点镇、历史文化名镇；五是省级及以上的经济技术开发区、旅游度假区、高新技术开发区，国家级风景名胜区。

其余乡镇、街道办事处以及城市社区、行政村，要结合本地实际和灭火救援需求，因地制宜地建设保安消防合一的治安联防消防队、志愿消防队或者消防执勤点，提高自防自救能力。

二、切实加强多种形式消防队伍建设

（一）明确建设标准。城市和县城的政府专职消防队，其规划选址、建筑标准和消防车辆、器材、消防人员防护装备标准等应当按照国家《城市消防站建设标准》中相应需求类别标准执行，专职消防队员应不少于 15 人。

乡镇人民政府、城市街道办事处组建的政府专职消防队，应当结合本地实际和灭火救援需求合理确定建设标准，也可由两个以上乡镇或单位联合建立，且专职消防队员不宜少于10人。

（二）确定劳动关系。用人单位要严格执行《劳动法》、《劳动合同法》等法律法规，依法与专职消防队员、消防文员签订劳动合同，明确劳动合同期限、工作内容、工作地点、工作时间、休息休假、劳动保护、劳动报酬、社会保险、劳动纪律等内容。

（三）明确指导管理。县级及以上地方人民政府建立的政府专职消防队，由当地公安消防部门管理；乡镇人民政府、街道办事处建立的政府专职消防队，由当地政府或者公安机关及其消防部门管理。在执行灭火救援任务过程中，多种形式消防队伍接受公安消防部门的统一组织和指挥。

（四）规范执勤模式。专职消防队应以单独编队执勤为主，实行24小时执勤制度，并参照公安消防队的有关规定建立执勤、训练、工作、生活制度，保证执勤训练、灭火救援和其他任务的完成。专职消防队员可执行不定时工作制或轮值班制，并保证每周至少休息两天。

（五）积极推行国家职业资格制度。应当将消防职业技能等级作为招聘录用专职消防队员和实施岗位等级工资制以及专职消防队员定级、晋级、任职、续聘的主要依据。专职消防队员工作试用期满半年后，应当参加《中华人民共和国职业分类大典》中相应职业（工种）的职业技能鉴定，取得《中华人民共和国职业资格证书》后正式上岗。

（六）发展消防文员队伍。要公开招考、择优选用具有相关专业技能及等级和大学专科以上学历的人员充实消防文员队伍，用于消防宣传、社会培训、档案管理、窗口受理服务等辅助性工作岗位和协助开展消防监督检查。各县（市、区、旗）公安消防部门应当按照不少于当地公安消防大队大队部编制员额的50%招录消防文员，经济发达地区可增加配备数。省级和地级市公安消防部门也可适量招录消防文员。

（七）加强单位专职消防队建设。大型发电厂、民用机场、主要港口，生产、储存易燃易爆危险品的大型企业，储备可燃的重要物资的仓库、基地等单位，应当依照《消防法》的规定建立专职消防队，并按照单位的火灾危险性配备消防车辆和器材装备，配备专职消防队员。经验收投入使用的单位专职消防队不得擅自撤销。

三、落实多种形式消防队伍建设发展的保障措施

（一）落实经费保障。地方各级人民政府应当将政府专职消防队的营房建设、消防装备建设纳入基础设施建设投资计划和财政预算，将政府专职消防队的人员工资福利及业务经费纳入同级财政预算予以保障。企事业单位设立专职消防队的，应当保证本单位专职消防队所需经费。

（二）落实工资福利和社会保险待遇。各地应当按照国家有关规定确定专职消防队员和消防文员的工资水平，确保与当地经济社会发展水平和承担的高危险性职业相适应，与其职业等级、绩效等相挂钩。专职消防队员和消防文员应按规定参加基本养老、基本医疗、工伤、失业等社会保险，缴纳各项社会保险费用，并享受相应待遇。各地可参照现役消防队员标准为政府专职消防队员投保人身意外伤害保险，作为工伤保险的补充。

（三）落实伤残抚恤待遇。多种形式消防队伍的管理部门应当组织多种形式消防队伍人员参加岗前、在岗、离岗、应急职业健康检查，并为其建立职业健康档案记录。多种形式消防队伍人员在业务训练、灭火战斗或应急救援等活动中因工受伤、致残或死亡的，应当按照《工伤保险条例》的规定进行工伤认定、劳动能力鉴定，落实各项工伤待遇。符合革命烈士申报条件的，由公安消防部门协调民政部门报请省级人民政府批准。

（四）减免消防车船通行费。专职消防队的消防专用车（船）应当按照特种车船的要求安装警示灯，设置专用标志，免缴泊车（岸）费。按照《收费公路管理条例》的规定，经省级人民政府核定并批准执行灭火应急救援任务的消防车往返途中免缴车辆通行费。

（五）补偿灭火救援费用。政府专职消防队扑救火灾、应急救援，不得收取任何费用。单位专职消防队和志愿消防队参加扑救外单位火灾所损耗的燃料、灭火剂和消防装备等，由火灾发生地的人民政府给予补偿。

（六）加强党团组织和工会组织建设。负责管理政府专职消防队的公安消防部门或者乡镇人民政府应当协调当地组织部门建立政府专职消防队的党、团组织，加强对专职消防队员的经常性思想政治教育，积极发展优秀的专职消防队员、消防文员加入中国共产党、共产主义青年团。专职消防队依法建立工会组织，维护专职消防队员的合法权益。

（七）建立激励机制。要制定多种形式消防队伍管理的各项规章制度，建立健全监管、考核、奖惩工作机制，对在防火、灭火、抢险救援工作中作出突出贡献或者取得显著成绩的集体及人员，地方各级人民政府应当按照国家和地方的有关规定给予表彰奖励，公安消防部门应一并纳入公安消防队伍评优评奖范围。要优先从退役士兵尤其是公安消防部队退役士兵中招录专职消防队员；对优秀的政府专职消防队员，可参照现役部队士官“社会直招”的规定，按标准和条件转改士官。各级公安消防部门、人力资源社会保障部门及工会组织要积极开展专职消防队员职业技能竞赛，并按有关规定对优胜者授予先进工作者、技术能手等荣誉称号，并联合颁发“五一”劳动奖章等。

（八）支持再就业。要鼓励和支持专职消防队员参加各类职业技能培训，为队员离队再就业创造有利条件。对于具有相应消防行业特有工种职业资格的专职消防队员，在合同期满后，可作为社会消防从业人员优先推荐从事企业事业单位消防安全工作。

公安部　国家发展和改革委员会　民政部　财政部
人力资源和社会保障部　交通运输部　中华全国总工会
二〇一〇年十一月二日

关于传发《开展建筑消防设施专项治理工作方案》的通知

（公传发〔2010〕145号）

各省、自治区、直辖市公安厅、局，社会治安综合治理委员会办公室，安全生产监督管理局，新疆生产建设兵团公安局、社会治安综合治理委员会办公室、安全生产监督管理局：

为提高单位消防管理能力，保障建筑消防设施完好有效，预防和减少在建工程及建筑火灾事故的发生，根据《国务院办公厅关于继续深入开展“安全生产年”活动的通知》（国办发［2010］15号）要求，公安部、中央社会治安综合治理委员会办公室、国家安全生产监督管理总局决定，2010年4月30日至10月30日，在全国范围内开展建筑消防设施专项治理。现将《开展建筑消防设施专项治理工作方案》传发给你们，请结合本地实际，迅速组织实施。

公安部　中央社会治安综合治理委员会办公室　国家安全生产监督管理总局
二〇一〇年四月二十三日

开展建筑消防设施专项治理工作方案

为提高单位消防管理能力，保障建筑消防设施完好有效，预防和减少建筑火灾事故的发生，根据国务院办公厅关于继续深入开展“安全生产年”活动的工作部署，公安部、中央社会治安综合治理委员会办公室、国家安全生产监督管理总局决定，2010年4月30日至10月30日，在全国范围内开展建筑消防设施专项治理（以下简称“专项治理”）。工作方案如下：

一、总体要求

通过专项治理，社会单位消防安全“四个能力”全面提升，建筑消防设施存在的隐患基本得到有效整改，消防设施功能完善、运行正常、管理规范，消防控制室值班操作人员配齐，并能够熟练操作消防设施和应急处置火灾事故，打牢社会单位火灾防控基础。

二、专项治理的范围和重点内容

（一）专项治理范围。设有消防设施的建筑，重点是高层、地下公共建筑和其他设有人员密集场所的建筑。建筑消防设施主要包括火灾自动报警系统、自动灭火系统、消火栓系统、防烟排烟系统、防火卷帘等防火分隔设施、应急广播和应急照明、安全疏散设施等。

（二）专项治理的重点内容

1. 是否按照国家工程建设消防技术标准设置、配齐了建筑消防设施；

2. 建筑消防设施是否完好有效：

（1）消防控制室、消防水泵房的设置是否符合消防技术标准要求，消防控制设备是否配置齐全并处于正常工作状态；

（2）建筑消防设施的电源开关、管道阀门是否处于正常运行状态，开、关标识是否明显；对需要保持常开或常闭状态的阀门，是否采取了铅封、标识等限位措施；

（3）火灾自动报警系统、自动灭火系统、消火栓系统、防烟排烟系统功能是否完整，运行是否正常；

（4）疏散通道、安全出口是否畅通，防火门等防火分隔设施是否齐全完好，防火卷帘、常开式防火门的自动、手动启动功能是否能够正常实现；

（5）应急广播、应急照明和疏散指示标志的设置是否符合消防技术标准要求，是否正常运行。

3. 建筑物的产权单位或受其委托管理建筑消防设施的单位，是否明确建筑消防设施的维护管理部门、管理人员；同一建筑物有两个以上产权、使用单位的，是否明确建筑消防设施的维护管理责任并对建筑消防设施实行统一管理。

4. 消防控制室是否实行双人 24 小时值班，值班操作人员是否取得国家职业资格证书或经培训考试合格持证上岗，是否具有消防设施操作技能和应急处置火灾事故的能力。

5. 在建工程是否依法通过建设工程消防设计审核或者备案检查；施工现场是否设置了消防车通道，是否按有关规定设置了消防水源，是否配备了必要的消防设施和灭火器材。

三、工作措施

（一）对未按国家工程建设消防技术标准设置、配齐建筑消防设施的，或者建筑消防设施损坏、不能正常运行、擅自关停的，要依法责令改正；对建筑消防设施严重损坏，不再具备防火灭火功能的，要依法对危险部位或者场所予以临时查封。

（二）对未按规定实施建筑消防设施维护保养和定期检测的，消防控制室值班操作人员无证上岗的，要依法责令限期改正。

（三）对建筑消防设施检测机构出具虚假检测报告的，责令改正并依法实施行政处罚。

（四）对持证上岗的消防控制室值班操作人员不熟悉消防控制室设备功能、应急操作程序，不能操作控制设备的，责令单位立即组织培训并追究发证机构责任。

（五）对公众聚集场所消防设施严重损坏，不具备防火灭火功能，拒不改正的，公安机关要依据《治安管理处罚法》第三十九条的规定，对其经营管理人员依法拘留。

（六）对未经消防设计审核合格或者消防设计备案抽查合格的在建工程，要依法责令停止施工。

（七）对施工现场存在火灾隐患的，要责令立即改正，对不能立即改正且严重威胁公共安全的，要对危险部位予以临时查封。

对在专项治理中发现存在重大火灾隐患的，依法由公安机关书面报告本级人民政府；责令停产停业对经济和社会生活影响较大的，由公安机关报请本级人民政府依法决定，由本级人民政府组织公安机关及相关部门实施。

四、组织实施

（一）动员部署。5 月 15 日前，各地要提请政府将专项治理作为构筑社会消防安全“防火墙”工程的重要内容统一部署，按照方案要求，结合本地区实际，制定具体实施方案，明确工作职责，细化工作要求。同时，要组织召开由各有关社会单位消防安全责任人参加的会议，动员部署单位开展自查自改。

（二）排查整治。7 月 20 日前，各地公安、综治、安全监管部门要按照工作职责对本地区专项治理范围内的建筑进行逐一排查，彻底查清本辖区建筑消防设施的实有数、运行完好数和消防控制室值班操作人员的基本情况，并全部登记造册建档，完善基础台账。对排查发现的火灾隐患和违法行为，要依法责令单位改正。排查整治工作要严格落实工作责任，对排查的建筑、场所要如实记载检查人员的姓名、检查时间、检查发现的问题和提出的整改意见，并存档备查。

（三）重点治理。9 月 30 日前，各地要将存在重大火灾隐患单位、不落实建筑消防设施管理责任的多产权单位、自动消防设施不能运行或拆除的单位、依据消防技术标准应当设置建筑消防设施却未设置的单位，作为重点进行治理。要督促和指导单位落实整改方案、整改责任、整改措施、整改时间，对单位难以自行完成整改的，要提请政府挂牌督办，确保按期消除隐患。要成立技术服务队，向单位提供技术指导。

（四）检查评比。10 月 30 日前，各级公安、综治、安全监管部门要成立联合检查工作组，制定详细的检查评比办法，全面进行检查评比。对未按要求开展治理的，要责令重新治理并严格追究有关领导的责任。11 月，公安部、中央社会治安综合治理委员会办公室、国家安全生产监督管理总局将组成联合督查组对各地专项治理工作情况进行抽查，并将抽查结果予以排名、通报。

五、工作要求

（一）加强领导，抓好落实。建筑消防设施专项治理是构筑社会消防安全“防火墙”工程的重要内容，是遏制建筑重特大火灾发生的有效措施。各地公安、综治、安全监管部门要成立联合工作机构，专门负责专项治理工作。同时，各部门要严格履行工作职责，切实整治查处建筑消防设施火灾隐患和消防违法行为。公安消防部门要用好用足处罚、查封、拘留、强制执行等执法手段，严厉查处单位在消防设施管理方面存在的违法行为；社会治安综合治理部门要将建筑消防设施完好率纳入社会治安综合治理重点考评内容，统筹安排，认真落实；安全生产监督管理部门要对专项治理工作，特别是涉及多方面的重大火灾隐患的整改进行协调和监督。

（二）加强宣传，营造氛围。各地要充分运用电视、广播、报纸、网络等公共媒体，向社会公告专项治理的内容和要求，引起全社会的高度关注和有关部门、单位的高度重视，营造良好氛围。要利用媒体的监督作用，曝光一批建筑消防设施存在问题较多的单位，并进行跟踪报道，推动专项治理工作的扎实开展，同时，对建筑消防设施管理规范的单位进行正面宣传，树立先进典型，引导社会单位自觉加强建筑消防设施的维护管理。

（三）建章立制，巩固成效。专项治理工作结束后，各地要认真总结工作经验，坚决制止“治理—反弹—再治理”的怪圈，要按照“综合治理、标本兼治”的原则，及时制定、修订有关法规和技术标准，完善建筑消防设施管理制度，建立健全建筑消防设施管理的长效机制。

专项治理结束后，各地要将本省、自治区、直辖市组织开展专项治理的情况、取得的成效、存在的主要问题、今后改进和加强工作的意见写出专题报告，于2010年11月5日前分别报公安部、中央社会治安综合治理委员会办公室、国家安全生产监督管理总局。

关于开展“消防安全教育示范学校”创建活动的通知

（公消〔2010〕159号）

各省、自治区、直辖市公安厅、局，教育厅（教委），新疆生产建设兵团公安局、教委：

为深入贯彻《中华人民共和国未成年人保护法》、《中华人民共和国消防法》，推动落实《中共中央国务院关于进一步加强和改进未成年人思想道德建设的若干意见》、国务院办公厅《关于转发教育部中小学公共安全教育指导纲要的通知》（国办发［2007］9号）和《社会消防安全教育培训规定》，提高中小学校消防安全管理水平，增强中小学生安全自护能力，实施构筑社会消防安全“防火墙”工程，公安部、教育部决定，2010至2012年，在全国中小学校开展“消防安全教育示范学校”创建活动。现将有关要求通知如下：

一、活动宗旨

以“学习消防知识、共创平安校园”为主题，通过开展“消防教育示范学校”创建活动，全面提升中小学校消防安全管理和消防安全教育能力，引导与激励师生学习消防安全知识，掌握必要的消防常识与逃生自救技能，最大限度地预防火灾事故发生，保障中小学生健康成长，维护校园消防安全环境。

二、活动目标

通过开展创建活动，力争用三年的时间，使每个县级以上行政区域至少拥有一所“消防安全教育示范学校”，并发挥示范引领作用。

三、活动要求

（一）各级公安消防、教育部门要充分认识在中小学校开展消防安全宣传教育活动的重要意义，把创建活动作为服务中小学生健康成长、创建平安校园和消防宣传“进学校”的示范性项目抓紧抓好，既要注重宣传教育场地、教材、师资、环境的建设，又要注重通过通俗易懂的方式，让学生真正将消防安全知识入脑入心。防止搞形式、走过场、比排场的现象，切实讲究工作实效。

（二）各级公安消防部门要主动与教育部门、辖区内的学校取得联系，积极支持学校参与示范学校的创建活动。要安排优秀党、团员担任学校校外消防辅导员，根据中小学生特点，上好消防知识课，配合学校设计丰富多彩的消防宣传教育活动；协助学校组织制定应急疏散预案，定期组织疏散演习；协助解决开展消防教育活动所需场所、资料、设备等方面的困难。

（三）各中小学校要积极参与此次创建活动，高度重视，精心组织，积极筹划，加大投入，并以创建活动为抓手，建立和完善学校消防安全管理、消防宣传教育的长效机制，切实履行双重职责，提高学校消防安全管理水平和消防安全教育成效。

附件：1. “消防安全教育示范学校”创建活动实施方案

2. “消防安全教育示范学校”申请表（略）

公安部办公厅　教育部办公厅

二〇一〇年五月十日

附件 1

“消防安全教育示范学校”创建活动实施方案

一、指导思想

认真贯彻《中华人民共和国未成年人保护法》和《中华人民共和国消防法》，提高中小学校消防安全管理水平，增强中小学生的消防安全意识和自防自救能力，维护中小学校平安、和谐环境。

二、参加方式

由各县（市、区、旗）级公安消防部门商教育部门，在广泛发动、中小学校自愿申请参加的基础上，选定创建活动示范点，进行经常性指导。每年经省级公安消防、教育部门共同考核后，报公安部消防局和教育部基础教育一司评定。一年评定一批。争取三年的时间，每个县级以上行政区域至少拥有一所“消防安全教育示范学校”，并发挥示范引领作用。

三、消防安全教育示范学校基本标准

（一）消防安全责任落实。学校消防安全管理责任制度明确，消防安全管理人落实，防火巡查、应急疏散演练、安全奖惩等措施落实；疏散指示标志、安全出口符合消防规范要求；义务消防组织健全；建筑消防设施和消防器材完好有效，无重大火灾隐患。

（二）消防安全培训落实。教职工懂基本消防常识、懂消防设施器材使用方法、懂逃生自救技能，会查改火灾隐患、会扑救初起火灾、会组织人员疏散；学生懂得基本的防火、报警、逃生常识。

（三）消防安全教育落实。有消防安全知识教材，将消防安全知识纳入教学内容；每学期开学初、放寒（暑）假前、学生军训期间，对学生普遍开展一次专题消防安全教育；每学年组织一次全员参与的应急疏散演习和一次到消防站或消防教育基地参观体验，师生接受消防安全知识教育率达 100%；选聘消防专业人员担任学校的兼职消防辅导员。

（四）消防安全宣传落实。能利用橱窗、板报、校园电视、广播、网站等阵地经常宣传防火、灭火、疏散逃生等消防安全常识。每学年在周边社区与公安消防部队共同组织一次大型的消防宣传活动，向社会各界宣传普及消防知识。

四、活动要求

“消防安全教育示范学校”创建单位，要制定年度活动方案，落实具体工作措施，组织全体师生积极参与。各级公安消防部门要与当地教育部门、学校建立创建活动联系制度，及时提供教员、场地、资料等方面的支持，利用和发挥好消防站、消防博物馆、防灾馆等科普教育基地的作用，指导、配合学校开展创建活动。申请参加示范学校创建活动的学校，由当地公安消防总队和教育局（教委）在每年 10 月底前组织审定。公安部消防局和教育部基础教育一司将不定期进行抽查考核，并于当年底前适时组织区域性观摩会和现场会，进行经验推广。

关于做好玉树地震灾区恢复重建消防安全工作的通知

（公消〔2010〕200号）

青海省公安厅、民政厅、住房和城乡建设厅：

当前，玉树地震灾区已进入到进一步安置好受灾群众、恢复正常秩序、加快恢复重建的新阶段。为切实做好灾区消防安全工作，维护民族团结和社会和谐稳定，保障灾区人民长远发展消防安全，现就有关要求通知如下：

一、加强集中安置点消防安全管理。要按照受灾群众集中安置点不发生亡人火灾的工作要求，严格落实各项消防措施。集中连片的安置点要结合实际，以不发生连营火灾为目标进行防火分区，电气线路敷设要符合消防安全，生活用火要有防范措施，每顶帐篷、每间板房都要配备灭火器材；要实行消防安全责任制和多户联防措施，层层落实乡镇政府及有关部门、基层组织的消防工作责任，组织开展24小时防火巡查；要组织开展针对性消防常识宣传，深入帐篷、板房面对面地向群众宣传防火、灭火和逃生常识，提高自防自救能力；要在每个集中安置点设1个消防执勤点，配备足够力量、器材装备，定人定点开展防火检查和灭火执勤。

二、做好恢复重建消防规划建设。玉树地震灾区恢复重建总体规划应有消防规划内容，并按照现行消防法律、法规和消防技术标准的要求编制消防专项规划，切实把城乡消防安全布局、消防站、消防供水、消防通信、消防车通道、消防装备等纳入恢复重建，做到同规划、同实施、同投入使用，保障消防安全工作与经济社会发展相适应。

三、落实施工现场防火措施。要落实建设、施工、监理等单位的消防安全管理责任，防止施工现场发生火灾。施工现场办公、生活区与施工作业区要分开设置，并保持必要的防火距离；严格施工现场及施工人员集体宿舍用火用电管理，对电焊、气焊等明火作业必须落实现场监护措施；施工工地要按有关规定设置临时消防水源，配备必要的消防设施和器材，保证一旦发生火灾能及时扑救；施工单位要加强对施工人员的消防安全教育培训，保障现场人员具有相应的消防常识和逃生自救能力。

公安、民政、住房和城乡建设部门要在当地政府的统一领导下，按照职责分工，各尽其责，密切配合，共同做好灾后恢复重建消防安全工作。公安部门要依法实施恢复重建工程消防监督管理，加强对安置点和施工现场的消防安全检查，做好灭火救援工作；民政部门要督促基层组织落实消防管理责任，督促帐篷生产单位保证救灾帐篷防火性能；住房和城乡建设部门要加强对建设工程项目各方责任主体的监督。

公安部　民政部　住房和城乡建设部
二〇一〇年六月十三日

关于印发社会治安综合治理消防工作检查考核标准和检查考核细则的通知

（公消〔2010〕231 号）

各省、自治区、直辖市公安厅、局，新疆生产建设兵团公安局：

根据中央社会治安综合治理委员会办公室《2010 年省、自治区、直辖市社会治安综合治理工作考核评比实施细则》（综治办［2010］130 号）要求，结合构筑社会消防安全“防火墙”工程、建设综合急救援队伍等重点工作，公安部修订了《社会治安综合治理消防工作检查考核标准》，并制定了《社会治安综合治理消防工作检查考核细则》，现印发给你们，请认真贯彻落实。

具体检查考核工作，由各级公安机关在当地综治组织统一指导协调下组织实施。

公　安　部
二〇一〇年七月二十九日

社会治安综合治理消防工作检查考核标准

一、政府消防工作责任制（20 分）

1. 省（自治区、直辖市）、市（地、州、盟）、县（市、区、旗）政府将消防工作纳入本地区国民经济和社会发展总体规划，制定“十二五”消防工作发展规划和年度实施计划（4 分）。

2. 省（自治区、直辖市）、市（地、州、盟）、县（市、区、旗）政府建立消防（防火）安全委员会或消防工作联席会议制度，并定期召开会议研究解决消防安全重大问题（4 分）。

3. 省（自治区、直辖市）、市（地、州、盟）、县（市、区、旗）政府部署开展构筑社会消防安全“防火墙”工程，明确目标任务和措施要求（4 分）。

4. 省（自治区、直辖市）、市（地、州、盟）、县（市、区、旗）政府将城乡公共消防设施、消防装备、消防宣传和多种形式消防队伍建设等消防业务经费纳入本级投资计划和财政预算予以保障，并按计划完成年度目标（4 分）。

5. 省（自治区、直辖市）、市（地、州、盟）、县（市、区、旗）政府明确有关职能部门和下级政府的消防工作责任并签订责任书，将城乡公共消防设施和装备建设、多种形式消防队伍建设、消防宣传、重大火灾隐患整改、消防业务经费等内容纳入政府目标责任年度考核和领导干部政绩考评（4 分）。

二、公共消防设施和多种形式消防队伍建设（20 分）

1. 县级以上城市、建制镇编制消防专项规划（或在总体规划中设消防专篇）并及时修编（包括消防安全布局、消防站、消防供水、消防通信、消防车通道、消防装备）（3 分）。

2. 城市和建制镇建成区的市政消火栓、消防站等公共消防设施达到国家标准要求（4 分）。

3. 完成省（自治区、直辖市）、市（地、州、盟）、县（市、区、旗）消防应急救援体系建设，达到战勤保障能力（3 分）。

4. 公安消防部队配备的消防车辆、抢险救援器材和个人防护装备的数量和质量达到国家标准要求（7 分）。

5. 全国和省级重点镇、历史文化名镇和人口超过 5 万或者建成区面积超过 5 平方公里的建制镇建成政府专职消防队，达到建队标准（3 分）。

三、农村和社区消防工作（15 分）

1. 乡镇政府、街道办事处建立和明确消防安全管理组织，落实消防安全管理职责（4 分）。

2. 农村公共消防设施建设和火灾隐患整治纳入新农村建设规划，同步建设落实（3 分）。

3. 农村、社区建立和明确消防安全管理组织，确定消防安全管理人，制定防火安全制度，进行防火安全检查，配备灭火器材并设置公共消防器材配置点（5 分）。

4. 乡镇、村庄、社区建立专（兼）职、志愿消防队和消防宣传队（3 分）。

四、火灾预防和重大火灾隐患整改（20分）

1. 按计划实施社会单位消防安全“四个能力”（检查消除火灾隐患能力、组织扑救初起火灾能力、组织人员疏散逃生能力、消防宣传教育培训能力）建设（6分）。

2. 省（自治区、直辖市）、市（地、州、盟）、县（市、区、旗）政府适时组织开展消防安全专项治理，对本地区重大火灾隐患实施挂牌督办；政府挂牌督办的重大火灾隐患全部按期限整改销案，对逾期不改的，当地政府应当组织或者责成有关部门、单位采取措施予以整改（6分）。

3. 自动消防系统的操作人员持消防行业特有工种职业资格证书上岗（3分）。

4. 公安派出所依法实施消防监督检查，组织开展消防宣传教育（5分）。

五、消防宣传教育培训（15分）

1. 在省（自治区、直辖市）级报纸、广播、电视等主流媒体开设消防宣传专栏，组织开展经常性的消防宣传教育（2分）。

2. 深入开展消防宣传“五进”，将消防知识纳入教学、普法等内容；各市（地、州、盟）至少有一个消防宣传示范学校、示范社区、示范单位（机关团体、企事业单位）、示范村寨；开展经常性社会化宣传教育活动；与相关部门建立消防宣传工作机制，并定期开展活动（5分）。

3. 推进建立社会消防安全培训机构，开展各行业、各领域的社会化消防教育培训（3分）。

4. 建立完善消防志愿者组织，制订年度工作计划并定期组织开展活动（3分）。

5. 县级以上城市建有消防科普教育基地，定期向社会开放消防站（或消防宣传车）（2分）。

六、火灾防控效果（10分）

1. 本年度10万人口火灾死亡率小于0.19（5分）。

2. 未发生死亡10（含）人以上的火灾以及在全国造成重大影响的重大、特别重大火灾事故（5分）。

社会治安综合治理消防工作检查考核细则

	考核内容	检查考核方式	评分细则	分解分值	实际得分	合计
政府消防工作责任制	省（自治区、直辖市）、市（地、州、盟）、县（市、区、旗）政府将消防工作纳入本地区国民经济和社会发展总体规划，制定“十二五”消防工作发展规划和年度实施计划。	查看文件	省（自治区、直辖市）政府将消防工作纳入本地区国民经济和社会发展总体规划，制定“十二五”消防工作规划和本年度实施计划的，本项打满分；否则，不得分。	1		
			将消防工作纳入本地区国民经济和社会发展总体规划并制定“十二五”消防工作规划和本年度实施计划的市（地、州、盟）数量：，市（地、州、盟）总数：____。按占市（地、州、盟）总数的比例打分。	2		
			将消防工作纳入本地区国民经济和社会发展总体规划并制定“十二五”消防工作规划和本年度实施计划的县（市、区、旗）数量：，县（市、区、旗）总数：____。按占县（市、区、旗）总数的比例打分。	1		
	省（自治区、直辖市）、市（地、州、盟）、县（市、区、旗）政府建立消防（防火）安全委员会或消防工作联席会议制度，并定期召开会议研究解决消防安全重大问题。	查看文件、会议记录	省（自治区、直辖市）政府建立消防（防火）安全委员会或消防工作联席会议制度，并召开会议研究解决消防安全重大问题的，本项打满分；否则，不得分。	1		
			建立消防（防火）安全委员会或消防工作联席会议制度，并定期（每年不少于2次）召开会议研究解决消防安全重大问题的市（地、州、盟）数量：____。按占市（地、州、盟）总数的比例得分。	2		
			建立消防（防火）安全委员会或消防工作联席会议制度，并定期（每年不少于2次）召开会议研究解决消防安全重大问题的县（市、区、旗）数量：____。按占县（市、区、旗）总数的比例得分。	1		
	省（自治区、直辖市）、市（地、州、盟）、县（市、区、旗）政府部署开展构筑社会消防安全“防火墙”工程，明确目标任务和措施要求。	查看文件、会议记录	省（自治区、直辖市）政府以制定指导意见、印发实施方案、召开会议等形式部署构筑社会消防安全“防火墙”工程的，本项打满分；否则，不得分。	1		
			以政府名义印发文件或召开会议部署构筑社会消防安全“防火墙”工程的市（地、州、盟）数量：。按占市（地、州、盟）总数的比例得分。	2		
			以政府名义印发文件或召开会议部署构筑社会消防安全“防火墙”工程的县（市、区、旗）数量：。按占县（市、区、旗）总数的比例得分。	1		

续表

	考核内容	检查考核方式	评分细则	分解分值	实际得分	合计
政府消防工作责任制	省（自治区、直辖市）、市（地、州、盟）、县（市、区、旗）政府将城乡公共消防设施、消防装备、消防宣传和多种形式消防队伍建设等消防业务经费纳入本级投资计划和财政预算予以保障，并按计划完成年度目标。	查看文件	省（自治区、直辖市）将城乡公共消防设施、消防装备、消防宣传和多种形式消防队伍建设等消防业务经费纳入本级投资计划和财政预算并完成年度目标的，本项打满分；否则，不得分。	1		
			将城乡公共消防设施、消防装备、消防宣传和多种形式消防队伍建设等消防业务经费纳入本级投资计划和财政预算并完成年度目标的市（地、州、盟）数量：____。按占市（地、州、盟）总数的比例得分。	2		
			将城乡公共消防设施、消防装备、消防宣传和多种形式消防队伍建设等消防业务经费纳入本级投资计划和财政预算并完成年度目标的县（市、区、旗）数量：____。按占县（市、区、旗）总数的比例得分。	1		
	省（自治区、直辖市）、市（地、州、盟）、县（市、区、旗）政府明确有关职能部门和下级政府的消防工作责任并签订责任书，将城乡公共消防设施和装备建设、多种形式消防队伍建设、消防宣传、重大火灾隐患整改、消防业务经费等内容纳入政府目标责任年度考核和领导干部政绩考评。	查看文件、资料	省（自治区、直辖市）政府明确有关职能部门和市（地、州、盟）政府的消防工作责任并签订责任书，将城乡公共消防设施和装备建设、多种形式消防队伍建设、消防宣传、重大火灾隐患整改、消防业务经费等内容纳入政府目标责任年度考核和领导干部政绩考评的，本项打满分；未纳入的，不得分。	1		
			明确政府有关职能部门和县（市、区、旗）政府的消防工作责任，并将城乡公共消防设施和装备建设、多种形式消防队伍建设、消防宣传、重大火灾隐患整改、消防业务经费等内容纳入政府目标责任年度考核和领导干部政绩考评的市（地、州、盟）政府数量：____。按占市（地、州、盟）总数的比例得分。	2		
			明确政府有关职能部门和乡镇、街道的消防工作责任，并将城乡公共消防设施和装备建设、多种形式消防队伍建设、消防宣传、重大火灾隐患整改、消防业务经费等内容纳入政府目标责任年度考核和领导干部政绩考评的县（市、区、旗）政府数量：____。按占县（市、区、旗）总数的比例得分。	1		

续表

	考核内容	检查考核方式	评分细则	分解分值	实际得分	合计
公共消防设施和多种形式消防队伍建设	县级以上城市、建制镇编制消防专项规划（或在总体规划中设消防专篇）并及时修编（包括消防安全布局、消防站、消防供水、消防通信、消防车通道、消防装备）。	查看资料	县级以上城市总数：____；编制消防专项规划的县级以上城市数量：____。按已编制的比例打分。	2		
			建制镇数量：____；编制消防专项规划（或总体规划中设消防专篇）的建制镇数量：____。按已编制的比例打分。	1		
	城市和建制镇建成区的市政消火栓、消防站等公共消防设施达到国家标准要求。	查看资料	县级以上城市建成区应建消防站数量：____，实有消防站数量：____。按消防站的实际建有率打分。	2		
			县级以上城市建成区和建制镇建成区应建市政消火栓数量：____，实有市政消火栓数量：____。按市政消火栓的实际建设率打分。	2		
	完成省（自治区、直辖市）、市（地、州、盟）、县（市、区、旗）消防应急救援体系建设，达到战勤保障能力。	各省（自治区、直辖市）组织实地检查、查看文件	省（自治区、直辖市）、市（地、州、盟）政府制定消防应急救援体系建设政策规定，明确营房设施、装备配备、业务工作等保障要求的，本项打满分；否则，不得分。	1.5		
			县（市、区、旗）建成综合性应急救援队伍，装备按照《县级综合性（消防）应急救援队装备配备标准》配备到位的（市、区、旗）数量：____。完成规定比例的打分，未完成规定比例的不得分。	1.5		
	公安消防部队配备的消防车辆、抢险救援器材和个人防护装备的数量和质量达到国家标准要求。	各省（自治区、直辖市）组织实地检查	省（自治区、直辖市）实有公安消防站数量：____；车辆配备数量达到《城市消防站建设标准》（一级普通消防站4台、二级普通消防站2台、特勤消防站7台）的消防站数量：，按消防站的达标比例打分。	1.5		
			省（自治区、直辖市）公安消防部队实有消防车辆：____台，质量达到《城市消防站建设标准》要求（普通消防站消防车比功率（kw/t）≥8，特勤消防站消防车比功率（kw/t）≥10；普通消防站水罐车常压（1Mpa）出水流量≥40l/s，特勤消防站水罐车常压（1Mpa）出水流量≥60l/s）的消防车辆数量：____台。按消防车辆的达标比例打分。	1.5		

续表

	考核内容	检查考核方式	评分细则	分解分值	实际得分	合计
			按照《城市消防站建设标准》配备抢险救援器材（有毒气体探测仪、可燃气体探测仪、测温仪、液压破拆工具组、无齿锯、机动链锯、手动破拆工具组各不少于1套）的普通消防站数量：____个，普通消防站总数：____个。按消防站的达标比例打分。	1.5		
			按照《城市消防站建设标准》配备抢险救援器材（有毒气体探测仪、视频生命探测仪、热像仪、救生抛投器、液压多功能钳、双轮异向切割锯、、无齿锯、机动链锯、手持钢筋速断器、内封式堵漏袋、外封式堵漏袋、粘稠液体抽吸泵、移动式排烟机、高倍数泡沫发生器不少于1套）的特勤消防站数量：____个，特勤消防站总数：____个。按特勤消防站的达标比例打分。	1		
			按照《城市消防站建设标准》配备个人防护装备（正压式消防空气呼吸器、佩戴式防爆照明灯、消防员呼救器每人一个；普通站消防防化服、特勤消防站重型防化服每站均不少于4套；移动供气源普通消防站每站不少于1套，特勤消防站每站不少于2套；手提式强光照明灯每个消防站每班均不少于1具）的普通消防站、特勤消防站数量：____个，普通消防站、特勤消防站总数：____个。按消防站的达标比例打分。	1.5		
	政府专职消防队建设。	查看资料	全国和省级重点镇、历史文化名镇和人口超过5万或者建成区面积超过5平方公里的建制镇数量：____；其中建成政府专职消防队（包括已设立公安消防队）的：____。按已建成的比例打分。	3		
农村和社区消防工作	乡镇政府、街道办事处建立和明确消防安全管理组织，落实消防安全管理职责。	查看资料	乡镇、街道办事处数量：____个，建立消防安全领导管理组织的乡镇、街道办事处数量：____个，建成消防工作专门机构的乡镇、街道办事处数量：____个，按已建立消防安全管理组织的乡镇、街道办事处占总数的比例打分。	2		
			组织开展消防宣传和消防安全检查的乡镇、街道办事处数量：个，按照占总数的比例打分。	2		

续表

	考核内容	检查考核方式	评分细则	分解分值	实际得分	合计
	农村公共消防设施建设和火灾隐患整治纳入新农村建设规划，同步建设落实。		将农村公共消防设施建设统筹纳入农村公路、人畜饮水、农村电网、旧镇旧村改造等农村基础设施建设的乡镇数量：____个，按照占总数的比例打分。	2		
			根据本地实际情况组织开展农村火灾隐患排查整治的，本项打满分；未开展的，不得分。	1		
	农村、社区建立和明确消防安全管理组织，确定消防安全管理人，制定防火安全制度，进行防火安全检查，配备灭火器材并设置公共消防器材配置点。		本省（自治区、直辖市）社区数量：____个，建立和明确消防安全管理组织，确定消防安全管理人，制定防火安全制度、定期进行防火安全检查的社区数量：____个。按占总数的比例打分。	1		
			本省（自治区、直辖市）行政村数量：____个，建立和明确消防安全管理组织，确定消防安全管理人，制定防火安全制度、定期进行防火安全检查的行政村数量：____个。按占总数的比例打分。	2		
			设置公共消防器材配置点（配齐机动消防泵、水枪、水带、灭火器等，具体标准由各省、自治区、直辖市统一确定）的行政村数量：____个。按占总数的比例打分。	2		
	乡镇、村庄、社区建立专（兼）职、志愿消防队和消防宣传队。		建立专（兼）职、志愿消防队和消防宣传队的乡镇数量：_个。按占总数的比例打分。	1		
			建立专（兼）职、志愿消防队和消防宣传队的社区数量：_个。按占总数的比例打分。	1		
			建立专（兼）职、志愿消防队和消防宣传队的行政村数量：_个。按占总数的比例得分。	1		
火灾预防和重大火灾隐患整改	按计划实施社会单位消防安全“四个能力”（检查消除火灾隐患能力、组织扑救初起火灾能力、组织人员疏散逃生能力、消防宣传教育培训能力）建设。	查看档案资料、各省（自治区、直辖市）组织实地抽查	省（自治区、直辖市）制定社会单位消防安全“四个能力”建设标准的，本项打满分；否则，不得分。	2		
			本省（自治区、直辖市）属于人员密集场所的消防安全重点单位的数量：____个，其中向当地公安消防部门或公安派出所申报验收并达标的单位数量：____个。按照申报验收并达标的比例并结合实地抽查（不少于10家）结果综合打分。	4		

续表

	考核内容	检查考核方式	评分细则	分解分值	实际得分	合计
	省（自治区、直辖市）、市（地、州、盟）、县（市、区、旗）政府适时组织开展消防安全专项治理，对本地区重大火灾隐患实施挂牌督办；政府挂牌督办的重大火灾隐患全部按期限整改销案，对逾期不改的，当地政府应当组织或者责成有关部门、单位采取措施予以整改。	查看资料、各省（自治区、直辖市）组织实地核查	组织开展建筑消防设施专项治理，根据各地上报工作情况综合评定。	2		
			分析研判本地火灾形势和消防安全突出问题，开展针对性的火灾隐患排查整治，根据各地上报的工作情况综合评定。	2		
			对影响本地区公共安全的重大火灾隐患，当地政府按有关规定挂牌督办，并组织或责成有关部门、单位采取措施予以整改，根据各地上报的工作情况综合评定。	1		
			实地核查至少5家年内应完成整改销案的政府挂牌督办重大火灾隐患单位，按确已完成整改的数量比例打分。	1		
	自动消防系统的操作人员持消防行业特有工种职业资格证书上岗。	查看资料	本省（自治区、直辖市）自动消防系统的操作人员：____人，取得建（构）筑物消防员职业资格证书的人员数量：____人。按取得职业资格证书的比例打分。	3		
	公安派出所依法实施消防监督检查，组织开展消防宣传教育。	查看文件、记录、消防执法案卷	省（自治区、直辖市）公安厅（局）依据《消防法》及公安部107号令制定有关公安派出所消防监督工作规范性文件的，本项打满分；否则，不得分。	0.5		
			县（区、市、旗）公安机关数量：____个，发文明确公安派出所消防监督管理具体范围的县（区、市、旗）公安机关数量：____个。按占总数的比例打分。	0.5		
			县（区、市、旗）公安消防部门数量：____个，对公安派出所消防监督工作指导每季度不少于一次、对派出所民警进行消防业务培训每年不少于一次的县（区、市、旗）公安消防部门数量：____个。按占总数的比例打分。	2		
			公安派出所数量：____个，按规定开展消防监督检查和消防宣传教育的公安派出所数量：____个。按占总数的比例打分。	2		

续表

	考核内容	检查考核方式	评分细则	分解分值	实际得分	合计
消防宣传教育培训	在省（自治区、直辖市）报纸、广播、电视等主流媒体开设消防宣传专栏，组织开展经常性的消防宣传教育。	统计数据	省（自治区、直辖市）在省级报纸、广播、电视等主流媒体开设消防宣传专栏数量：____个。按数量排序，分4档得分。	1		
			省（自治区、直辖市）在中央主流媒体上稿数量：____。按数量排序，分4档得分。	1		
	深入开展消防宣传“五进”，将消防知识纳入教学、普法等内容；各市（地、州、盟）至少有一个消防宣传示范学校、示范社区、示范单位（机关团体、企事业单位）、示范村寨；开展经常性社会化宣传教育活动；与相关部门建立齐抓共管机制，并定期开展活动。	查看资料、省（自治区、直辖市）组织实地抽查	省（自治区、直辖市）将消防知识纳入教学、普法等内容的，本项打满分；否则，不得分。	1		
			同时具有消防教育示范学校、示范社区、示范单位（机关团体、企事业单位）、示范村寨（无村寨除外）各1个及以上的市（地、州、盟）数量：____个。按占市（地、州、盟）的比例打分。	1		
			省（自治区、直辖市）开展全省性社会化宣传教育活动（有方案、总结、媒体报道等文件材料）：____次。按数量排序，分4档得分。	1		
			省（自治区、直辖市）建立综治成员单位消防宣传工作通气会或联席会议制度，并定期开展活动的，有制度的得0.5分，定期开展活动的，得0.5分，否则，不得分。	1		
			省（自治区、直辖市）公安消防部门承担全国性大型消防宣传活动或宣传工作现场会，取得良好效果的，得0.5分；在公安部消防局部署的全国性宣传工作中，组织较好的，得0.5分。否则，不得分。	1		
	县级以上城市建有消防科普教育基地，定期向社会开放消防站（或消防宣传车）。		县（市、区、旗）数量：____个，定期（每周至少一次）向社会开放消防站（或利用消防宣传车进行流动消防宣传）的县（市、区、旗）数量：____个。按占总数的比例打分。	1		
			有宣传科普教育基地的县（市、区、旗）数量：____个。按占总数的比例打分。	1		
	开展社会化消防教育培训工作。	查看资料	推进社会消防培训机构建设，开展系统、行业消防培训，根据各地上报的工作情况综合评定。	1		
			本省（自治区、直辖市）的乡、镇数量：____个，接受消防安全培训的负责消防安全管理的乡镇长数量：____人。按占总数的比例打分。	1		

续表

	考核内容	检查考核方式	评分细则	分解分值	实际得分	合计
			行政村数量：____个，接受消防安全培训的负责消防安全管理的村长数量：____人。按占总数的比例打分。	1		
	开展消防志愿者活动。		省（自治区、直辖市）建立消防志愿者行动指导委员会，制定年度工作计划并开展活动的，此项打满分，否则，不得分。	1		
			建立消防志愿服务总队并制定年度工作计划、定期（每年不少于2次）开展活动的市（地、州、盟）数量：____个，按占总数的比例打分。	1		
			建立消防志愿服务大队并制定年度工作计划、定期（每年不少于2次）开展活动的县（市、区、旗）数量：____个，按占总数的比例打分。	1		
火灾防控	10万人口火灾死亡率小于0.19。	查看资料	本年度10万人口火灾死亡率小于0.19的，本项打满分；否则，不得分。	5		
效果	未发生死亡10（含）人以上的火灾以及在全国造成重大影响的重大、特别重大火灾事故。	查看资料	未发生死亡10（含）人以上的火灾以及在全国造成重大影响的重大、特别重大火灾事故的，本项打满分；发生1起不得分，发生2起（含）以上的扣完本项的10分（不倒扣分）。	5		

说明：1. “市（地、州、盟）总数”、“县（市、区、旗）总数”、“县级以上城市”以及建制镇和乡、镇数量，参照《中华人民共和国行政区划手册》、行政区划统计表等权威统计资料确定。

2. “全国重点镇”根据原建设部《关于公布全国重点镇名单的通知》（建村［2004］23号）确定，“省级重点镇”根据省（自治区、直辖市）建设行政主管部门的相关文件确定。

3. 消防站仅包括公安消防队和政府专职消防队，不包括企事业单位专职消防队。

4. “10万人口火灾死亡率”中的人口基数采用“常住人口”，包括户籍人口和居住时间超过半年的非户籍人口，以当地公安部门数据为准。

关于社会主义新农村建设消防工作专项检查情况的通报

（公消〔2010〕259号）

各省、自治区、直辖市综治办，公安厅、局，发展改革委，民政厅、局，财政厅、局，住房和城乡建设厅（建委），农业厅（委、办、局）；新疆生产建设兵团综治办、公安局、发展改革委、民政局、财务局、建设局、农业局：

为认真贯彻落实党中央、国务院关于“加强农村消防工作”的要求，进一步推动新农村建设消防工作，今年5月1日，中央综治办、公安部等7部委联合部署开展了《加强社会主义新农村建设消防工作的指导意见》（公通字［2007］34号，以下简称《指导意见》）贯彻情况专项检查。在各地自查的基础上，6月底，中央综治办、公安部等7部委又组成4个检查组，对吉林、广西等8个省、自治区新农村建设消防工作进行了重点抽查。现将有关情况通报如下：

一、农村消防工作组织领导进一步加强。各地认真贯彻落实《指导意见》，进一步加强对农村消防工作的组织领导，普遍将农村消防工作纳入当地社会主义新农村建设规划以及国民经济和社会发展“十一五”规划，纳入社会治安综合治理“平安建设”重要内容。北京、上海、山西、河南等地成立以政府领导为组长、相关职能部门为成员的省级新农村建设消防工作领导小组。广西将少数民族聚居区连片易燃村寨防火改造纳入年度“十大民生工程”。北京、江苏、黑龙江、吉林等17个省、市以政府令形式颁布了农村消防法规。浙江、重庆、云南、新疆等13个省、区、市制定了农村消防工作建设标准。江西、湖北、海南等地明确各级政府以及建设、发展改革、民政、安全监管等部门农村消防工作目标责任并实行年度考核。广东、江苏、重庆等地乡镇建立消防安全委员会或消防管理办公室，河南推行乡镇消防工作网格化管理和专人专管制度，山东、安徽等地乡镇依托综治办、安监办明确了农村消防工作监管部门。据统计，目前全国3.4万余个乡镇政府中，有2.9万个建立了消防安全管理组织，占总数的86%。

二、农村公共消防基础设施建设进一步推进。各地结合新农村建设规划，推动编制消防规划或总体规划消防专篇内容。上海、河南、吉林等地乡镇全部编制了消防规划，云南省先后组织开展了3次城乡消防规划专项检查。据统计，全国已有近1.5万个乡镇编制了消防规划，约2.3万个村庄规划编入了消防内容。各地还积极利用小城镇建设和农村水改、路改和村庄整治，大力推进农村消防基础设施建设，江苏省在乡镇建设室外消火栓4.1万余个、消防取水码头近5.5万个，广西在防火改造的村寨新设消火栓1.1万余个。据统计，近3年来，全国乡镇和农村共建室外消火栓（水鹤）27.5万个，消防水源50.8万处。各级政府进一步加大农村消防工作经费投入，近3年来，北京市累计投入经费6.1亿元、新疆累计投入3970万元用于农村消防基础设施建设，云南累计投入4151万元为农户投保房屋财产火灾保险。据统计，全国共投入农村消防建设经费63亿余元，有力保障了农村消防工作的顺利开展。

三、农村多种形式消防队伍建设进一步发展。各地大力加强社会消防力量建设，初步形成了以乡镇专职消防队为主，村志愿消防队、保安消防巡防队为补充的农村火灾防控力量体系。广东建立乡镇政府专职消防队432个，队员7144人，珠三角地区村村都建成配有消防车的一专多能专（兼）职消防队；吉林省有322个乡镇达到“一乡（镇）一车一消防站”标准，4646个行政村达到了“一村一泵一队”标准，分别占总数的60%和50%；河北省建成了“四有”（有车、有人、有房、有经费）乡镇消防队1093个。据统计，全国现有乡镇农村专（兼）职消防队6907个、队员6.6万名、固定队房5108个、车辆7992台，志愿消防队8.5万余个、队员69万余名、消防机动泵20.4万台。

四、农村消防宣传教育培训力度进一步加大。各地以消防宣传“进农村”为载体，推动乡镇政府、村民委员会等基层组织，利用乡村广播站、闭路电视以及设立固定消防漫画栏、粉刷消防标语等形式，加大消防安全常识普及力度。四川、山东等地将农村消防宣传教育纳入普法和文化、科技、卫生“三下乡”活动内容。福建、黑龙江、吉林等地利用乡镇长培训、农村党员现代远程教育工程、文化夜校等平台，对乡（镇）领导、村长、农民工等进行消防安全培训。广东大力实施“三千万新广东人消防培训工程”，目前已培训320多万人。另外，各地消防部门会同共青团组织积极开展消防志愿者活动，发展消防志愿者376万余人。

五、农村火灾隐患整治进一步深化。各地充分发挥农村公安派出所、警务室作用，将消防工作纳入农村治安防控体系。结合农村火灾形势和特点，先后开展了农村“三合一”场所、出租屋和光荣院、养老院等场所专项治理，消除了一大批火灾隐患。广西从2008年起累计投入资金近6亿元，对1157个少数民族村寨进行防火改造。贵州省每年安排1200万元专项资金，用于黔东南州150个民族文化旅游村寨的消防试点建设。广东省政府采取“不摘牌、就摘帽”、“一票否决”等强硬措施，对区域性火灾隐患突出的30个乡镇（街道）实行挂牌督办。浙江省湖州市投入

4000多万元，对织里镇8799家“三合一”童装企业进行搬迁治理。

从总体上看，《指导意见》下发以来，各地全面落实消防工作责任，大力加强农村公共消防设施建设，有效提高了农村火灾防控水平，有力维护了农村消防安全。2007至2009年，全国共发生农村火灾13.7万起，死亡1643人，受伤504人，直接财产损失9.2亿元。与前三年相比，除直接财产损失上升3.7%外，火灾起数、亡人、伤人分别下降25.9%、51.9%和75.6%。但是，我们还要清醒地看到，当前农村消防工作中仍然存在一些比较突出的问题和薄弱环节，重大火灾事故时有发生，影响了农业经济发展和农村社会稳定。一是农村消防安全责任制落实还不到位。各地农村消防工作开展不平衡，有的地方政府重视不够，相关部门履职不到位，经费保障尚未落实。目前，全国仍有5236个乡镇未成立消防安全管理组织，有的虽有组织但工作“空转”，尤其西部经济欠发达地区问题更为突出。二是农村消防基础设施建设依然滞后。城乡消防基础设施建设失衡严重，经济欠发达地区农村尤其薄弱。目前，全国还有8905个建制镇尚未编制消防规划或总体规划中没有消防专篇内容，相当部分乡镇和农村消防供水设施“欠账”较重，有的甚至是空白，还有部分乡镇、村庄没有达到《指导意见》提出的专兼职或志愿消防队伍建设目标，连片易燃村寨地区防火改造工作力度仍需加大。三是经济发达地区乡镇火灾隐患仍然突出。除传统的农村建筑耐火等级低、防火间距不足、电气线路老化等问题外，当前经济发达地区乡镇“三合一”场所、出租屋、小旅店、小作坊以及“农家乐”等场所的消防安全问题比较突出，整治任务十分艰巨。四是消防宣传“进农村”有待深化。当前，多数农民群众消防安全意识淡薄，消防安全常识缺乏，特别是青壮年外出务工较多，留守的老弱病残和妇女儿童自救、互救能力较差，已成为火灾伤亡的主要群体。

全面加强农村消防工作，是建设社会主义新农村的重要保障。各地要从实施城乡统筹、落实基本公共服务均等化的战略高度，总结经验，剖析不足，采取有力措施，进一步加强组织领导，进一步夯实工作基础，下大力气改变城乡消防失衡和农村消防工作滞后于农村经济社会发展的局面，努力减少农村火灾和亡人总量。

一是进一步强化农村消防工作责任制落实。要把农村消防工作与社会主义新农村建设、农村社区建设、农村社会治安综合治理同部署，同落实，同检查考评。2010年底前，所有乡镇要建立农村消防管理组织，经济发达地区的乡镇、中心镇要成立消防工作专门机构并明确消防专管员，其他地区乡镇要依托综治办、安监办等机构明确消防监管组织；2011年，各行政村要依法明确消防安全管理人，制定防火公约，建立联防制度，开展日常工作。各地综治、公安、发展改革、民政、财政、建设、农业等部门要充分发挥职能，形成工作合力。

二是进一步加强农村公共消防基础设施和多种形式消防队伍建设。农村公路、人畜饮水等农村公共基础设施建设应统筹考虑消防通道、消防水源等公共消防设施的建设需要。2011 年，尚未编制消防专项规划或总体规划中缺乏消防专篇内容的建制镇应完成编制任务，不合理的要及时修编，成片改造或新规划建设的新农村应按照国家标准要求同步规划建设消防车道、消火栓等消防基础设施；2013 年，设有集中生活供水的乡镇和村庄应完成消火栓等消防水源建设，每个行政村要至少设置一处公共消防器材配置点，配齐消防机动泵、水枪、水带、灭火器等灭火器材。要进一步加大农村多种形式消防队伍建设力度，到 2012 年底前，所有乡镇、村庄要建成专（兼）职、志愿消防队，配备相应器材装备。各级政府要建立和完善农村消防工作经费保障机制，确保农村公共消防基础设施等经费投入。

三是进一步深化农村地区火灾隐患整治工作。要继续将农村火灾隐患整治纳入村庄整治、改造等范围，推进易燃连片村寨防火改造工作，加强对“三合一”场所、出租屋、小旅店、小作坊以及“农家乐”等场所的火灾隐患专项整治，对区域性火灾隐患严重的乡镇要实行政府挂牌督办制度。公安、建设等部门要加强对乡镇开发园区等农村新建、搬迁工业项目和大中型公共建设工程项目的消防安全审批，防止将火灾事故风险转移到农村乡镇。强化农村农作物秸秆禁烧力度，推动秸秆资源综合利用。实施新一轮农村电网改造升级工程，更换老旧线路和设备，消除电气火灾隐患，为农村居民提供安全可靠的用电保障。

四是进一步加强农村消防安全宣传培训工作。要进一步深化消防宣传“进农村”工作，巩固消防宣传阵地，探索具有农村特色和针对农村弱势群体的消防宣传教育手段，充分发挥消防志愿者宣传作用，大力提高农村群众的消防安全意识。各地农业、民政、公安消防等部门要认真贯彻落实《社会消防安全培训规定》，从 2011 到 2012 年，重点组织开展负责消防管理的乡镇长、村“两委”负责人消防安全大培训，着力培养农村消防工作“带头人”。同时，推动各地将消防安全知识纳入农村劳动力转移培训内容，提高农村转移劳动力的消防安全意识和自防自救能力。

中央综治办　公安部　国家发展和改革委员会
民政部　财政部　住房和城乡建设部　农业部
二〇一〇年八月十八日

关于印发《2010年度构筑社会消防安全“防火墙”工程检查考评方案》的通知

（公消〔2010〕326号）

各省、自治区、直辖市公安厅、局，新疆生产建设兵团公安局：

为扎实推进构筑社会消防安全“防火墙”工程，确保各项目标任务的顺利完成，根据《公安部关于印发〈构筑社会消防安全“防火墙”工程工作方案〉的通知》（公通字［2010］16号）要求，公安部将每年对各地构筑社会消防安全“防火墙”工程总体进展情况进行一次检查。现将《2010年度构筑社会消防安全“防火墙”工程检查考评方案》印发给你父，请结合当地实际，认真抓好工作落实。

公　安　部

二〇一〇年十一月二日

2010年度构筑社会消防安全“防火墙”工程检查考评方案

按照工作部署，公安部将组织对各省、自治区、直辖市2010年度构筑社会消防安全“防火墙”工程工作情况进行检查考评，具体方案如下：

一、检查考评内容

对照《公安部关于印发＜构筑社会消防安全“防火墙”工程工作方案＞的通知》（公通字［2010］16号）要求和全国构筑社会消防安全“防火墙”工程现场会提出的目标任务，全面检查考评2010年度各地构筑社会消防安全“防火墙”工程组织部署情况、政府部门消防工作“四项责任”落实情况、社会单位消防安全“四个能力”建设情况、夯实农村社区火灾防控“四项基础”工作情况和提高公安机关消防监督管理“四个水平”工作情况。

二、检查考评方法

采取自查验收、申报考评的方式，由各省、自治区、直辖市公安厅、局按照检查考评内容及评分标准（见附件1、附件2、附件3）先组织检查考评，全面考评合格后再向公安部申报，公安部对申报省份再派工作组进行考评。公安部检查考评主要采取听取各地组织检查考评情况汇报、查看台账、随机抽取、实地检查的方式进行。每个省（自治区）随机抽查2个市（地、州、盟），每个市（地、州、盟）除检查市级工作情况外，随机抽查1个县（市、区、旗）；每个直辖市随机抽查4个区（县）。

（一）对政府及有关部门的检查考评，每个省（自治区、直辖市）只听取省级政府工作情况汇报，被抽查的市级和县级政府提供书面汇报材料及有关文件资料；

（二）对社会单位的检查考评，除查看有关文件资料外，还要实地到单位进行核查。每个省（自治区、直辖市）抽查属于人员密集场所的消防安全重点单位8家，其中宾馆饭店类2家、商场市场类2家、公共娱乐场所类2家、学校幼儿园类2家；抽查属于人员密集场所的一般单位2家。具体抽查比例根据所检查市、县情况随机确定。

（三）对农村社区的检查考评，根据所检查市、县情况分别随机抽查1个乡镇政府、1个街道办事处、1个村庄和1个社区。

（四）对公安机关及消防部门的检查考评，实地检查被抽查市、县公安消防部门建筑消防设施消防安全专项治理、火灾隐患排查整治专项行动、执法示范单位创建、执法岗位技能竞赛和消防监督执法规范化建设等工作开展情况，实地抽查2个公安派出所日常消防监督检查工作开展情况。

三、成绩评定

检查考评实行打分制，满分为600分。省（自治区、直辖市）、市（地、州、盟）、县（市、区、旗）构筑社会消防安全“防火墙”工程总体工作情况分值为100分，80分为合格（具体检查考评评分标准见附件1）；属于人员密集场所的消防安全重点单位和一般单位的消防安全“四个能力”建设达标情况，每个单位分值为50分，40分为合格（具体检查考评评分标准见附件2、附件3）。抽查的8家属于人员密集场所的消防安全重点单位中有2家不合格，将判定该省（自治区、直辖市）社会单位“四个能力”建设工作为不合格。

四、工作要求

（一）各地要高度重视、正确对待检查考评，认真做好各项准备工作，按要求如实提供文件、档案、案卷及相关资料，坚决杜绝弄虚作假行为，一旦发现将取消单位成绩并全国通报批评。

（二）各地要指导督促社会单位对照消防安全“四个能力”建设标准进行达标自评，自评合格后向当地公安消防部门或公安派出所申报验收。

（三）各省（自治区、直辖市）公安厅（局）向公安部申报检查考评的截止时间为2010年12月10日，申请报告应附本省（自治区、直辖市）构筑社会消防安全“防火墙”工程检查考评台账及属于人员密集场所的消防安全重点单位名单，并通过中国消防信息网数据传输上传至公安部消防局防火监督处。

附件：1. 构筑社会消防安全“防火墙”工程总体工作情况检查考评内容及评分标准

2. 属于人员密集场所的消防安全重点单位“四个能力”建设检查考评内容及评分标准

3. 属于人员密集场所的一般单位“四个能力”建设检查考评内容及评分标准

附件1

构筑社会消防安全“防火墙”工程总体工作情况检查考评内容及评分标准

检查考评项目	检查考评内容	检查考评标准	检查考评方法
组织部署情况（10分）	1. 省、市、县三级制定出台构筑社会消防安全“防火墙”工程具体指导意见或实施方案（4分）。	①发现一级未制定出台指导意见或实施方案的扣1分；②未以政府名义制定出台的扣0.5分。	查阅有关文件
	2. 省、市、县三级召开会议对构筑社会消防安全“防火墙”工程进行专题部署（4分）。	①发现一级未召开会议的扣1分；②未提请以政府名义召开会议的扣0.5分。	查阅有关文件、会议记录
	3. 省、市、县三级对构筑社会消防安全“防火墙”工程三年工作任务进行了分解，并逐级签订责任书（2分）。	①发现一级未进行任务分解的扣0.5；②未签订责任书的扣0.5分。	查阅有关档案、资料
政府部门消防工作“四项责任”落实情况（25分）	4. 省、市、县三级政府将消防工作纳入政府任期工作目标，年初对本地区消防工作进行部署（5分）。	发现一级未对年度消防工作进行部署的扣1分。	查阅有关文件、资料
	5. 建立政府分管领导牵头、有关部门领导参加的消防安全委员会或消防工作联席会议制度，定期研究解决消防工作重大问题（5分）。	①发现一级未建立的扣1分；②未定期召开会议的扣1分。	查阅有关文件、会议记录及档案资料

续表

检查考评项目	检查考评内容	检查考评标准	检查考评方法
	6. 对本省（自治区、直辖市）影响公共安全的重大火灾隐患实施挂牌督办并如期销案（5分）。	①年内未实施挂牌督办的不得分；②实施挂牌督办未如期销案的，每发现1处扣0.5分，扣完为止。	查阅有关文件及档案资料、法律文书
	7. 是否在重大节假日期间以及火灾多发季节，组织开展消防安全检查、消防知识宣传提示和教育培训（5分）。	发现一级未部署开展消防安全检查和消防宣传教育培训的，扣1分。	查阅有关文件、资料
	8. 省、市、县三级党委、政府将消防工作纳入社会治安综合治理检查考评内容，每年逐级签订消防工作目标责任书，定期组织考评验收（5分）。	①发现一级未纳入社会治安综合治理考评内容的扣1分；②未签订目标责任书的扣1分；③未组织考评验收的扣1分。	检查工作记录及相关文件
	9. 编制“十二五”消防发展规划，修订地方性消防法规（加分项）。	①已编制完成“十二五”消防发展规划的加1分；②已修订完成地方性消防法规的加1分。	查阅有关文件
社会单位消防安全“四个能力”建设情况（25分）	10. 省级结合本地实际，制定出台社会单位消防安全“四个能力”建设标准（6分）。	未制定出台建设标准的扣6分。	查阅标准文本
	11. 省、市、县三级分行业、分类型培育消防安全“四个能力”建设进典型示范单位并在8月30日前召开现场会予以推进（6分）。	①发现一级未培育典型的扣2分；②未召开现场会推进的扣1分。	查阅档案、资料
	12. 市级、县级公安消防部门组织对单位消防安全管理人和专兼职消防管理人员进行专门培训（6分）。	发现一级未组织专门培训的扣3分。	查阅培训档案、资料
	13. 市级、县级公安消防部门和公安派出所按权限组织对辖区社会单位消防安全“四个能力”建设情况进行达标验收（7分）。	发现一级未组织达标验收的扣2分。	查阅档案、资料
夯实农村社区火灾防控“四个基础”（15分）	14. 乡镇政府、街道办事处成立消防安全领导组织机构，明确消防工作职责。村民委员会、居民委员会确定消防安全管理人，组织开展群众性消防工作（4分）。	①抽查的乡镇、街道办事处未成立消防安全领导组织，明确消防工作职责的扣2分，成立消防工作专门机构的加1分；②抽查的村庄、社区未确定消防安全管理人的扣2分。	查看文件档案

续表

检查考评项目	检查考评内容	检查考评标准	检查考评方法
	15. 城市社区完善公共消防设施建设并加强维护保养，设置公共消防器材配置点，配足配齐灭火器材。农村公共消防设施建设要纳入新农村建设总体规划，与农村公共基础设施同步建设、同步发展（5分）。	①抽查的社区未设置公共消防器材配置点的扣1分；②抽查的村庄公共消防设施未纳入新农村建设总体规划，与农村公共基础设施同步建设的，扣1分。	实地检查、查看文件资料
	16. 村庄、社区实行消防安全多户联防和区域联防制度（3分）。	抽查的村庄、社区未建立联防制度的扣1分。	查看文件档案
	17. 乡镇政府依法建立专职、志愿消防队（3分）。	抽查的乡镇未建立的扣1分。	实地检查
提高公安机关消防监督管理“四个水平”工作情况（25分）	18. 省级公安厅、局明确消防、治安、警务督察及公安派出所“多警联勤”的消防执法机制（2分）。	未明确“多警联勤”的消防执法机制的扣2分。	查看相关文件
	19. 省级、市级、县级部署开展建筑消防设施专项治理和火灾隐患排查整治专项行动（10分）。	①发现一级未制定下发方案的，扣2分；②未建立排查台账的，扣2分；③实地检查社会单位时核查建筑消防设施专项治理和火灾隐患排查整治专项行动工作成效，发现存在建筑消防设施损坏、故障或重大火灾隐患的，发现一家扣1分，扣完为止。	查看相关文件 实地核查单位
	20. 省级、市级、县级公安消防部门部署开展消防监督执法示范单位创建和执法岗位技能竞赛活动（5分）。	①发现一级未制定下发方案的扣1分。②全国消防监督执法示范单位有本省区市所属消防支队、大队的加1分。③全国消防监督执法岗位技能竞赛，成绩排在前五名的加1分。	查看相关文件
	21. 省级、市级、县级公安消防部门安装应用新版消防监督管理系统，按照规范执法信息网上录入、执法流程网上运行、执法活动网上监督、执法质量网上考核的要求，开展网上执法（5分）。	①未按照要求应用消防监督管理系统的，发现一级扣2分；②未开展网上执法的，发现一级扣2分。	查看系统应用记录

续表

检查考评项目	检查考评内容	检查考评标准	检查考评方法
	22. 省级公安厅、局制定修订公安派出所消防监督管理规定，明确公安派出所消防监督工作职责。公安派出所按规定开展日常消防监督检查工作（3分）。	①省级公安厅、局未制定修订规定明确公安派出所消防监督职责的扣1分；②抽查的公安派出所未按规定开展日常消防监督检查的，发现1个扣1分。	查看相关文件 实地检查公安派出所
	23. 了解各地在社会消防安全管理创新有哪些好的经验做法（加分项）。	本地区社会管理创新的经验得到公安部及部消防局充分肯定并组织推广的，加2分。	

附件2

属于人员密集场所的消防安全重点单位“四个能力”建设检查考评内容及评分标准

检查考评项目	检查考评内容	检查考评标准	检查考评方法
检查消除火灾隐患的能力（15分）	1. 确定消防安全管理人负责本单位的消防安全管理，明确单位员工岗位消防责任（2分）。	①未确定消防安全管理人的扣1分；②未明确单位员工岗位消防责任，每发现1人扣0.5分，扣完为止。	现场核查消防安全管理人并提问；每个岗位抽查1名员工并提问
	2. 单位每月进行一次全面防火检查，并填写检查记录（4分）。	①未每月开展防火检查的扣2分；②检查记录不符合要求的扣2分。	查阅防火检查记录
	3. 单位每日进行防火巡查，并确定巡查的人员、内容、部位和频次；公众聚集场所在营业期间应当至少每二小时进行一次防火巡查；医院、养老院、寄宿制的学校、托儿所、幼儿园应当开展夜间防火巡查（4分）。	①未按要求开展防火巡查的扣2分，②巡查记录不符合要求的扣2分。	查阅防火巡查记录
	4. 单位员工每天班前、班后检查本岗位消防安全（1分）。	单位员工未在班前、班后进行检查的，每发现1人扣0.5分，扣完为止。	结合岗位员工抽查现场提问

续表

检查考评项目	检查考评内容	检查考评标准	检查考评方法
	5. 单位防火检查、巡查发现的火灾隐患，检查巡查人员立即督促整改，当场整改不了的，要报告消防安全管理人，制定整改计划，明确整改措施、整改时限，限期消除，并采取防范措施，确保整改期间的安全（4分）。	①单位检查巡查发现的火灾隐患未整改或未制定整改计划的，每处扣0.5分；②现场检查发现存在火灾隐患，每发现一处扣2分。扣完为止。	查阅防火检查巡查记录及火灾隐患整改报告或通知；实地检查
组织扑救初起火灾的能力（15分）	6. 依法应当建立专职消防队的企事业单位要建立专职消防队；有保安队的单位建立“保消合一”消防队；其他单位建立志愿消防队（4分）。	①应建而未建专职消防队的扣2分；②未建志愿消防队的扣2分。	现场检查专职志愿消防队
	7. 消防控制室值班人员经过培训持证上岗，熟悉消防设备，并熟练掌握火警处置及启动消防设施设备的程序和方法（4分）。	①消防控制室值班人员未取得上岗证书的，每少一人扣1分；②不会操作消防系统设备，不掌握基本应急处置技能的，每1人扣1分。扣完为止。	现场全数提问消防控制室值班人员
	8. 根据本单位实际制定灭火和应急疏散预案，明确灭火和应急疏散的组织机构、人员、处置程序和措施；单位至少每半年组织开展一次灭火和应急疏散演练，并根据演练情况不断修改完善预案（4分）。	①未制定预案的扣2分；②制定的预案未明确第一、第二灭火力量的，扣1分；③未定期进行灭火和应急疏散演练的，每少一次扣0．5分。	查阅档案、资料
	9. 单位员工应当掌握灭火器、消火栓等消防设施、器材的使用方法。一旦发生火情，起火现场岗位人员和邻近岗位人员能迅速利用灭火器材灭火（3分）。	员工不掌握消防设施器材使用方法，不会扑救初起火灾的，每1人扣0.5分。	现场组织演练，提问单位员工
组织人员疏散逃生的能力（5分）	10. 员工要掌握火场逃生自救基本技能，熟悉逃生路线和引导人员疏散程序（2分）。	员工不掌握逃生自救疏散技能的，每1人扣0.5分。	现场提问单位员工
	11. 单位建筑物的每个楼层、疏散通道、安全出口要明确疏散引导人员（3分）。	未明确疏散引导人员的，每个部位扣0.5分。	查看档案、资料现场提问单位员工

续表

检查考评项目	检查考评内容	检查考评标准	检查考评方法
消防宣传教育培训的能力（15分）	12. 消防设施器材要设置规范、醒目的标识，用文字或图例标明操作使用方法（5分）。	未按要求设置的，每发现一处扣0.5分。	现场检查消防控制室、消防水泵房、室内外消火栓、水泵结合器；抽查3个灭火器配置点
	13. 重点部位、重要场所和疏散通道、安全出口要设置“提示”、“禁止”类消防标识（5分）。	未按要求设置的，每发现一处扣0.5分。	现场抽查
	14. 单位每年组织员工进行一次消防安全教育培训，公众聚集场所每半年进行一次培训。新上岗和进入新岗位的员工要进行岗前消防培训，员工普遍达到“三懂三会”要求（5分）。	①每年未按要求开展消防教育培训的，每少一次扣2分；②新上岗和进入新岗位的员工未进行岗前消防培训，每发现1人扣0.5分；③员工达不到“三懂三会”要求的，每发现1人扣0.5分。	查阅档案、资料 现场提问单位员工

附件3

属于人员密集场所的一般单位“四个能力”建设检查考评内容及评分标准

检查考评项目	检查考评内容	检查考评标准	检查考评方法
懂本场所火灾危险性（20分）	1. 单位或场所的法定代表人或主要负责人及员工明确消防安全职责，掌握本场所火灾危险性（5分）。	①未明确消防安全职责的扣2分；②根据现场提问情况，员工不掌握场所火灾危险性的，每发现1人扣1分。扣完为止。	员工在5人以上的，抽查5人；员工不足5人的，全数提问
	2. 单位员工每日班前班后检查消防安全；公众聚集场所营业期间定时进行防火巡查（10分）。	①未开展检查巡查的扣3分；②检查巡查发现火灾隐患未整改的扣2分；③实地检查存在火灾隐患的扣3分。	查看档案资料 实地检查

续表

检查考评项目	检查考评内容	检查考评标准	检查考评方法
	3. 单位或场所根据自身特点，在疏散通道、安全出口、消火栓、灭火器材等设置提示性和警示性标语标识（5分）。	未按要求设置的，每发现一处扣1分。	现场检查
会报警（10分）	4. 员工熟练掌握向公安消防队报告火警的基本方法、内容和要求（10分）。	员工不能熟练掌握的，每发现1人扣1分。	员工在5人以上的，抽查5人；员工不足5人的，全数提问
会灭火（10分）	5. 员工掌握消火栓、灭火器等消防设施器材使用方法，掌握初起火灾扑救方法（10分）。	员工不能熟练掌握的，每发现1人扣1分。	员工在5人以上的，抽查5人；员工不足5人的，全数提问
会逃生（10分）	6. 营业期间保持疏散通道、安全出口畅通（5分）。	疏散通道、安全出口不畅的，每发现1处扣2分。	现场检查
	7. 员工掌握火场逃生自救基本技能，熟悉逃生路线和引导人员疏散程序（5分）。	员工不掌握逃生自救疏散技能的，每发现1人扣2分。	员工在5人以上的，抽查5人；员工不足5人的，全数提问

关于命名2010年度
全国消防安全教育示范学校的决定

（公消〔2010〕359号）

各省、自治区、直辖市公安厅、局，教育厅（委），新疆生产建设兵团公安局、教育局：

2010年，在各级党委、政府的领导下，全国广大中小学校按照《关于开展“消防安全教育示范学校”创建活动的通知》（公消〔2010〕159号）要求，以“学习消防知识、共创平安校园”为主题，以全面提升学校消防安全管理水平和消防安全教育能力为重点，积极引导、激励师生员工自觉学习消防安全知识，掌握必备的消防常识和逃生自救技能，最大限度地预防火灾事故发生，维护校园消防安全环境，为构筑社会消防安全“防火墙”工程作出了突出贡献，并涌现出了一大批示范学校。按照《关于开展“消防安全教育示范学校”创建活动实施方案》要求，经各省（自治区、直辖市）公安消防、教育部门联合考评，公安部消防局、教育部基础教育一司审核，公安部办公厅、教育部办公厅决定，命名北京市顺义区杨镇第一中学等100所学校为2010年度“全国消防安全教育示范学校”，授予安徽省公安消防总队等10个单位为“全国消防安全教育示范学校”创建活动先进单位。

希望获得命名的示范学校珍惜荣誉，再接再厉，充分发挥示范表率作用。全国各中小学校要树立争先创优意识，认真学习“全国消防安全教育示范学校”成功经验，防患未然，警钟长鸣，建立和完善学校消防安全管理和消防安全教育长效机制，为进一步提高中小学校消防安全教育水平和广大师生消防安全素质做出新的成绩。

附件：1. 2010年度“全国消防安全教育示范学校”名单。
　　　2. 2010年度“全国消防安全教育示范学校”创建活动先进单位。

公安部办公厅　教育部办公厅
二○一○年十一月二十四日

附件1

2010年度“全国消防安全教育示范学校”名单

北京市：

顺义区杨镇第一中学

朝阳区垡头第二小学

北京市京源学校

房山区良乡第二小学

天津市：

河东区实验小学

北辰区普育学校

西青区杨柳青第一中学

滨海新区大港第二小学

河北省：

邢台市蓝天双语小学

张家口市宣化区阁西街小学

沧州市第二中学

山西省：

阳城县第一中学

盂县第一中学

临县第一中学

内蒙古自治区：

乌兰察布市商都高级中学

鄂尔多斯市达拉特旗第一中学

呼伦贝尔市海拉尔区光明学校

辽宁省：

锦州市实验学校

葫芦岛市第二实验小学

盘锦市兴隆台区第二小学

吉林省：

辽源市东辽县实验小学

长春市第一实验小学

松原市宁江区实验小学

黑龙江省：

齐齐哈尔市第一中学

哈尔滨市南岗区铁岭小学

绥化市北林区英俊小学

上海市：

浦东新区三桥小学

长宁区延安中学

上海市园南中学

闵行区纪王学校

江苏省：

徐州市求是小学

昆山市朝阳小学

南通市唐闸小学

浙江省：

杭州市江南实验学校

余姚市实验小学

上海外国语大学附属浙江宏达学校

安徽省：

蚌埠市第一实验小学

安庆市健康路小学

利辛县第一中学

福建省：

泉州市培元中学

厦门市第六中学

宁德市古田县第二小学

江西省：

萍乡市安源区城北小学

樟树市第八小学

上饶市第十二小学

山东省：

济南市经七路第一小学

东营市东营区第一中学

青岛市嘉峪关学校

河南省：

郑州市第四十七中学

南阳市第二十一小学

平顶山市五条路小学

湖北省：

武汉市汉阳区钟家村小学

仙桃市第二实验小学

襄樊市第五中学

湖南省：

长沙市特殊教育学校

岳阳市东方红小学

娄底市第三中学

广东省：

仲元中学

湛江市第二中学
中山市沙溪镇龙瑞小学
广西壮族自治区：
广西师范大学附属中学
来宾市第二中学
河池市金城区第五小学
海南省：
海南中学
海口市寰岛小学
三亚市第九小学
重庆市：
綦江县陵园小学
梁平县力帆光彩小学
大学城第一中学
北碚区朝阳小学
四川省：
成都市棕北中学西区实验学校
乐山市第一中学
锦竹市南轩中学
阆中市白塔小学
贵州省：
贵阳市英语实验学校
贵阳市金阳新区第一小学
遵义市航天中学
云南省：
昭通市实验中学
昆明市高新技术产业开发区第一小学
富源县胜境中学
西藏自治区：
拉萨市林周县中学
山南地区第一小学
陕西省：
西安市第一中学
汉中市中山街小学

宝鸡市长岭子校

甘肃省：

兰州炼油化工总厂中小学总校第二小学

西北师范大学附属中学

夏河县拉卜愣小学

青海省：

海东地区乐都县职业技术学校

格尔木市第六中学

同仁县第三完全小学

宁夏回族自治区：

贺兰县逸挥基金回民中学

石嘴山市平罗县回民高级中学

固原市原州区第十小学

新疆维吾尔自治区：

乌鲁木齐市第六十七中学

克拉玛依市高级中学

库尔勒市第一小学

新疆生产建设兵团：

农十三师黄田农场学校

农四师六十八团学校

农二师三十四团中学

附件 2

“全国消防安全教育示范学校”创建活动先进单位

安徽省公安消防总队

山东省公安消防总队

湖北省公安消防总队

四川省公安消防总队

陕西省公安消防总队

天津市教育委员会
辽宁省教育厅
江西省教育厅
四川省教育厅
新疆生产建设兵团教育局

第六篇

较大、重大和特别重大火灾案例

第一章　重大火灾案例

重庆市北部新区石桥铺赛博数码广场裙楼火灾

4月24日0时，重庆市北部新区石桥铺赛博数码广场裙楼发生火灾，烧毁电脑、手机、数码设备及配件、耗材等电子产品，过火面积约1.5万平方米，直接财产损失9800万元。起火原因为焊割作业时掉落的高温焊渣引燃二层平台上的可燃物。

一、起火单位基本情况

重庆市北部新区石桥铺赛博数码广场大楼位于石杨路9号，从业人员3200人。大楼为框架结构，属一级耐火建筑，地上41层（含裙楼7层）、地下3层的高层建筑，建筑高度144.5米，标准层建筑面积4420平方米，总建筑面积6.9万平方米。其中，地下三层为设备层；地下二层局部为汽车库，其余部分和地下一层为采友超市、石桥百货及重庆赛博迈特数码广场有限责任公司石桥铺分公司经营的手机等数码产品市场；地上一至三层为重庆赛戴尔科技有限责任公司经营的电脑等数码产品市场；四至六层为重庆硕展商场管理有限责任公司经营的电脑、照相机等数码产品市场；七层为华硕电脑西南分公司办公室和金康宾馆；八至四十一层为公寓式办公塔楼。南面毗邻北腾数码广场，西侧毗邻石杨路，北侧毗邻渝州路。

该建筑设有室内消火栓系统及火灾自动报警系统1套、自动喷水灭火系统2套、1301气体灭火系统1套、防排烟联动控制系统3套、消防电梯联动控制系统1套、消防水泵联动控制系统1套，并设有消防广播、消防通讯、应急照明、疏散指示标志等消防设施和灭火器等消防器材。同时，设有消防电梯1部、疏散楼梯4个、避难层2层，消防控制室位于地下二层，消防水泵位于地下三层，屋顶水箱容量30立方米，室内可共二次供水的水池1个（容量50立方米），室外消防水池1个（容量200立方米）。整个建筑有环行消防车道，周边有市政消火栓11个、邻近单位室外消火栓21个。过火层共分成14个防火分区，最大防火分区面积2412平方米。没有参投消防险。地下三层、地下二层、地下一层局部、地上四至七层由重庆驰航物业管理有限公司负责物业管理，并委托重庆九龙坡工业设备安装有限公司对其消防设施进行维护保养；地下一层局部、地上一至三层由重庆广博物业管理有限公司负责物业管理，并委托重庆恒丰建筑消防设施维保有限公司对其消防设施进行维护保养；八至四十一层由重庆宿点物业管理有限公司负责物业管理，并委托重庆林兴消防设计安装工程有限公司对其消防设施进行维护保养。

二、消防监督管理情况

经查，该大楼施工图消防设计于1999年2月经重庆市公安消防总队审核合格，裙楼于2000年至2004年期间土建及装修工程陆续完工并经消防验收合格投入使用，属高新区消防支队列管的消防安全重点单位。

2009年至今，高新区消防支队共对赛博数码广场大楼开展了4次消防监督检查。2009年4月8日，监督检查发现“第二层局部装修未经消防审核擅自施工”，发出《责令限期改正通知书》，复查合格。2010年2月8日，监督检查发现“未确定消防安全重点单位消防安全管理人及二层部分灭火器压力不足”，发出《责令改正通知书》，复查合格；2月22日，对位于赛博数码广场二十九层的重庆锐英商务酒店进行监督检查，未发现火灾隐患；2月23日，对位于赛博数码广场一层的重庆德克士食品开发有限公司石桥铺赛博店进行监督检查，发现该场所“使用不合格消防产品，电器产品用具的安装使用及其线路、管路的设计、敷设、维护保养、检测不符合消防技术标准和管理规定，不履行《消防法》第十六条规定的消防安全职责”等问题，责令限期改正，复查合格。

三、火灾扑救情况

4月24日0时26分，辖区中队高新区第一消防中队首先到场；0时45分第一批增援力量28辆消防车及总队灭火救援全勤指挥部到场；1时0分，46辆消防车陆续到场；3时30分，成功控制火势；4时40分，大火被基本扑灭；5时至7时，组织力量消灭余火；7时至11时，由上至下清理残火部位。整个战斗过程分为四个阶段。

（一）内攻外防、重点截击、全力营救疏散遇险群众。辖区消防中队到场后发现，起火部位为赛博数码广场裙楼西侧二层大型户外广告牌内部，火势迅速蔓延扩大并突破建筑外墙蔓延至三层，基本形成立体燃烧。辖区中队迅速布置水枪阵地控制火势向上层蔓延，派出侦查小组到消防控制室了解火灾蔓延和人员被困情况，组织2个搜救组进入建筑内部营救疏散遇险群众，并组织2支水枪从内部左侧楼梯进入室内对向右侧蔓延的火势进行堵截。凌晨1时左右，火势已纵向蔓延至六层，并突破中庭，翻卷的火舌高达数十米，并威胁毗邻的泰兴电脑城。指挥部决定：提请政府启动重庆市重特大灾害应急救援处置预案；调集公安、武警、交通、医疗、水电气等相关部门到场增援，扩大警戒范围；继续组织救援小组搜寻和营救遇险群众；立即通知自来水公司对火灾现场区域管网实施增压；在建筑东侧设置水枪阵地，遏制火势向东面泰兴电脑城蔓延。用3辆云梯消防车，在燃烧最为猛烈的裙楼北侧临街方向，从上至下打击火势。

（二）逐层设防、强行内攻、排烟降毒，为实施全面歼灭奠定基础。市政府常务副市长马正其，市政协副主席、北部新区管委会主任吴家农、市政府副秘书长艾扬、市公安局局长王立军等领导到场后，立即通知卫生、交通、气象、环保、水电气等相关部门到达现场，并迅速调集公安民警、武警700余人到场维持现场秩序，协助疏散群众，同时成立由艾扬副秘书长任总指挥的现场指挥部。2时0分，裙楼一至六层已全部过火，水平方向蔓延极快，严重威胁相连泰兴电脑城的安全，建筑外墙广告牌和玻璃幕墙受高温炙烤大面积脱落。指挥部决定由消防部队负责灭火和抢救人员，武警、公安再次扩大警戒范围，严格现场监控，相关部门积极做好救援保障工作。根据现场情况，消防指挥部决定组成7个内攻小组，利用建筑东西侧楼梯间、地下车库进入建筑内部，阻断火势向东面泰兴电脑城蔓延。同时，逐步清除建筑玻璃幕墙，采用水枪驱散和自然排烟方法，进行排烟降温。搜救小组采用轮次方式，再次深入建筑内部搜寻遇险群众。期间，4辆云梯消防车，从建筑东、南、北三个方向与已布置的水枪阵地上下合击控制火势。3时30分，火势横向和纵向蔓延得到成功控制，排烟降温效果明显，为部队内外合围歼灭火势奠定了坚实基础。

（三）四面合围、重点突破、逐片消灭。3时40分，指挥部命令6辆云梯消防车继续从建筑南北两面同时打压火势，其余车辆和人员全部转为内部突破攻坚。将现场力量划分为5个作战单元，设置10处水枪阵地，保持15支水枪，开展全面内攻，逐片灭火。同时，在每个内攻单元设置观察哨，明确撤退信号，防止建筑局部垮塌，确保参战人员安全。4时40分，火场主要火点被成功消灭。

（四）整合力量、清理余火，再次搜寻，有效防止复燃。5时30分，指挥部再次对参战力量进行调整，对作战人员和装备进行全面清理，并进行系统的油料补给和气瓶更换。担任内攻合围的5个作战单元，按照任务和区域划分，再次深入火场进行余火清理，并开展第5轮人员搜救，确保不留死角。7时整，最后一名遇险人员获救，火场救援任务圆满完成。

四、火灾损失

该起火灾过火面积约1.5万平方米，受灾518户，全部停业。主要烧毁电脑、手机、数码设备及配件、耗材等电子产品，直接财产损失9800万元。无人员伤亡。

五、起火原因

经调查，起火原因为重庆方舟广告有限公司气焊操作人员胡某、陈某在切割建筑西面北端外墙的广告牌时，违章焊割作业，掉落的高温焊渣引燃二层平台上的可燃物成灾，造成裙楼一至六层过火。

六、主要教训

（一）报警晚，初起火灾扑救不力。

火灾发生时，现场施工人员未立即报警，只使用灭火器进行扑救，但扑救无效；消防控制室值班人员利用较长时间核实警情后方报警；值班保安发现火灾后，曾试图使用室内消火栓扑救，但消火栓无水；大楼消防水泵房操作人员擅离岗位，未及时启动消火栓泵和喷淋泵。

（二）对明火作业缺乏严格监管。高新区市政管理监察支队虽明确要求方舟广告公司不得安排未经培训考核的无证人员从事特殊工种作业，但未对施工安全进行有效监管，导致无证人员违章动火作业，从而引发火灾事故。

（三）经营单位消防安全主体责任落实不到位。赛戴尔公司和硕展公司未组织每月定期的防火检查，组织的防火巡查也仅限于查看消防设施在位情况及外观是否完好。两公司均未认真履行确保消防设施完好有效的法定消防安全职责，对消防设施的维护保养情况和是否完好有效以委托为由不闻不问。

（四）物业管理单位履行消防安全职责不到位。驰航物业公司作为裙楼及地下部分的主要物管单位，未认真组织对消防设施进行定期检测，导致室内消火栓及喷淋系统无水。该公司的消防控制室值班人员对报警主机操作不熟练，火灾发生时启动联动设备未成功，导致防火卷帘未降落。

（五）维保单位履行合同约定责任不到位。负责赛博数码广场裙楼部分消防设施维护保养的两家维保单位均未认真履行合同约定责任，多数情况下维保人员仅简单检查一下应急照明和手报按钮，测试一下感烟探测器和消防广播等，未按《建筑消防设施检测技术规则》（GA503－2004）进行系统联动功能测试，没有发现系统存在的问题。

（六）室内消火栓及自动喷水灭火系统无水。裙楼初期水源使用市政常高压供水，火灾发生前，由于市政给水进入室内消火栓管网的阀门和消火栓泵减压阀出口的阀门被关闭，导致火灾发生时室内消火栓管网无水。市政供水在喷淋系统湿式报警阀前接入了室外消火栓泵，因室外消火栓泵止回阀损坏，致使市政给水进入了消防水池而溢流进地沟，导致管网泄压，无法满足喷淋管网初期供水压力。同时，操作人员一直没有启动喷淋泵，造成火灾时喷淋系统无水。

（七）户外障碍物严重影响火灾扑救。赛博数码广场大楼裙楼窗外设置大量固定式较为坚固的广告牌，将开窗部分完全遮挡，且设置位置高，难以破拆，严重影响了外攻灭火。

七、火灾责任及处理情况

火灾发生后，公安机关对李某（方舟广告公司法定代表人）、胡某、陈某等六人实施了刑事拘留，并冻结方舟广告公司资金58.6万元。经查，动火施工前，方舟广告公司未建立动火消防安全制度，单位内部未办理动火审批手续，气焊操作人员胡某、陈某均无证上岗，其行为严重违反了消防法律法规的有关规定。其中，李某等5人已被批捕。

新疆维吾尔自治区乌鲁木齐市河北东路居民自建房火灾

7月19日，新疆维吾尔自治区乌鲁木齐市河北东路仁居三巷187号居民自建房因儿童玩火引发重大火灾，造成12人死亡、17人受伤，过火面积540平方米，直接财产损失15.5万元。

一、起火建筑基本情况

起火建筑位于乌鲁木齐市河北路仁居三巷187号，地上2层、地下1层，砖混结构建筑，高7.3米，南北长15.8米，东西宽11.4米，每层建筑面积180.12平方米，总建筑面积540.36平方米。该建筑坐东朝西，东、南两侧为空地，北侧与砖混结构的地上三层居民自建房之间贴建有一间砖混结构平房，西侧为河北路仁居三巷。建筑西侧中部设置敞开式疏散楼梯间一部，底部设一个直通室外的出口，顶部设有一个通向屋面的气窗。每层正对楼梯间设有东西向的袋形走道，走道南北两侧各设3个房间（北侧由西向东编为1、2、3号，南侧由西向东编为4、5、6号），共计18间。地下室和地上一层在走道的东侧尽端设有隔间，隔断为木质材料。一层房间窗户均设置铁栅栏，楼梯间、内走道和房间的墙面及吊顶全部采用木龙骨—红榉板装饰。

二、起火经过及扑救情况

7月19日14时许，该建筑内居住的民工午饭后大多在房间休息，民工龙某甲的儿子龙某乙在一层4号房内洗衣服，突然闻到烟味，出门发现地下室楼梯间缝隙处有烟火冒出，即跑出楼外喊人；该建筑西面商店的店主李某在店里忽然发现民工杨某甲之子杨某乙身上带着烧伤从楼内跑出，经询问得知楼内起火，于是就用商店公用电话向119报警。

7月19日14时28分，乌鲁木齐市消防指挥中心接到报警，立即调派3个消防中队的13辆消防车、65名消防官兵赶赴现场进行扑救，14时36分，辖区消防三中队的5辆消防车、25名消防官兵到达现场，此时建筑内火势呈立体燃烧，浓烟和火焰从建筑所有窗口向外翻卷，建筑唯一的安全出口已被烟火封堵。参战官兵立即组成2个搜救小组和2个灭火攻坚组，佩戴空气呼吸器，在两支水枪的掩护下，深入建筑内部，逐个房间、逐个角落搜寻被困人员。同时，分别在建筑东侧、北侧、南侧出4支水枪压制火势。消防官兵先后搜救出12名遇难人员遗体，转移出7具液化气钢瓶。增援中队到场后，按照支队全勤指挥部的部署，出1支水枪协助三中队消灭建筑内残火并封控现场，14时55分火灾被彻底扑灭。

三、火灾伤亡及损失情况

该起火灾共造成12人死亡（其中男性7人，女性5人，死亡原因均为窒息死亡），17人受伤（其中男性15人，女性2人，受伤原因，6人为烧伤，11人为摔伤），直接财产损失15.5万元。

四、起火原因

火灾发生后，自治区人民政府于7月20日成立火灾调查领导小组，自治区党委常委、副主席库热西·买合苏提任组长，自治区安监、公安、消防等部门及乌鲁木齐市政府有关领导为成员。公安部消防局派出工作组指导火灾事故调查工作。经调查勘验，查明火灾事故原因系儿童玩火所致。

五、主要教训

（一）建筑楼梯间内堆放可燃杂物，起火后在楼梯间“烟囱”效应作用下，火势迅速蔓延，导致楼梯间被烟火封堵，楼内人员无法由此安全逃生。

（二）建筑内部大量使用可燃材料装修。该建筑的楼梯间、走道和房间的墙面、顶棚均采用可燃木质材料装修，导致火势沿楼梯间、走道迅速蔓延。

（三）建筑部分窗户安装铁栅栏影响安全疏散，在疏散通道被烟火封堵的情况下，人员不能及时通过窗户逃生，导致重大人员伤亡。

六、火灾责任及处理情况

火灾责任人龙某，由于其未满刑事责任年龄，由新市区公安分局批准免于立案追究刑事责任，建议家长给予教育。

龙某父母均为外来打工人员，家庭经济条件差，无法对火灾财产损失进行赔偿，未予追究赔偿责任。

辽宁省沈阳市铁西万达广场售楼处火灾

8月28日，辽宁沈阳市铁西万达广场售楼处因楼盘展示沙盘内电气线路接触不良过热引燃可燃物引发火灾，造成12人死亡，10人受伤，过火面积350平方米，直接财产损失9万元。

一、起火单位基本情况

沈阳万达房地产有限公司所属的铁西万达广场售楼处，位于铁西区沈辽东路和兴华南街交界处向西100米处，建筑物共2层，总建筑面积约910平方米，外部南侧为玻璃幕墙。一层建筑面积420平方米，为楼盘展示区和客户接待区，二层建筑面积490平方米，为办公区。

二、消防监督管理情况

（一）消防审核验收情况

2007年3月，沈阳万达房地产有限公司申报沈阳万达广场项目并通过消防设计审核。

2009年7月份，沈阳万达房地产有限公司变更消防设计，重新对62.7万平方米住宅组团的施工图设计予以消防设计备案，未被确定为抽查对象（A、B、C、D、E住宅组团不属于公安部第106号令《建筑工程消防监督管理规定》第13、14条规定的审核、验收范围，属备案范畴）。2009年11月33.3万平方米C、D、E住宅组团竣工后，沈阳万达房地产有限公司在网上进行了验收备案，未被确定为抽查对象。

发生火灾的售楼处为2幢住宅楼之间的两层商业用房，由原7个相邻的独立商业服务网点改建连通而成。该售楼处建筑内部装修工程的消防设计未向消防机构申报消防审核、验收，也未进行消防设计备案。该售楼处的产权单位为沈阳万达房地产有限公司，由沈阳臻工建筑设计咨询有限公司负责设计。

（二）消防监督检查情况

2010年2月，铁西区公安分局对全区内的二级列管单位进行了重新调整，沈阳万达广场铁西售楼处被确定为铁西区公安分局兴华派出所列管范围。

三、起火经过和扑救情况

8月28日14时45分，沈阳市公安消防支队接到报警后，迅速调派铁西、启工2个消防中队的9辆消防车、49名指战员赶赴现场扑救。辖区中队铁西消防中队于15时4分到场，通过外部观察发现，现场一楼起火，火势已经处于猛烈燃烧阶段，二楼从窗口冒出大量浓烟，二楼西侧窗口有人员呼救。铁西中队消防迅速组成4个救人组，3个灭火组，实施灭火救人。15分钟后，火灾基本扑灭。启工消防中队到场后，组成3个救人组，进入二楼内部搜救被困人员。15时25分，火灾被彻底扑灭，共疏散救出被困人员40余名。

四、火灾伤亡及损失情况

该起火灾共造成12人死亡，10人受伤，死伤人员为该售楼处工作人员及看房人员，过火面积350平方米，直接财产损失9万元。

五、起火原因

经组织询问有关人员、勘验火灾现场、收集有关证据材料，综合认定该起火灾系售楼处楼盘展示沙盘内的电气线路接触不良过热，引燃可燃物所致。

六、主要教训

（一）单位擅自变更设计，取消自动消防设施。该建筑原为七个独立的商业服务网点，各有一部楼梯。沈阳万达房地产有限公司在装修阶段没有经过公安消防部门审核、备案，擅自将七个网点打通，形成了近千平方米的商业用房。该商业用房设计了火灾自动报警和自动喷水灭火系统，但未按图纸进行施工，擅自取消了火灾自动报警和自动喷水灭火系统。已有的消防设施也不完善，多个墙壁消火栓没有栓口、水带和水枪，导致火灾发生时消火栓不能发挥作用。

（二）初起火灾处置不当，组织逃生疏散不利。火灾初起时，员工使用灭火器进行处置，但扑救方法不当未能奏效。在扑救力量不足的情况下，盲目打开沙盘侧面维修口，导致新鲜空气涌入发生轰燃，大大缩短了人员逃生时间。火灾发生后，一楼工作人员没有及时通知二楼人员火灾情况，有效组织人员疏散。二楼工作人员及顾客得知火情后，不以为然，不及时逃生；待烟雾蔓延到二楼后，不会选择正确的逃生自救路线，不会逃生自救的方法和程序，造成不应有的人员伤亡。

（三）消防监督检查和宣传培训力度不够。公安消防部门组织的火灾隐患排查整治以人员密集场所、公众聚集场所、公共娱乐场所和石油化工等易造成重大人员伤亡的场所为重点，未将售楼处等临时性建筑作为整治对象。同时，消防监督人员对国家技术标准上未有明确要求的楼盘展示沙盘的火灾危险性估计不足，检查不细、不全。该起火灾还暴露出公众消防安全意识不强、消防安全素质不高，从业人员不能正确扑救初起火灾和组织逃生疏散的问题，表明消防宣传培训工作还需进一步加强。

七、火灾责任及处理情况

王某，男，辽宁省鞍山市人，沈阳万达房地产有限公司设计部经理。王某负责与设计院确定销售中心装修设计方案，其违反《中华人民共和国消防法》和《建设工程消防监督管理规定》（公安部令第106号），指使设计单位降低消防技术标准设计，取消了火灾自动报警和火灾自动喷水灭火系统，使用可燃材料装修，拆除了原有消火栓，未按消防技术标准设计疏散楼梯和玻璃幕墙与楼板缝隙处的防火封堵材料，降低售楼处装修工程消防施工质量，构成火灾隐患，导致火灾发生后，火势和有毒烟气迅速蔓延，造成重大人员伤亡。其行为触犯了《中华人民共和国刑法》第137条，涉嫌工程重大安全事故罪。

康某，男，辽宁省锦州市人，沈阳臻工建筑设计咨询有限公司法定代表人。康某违反《中华人民共和国消防法》和《建设工程消防监督管理规定》（公安部令第106号），在万达销售中心装修改造设计方案中，降低消防技术标准设计，取消了火灾自动报警和火灾自动喷水灭火系统，使用了可燃材料装修，拆除了原有消火栓，未按消防技术标准设计疏散楼梯和玻璃幕墙与楼板缝隙处的防火封堵材料，构成火灾隐患，导致火灾发生后，火势和有毒烟气迅速蔓延，造成重大人员伤亡。其行为触犯了《中华人民共和国刑法》第137条，涉嫌工程重大安全事故罪。

富某，男，辽宁省沈阳市人，沈阳臻工建筑设计咨询有限公司设计师。富某在没有取得设计资质的情况下，违反《中华人民共和国消防法》和《建设工程消防监督管理规定》（公安部令第106号），在对万达公司售楼处的装修改造施工图设计中，降低消防技术标准设计，取消了火灾自动报警和火灾自动喷水灭火系统，使用了可燃材料装修，未按消防技术标准设计疏散楼梯和玻璃幕墙与楼板缝隙处的防火封堵材料，构成火灾隐患，导致火灾发生后，火势和有毒烟气迅速蔓延，造成重大人员伤亡。其行为触犯了《中华人民共和国刑法》第137条，涉嫌工程重大安全事故罪。

苏某，男，河南省郑州市人，沈阳万达房地产有限公司营销副总经理。苏某直接参与装修改造方案设计，并负责销售中心的全面工作，是其消防安全管理工作的直接责任人。苏某违反《中华人民共和国消防法》和《机关团体企业事业单位消防安全管理规定》（公安部令第61号），未落实消防安全责任，未建立消防安全制度，未制定灭火与应急疏散预案，也没有对员工进行消防安全教育培训。营销部消防安全管理也十分混乱，沙盘底部堆放大量可燃物，造成沙盘起火后火势迅速蔓延，加之工作人员不具备扑救初起火灾的能力、也没有人员组织有效的疏散，造成重大人员伤亡的严重后果。其行为触犯了《中华人民共和国刑法》第134条第1款，涉嫌重大责任事故罪。

夏某，男，黑龙江省哈尔滨市人，沈阳万达房地产有限公司工程部经理。夏某负责铁西万达广场销售中心装修工程的施工质量管理，其违反《中华人民共和国消防法》和《建设工程消防监督管理规定》（公安部令第106号），与王某共同研究取消消防设计，指使施工单位按照违法设计的施工图组织施工并验收，导致销售中心存在多处火灾隐患，造成重大人员伤亡的严重后果。其行为触犯了《中华人民共和国刑法》第137条，涉嫌工程重大安全事故罪。

张某，女，辽宁省沈阳市人，沈阳建筑装饰装修有限公司经理。张某作为施工单位的负责人，明知销售中心未按消防技术标准进行消防设计，仍违反《中华人民共和国消防法》和《建设工程消防监督管理规定》（公安部令第106号），组织工程施工，构成火灾隐患，造成重大人员伤亡的严重后果。其行为触犯了《中华人民共和国刑法》第137条，涉嫌工程重大安全事故罪。

周某，男，湖南省宁乡县人，上海赛野实业公司经理助理。周某作为沈阳万达广场铁西销售中心楼盘展示沙盘的设计及组织安装者，未按照国家相关电气设计、敷设标准进行电路设计、电线绞接、敷设等，是火灾发生的直接原因。其行为触犯了《中华人民共和国刑法》第134条第1款，涉嫌重大责任事故罪。

截至本书成稿时，此案仍在办理中。

吉林省吉林市船营区商业大厦火灾

11月5日，吉林省吉林市船营区商业大厦因一层二区斯舒郎精品店仓库电气线路短路引发火灾，造成19人死亡、24人受伤，过火面积15830平方米，直接财产损失1560万元。

一、起火单位基本情况

吉林市商业大厦位于吉林市船营区珲春街与河南街交汇处，1987年经消防审核合格后开工建设，1990年经消防验收合格后投入使用，并于1993年、1995年两次扩建。大厦共有业户64家，其中个体工商户57家，具有法人资质的企业7家，日常管理由吉林市商业大厦负责。大厦东侧为商业区、西侧为东北电影院、南侧为居民楼、北侧为联通大厦。建筑高度23.9米，长121.5米，宽99米，为“L”型建筑，总建筑面积4.2万平方米，共5层，每层分3个经营区，主要经营家电、服装、鞋帽、家具等。其中一层2区摊位出租经营服装百货。商厦设置火灾自动报警系统、自动喷水灭火系统、消火栓系统。

二、消防监督情况

（一）消防行政审批情况。吉林市商业大厦主体建筑1990年3月10日经消防验收合格，两次扩建工程分别于1993年12月2日和1995年3月21日经消防验收合格。吉林市公安消防支队还对大厦内4家单位的内装修工程进行了审核验收，对2家公众聚集场所进行了投入使用、营业前消防安全检查。

（二）日常消防监督情况。吉林市商业大厦建筑面积4.2万平方米，依据《吉林省消防安全重点单位界定标准》，该单位属于消防安全重点单位。按照属地管理原则和单位规模，由船营区公安消防大队实施日常消防监督管理。针对该商厦规模较大、火灾危险性较高的实际，船营区消防大队在每年的消防安全专项整治中，都把该商贸作为整治重点，2005年以来，针对检查发现的消防设施故障、消防安全管理不规范、使用不合格消防产品等问题，先后依法向该单位下达《责令限期整改通知书》18份，并进行跟踪督办，在限期内全部整改。2005年1月，船营区消防大队检查发现该商厦五层健身中心存在未设置自动喷水灭火系统和火灾自动报警系统的严重火灾隐患，依法将健身中心确定为重大火灾隐患单位，提请区政府实施挂牌督办。2005年9月21日，该单位隐患整改完毕，予以销案。

2010年以来，船营区消防大队按照构筑社会消防安全防火墙工程的有关要求，全面推进社会单位四个能力建设。3月15日，大队对大厦内的大富豪鞋业进行了投入使用、营业前消防安全检查，并对整个建筑的自动消防设施进行了全面检查。6月9日和7月5日，大队两次举办消防培训班，对辖区内消防安全重点单位的消防安全责任人和管理人进行了培训，推动单位“四个能力”建设。9月22日，船营区政府领导带领公安局、消防大队有关人员对该商厦进行了日常消防监督检查，未发现消防安全问题。

三、起火经过和扑救情况

11月5日9时8分，吉林市商业大厦二层大富豪员工王某发现二层自动扶梯口处冒烟；一层二区业户弥某听见“嘭”的一声，看见斯舒郎精品店仓库棚顶上方西南侧冒烟，出现个“大火球”。发现起火后，二层大富豪员工宿某进入斯舒郎精品店仓库向棚顶上方喷射干粉灭火器；一层业户从南侧向斯舒郎精品店仓库棚顶喷射干粉灭火器；斯舒郎精品店南侧业户蔺某拨打119报警。

火灾扑救经过共分为三个阶段：

（一）快速反应，强攻近战，积极营救被困人员

11月5日9时18分，吉林市公安消防支队接到报警后，迅速调派特勤一中队和邻近的5个消防中队赶赴火灾现场。9时28分，参战力量相继到场，此时火势已呈猛烈发展阶段，商业大厦内充满高温有毒浓烟。到场力量立即成立6个攻坚组，边侦察火情边进行灭火救人，1个侦察小组在外部观察火场整体情况。

9时30分，支队全勤指挥部成员全部到达现场，立即成立现场指挥部，明确了“救人第一”的指导思想，采取“强攻近战”的战术措施，命令3辆高喷车、1辆登高平台车和1辆云梯车在外部实施灭火与救人；命令先期作战的

攻坚组内攻近战，实施内部救人；命令其他力量立即占据附近可利用的水源，形成稳定的供水干线为火场供水。

9时31分，经询问知情人和外部侦察，发现商厦楼顶和内部还有大量人员被困，指挥部命令利用登高平台车、云梯车、拉梯和疏散通道在水枪和高喷车的掩护下实施全方位救人，共营救出被困人员91人。

（二）确保重点，内堵外控，全力堵截火势蔓延

11时10分，吉林省公安消防总队全勤指挥部人员到达火灾现场，吉林支队移交了现场指挥权，由李树田总队长担任总指挥。经全面了解现场情况后，现场指挥部立即做出四点决策：一是坚持“救人第一”，继续加强内攻力量，强攻进入火场内部救人和灭火；二是采取“强攻近战，堵截包围，破拆排烟，内堵外控”的战术措施，控制火势蔓延；三是加强内攻作战和救援人员安全；四是做好火场供水和空气呼吸器供应等现场战勤保障工作。命令吉林支队和吉化公司消防支队开展内攻灭火，营救被困人员；同时，吉林支队利用高喷车和车载水炮从外部堵截火势向苏宁电器商场方向蔓延。

12时50分许，根据现场情况，指挥部将火场划分为6个战斗段，在商厦二区、三区疏散楼梯间部署力量开展内攻灭火，各战斗段全面深入各层堵截火势蔓延，每个战斗段增加1个救人组深入楼内营救被困人员；内攻人员做好登记，加强个人防护，确保自身安全；后勤保障组对气压不足的气瓶进行更换和充气，做好参战人员饮食保障工作。

13时许，指挥部将商厦二区、三区三层的鞋城，一区一至三层的苏宁电器商场作为保护的重点，增设1辆高喷车和1门车载水炮从外部灭火堵截，在苏宁电器商场三层设置2个水枪阵地，全力堵截火势向南侧蔓延。

（三）分割包围，逐片灭火，逐层搜寻遇险人员

16时5分，指挥部命令到场增援的长春市公安消防支队人员和车辆成立3个攻坚组，接替吉林支队东侧的水枪阵地，出3支水枪从二区东侧楼梯进入二、三、四层内攻灭火，全力控制火势向一区蔓延，并压制二区上部的火势，全力保护二区三层的鞋城。

17时30分，大火被控制。现场作战指挥部命令吉林支队调整3个攻坚组从三个方向在商厦西侧围歼灭火。

19时30分许，建筑专家会同指挥部对建筑的安全性进行了评估，发现局部空心墙体发生手指宽裂缝，柱、板结构没有坍塌迹象。现场作战指挥部命令抓住有利时机，调整人员，逐层搜救，分片消灭，于21时30分将火灾扑灭。

此次火灾扑救共调集了吉林市区全部11个公安消防中队的53辆消防车、310名消防官兵参加灭火战斗；长春市公安消防支队、吉化公司消防支队等增援力量共出动27辆消防车、111名消防官兵、100部空气呼吸器及100个备用气瓶增援。经过12个小时的奋战，火灾于17时30分被控制，于21时30分

被扑灭，整个火场灭火用水约 13000 吨。共营救出被困人员 91 人，保护建筑面积 26000 余平方米，保护财产价值 6000 余万元。

四、火灾损失

火灾烧毁商场内大量日用百货物品，造成 19 人死亡，24 人受伤，过火面积 15830 平方米，直接财产损失 1560 万元。

五、起火原因

经调查，起火原因系吉林市商业大厦一层二区斯舒郎精品店仓库起火点范围内的电气线路短路所致。

六、主要教训

（一）报警迟缓，贻误火灾扑救最佳时机。该起火灾从发现起火到报警共有约 9 分钟时间，错过了扑救火灾的最佳时期，导致火灾蔓延，扩大了火灾损失。

（二）单位员工和群众逃生自救意识差。此次火灾死亡的 19 人中，有 16 人是单位员工，3 人为顾客。据了解，火灾发生后有的员工已经疏散出来，但为了抢救自己的财产，又重新返回商厦，结果失去逃生机会。还有 2 人在没有受到火灾直接威胁的情况下跳楼逃生，导致死亡。

（三）建筑消防设施未能发挥作用。火灾发生时，建筑自动消防设施已经正常启动，但由于单位电工将建筑内消防电源切断，导致建筑消防设施未能发挥作用。

（四）建筑外墙被封堵导致灭火困难。建筑外部大部分用实体墙和铝塑板封堵，加之防排烟设施因人为断电停用，导致高温烟气无法排出，严重影响灭火救援工作，也导致了大量人员短时间内因吸入高温烟气窒息死亡。

七、火灾责任及处理

吉林商业大厦的总经理、法人代表叶某，主管消防的副经理佟某，主管电力设备的副经理岳某，主管变电所的科长曲某，保卫科科长马某，电工吴某、宗某，上述 7 人于 2010 年 11 月 6 日被吉林市船营区公安分局刑事拘留。12 月 10 日，经审查，7 名犯罪嫌疑人因涉嫌重大责任事故罪被船营区人民检察院批准逮捕。

截至本书成稿时，船营区人民检察院正在立案侦查中。

2010年全国重大火灾案例一览表

项　　目		死人	伤人	直接损失（万元）	火灾类别	起火原因
全国合计（4起，不含铁路、港航火灾）		43	51	11384.6		
4月24日	重庆市北部新区石桥铺赛博数码广场裙楼			9800	商场	焊割
7月19日	新疆维吾尔自治区乌鲁木齐市河北东路仁居三巷居民自建房	12	17	15.5	出租房	小孩玩火
8月28日	辽宁省沈阳市铁西万达广场售楼处	12	10	9	经营场所	电线接触不良
11月5日	吉林省吉林市船营区商业大厦	19	24	1560	商场	电线短路

第二章　较大火灾案例

一月

1. 1月1日1时20分，北京市朝阳区十里堡小区51号楼北侧简易房因用火不慎引发火灾，造成3人（1男、2女）死亡，过火面积40余平方米，直接财产损失1万元。

2. 1月2日3时35分，湖北省武汉市江岸区鄱阳街22号一居民住宅发生火灾，造成3人死亡（男，86岁；女，87岁；男，60岁，精神病患者），过火面积12平方米，直接财产损失2000元。经调查，起火原因为其中一名死者（精神病患者）放火。

3. 1月3日4时55分，贵州省务川县泥水镇中街一居民自建房因电加热器具引发火灾，过火面积577平方米，死亡6人（3男、3女），重伤2人，轻伤5人，直接财产损失26.9万元。

4. 1月6日0时39分许，浙江省温州瑞安市塘下镇场桥办事处龙翔工业区38号莱喜洁具厂发生火灾，造成9人死亡，2人受伤，过火面积401平方米，直接财产损失88.5万元。（1）起火单位基本情况。龙翔工业区38号楼建于2000年，为6开间的4层民房，建筑进深14米，宽度为21.6米，面积1100平方米，砖混结构，西边3间为金宝来龙头小作坊，东边3间为起火的莱喜洁具厂。起火建筑为典型的“通天房”式建筑，敞开式楼梯间设于建筑中间，一层用作办公、临时存放货物，二层为杂物间、房东空置房和宿舍，三层和四层均为宿舍。火灾发生当晚共入住13人，其中一层2人，二层2人，三层6人，四层3人。（2）单位消防监督管理情况。瑞安市场桥边防派出所对该场所进行了多次消防检查，2008年12月检查发现该场所存在无灭火器、无逃生绳、无应急灯等隐患，并核发了《出租房消防安全责令限期改正通知书》，期满后派员对其整改情况进行了复查，复查结果为不合格，并核发了《出租房消防安全复查意见书》。瑞安市塘下镇有关部门也于2008年10月对该场所进行过安全检查，但均未采取有力措施整治，致使隐患长期存在。（3）起火原因。经现场勘验认定，起火原因为一层楼梯间烟头等弱火源引燃可燃物。（4）火灾责任处理。法院以消防责任事故罪分别判处非法经营者赵某、高某有期徒刑5年、4年，判处房东陈某有期徒刑4年。

5. 1月6日16时37分，广东省东莞市虎门镇则徐社区镇政府后一巷五十三号住房三层因小孩玩火引起火灾，造成3名女童死亡，过火面积120平方米，烧毁住房内物资一批，直接财产损失3万元。

6. 1月7日17时31分，甘肃省兰州市西固区古浪路19号中国石油天然气有限公司兰州石化分公司316罐区因碳四物料泄漏汽化扩散，遇明火引发爆炸起火，造成6人死亡，6人受伤，过火面积8000平方米，直接财产损失965.6万元。

7. 1月14日4时43分，辽宁省抚顺市顺城区贵德街24-5号楼一居民家因电气短路引发火灾，造成3人死亡（3女），过火面积25平方米，直接财产损失5000元。

8. 1月18日23时1分，北京市朝阳区管庄连心园小区36号楼2单元一层因刑事放火引发火灾，造成3人死亡，直接财产损失1000元。

9. 1月23日3时1分，广东省韶关市浈江区韶南大道北18号精艺招牌制作工艺部因电气线路故障引发火灾，造成5人死亡，过火面积125平方米，直接财产损失6. 5万元。经调查了解，该场所经营者违法违规生产经营，建筑消防设施严重缺乏，设置木质阁楼并居住人员，从业人员消防安全意识淡薄，逃生自救能力差，是引发火灾并导致人员伤亡的重要原因。

10. 1月25日22时4分，吉林省汪清县汪清镇汪清街红太阳练歌厅因放火引发火灾，造成4人死亡，直接财产损失12. 1万元。

11. 1月27日6时23分，广西壮族自治区南宁市良庆区南晓镇进安街15号居民房发生火灾，造成3人死亡，烧毁一栋两层的房屋及一批货物，过火面积160平方米，直接财产损失10万元。经调查，认定火灾系室内电气线路故障打火引燃周围可燃物引起。

12. 1月31日14时45分，山东省青岛市黄岛区黄河东路88号中外运国际物流有限公司露天棉花堆场发生火灾，过火面积约9000平方米，直接财产损失3700万元，未造成人员伤亡。经调查，起火原因为捆扎棉包的铁丝崩断、摩擦撞击产生火花引燃棉花。

二月

1. 2月2日1时50分，福建省三明市梅列区列西新村3排4号民房因人为放火引发火灾，造成4人死亡，过火面积18平方米，烧毁摩托车、自行车、木板、木条等物品，直接财产损失1.9万元。

2. 2月3日3时7分，湖南省湘西自治州吉首市新桥社区一居民家因祭祀时使用蜡烛不慎引发火灾，造成4人死亡，过火面积36平方米，直接财产损失3.2万元。

3. 2月6日17时1分，吉林省松原市宁江区锦江大街兴原小区后侧一平房发生火灾，造成3人死亡，直接财产损失5000元，起火原因不明。

4. 2月8日16时22分，内蒙古自治区呼和浩特市土默特左旗只儿梁乡后马群村一村民房屋外堆垛的玉米杆因小孩玩火引起火灾，造成3名儿童死亡，过火面积70平方米，直接财产损失700元。

5. 2月9日2时4分，广东省普宁市大坪镇大川东路一居民住宅发生火灾，造成7人死亡，过火面积52平方米，烧毁家具、衣服、鞋子等物品一批，直接财产损失1.2万元。经调查，起火原因为首层日光灯电源线路故障引燃周围可燃物。

6. 2月11日0时20分，云南省楚雄州姚安县太平镇陈家村委会陈家冲一组一村民家因余火复燃发生火灾，造成3人死亡，过火面积312平方米，直接财产损失8.9万元。

7. 2月11日16时16分，新疆维吾尔自治区巴州库尔勒市一中家属楼3单元402室因小孩玩火引发火灾，造成3人死亡（3男，维吾尔族），过火面积27.3平方米，直接财产损失1.2万元。

8. 2月13日22时27分，安徽省芜湖市镜湖区吉和南路平泰花园4幢9号门面志祥沙发经营部发生火灾，造成3人死亡，1人轻伤，过火面积150平方米，烧毁店内部分电气设备、家具和堆放的皮革、布料等财物，直接财产损失29. 4万元。经调查，起火部位位于门面房一层，起火点位于门面房一层距东墙2. 2米，距南墙1. 3米处的簸箕，起火原因为换下的蜂窝煤引燃簸箕内及周边的可燃物引起火灾。

9. 2月21日3时25分许，浙江省湖州市南浔区练市镇湖盐东路87号发生火灾，造成5人死亡、3人受伤，过火面积约322平方米，直接财产损失33.5万元。起火建筑为地上三层，砖混结构，每层建筑面积116平方米，使用功能一层为店铺，二层、三层为住宅，南面为道路，东面、北面为空地。经调查，起火部位在一层店面，起火原因系蜡烛使用不慎引燃周围可燃物蔓延所致。

10. 2月22日3时40分许，浙江省温州瑞安市莘塍镇董田办事处菜市路33号发生火灾，造成3人死亡，烧损建筑面积84平方米，直接财产损失8416元。经调查，起火原因系人为放火。

11. 2月23日16时0分，广西壮族自治区南宁市宾阳县甘棠镇那冷村委田陈村黄某家堆放稻草的草屋起火，死亡4人（均为小孩），烧毁草屋1间，过火面积8.8平方米，直接财产损失500元。经调查，认定起火原因为小孩在草屋内燃放烟花炮竹引起。

12. 2月25日4时25分，福建省龙岩市连城县莲峰镇中山小区D幢一层21号店面尚岛咖啡餐厅因厨房吊顶内电气线路故障引发火灾，造成4人死亡，过火面积14平方米，烧毁阁楼楼板、冰柜、食品等物品，直接财产损失9082元。

三月

1. 3月1日4时7分，贵州省黔南州都匀市富强巷药材大厦因电气线路故障引发火灾，造成3人死亡（3女），过火面积180平方米，受灾5户，直接财产损失3.3万元。

2. 3月13日21时17分，广东省东莞市中堂镇胜兴制衣有限公司发生火灾，造成3名儿童死亡，过火面积15平方米，烧毁值班室内物品，直接财产损失1600元。经调查，起火原因为堆放的可燃物被遗留火种引燃。

3. 3月16日13时58分，陕西省渭南市蒲城县东陈镇华电蒲城发电有限责任公司的4号炉原煤仓在更换防磨衬板时，发生火灾事故，造成4人死亡，过火面积300平方米，直接财产损失3万元。经调查，起火原因为承包商河南汤阴金华塑料厂的工作人员在未经厂方同意，未办理动火作业证（使用电焊作业）的情况下，擅自进入原煤仓内部进行焊接作业，高温焊渣掉落在底部的超高分子量聚乙烯板上，引起火灾，致原煤仓内4名作业人员死亡。

4. 3月17日5时8分，山东省菏泽单县南城办事处南关社区赵庄110号民房发生火灾，造成4人死亡，直接财产损失4000元。经调查，起火原因为与一层楼梯间东墙固定插座连接的移动插板电源线短路引燃周围纸箱、衣服等可燃物所致。

5. 3月18日23时30分，青海省西宁市城东区互助中路小寨村59号一棉花网套加工店因电线短路引发火灾，造成3人死亡，1人重伤，直接财产损失2.1万元。

6. 3月21日23时30分，辽宁省盘锦市兴隆台区兴隆大街清泉小区简易板房因电气线路接触不良引发火灾，造成3人死亡（1男2女，均为窒息死亡），过火面积约220平方米，受灾3户，直接财产损失3.3万元。

7. 3月24日2时45分，广西壮族自治区柳州市柳江县拉堡老街三巷2号民宅因电气线路故障打火引燃周围可燃物引起火灾，造成3人死亡，过火面积73平方米，直接财产损失1.2万元。

8. 3月28日1时20分，湖南省衡阳市石鼓区向阳路14号2单元309室莫某家因人为纵火引发火灾，造成3人死亡，过火面积26平方米，直接财产损失3000元。

9. 3月28日20时11分，吉林省长春市光复路天元商厦发生火灾，造成1人死亡，过火面积12300平方米，直接财产损失1619.6万元。经现场勘验，起火部位在商厦二层西侧，起火原因为烟头引发。

10. 3月31日22时5分，湖南省长沙市开福区大王家巷130号长沙市原木工厂发生火灾，造成4人死亡，过火面积700平方米，起火原因系燃烧生活垃圾不慎。

四月

1. 4月2日2时8分，贵州省都匀市薛家堡信用社旁一民房因吸烟引发火灾，造成3人死亡（2男1女），过火面积130平方米，受灾2户，直接财产损失1000元。

2. 4月2日23时18分，黑龙江省哈尔滨市道里区城乡村金城街代林海住宅发生火灾，造成3人死亡，过火面积77平方米，烧毁房屋房顶、门窗及部分生活物品，直接财产损失5866元。经现场勘验及调查询问，认定该起火灾具有放火嫌疑。

3. 4月3日2时57分，云南省昆明市西山区谷律乡盛塘村18号因电线短路引发火灾，造成3人死亡，过火面积180平方米，直接财产损失2.1万元。

4. 4月13日20时45分，江苏省淮安市楚州区泾口镇殷侯村一民房发生火灾，造成3人死亡（2男1女），过火面积60平方米，烧毁房屋4间及部分家具用品，直接财产损失1.8万元。经火灾现场勘验、调查走访等综合分析，起火部位位于厨房灶台处，起火原因系厨房灶台处遗留火种引燃周边可燃物所致。该起火灾成灾的主要原因有：发生火灾的房屋为砖木结构，耐火等级较低，造成火势迅速蔓延扩大；村民消防安全意识淡薄，没有自防自救能力；消防车通道不畅通，影响灭火救援速度。

5. 4月22日14时许，陕西省西安市新城区咸宁东路585号正英汽车修理部发生火灾，造成5人死亡、1人重伤（均为男性），过火面积60平方米，烧毁、烧损小轿车2辆、举升机、气泵、电脑检测仪、整形机等物品，直接财产损失30万元。（1）起火单位基本情况。正英汽车修理部位于西安市新城区咸宁东路585号，为西安秦川厂沿街租赁门面房，砖混结构建筑，主要从事汽车修理、洗车等业务，属非消防安全重点单位。修理部配备有4具4公斤干粉灭火器，内部没有制定消防安全管理制度，未对员工进行消防知识培训，员工消防安全意识差，存在随意抽烟现象。该场所由西安市公安局新城分局韩森寨派出所负责监督。派出所曾于2010年2月1日对该场所进行检查，对存在的未制定消防安全制度、灭火器、疏散指示标志和应急照明未保持完好有效等违反消防安全规定的行为下发了责令改正通知书。（2）起火经过及扑救情况。4月22日13时50分，正英汽车修理部修理工杨某从停放于修理间东间地沟上的三菱轻型越野车油箱中放汽油，14时许，在修理间中部工作的修理工张某、李某突然发现东面起火，迅速逃离现场，后使用灭火器和洗车水枪进行扑救，未能扑灭。14时6分，西安市消防支队119指挥中心接到群众报警后，立即调派5辆消防车、33名消防员到场扑救，支队全勤指挥部随行作战。14时16分，首批力量到场后，发现2辆维修车辆正呈猛烈燃烧、内有人员被困，立即组成搜救、灭火2个攻坚组，出2支水枪，1支堵截和扑灭火势，1支掩护搜救组深入车间内部搜救被困人员，在修理车间最里间的员工休息室内发现5名被困人员（均已死亡）。14时42分，火势被彻底扑灭。（3）火灾事故调查情况。经调查访问、现场勘验、技术鉴定等，联合调查组分析认定：起火部位位于正英汽车修理部一层西数第二间房的中北部，起火原因是从三菱轻型越野车油箱底部放油的过程中，汽油蒸汽与空气混合形成爆炸性混合气体，遇正在使用的塑料焊枪内的电火花或高温发生爆燃，引燃周围可燃物引起火灾。(4) 火灾责任及处理情况。正英汽车修理部负责人陈某构成重大责任事故，被依法判处有期徒刑六年。

6. 4月24日3时30分许，新疆维吾尔自治区吐鲁番市亚尔乡皮亚孜拉其村一队居民住宅区发生火烧连营火灾，造成3人死亡（1男2女），过火面积6000平方米，直接财产损失200万元。经调查勘验，起火原因为电气线路故障。

7. 4月24日4时45分，广东省揭阳市揭东县曲溪街道办事处港美村32号吴某住宅发生火灾，造成5人死亡，过火面积111平方米，烧毁家具、衣物、电气设备及杂物等物品一批，直接财产损失4.3万元。经调查，起火原因为该住宅首层前厅楼板下距北面大门3.9米、距西面墙0.9米的电源线路短路而引发火灾。

五月

1. 5月9日2时30分，云南省临沧市云县大朝山村街子组张某住宅发生火灾，造成3人死亡，过火面积56平方米，直接财产损失2.5万元，起火原因为电气线路故障（过负荷）。

2. 5月14日4时46分，江西省赣州市石城县琴江镇琴江路42号长富牛奶店发生火灾，造成3人死亡，直接财产损失17.6万元，起火原因为其他。

3. 5月17日16时20分许，辽宁省鞍山海城市小府肥牛城发生火灾，造成3人死亡（1男2女），过火面积160平方米，直接财产损失2万元。经调查，起火原因为服务员尚某在二层吧台处使用火锅燃料液桶向燃料添加壶中倾倒燃料液时，操作不慎，致使部分燃料液洒出，遇引火源燃烧。

4. 5月31日1时54分，河北省廊坊市安次区龙河工业园孟各庄村一民房发生火灾，造成3人死亡，过火面积128平方米，直接财产损失1500元，起火原因为刑事放火。

六月

1. 6月10日6时10分，广东省肇庆高要市活道镇洞心村第五生产队梁某的居民楼发生火灾，造成3人死亡，过火面积30平方米，烧毁房屋一间，直接财产损失1000元。经对现场物证送检，认定起火原因为人为纵火。

2. 6月19日4时37分，山东省菏泽市开发区蒙阴光棍虫草鸡饭店发生火灾，造成3人死亡，直接财产损失5000元，起火原因为菜品展示柜电源线发生短路引燃周围可燃物。

3. 6月24日1时27分，上海市青浦区练塘镇东风街148弄15号居民房发生火灾，造成3人死亡，2人受伤，直接财产损失25.4万元。经调查，排除物质自燃、电气故障、使用明火不慎引发火灾的可能，无法排除人为火种引发火灾的可能。

4. 6月29日6时50分，北京市房

山区石楼镇支楼村北北京燕房华兴仓储有限公司仓库发生火灾，无人员伤亡，仓库（钢结构，分为4个库房）及存放的热塑型丁苯橡胶（SBS）、聚丙烯、聚乙烯等部分烧毁，过火面积6800平方米，直接财产损失2912.9万元。经调查，起火部位位于仓库内自西向东第一库的西侧北数第五跨内（北数第5、6根立柱之间），起火原因不能排除热塑性丁苯橡胶（SBS4303）自燃起火的可能。

七月

1. 7月9日10时29分，广东省江门市蓬江区杜阮镇上巷村7巷1号的方某住宅发生火灾，造成3人死亡（均为儿童），过火面积约4平方米，烧毁家具、家电、衣物、书籍等物品，直接财产损失1080元。经调查，起火原因为住宅外间电视柜下方使用的蚊香引燃周围堆放的衣物、书籍等可燃物。火灾发生时，方某临时外出，将小孩反锁在家，致使火灾发生后无法逃生。

2. 7月20日4时40分，浙江省金华东阳市吴宁街道江南路79－81号民房发生火灾，造成3人死亡、3人受伤，过火面积约200平方米，直接财产损失1435元。起火原因系106房间内存放在烧烤车上的木炭复燃引燃泡沫包装箱及周边可燃物蔓延成灾。

3. 7月23日23时，福建省泉州市永春县下洋镇上姚村8组一土木结构村民住宅发生火灾，造成3人死亡，过火面积约230平方米，烧毁摩托车等物品，直接财产损失11.9万元。经调查，起火原因排除建筑室内电气故障、生活用火不慎引起火灾的可能。

4. 7月30日3时51分，河南省濮阳市台前县城关镇顺河路刘某住宅发生火灾，死亡3人，过火面积50平方米，直接财产损失10万元。起火原因为客厅内空调机电源插头处短路，引燃周围可燃物。

八月

1. 8月19日7时59分，黑龙江省讷河市学田镇光明村4组于某住宅发生火灾，造成3人死亡，1人重伤，过火面积22.44平方米，烧毁房屋房顶、门窗及部分生活物品，直接财产损失5000元。经现场勘验和调查询问，认定起火原因为其中一名死者放火所致。

九月

1. 9月2日4时10分，广东省东莞市凤岗镇雁田怡安工业区6道81栋广昕工艺制品有限公司一层发生火灾，造成3人死亡，过火面积400平方米，烧毁厂房内物资一批，直接财产损失11.4万元。经调查，起火原因为电气线路故障产生高温喷溅熔珠引燃下方可燃物。

2. 9月5日5时40分，广东省阳江市江城区金郊路东石湾北路西7号铺的伟丽百货店发生火灾，造成4人死亡、4

人受伤，过火面积150平方米，烧损1辆燃油助力车、1辆小货车以及水果、日杂用品等商品，直接财产损失4万元。根据现场勘验情况和公安部消防局沈阳火灾物证鉴定中心、广东震华痕迹司法鉴定所的鉴定报告，以及死者亲属、朋友强烈反映死者父亲与他人有激烈的矛盾纠纷等情况，初次认定起火原因为人为纵火。后根据死者家属的复核申请，并结合阳江市江城区公安分局关于排除人为纵火的调查报告，重新认定起火原因系燃油助力车电气线路短路。

3. 9月6日0时34分，内蒙古自治区呼伦贝尔市满洲里市道南三道街老化工厂院内一简易民房发生火灾，造成3人死亡（2名老人，1名幼儿）过火面积51.7平方米，直接财产损失3618元。经调查，起火原因为居民使用门口北侧炉子煮花生，长时间用火，地火龙过热，引燃周围可燃物所致。

4. 9月10日0时46分，云南省昆明市官渡区小板桥道办事处晓东村286号因电线短路引发火灾，造成3人死亡，过火面积5平方米，直接财产损失1.3万元。

十月

1. 10月5日23时43分，广东省汕头市潮阳区贵屿镇仙彭村老柑园第七街60号彭某自建住宅发生火灾，造成3人死亡，过火面积约5平方米，直接财产损失7500元。经调查，起火原因为电动车在充电过程中电气线路短路起火引燃周围可燃物。

2. 10月14日23时23分，浙江省温州市苍南县望里镇乌石岭村一民房因梳棉机作业时产生火花引燃飞花蔓延引发火灾，造成4人死亡，过火面积366平方米，直接财产损失5.4万元。

3. 10月26日3时32分许，浙江省绍兴市袍江新区马山镇越中新天地商住楼117、118号营业房发生火灾，造成5人死亡（3男2女），过火面积约200平方米，直接财产损失16.1万元。起火建筑位于绍兴市袍江新区越中新天地一层，坐西朝东，建筑主体地上两层，钢筋混凝土结构，东面为马路，南面为美又婷服饰大卖场营业房，西面为越中新天地小区，北面为哎呀呀饰品店营业房。117号营业房为帝凡尼理发店，第一层由东向西共3个开间，分别为理发间、厨房间和楼梯间，采用木板进行分隔，第二层为居住层，由东向西分为4个房间和楼梯间，中间采用木板进行分隔；118号营业房为魅力湾内衣店，第一层由东向西共3个开间，分别为内衣专卖间、卫生间和楼梯间，第二层为居住层和厨房，由东向西分为4个房间和楼梯间，117和118号一、二层采用泡沫彩钢板分隔。经调查，起火部位在帝凡尼理发店一层理发间内，起火原因为电气线路故障发热引发火灾。

十一月

1. 11月3日2时4分，重庆市沙坪坝区沙杨路1号豪迈大厦一楼麦当劳甜品站因电线短路引发火灾，造成3人死亡，8人受伤，过火面积495平方米，直接财产损失212.2万元。

2. 11月5日5时45分，山东省青岛莱西市威海西路九联集团股份有限公司调理食品厂发生火灾事故，造成5人死亡、4人受伤，直接财产损失441.7万元。经调查，起火原因为九联集团股份有限公司调理食品厂炭烤车间工人在给炭烤炉加木炭的过程中，木炭产生明火，引发烟道起火。

3. 11月6日4时13分，广东省汕头市澄海区广益街道埔美社区美园新区45号陈某住宅发生火灾，造成5人死亡、4人受伤，过火面积52.6平方米，直接财产损失2.9万元，起火原因为助力车的电源线路短路起火。该住宅首层房间采用木板分隔，造成起火后火势很快蔓延到各个房间，导致人员无法逃生；同时，首层停放多辆采用汽油作为燃料的摩托车、助力车，增加了火灾荷载，起火后火势蔓延迅速；该住宅属出租屋，缺乏消防监督管理。

4. 11月19日3时45分，广东省清远英德市东华镇福银五金店发生火灾，造成3人死亡，过火面积79平方米，烧毁一家五金店和一家水果档门面，直接财产损失3.2万元。经调查，排除现场遗留火种、电器线路短路引发火灾的可能，认定起火原因为人为纵火。主要教训：该商店为典型的“三合一”场所，经营与居住场所设置在同一建筑内，二层卧室未设置直通室外的楼梯；该建筑为村民住宅，私自改作商业经营用途，未经消防部门审批擅自投入使用；该商店远离市区，公安消防部门无法监管到位，当地镇政府未开展相关的排查整治行动；当地公共消防基础设施滞后，水源不足，影响了灭火救援行动。犯罪嫌疑人凌某等四人，英德市东华镇大镇人，为英德市大镇中学初二学生，被英德市检察院批准逮捕。

5. 11月26日5时28分，广东省清远市连山县吉田镇滨江西路10号301住宅因电线短路引发火灾，造成3人死亡，过火面积28平方米，直接财产损失1500元。

6. 11月30日23时40分，河南省郑州市金水区柳林镇柳林村391号刘某住宅因电动自行车充电时电器线路短路引发火灾，造成3人死亡，过火面积15平方米，直接财产损失1.5万元。

十二月

1. 12月12日1时35分，福建省泉州市丰泽区清源街道城口社区一民房发生火灾，造成3人死亡，过火面积约60平方米，烧毁床铺、被褥、家具等物品，直接财产损失9.2万元。经调查，起火原因为电动摩托车电气线路故障引发。

2. 12月13日20时14分，浙江省衢州市马站底16幢C座104室发生火灾，造成9人死亡（8男1女），2人受伤，直接财产损失1万元。（1）起火单位基本情况。起火房间所在建筑为高层商住楼，建筑面积为1.3万平方米，局部设有地下室，一、二层为商业用房，三层以上为住宅。该房所有人马某于2008年月10月购买该房自住，2010年4月将该房出租于死者张某、曹某。起火当晚，房间内共有11人。（2）单位消防管理情况。马某购房后，府山派出所于2008年11月11日对该房予以登记，2010年4月马某将该房出租，府山派出所分别于2010年5月13日、10月14日对该出租房予以登记。（3）起火原因。经公安消防、刑侦部门协同调查，通过现场勘验和痕迹物证鉴定，确定该起火灾为纵火案件，系犯罪嫌疑人徐某采用点燃汽油方式故意杀人所致。（4）火灾责任处理。公安机关已于12月15日以故意杀人罪立案，目前案件已经侦破告结。

3. 12月15日18时14分，辽宁省大连市经济技术开发区新港鑫湾酒家因外来火源发生火灾，造成3人死亡（3男），过火面积300平方米，直接财产财产损失1.9万元。

4. 12月17日2时25分，内蒙古自治区包头市达茂旗百灵庙镇二子轮胎轮辋超市发生火灾，造成4人死亡（其中2名儿童），过火面积为130平方米，烧毁轮胎、家电、家俱、衣物、补胎设备等，直接财产损失54.8万元。经调查，起火原因为取暖锅炉与轮胎库房内的烫胎槽共用烟道，取暖锅炉烟筒火星下落引燃烫胎槽通向烟道入口的可燃填充物引起火灾。

5. 12月19日5时31分，黑龙江省大庆市红岗区红岗市场综合楼一层日升机电修理部发生火灾，造成4人死亡、2人轻伤，过火面积30平方米，烧毁办公电器、家电配件等物品，直接财产损失4.8万元。经现场勘验及调查询问，认定起火原因系日升机电修理部内一层西南角办公桌椅处因遗留火种引燃可燃物阴燃起火。

6. 12月25日7时50分，新疆维吾尔自治区喀什地区岳普湖县也克先拜巴扎乡当拉村五组26号住宅发生火灾，造成5人死亡（4男1女），过火面积82平方米，直接财产损失1.4万元。经调查，起火原因系客厅西南角的电气线路故障引燃可燃物蔓延成灾。该区域远离城市，且该县无现役消防中队，导致火灾发生后无法在最短时间内组织有效扑救。从现场勘验情况看，起火住宅内私拉乱接电线严重，甚至使用电话线代替电源线，铜、铝导线混接，反映出居民缺乏消防安全常识。该起火灾发生后，喀什地区公安局及时出台措施，在社区、农村推行“十户联防”制度，按照就近原则，每十户划分一个防火责任区，设立一个户长、成立一支巡逻队，实行轮流守护，对各联防户火、电、气的使用、柴草堆垛的管理、重点人员等进行监督，确保消防监督不留盲区。

7. 12月26日5时53分，江苏省连云港市海州区海连西路55—3号民宅发生火灾，造成3人死亡（2男1女），1人受伤，过火面积约70平方米，烧毁1辆金杯面包车、1辆福特轿车、1辆摩托车、3辆电瓶车及部分汽车配件、维修工具等物品，直接财产损失约21万元。经现场勘验、调查走访、火灾物证鉴定结论等综合分析，认定面包车前面的电瓶车处首先起火，起火原因系停放在屋内西北角的充电的电瓶车电气故障所致。灾害成因主要有：火灾后未及时报警，延误扑救时间；失火建筑为“三合一”场所，存在消防安全隐患。

8. 12月28日3时17分，四川省成都市金府路669号国融金府机电城发生火灾，造成1人死亡，过火面积2800平方米，2栋商铺被烧毁，直接财产损失1200万元。接到报警后，成都市公安消防支队先后调集8个消防中队的22辆消防车、120名消防官兵赶赴现场扑救，5时控制大火，8时基本扑灭明火，救出3名被困人员，保护上万平方米的商铺。经询问知情人、现场勘验、比对燃烧痕迹、物证鉴定，查明起火原因是位于金府机电城A座21栋20号商铺的金牛区润鑫建材经营部内，距东墙3.2米、距北墙7.6米、距地面0.4米夹墙上的插头与插座接触电阻过大发热引燃可燃物成灾。

9. 12月30日5时28分，江苏省宜兴市官林镇育才路35号晓明灯具电器商店发生火灾，造成3人死亡（均为男性），过火面积约80平方米，烧毁店内成品灯具、生活用品和1辆江淮商务汽车，直接财产损失13.8万元。经火灾现场勘验、调查走访等综合分析，起火部位位于一层大厅，起火原因为电气线路故障所致。主要致灾原因：该商店违章采用木质材料对房屋增加隔层，采用大量的可燃、易燃材料进行装修，且电气线路复杂；火灾发生时，被困人员未采取正确的逃生手段和方法进行避险；火灾发现晚，报警迟。

10. 12月31日15时20分，安徽省蚌埠市怀远县找郢乡陈家庄杨某猪圈因小孩玩火发生火灾，造成3名儿童死亡，烧毁猪圈内堆放的部分杂物，直接财产损失200元。经调查，3名儿童在无大人在场情况下，携带火源进入猪圈玩火，引燃猪圈内堆放的大量废弃可燃物，火势瞬间扩大。由于进出通道狭窄且已被火包围，3名儿童无法逃出猪圈，不幸死亡。

第三章 其他重特大火灾案例

中国铁路建设总公司第十九局在建隧道工程民工工棚火灾

5月3日22时20分许，内蒙古呼和浩特市赛罕区榆林镇二道河村的中铁十九局在建铁路隧道工地民工工棚发生火灾，造成10人死亡（9男1女），14人受伤（其中6人重任，8人轻伤），烧毁砖混结构平房一栋，过火面积360平方米。

一、起火建筑基本情况

中铁十九局在建铁路隧道工地民工工棚位于呼和浩特市赛罕区榆林镇二道河村，东、南两面是空地，西邻民房，北面是道路。建筑主体单层，坐西朝东，为砖混墙体，屋顶为半圆形钢屋架，上蒙彩钢板，采用聚苯乙烯泡沫塑料作为保温材料，建筑面积360平方米。经询问了解，该建筑建于2003年，建筑前身为饲养奶牛的牛棚，户主杜某于2010年3月13日租给中铁十九局二道河一号隧道施工队队长徐某，后施工队将其改造为施工人员住宿做饭使用的房屋，并用钢筋支架、彩条布、防水布、帆布等可燃物品分隔成8个房间。

二、火灾扑救情况

5月3日22时33分，呼和浩特市119指挥中心接到报警，报警人称二道河中铁十九局在建铁路隧道工地民工工棚发生火灾，有大量人员被困，而且建筑内部还有煤气罐、煤炭等大量易燃物。接到报警后，当日指挥长立即调集2辆水罐消防车、1辆抢险救援车、1辆后援保障车和28名指战员火速赶赴现场。全勤指挥部人员随行出发。特勤一中队根据现场指挥员命令，迅速派出两个攻坚组和一个警戒组同时作战。第一攻坚组，利用多功能水枪消灭零星火点同时对建筑物实施排烟降温；第二攻坚组负责搜救工作，确定被困人员具体位置；警戒组负责转移伤员同时维护现场秩序。23时20分，火灾被扑灭。

三、起火原因调查情况

火灾发生后，呼和浩特铁路公安局、铁道建筑公安局十九公安处、内蒙古消防总队、呼和浩特市消防支队相关人员组成了“5·3”火灾原因联合调查组，由呼和浩特铁路公安局牵头调查火灾原因。铁路公安部门并邀请公安部消防局火灾调查专家协助调查火灾原因。

通过联合调查组对火灾现场进行多次勘验和调查询问、现场指认，结合调查实验和技术鉴定结论，呼和浩特铁路局确定起火部位及起火点为工棚建筑内西北角，北侧1号房间内，距北墙2.5米，距西墙3.04米，距东墙6.3米，距地面高度为2.28米的架空钢筋框架上。在起火点进行专项勘验时发现，架空钢筋表面变色为褐红色，钢筋弯曲，地面上有燃烧滴落的遗留物，位置与上方发生电线短路的架空钢筋上的位置相对应，且下方筛出短路熔珠。经将现场提取的电线短路熔痕送公安部沈阳火灾物证鉴定中心检验，其结论为：一次短路熔痕。经将现场残留物送公安部天津火灾物证鉴定中心检验，未检验出现场有汽油、煤油、柴油及油漆稀释剂成分。并排除了阴燃、吸烟、生活用火不慎、放火和雷击等可能性，综合认定起火原因为电气线路短路。

现场死者经呼和浩特市公安局物证鉴定所法医学尸体检验鉴定，均因火灾中吸入一氧化碳中毒死亡。

上海胶州路高层公寓大楼火灾

11月15日，上海市静安区胶州路728号的公寓大楼因无证电焊工违章操作引发火灾，造成58人死亡、71人受伤。火灾发生后，党中央、国务院领导高度重视，胡锦涛、吴邦国、温家宝、周永康等分别作出重要批示，要求全力做好火灾搜救、伤员救治和事故调查等工作。国务委员、公安部部长孟建柱率领国务院调查组连夜赶赴上海，指导火灾扑救及善后处置工作。中共中央政治局委员、上海市委书记俞正声，市长韩正等领导及时赶赴现场指挥灭火救援行动。公安部消防局、市公安局领导亲临一线指挥灭火救援和事故调查工作。上海市公安消防总队接到报警后，先后调集122辆消防车、1300余名消防指战员赶赴现场扑救，共营救疏散居民160余人，保住了东侧毗邻2幢高层居民住宅及西侧马路对面已被飞火点燃的1幢高层居民楼。

一、起火建筑基本情况

（一）建筑基本情况

胶州路728号公寓大楼位于静安区胶州路、余姚路路口东南角，与东侧的718弄1号楼、2号楼共为一个小区，3栋建筑呈东西向并排排列，建筑南侧为东西向主通道，主通道东西两端分别为通向常德路和胶州路的小区出入口。

胶州路728号公寓大楼于1997年12月竣工，1998年3月入住，系塔式钢混结构综合楼，地上28层，地下1层，高约85米，总建筑面积约18472平方米。建筑北侧中部设有两部电梯，电梯前室的东西两侧各设一部防烟楼梯间，底层楼梯间出口位于建筑东南侧。该建筑底层沿街为商铺，建筑面积约640平方米；2层至4层主要为办公用房、部分为居住用房；5层至28层为居民住宅，每层6套，其中北侧东部为01室、西部为06室，南侧由东向西依次为02室、03室、04室、05室。整个建筑实有居民156户，440余人。

（二）建筑内部消防设施情况

起火建筑室内消火栓系统为临时高

压系统，在地下1层消防水泵房设有消防泵2台，并在屋顶设有18立方米的消防水箱，每层设有2个室内消火栓箱，分别设于西侧楼梯间前室和合用前室，箱内设置有直径为65毫米的栓口1个，配备有水带、水枪和消防泵启泵按钮。楼内自动喷水灭火系统为临时高压系统，在地下1层消防水泵房设有喷淋泵二台并设有屋顶水箱，地下1层和地上1至4层设有自动喷水灭火系统喷头保护。火灾自动报警系统为区域报警系统，火灾报警控制器设于起火建筑首层消防控制室内，地上1至4层所有部位及地上5至28层公共部位设置烟感探头，每层公共走道设置手动报警按钮和警铃。建筑内走道设置机械排烟系统，每层公共走道设置1个机械排烟口，屋顶设一台排烟风机。建筑每层的楼梯间、合用前室、公共走道设置应急照明和疏散指示标志。小区内共设有室外消火栓2个，起火建筑设有2个消火栓水泵接合器和2个喷淋泵接合器。经调查访问和现场勘查，火灾前该建筑的火灾自动报警系统、室内消火栓系统、自动喷水灭火系统基本处于完好状态。

火灾发生时，气温9—12℃，风向东北风，风力4—5级。

二、起火经过和扑救情况

本次火灾扑救分为三个阶段展开：

第一阶段，首批到场力量时，发现整幢大楼火势蔓延失控、并已向东侧毗邻高层居民楼延烧，迅速把疏散居民群众、堵截灾害扩大作为首要任务。14时15分23秒，市应急联动中心接到第一个报警电话。14时16分35秒，市应急联动中心按照调度等级，在5分钟内迅速调集宜昌、静安、彭浦等5个消防中队和1个特勤消防中队的15辆消防车、130名消防官兵赶赴现场。15分钟内，又调集了外滩、河南等11个消防中队的31辆消防车（包括7辆举高消防车）、300名消防官兵前往增援。同时，迅速启动上海市应急联动预案，调集公安、供水、供电、供气、医疗救护等10余家应急联动单位紧急到场协助处置。

14时25分，辖区主管中队宜昌中队用时7分25秒到达现场；之后，其余首批调度力量也相继到场。此时，着火建筑整个北面1层至28层已全部燃烧，东、西面大部分正在燃烧，现场烈焰翻滚升腾，整幢建筑被浓烟烈火笼罩。通过火情侦察，大楼内还有大量居民未能及时疏散出，且火情正通过施工脚手架连廊向东侧毗邻的高层居民楼蔓延，情势十分危急。火场指挥员果断决定实施内攻救人、堵截防御的攻坚战术。现场由60名消防指战员组成的15个攻坚组迅速组建，冲入火场抢险救人。冒着楼道内滚滚的浓烟，身负30多公斤重的个人装备和破拆器材，消防指战员在黑暗与烟雾中摸着扶梯逐层搜索被困居民，将被困人员引导疏散出火场，并利用室内消火栓系统快速出水，稀释烟雾，打通内部通向室外被烟雾封锁的安全出口。期间，107名居民被成功解救。与此同时，现场还部署真如、复兴等4个中队，在地面铺设4条水带供水线路，在着火建筑东南侧设置水枪、水炮阵地，阻截火势向东侧毗邻的高层居民楼蔓延，避免“火烧连营”；静安、河南等中队在地面铺设4条水带供水线路，使用水枪、水炮扑灭着火建筑周边堆放的建材堆垛的火势，保护着火建筑下风方向的小区配电房。

第二阶段，增援力量迅速组建45个攻坚组，强攻进入着火大楼内部，逐层逐户开展灭火营救；同时在大楼外部使用车载水炮控制火势、阻止蔓延，冷却脚手架防止其变形倒塌造成次生灾害。14时38分，增援力量相继到场，迅速成立火场指挥部。此时，整幢建筑内外、所有楼层已全面燃烧，飞火四处飘落，形似立体“火炉”，现场楼内仍有部分居民被困。火场指挥员迅速调整力量，成立以特勤人员为主的45个攻坚组、180名攻坚队员，在水枪的掩护下，梯次轮换、强行登楼，抢救被困居民。经过长时间的烈焰炙烤，火场温度已高达800℃，大楼内四处弥漫着有毒烟雾，建筑楼板也存在着塌陷的危险。在众多不可预知的危险面前，攻坚队员们义无反顾地冲入火场，逐层逐户敲门或破拆营救遇险人员。现场居民均安装了坚固的防盗门，有的防盗门甚至装有十几枚锁闩。队员们往往要经过近十分钟的坚苦努力，轮番使用各类破拆器械，才能打开一扇防盗门。防盗门被打开后，更为灼人的滚滚热浪却扑面而来，几次三番将队员们顶出门外。但队员们一次又一次冲入热浪，将受困群众背出大楼。由于一只“空气呼吸钢瓶”只能供气30分钟，队员们只能多次往返火场抢险，平均每人至少更换两到三个钢瓶。经全力搜救，50名被困人员被成功救出，其中28人已处于昏迷状态。严重缺氧等恶劣环境和超负荷作战也造成75名消防指战员不同程度的受伤。与此同时，火势进一步发展，火场燃烧面积达12000平方米，火场用水告急，火场指挥员再次要求自来水公司向着火区域供水管网进行稳步加压，以满足灭火需要。在大楼外部，火场指挥部还组织相继到场的14辆举高消防车在余姚路、胶州路及南侧建筑工地停靠，组织配套供水，利用云梯、曲臂车水炮从外部压制和打击火势，冷却钢管脚手架，防止局部或整体倒塌造成次生灾害，并营救出3名通过建筑外窗逃至脚手架呼救的遇险人员；在着火建筑东侧毗邻高层居民楼顶层设置水枪、水炮阵地，射水阻挡辐射热和飞火对毗邻建筑脚手架的威胁；在着火建筑北侧部署一七式压缩空气泡沫消防车，通过脚手架垂直施放水带进入室内近战灭火，并组织力量在着火建筑下风方向200米范围内，设置水枪阵地，有效截断了火势向下风方向毗邻建筑蔓延。现场还集结了长宁、龙阳、车站等15个中队兵力，通过建筑疏散楼梯间蜿蜒铺设或垂直铺设水带形成15路供水线路，重点在10层以上各燃烧层布设分水阵地，纵深打击火势，形成内外夹攻、上下合击之势。15时22分，火势处于受控状态。

第三阶段，调整力量对整幢大楼进行反复地毯式搜索，扑灭残火，搜救幸存人员，搜寻遇难者。在火势得到控制后，火场指挥部遂对战斗任务进行调整，将搜救人员、内攻灭火、破拆排烟、火场供水等任务分配到每个中队，实行一个中队一个楼层，并由消防局、支队两级指挥员分片包干、各负其责。至18时30分，整幢建筑物明火被基本扑灭。各战斗段重新部署力量对整幢大楼1至28层，逐层逐户逐间以及电梯井、管道井等部位进行反复地毯式搜索，先后搜寻出50余名遇难人员，并对室内堆积阴燃的可燃物进行清理，防止复燃，至次日凌晨4时，收残和清理任务基本完成。

三、起火原因

火灾发生后，上海市公安局立即成立由消防总队、刑侦总队、技侦总队、治安总队及静安分局精干力量组成的联合调查组，在国务院“11·15”火灾事故调查组专家的指导下，开展了细致的现场勘验及广泛的调查访问工作，及时控制了相关人员，并对相关物证进行提取、送检，获取了认定起火原因的充足证据。

（一）起火部位的认定

经现场勘验及调查访问，认定起火部位为胶州路728号公寓大楼9层至10层北墙外侧，01室与西侧楼梯间外墙形成的凹档范围内。主要依据是：

1. 起火建筑9层至10层北墙外侧01室与西侧楼梯间之间的脚手架钢架，较其它部位变色明显不同，具有初期起火特征。

2. 起火建筑9层至10层北墙外侧01室与西侧楼梯间之间的铝合金窗熔化方向、墙体的烟痕由外向内的痕迹明显，均表明火势由室外向室内蔓延。

3. 火灾初期报警人和较早发现人最初发现火灾的位置为建筑北侧中部9层至10层脚手架处。

4. 根据报警人拍摄的照片及网上视频显示，最初的起火部位为9层至10层北墙外侧01室与西侧楼梯间外墙形成的凹档范围内。

（二）起火点的认定

经现场勘验及调查访问，认定该起火灾起火点位于胶州路728号公寓大楼9层电梯前室北窗外侧，与楼板平齐的脚手架西南角处。主要依据是：

1. 起火建筑保洁工鲍某从28层向下保洁至10层公共部位，发现10层西侧的窗户有烟飘进到10层公共部位；到9层时，站在电梯前室中间处，从9层电梯前室的北窗看到与9层楼板平齐的脚手架上有明火，火焰高度约1米左右，火焰上部宽度约30厘米，火焰距电梯前室北窗约30至40厘米，距西侧墙体约20至30厘米左右，该部位堆积有找平时掉落聚集的聚氨酯泡沫。当时，其他部位还没有燃烧。

2. 保温材料施工工人牛某称，在11层进行外墙保温材料找平工作时，突然看见前方冒出烟来，向下方看到北墙约9层楼板位置的凹档西南角部位有火，应该是他们切割下来的堆积在木板上的泡沫边角料正在着火，并迅速向周围蔓延。

3. 经鲍某、牛某到现场指认及在平面图上标注的看到火的位置，两人所指认的位置基本相同，均位于9层电梯前室北窗外侧与楼板平齐的脚手架西南角处。

（三）起火原因的认定

该起火灾起火原因为：上海迪姆物业管理有限公司施工人员吴某，无证违规在起火建筑10层电梯前室北窗外凹档内，距南侧墙体39厘米、西侧墙体31厘米，距窗口下沿下方垂直距离36厘米处，进行电焊作业过程中溅落的金属熔融物，引燃下方找平掉落的聚氨酯泡沫碎块、碎屑起火成灾。主要依据是：

1. 该起火灾为明火起火特征。根据较早发现起火的目击证人证词，发现起火前未闻到异味，大部分直接发现明火，即使先看到烟，烟量也较小，且很快看到明火。符合明火起火的特征。

2. 经现场勘验，起火建筑10层电梯前室北窗内侧西北角发现一台凯尔达牌BX1－200－1型电焊机，电焊机连接三路电缆线通往10层电梯前室北窗外侧。其中一路线通过螺栓与一根长约28厘米的角铁焊接，该角铁与10层电梯前室北窗外侧的一根垂直方向脚手架钢管焊接，焊接点距南侧墙体39厘米，距西侧墙体31厘米，距10层电梯前室窗口下沿垂直距离36厘米。该焊接点长度约1厘米，呈鱼鳞状焊接痕迹。

电焊机接出的另一路线至10层电梯前室北窗外侧后，悬垂至下方7层半处，末端连有一金属件，其余部分缺失，该金属件与焊枪构件特征相符。在起火建筑公共部位北墙外侧的二层平台堆积的燃烧残留物中，距南侧墙体2．4米、西侧墙体1米处，发现一把焊枪枪头部分的金属构件，固定电焊条的夹嘴弹簧已缺失。

第三路线为供电线路，前端至北窗外侧后断开，10层1001室客厅北窗外侧较窗口下沿高15厘米的脚手架上有一小配电箱，该配电箱接出的线路断开，箱内右侧连接该线路的空气开关处于跳闸状态，前端供电线路在其东侧脚手架上环绕后，接至下方地面的移动式大配电箱内右侧空气开关负荷侧，该空气开关处于跳闸状态；移动式大配电箱的供电线路自起火建筑底层东南角配电室内配电柜接出。

证明电焊机供电线路在火灾发生时处于通电状态。

3. 经上海通用电焊机股份有限公司高级工程师陈某、李某，东升焊接集团高级工程师华某，上海沪工电焊机集团有限公司高级工程师于某等四位电焊机专家勘验确认，该电焊机外壳及内部线路无异常，电压切换档处于380V档位，电流调节旋钮处于最大档位（200A工作状态）。

4. 10层北墙外侧高于窗口下沿15厘米的脚手架钢管上残留的电缆线未发现熔痕，钢管表面未发现电熔痕。排除电线短路引起火灾的可能。

5. 相关施工人员调查情况：

（1）经迪姆公司电焊工包工头沈某供述，曾有监理要求马某加固起火建筑北侧10层脚手架的支架；据马某说起火当天安排了吴某和王永某完成此项施工任务；火灾发生后联系吴某，得知吴某于火灾前正在10层做电焊作业前的准备。

（2）经迪姆公司电焊工带班马某供述，起火建筑的脚手架老板支某在几天前让沈某带人在10层北面凹档处加一个“工字钢”、四个“槽钢”；因“工字钢”缺货，没做成，支某就交代其做这件事情；其在当天下午一点左右安排吴某、王某两人做这件事情；其在地面先让吊机将22层的电缆线吊至10层，后吴某绑电箱、王某在边上接电线；火灾后吴某主动对马某讲，已把电源线接上了，地线也点上了。

（3）经迪姆公司电焊帮工王某供述，火灾当天下午上班后，其上到22层，吴某让其帮他一起将电焊机搬到10层，准备在那里焊槽钢。

（4）经迪姆公司操作工余某证实，火灾后，马某问吴某和王某情况，王某说，吴某把电源线接上了，把地线焊在钢管上；吴某也说是自己把地线接上了。

（5）经迪姆公司电焊操作人员吴某供述，火灾当天中午和王某吃饭时，马某安排他俩下午到10层烧一个“工字钢”；下午13时30分许，其和王某俩人把电焊机从22层搬到10层，准备加装“工字钢”；电焊机放在10层靠窗的地板上，接上电源线，吴某将连接地线的角钢焊接在脚手架上；随后，其看到9层脚手架上的“泡沫塑料”和竹片着火。

6. 10层1001室客厅西北外侧高于窗口下沿15厘米的脚手架上放置有三根槽钢和一根工字钢，均未安装。经与16层悬挑比较，10层相同位置处少安装一根工字钢及三根槽钢。相关人员的供述相互映证，且与现场勘验情况相符。

7. 根据发现人对起火点的指认和操作人员的供认，经现场勘验，地线焊点的位置处于起火点的正上方，垂直距离约2.9米。

四、主要教训

（一）改造工程消防安全设计有隐患。建设部、公安部《民用建筑外保温系统及外墙装饰防火暂行规定》明确规定，高度大于60米、小于100米的非幕墙式住宅建筑，其墙体外保温材料的燃烧性能不应低于B2级（可燃材料）。胶州路公寓外墙节能改造工程采用的是聚氨酯泡沫外保温材料，经调查，工程设计图上未注明其燃烧性能等级；经对同一工程相邻建筑的外墙保温材料抽样后初步检测，其燃烧性能等级低于B2级，属易燃材料，是火灾迅速蔓延、造成群死群伤的重要原因，也暴露出该工程在设计、监理等环节存在的问题。

（二）施工现场消防安全管理有漏洞。一是胶州路公寓外墙节能改造工程层层转包、管理脱节，导致施工现场安全责任不明确、制度不健全、措施不落实。二是施工单位违反施工程序，在喷涂聚氨酯泡沫保温材料后实施动火，且动火未经审批，动火人员无证操作，动火现场无人监护，施工现场大量聚氨酯碎屑、碎块等可燃易燃物未清除，直接导致了火灾的发生，并在建筑外保温材料易燃、四周尼龙防护网包围、高层建筑“烟囱”效应等多重因素叠加下，起火后短短3分21秒内，火势就从10层向上烧到顶层，随后又沿着外墙保温材料、脚手架及防护网迅速由外向内蔓延到整幢建筑，形成大面积、全方位、立体式燃烧。

（三）相关安全技术标准待完善。一是现行上海市《建筑节能工程施工质量验收规程》仅对建筑保温材料的密度、导热系数、尺寸稳定性等方面的复验提出要求，而未对其燃烧性能复验作出规定，以致相关部门监督管理缺乏依据。二是国家和本市均未制定有关建筑施工脚手架及其踏板防火安全技术的标准，以致在建设工程中选材五花八门。胶州路公寓外墙节能改造工程使用的脚手架踏板为竹片板，系可燃材料，也是助长火势的重要原因。

（四）公共消防基础设施需加强。一是静安区只有1个解放前建成的小型站，消防队出警难以达到国家规定的“5分钟到场”要求。二是消防车辆装备尤其是举高消防车建设跟不上城市高层建筑增多和“长高”的速度。三是市政供水管径、水压难以满足特殊火灾扑救的消防用水需求。

（五）市民防灾自救能力需提高。该起火灾的大部分遇难群众死在房间内。经事后调查了解，有的群众得知火情后仍在室内被动待援，丧失了逃生时机。

五、火灾责任和处理情况

经国务院批准，依照有关规定，对54名事故责任人作出严肃处理，其中26名责任人被移送司法机关依法追究刑事责任，28名责任人受到党纪、政纪处分。

司法机关已采取措施的26名责任人员是：静安区建交委主任、党工委副书记高伟忠；静安区建交委副主任姚亚明；静安区建交委综合管理科科长周建民；静安区建交委建筑建材业市场管理办公室副主任张权；静安区建设总公司法定代表人、总经理董放；静安区建设总公司副总经理瞿幼棣；静安区建设总公司副总经理、安全总监周峥；静安区建设总公司项目经理范玮民；静安区建设总公司项目安全员曹磊；上海佳艺公司法定代表人、总经理黄佩信；上海佳艺公司副总经理马义镑；上海佳艺公司项目经理沈大同；上海佳艺公司项目安全员陶忱；静安建设工程监理有限公司总监理工程师张永新；静安建设工程监理有限公司安全监理员卫平儒；迪姆公司法定代表人劳卫星；无固定职业人员支上邦；无固定职业人员沈建丰；无固定职业人员沈建新；教师公寓节能改造项目工地电焊班组负责人马东启；教师公寓节能改造项目工地现场电焊工人吴国略；教师公寓节能改造项目工地现场工人王永亮；承揽铝门窗施工业务的杨为民；承揽外墙保温材料供应和施工的张利；上海烽权建筑装饰工程有限公司法定代表人姜建东；上海市金山区添益建材经营部经理冯伟。目前，上述人员均被检察机关批准逮捕。

28名受到党纪、政纪处分的责任人

中，包括企业人员7名，国家工作人员21名，其中省（部）级干部1人，厅（局）级干部6人，县（处）级干部6人，处以下干部8人。分别是：给予静安区建设总公司生产科科长范正荣行政撤职处分；给予静安区建设总公司安全设备科科长汤士刚行政降级、党内严重警告处分；给予静安置业设计有限公司设计主管、党支部委员赵雨时行政撤职、撤销党内职务处分；给予静安置业设计有限公司总经理、静安建筑装饰实业股份有限公司党委委员、本部第二党支部书记龚晓栋行政撤职、撤销党内职务处分；给予静安置业设计有限公司董事长、静安建筑装饰实业股份有限公司党委书记张慎娣行政降级、党内严重警告处分；给予静安建设工程监理有限公司执行董事、法定代表人、党支部书记、静安区建设工程服务中心主任陈邱良行政撤职、撤销党内职务处分；给予静安置业集团公司上海巨星物业有限公司总经理、党支部副书记张伯余行政记大过处分；给予静安区江宁路派出所消防民警封良培行政降级、党内严重警告处分；给予静安区江宁路派出所副所长兼执法办案队队长孔寅翼行政记大过处分；给予静安区消防支队防火监督处参谋倪彦雯行政记大过处分；给予静安区消防支队防火监督处处长、党委委员白玉奇行政记过处分；给予静安区建设工程安全质量监督站安监室主任唐亮行政撤职、党内严重警告处分；给予静安区建设工程安全质量监督站副站长、党支部书记柴光成行政撤职、撤销党内职务处分；给予静安区建设工程安全质量监督站原站长、现静安区建设和管理服务中心工程协调部经理张家明行政降级、党内严重警告处分；给予静安区建设工程招投标管理办公室主任、静安区建筑市场管理所所长部振丁行政降级、党内严重警告处分；给予静安区建交委建筑建材业管理办公室主任、静安区建设工程安全质量监督站站长周正行政降级、党内严重警告处分；给予上海市建设工程安全质量监督总站副站长张常庆行政降级、党内严重警告处分；给予上海市建交委建设市场监管处处长、稽查办公室主任曾明行政记大过处分；给予上海市建交委副主任、党委委员蒋曙杰行政降级、党内严重警告处分；给予上海市建交委主任、党委副书记黄融行政记大过处分；给予静安区江宁路街道办事处副主任兼社区管理工作部部长朱德富行政降级、党内严重警告处分；给予静安区江宁路街道党工委副书记兼平安工作部部长张金生行政撤职、撤销党内职务处分；给予静安区江宁路街道党工委副书记、办事处主任王国平行政记大过处分；给予静安区政府党组成员、副区长陈静薇行政记大过处分；给予静安区委常委、副区长徐孙庆行政撤职、撤销党内职务处分；给予上海市市委委员、静安区区委副书记、区长张仁良行政撤职、撤销党内职务处分；给予上海市市委委员、静安区委书记龚德庆党内严重警告处分；给予上海市副市长沈骏行政记大过处分。同时，责成上海市人民政府和市长韩正分别向国务院作出深刻检查。

第七篇

重大抢险救援战例

河北秦皇岛市“2·24”骊骅淀粉股份有限公司爆炸事故抢险救援情况

2010年2月24日，河北省秦皇岛市骊骅淀粉股份有限公司淀粉四车间发生爆炸，造成49人受伤，19人死亡。事故发生后，秦皇岛市公安消防支队迅速调集20辆消防车、106名官兵到场救援。全体参战官兵连续作战近23小时，将18名被困人员救出。

一、基本情况

秦皇岛骊骅淀粉股份有限公司位于抚宁县抚宁镇，南邻京秦高速公路，北邻农田，西邻抚昌公路，东邻抚宁镇三里扬庄村。现有员工3330人，总资产10亿元。该厂始建于1988年，占地面积18.6万平方米，建筑面积5.5万平方米。发生事故部位为4号淀粉合成车间，建于2000年，建筑结构为排架结构，建筑面积为6182.4平方米，高19米，长120米，宽60米，主体1层，局部3层。厂区内拥有管径100毫米室外消火栓28个，管径100毫米室内消火栓89个。当日天气情况：东北风3~4级，小雨，气温零下2度，天气寒冷，流水结冰，给战斗行动带来不利影响。

二、处置经过

（一）力量调集情况

2010年2月24日16时2分，秦皇岛市消防支队指挥中心接到报警，称秦皇岛骊骅淀粉股份有限公司发生爆炸。指挥中心一次性调集抚宁中队、特勤二中队和特勤一中队共计20辆消防车、106名官兵迅速到场救援，支队全勤指挥部遂行出动，同时调集交警、巡警、供水、供电、医疗救护等部门到场协助救援。

（二）力量部署情况

16时7分，抚宁中队到达现场，指挥员迅速向公司负责人、车间技术人员询问具体情况并组织内部侦察，将全体参战人员分成三个小组，第一小组为搜救组主要对被困者进行搜索并展开抢险救援工作，第二小组为防控组负责对粉尘进行稀释，预防二次爆炸，第三小组为警戒组负责现场的警戒工作。

16时40分，支队领导带领全勤指挥部到达现场，迅速成立了现场救援指挥部，下设观察组、救援组、防控组、供水组、宣传报道组、保障组、通信组、警戒组等8个小组，对各组进行了任务分工，全面开展救援工作。同时，积极联系市政府、安监、公安、医疗、环保、电力等部门协助救援。

16时45分，特勤二中队到场。按照现场指挥部部署，中队成立了三个战斗小组，第一小组出两支水枪在爆炸厂房北侧对厂房内部粉尘进行稀释；第二小组在爆炸厂房北侧双干线出一架移动电控炮对厂房西侧的一个生产设备进行冷却，防止二次爆炸。第三小组分成两个搜救小组携带无齿锯、救援顶杆、扩张器等救援设备营救被困人员。同时，派出3名战斗员担任观察哨，随时监视现场周围及建筑顶部的变化情况，防止建筑物倒塌伤及参战的人员及装备。16时52分，特勤一中队到场，迅速成立三个搜救小组，进入现场搜救，其余人员负责疏散、供水、警戒。

（三）防爆和救援情况

17时5分，总指挥部了解到，位于淀粉四车间西边三层楼的楼顶处有两个架空的管道，该管道在发生爆炸前向车间内输送淀粉，爆炸后虽然作业已经停止但是管道内的淀粉依旧存在，浓度相当高，遇到火源就会发生粉尘二次爆炸。总指挥果断下达作战命令，由特勤二中队出一架移动电控炮、二支水枪对厂房屋顶淀粉输送管道进行冷却，稀释粉尘的浓度。21时30分，管道粉尘浓度降到安全范围内，爆炸隐患消除。现场搜救小组运用无齿锯、扩张器、液压剪、音频生命探测仪及大型挖掘机等救援工具，展开地毯式搜救，救援行动于2月25日14时58分结束，被困人员全部被救出。

三、主要经验

（一）当地政府领导重视，各部门协同配合是救援行动顺利开展的根本保证。“2·24”事故发生后，公安、交警、供水、供电、医疗救护等部门各司其职使救援工作有序展开。特别是市政府领导非常重视，第一时间赶赴现场坐阵指挥，积极协调相关应急救援单位，确保了及时调度指挥抢险救援力量。

（二）组织严密，指挥正确。这次抢险救援指挥正确，采取的措施得力，整个过程指挥严密。在战斗初期，成立了现场指挥部，下设八个小组，各组分工明确、任务清楚，为救援行动顺利展开提供了保障。

（三）科学决策，有效防止了二次爆炸，参战官兵无一人伤亡，参战车辆器材无一损坏。根据现场随时可能发生二次爆炸的实际，总指挥部当机立断，积极采取措施，为现场施救的人员、车辆、器材装备提供了安全保障。

（四）良好的器材装备是基本保障。近几年来，秦皇岛支队不断加快特勤装备建设，一大批高、精、尖、特的大型抢险救援车辆和器材装备陆续配备部队，在此次救援行动中热成像仪、蛇眼生命探测仪、音频生命探测仪等发挥了巨大作用。

（五）过硬的素质是救援成功基础。支队不断深化执勤岗位练兵活动，努力打造消防铁军，不断从难从严从实战出发，既培养了官兵过硬的体能、技能素质，又培养了特别能吃苦、特别能战斗的心理素质。

青海玉树藏族自治州玉树县“4·14”地震抢险救援情况

2010年4月14日7时49分，青海省玉树藏族自治州玉树县发生7.1级地震，造成重大人员伤亡和经济损失。公安部消防局接报后，调集10个总队、2196名消防官兵赶赴灾区参加抢险救援，抢救遇险群众569人，抢救财产价值1120余万元。

一、基本情况

4 月 14 日 7 时 49 分，青海省玉树藏族自治州玉树县（北纬 33.1°，东经 96.7°）发生 7.1 级地震，震源深度 33 千米，最高烈度 9 度，波及范围约 3.58 万平方公里，其中重灾区面积 4000 平方公里、极重灾区面积 1000 平方公里，致使 2698 人遇难，270 人失踪，246842 人受灾，直接经济损失 610 多亿元。受灾最严重的结古镇，平房几乎全部倒塌，楼房倒塌过半，基础设施大面积损毁，生态环境受到严重破坏。地震发生后，公安部消防局紧急调集 10 个总队、2196 名消防官兵，携带生命探测仪等抢险救援装备器材 1.6 万件（套）和搜救犬 37 只参加抢险救援，共抢救遇险群众 569 人，疏散被困群众 4100 人，抢救财产价值 1120 余万元。

二、处置经过

4 月 14 日 5 时 39 分玉树发生 4.7 级前震，玉树公安消防支队立即进入战备状态，7 时 49 分发生 7.1 级强震后，已集合待命的 64 名官兵分成 3 个攻坚搜救分队第一时间投入战斗。随后，青海公安消防总队紧急调集各支队官兵驰援玉树灾区，总队长刘江民、政委姜玉伟于当天下午先后带领总队机关有关同志赶到玉树，指挥救援战斗。公安部消防局迅速成立以陈伟明局长、谢模乾政委为组长，其他局领导和办公室、战训、宣传、后勤、装备等部门负责同志为成员的公安消防部队抗震救灾总指挥部；派出王沁林副局长随黄明副部长陪同回良玉副总理赴救灾一线，在公安部前线指挥部的统一领导下，公安部消防局工作组会同青海总队成立公安消防部队抗震救灾前线指挥部（以下简称“前指”），并在西宁成立战勤保障组；迅速对青海消防部队抗震救援战斗作出部署，命令部分总队进入一级战备，做好增援准备。按照“先近后远、先高原后平原”的原则，在青海总队 422 名官兵先期展开救援的同时，分三批调集 9 个总队、1774 名消防官兵驰援灾区。

现场救援战斗大体分为 3 个阶段：一是就地就近救援。地震发生后，玉树支队消防官兵第一时间在结古镇展开救援，60 分钟内救出被埋压群众 38 人，解救被困群众 145 人。青海总队其他增援力量到达后，立即会同玉树支队投入救援战斗，成为当时救援的一支主要专业力量。二是集中重点救援。根据灾情和生命救援需要，消防部队前指确定了“先近后远、分片包干、突出重点、科学施救”的战斗原则，将受灾最重的结古镇划分为 7 个作战区，以学校、宾馆、医院、居民住宅区等人员密集场所为重点，充分发挥消防部队装备和技术优势，运用生命探测仪器和搜救犬全方位、全天候搜救被困人员。同时，向社会公布两部报警电话，24 小时受理灾区群众报警和求助。三是进村入户救援。灾后 48 小时，遵照胡锦涛总书记、温家宝总理和回良玉副总理、孟建柱国务委员关于千方百计抢救生命的重要指示要求，消防部队前指部署部队进村入户搜救。参战消防部队调整搜救重点和搜救方法，组成 100 多个搜救小组进村入户，扩大和延伸搜寻范围。广东、重庆、山东、四川总队救援队均在第一时间救出被埋压群众，甘肃总队救援队救出受伤被困群众7名，其中1名临产孕妇。19日16时许，青海总队搜救分队救出一名被埋压长达129小时的藏族妇女，创造了搜救生命的奇迹。

三、经验教训

主要经验：一是第一时间快速反应，紧急调集消防特勤官兵弛援灾区。地震发生后，在青海总队先期展开救援的同时，分三批调集9个总队的1774名消防特勤官兵驰援灾区。二是充分发挥专业优势，全力以赴搜救遇险人员。以人员密集场所为重点，充分运用生命探测仪器和搜救犬，全方位、全天候搜救被困人员。三是前后方协同配合，全力保障一线救援战斗。公安部消防局下拨抗震救灾专款，调集救援装备、防寒用品、食品、医疗用品等物资，为前线指挥部架设通信专线，抽调医护人员赶赴现场开展医疗救护。

地震救援中暴露的问题：应急响应方面，公安消防部门和地震部门的信息共享机制还不健全，地震发生后，相关信息传递不够畅通；各地公安消防部队与民航、铁路等部门的衔接还有待改进；如何更加科学地组织跨区域的人员、物资调动还需要深入研究、完善。应急保障方面，救援装备、生活物资等储备和遂行保障能力仍显不足等。

沪昆铁路江西境内“5·23”列车脱线事故抢险救援情况

2010年5月23日2时10分，因连日降雨造成山体滑坡掩埋线路，由上海南开往桂林的K859次旅客列车运行至沪昆铁路江西省境内余江至东乡间时，发生脱线事故，机车及机后第1至9节车厢脱线，中断上下行线路行车。事故发生后，江西消防总队迅速调集抚州、鹰潭支队8个消防中队的25辆消防车、150余名官兵在第一时间赶赴事故现场进行救援。经过消防官兵16个小时鏖战，安全疏散人员280余人，成功解救被困人员53人，抢救遇难者遗体18具，确保了沪昆铁路江西省境内于当日21时恢复通车。

一、基本情况

（一）地理位置

事发地位于沪昆铁路江西省境内余江至东乡间（K699+700米）处，该段铁路为上下双向二车道电气线路，隶属南昌铁路局。离脱线地点最近的村叫河坊村，是一个自然村，隶属于江西省抚州市东乡县孝岗镇；事发地段北部约150米为320国道，南侧紧贴一处山坡，护坡墙距铁路线仅2米。塌方造成的泥石流将约8000立方米的土石冲下护坡，将上下行铁道掩埋。

（二）事故现场情况

发生事故的列车是由上海南开往桂

林的K859次旅客列车，该列车共17节（其中2号车厢缺编），载客500多人。脱线的为1—9号车厢。事故列车机头冲出塌方地点约110米，机车车头前半部严重损毁，1号车厢向南侧倾约15度，3号车厢向北侧倾，车厢受损较轻；4号车厢在受到后方冲击后，前部与3号车厢脱离，后方车厢由于惯性作用继续向前挤压，冲出铁轨，扭曲到3号车厢的南侧撞向南侧防护墙，并被随后冲击过来的5号车厢夹在3号车厢中间，整体变型最为严重，人员伤亡最多；5号车厢整体向南侧倾斜至防护墙上；6号车厢是此次事故中扭曲最为严重的车厢，整个车厢扭曲成V字型，前半部抬升到了3号车厢的顶部，后半部冲到5号车厢东侧，这节车厢也是人员伤亡较为严重的车厢。7、8、9三节车厢成“Z”字型脱离轨道横架在路基上。前9节车厢的车轮和底部减震钢板在塌方处脱离，散落在路基上。

由于事发在深夜，绝大多数乘客都在睡觉，车厢侧翻后，有行动能力的乘客砸开车窗玻璃惊慌逃生，部分乘客在撞击中昏迷或被扭曲的车体卡压。

（三）气象情况

当日夜间小雨转中雨，气温15.3—21.4度；白天小雨转晴，气温17.7—25.4度，偏南风1—2级。

二、事故特点

（一）被困人员多，社会影响大。列车脱线倾覆后，车厢出口被封堵，大量受伤旅客被扭曲变形的座椅、行李架等构件挤压，加之事发在深夜，现场一片漆黑，旅客争相逃生，秩序混乱。由于铁路长时间中断运行，造成多次列车晚点或停开，大量旅客滞留。事故发生后，国内外多家媒体在第一时间争相报道，引起各级领导的高度重视和社会的广泛关注。胡锦涛总书记高度重视，迅速做出重要批示：迅速组织力量，抢救受伤人员，妥善处理善后，尽快恢复正常运输秩序。

（二）车体变形损坏严重，破拆难度大。车厢受到撞击后严重变形损坏，尤其是4号和6号车厢，不仅扭曲折叠还被其它车厢埋压顶升，破拆作业面窄，不易选择破拆点，破拆工具施展不开，破拆难度大。

（三）车厢内空间狭窄，障碍物多，疏散救人困难。事发后车厢内物品横七竖八交织在一起，钢板、铁管等纵横交错，救援通道狭小，疏散解救被困人员困难。

（四）道路不畅，救援器材和伤员输送困难。至事故现场的道路为简易道路，加上连日降雨，路窄泥泞，大型救援车辆无法通行，消防员只能手抬、肩扛将器材搬至现场。抢救出来的伤员运送到公路上的救护车费时较长。

三、抢险救援经过

（一）第一阶段：全力疏散有行动能力的乘客，抢救被困在车厢内的被困人员

3时22分，第一批救援力量余江县消防大队21名官兵到达现场，当时现场一片混乱。翻倒的车厢外，疏散出来乘客在雨中四处呼叫寻找自己的亲友，

部分乘客重新进入车内找寻自己的行李钱物，呼喊声、哭声、呼救声、大声拨打电话的声音此起彼伏。经侦察，现场已经有8节车厢脱线，人员伤亡最为严重的是4、6号车厢。由于车体变形和侧翻，车内大量人员受伤被困。

当时现场已经有部分铁路工作人员和附近乡镇派出所的公安干警开始了疏散和救援行动，部分已经脱困的乘客也自发参与到救援工作中。

由于现场十分混乱，为了不造成次生灾害，指挥员迅速命令到场官兵分成三个战斗小组，其中第一组负责组织现场铁路工作人员和参与救援的群众疏散滞留在现场有行动能力的人员到就近的公路口等待救援；第二组利用消防斧、铁铤等破拆工具，从车头向车尾方向沿路砸开车窗玻璃，指引车内能自行逃生的乘客疏散；第三组携带液压破拆工具深入受损最为严重的4号车厢内搜救受伤被困人员。

救援队先从没有发生侧翻的1号和3号车厢搜救。车内乘客在救援队到来之前大部分已经砸开窗户逃生，车内只有1名女列车员受伤昏迷，成为消防救援力量到场后第1名被救出的生还者。其它车厢相继有7名乘客在救援队砸开窗户打开逃生通道后脱困而出，被救援人员用担架、座椅横板、断裂的行李架等抬到了就近的救护车。

4号车厢由于挤压扭曲变形为前后两个部分，救援组进入车厢后发现车内一片狼藉，大部分乘客已从车窗和扭曲的车体缺口处疏散转移至安全地带。救援人员及时将车厢内7名被困和昏迷的人员救出。经进一步搜救发现，1名妇女腰椎骨折，被卡在座位下不能行动，救援人员先将座位拆除，然后将其抬上担架，从车窗救出。另有1名男子腿被车顶折叠下来的一块钢板紧紧卡在地板上，不停的喊救命，失血已经造成他面色发白。为了尽快救出这名幸存者，救援队一边呼喊现场医疗队为他进行止血，一边全力用铁铤、液压撑杆将钢板向上顶升，救援队的战士蹲下身体用肩膀扛起倒塌的车顶，只用了3分钟就将这名男子救出。

至3时40分，余江大队救援队共成功救出被困人员17人。

（二）第二阶段：成立现场指挥部，重点搜救车厢内部被困人员

3时40分，鹰潭市消防支队全勤指挥部和支队特勤中队救援力量到达现场。

全勤指挥部到达现场听取情况报告后，迅速成立现场指挥部，由支队长担任总指挥，指挥部根据现场情况，坚持“救人第一、科学施救”的指导思想，确立“先轻后重、先多后少、先易后难”的施救原则，将已到场的余江大队、特勤中队官兵分成四个作业点开展救援工作，同时指示已到场的抚州支队东乡大队救援队负责6号车厢的人员搜救工作。

第一、第二两个救援组深入4号车厢后半部搜救。一名已经脱困的男性乘客不断请求再次探查车厢内是否还有一位穿白衣服的女性的下落，救援官兵在

车厢内搜索了两个来回，没有发现他所说位置有人员存在。接着，有人报告说车厢南侧发现伤员，救援组立即用消防斧砸开车窗玻璃，利用便携式的液压破拆工具深入车厢断裂折叠的位置，将1男1女从挤压变形的车厢内救出。

第三、第四两个救援组主要负责4号车厢前半部的破拆搜救工作。救援组进入车厢时，听到车底发出微弱的呼救声，经查看发现，一名孕妇倒在车底排水沟内，一只腿卡在车窗内，另外一只腿弯曲在水沟内，2名救援队员爬进水沟，将这名孕妇救出。救援队随后从4号车厢的侧窗打开通道，救出2名轻伤乘客。

消防官兵进入车厢内部后，发现大部分车厢已严重变形，座椅、车窗溅满了血迹，四处散落着破碎的水瓶、床板、被褥、行李箱等物品，1男2女被挤压在车厢内动弹不得，男子在痛苦地呼救着，2名女子已经昏迷。由于救援空间狭小，被困男子的躯干部被挤压成反角度紧贴在车壁和桌椅之间，上面被砸下来的车顶压迫，身体微微抽搐，发出呻吟声。消防官兵立即用破拆工具对压迫伤者的铁桌支架进行破拆，用工具将悬在伤员头顶的破碎玻璃小心取下，防止破拆震动造成玻璃跌落给伤员造成二次伤害。经过10分钟左右的紧张施救，终于将3名被困乘客救出。

（三）第三阶段：增援力量到达现场，拉网式搜救遇险人员

4时20分，鹰潭支队月湖区大队救援队到达现场，向指挥部领受任务后，负责5号车厢和6号车厢前半部的人员搜救工作，任务完成后协助第三、第四救援组行动。由于6号车厢的前半部扭曲过来以后，被挤压顶升到了3号车厢的顶部，救援人员架起了消防梯，从窗口破拆进入。在侦查中，救援组发现车厢里有人拼命呼喊，救援人员立即进入车厢营救被困人员。通过观察，车厢呈60度倾斜，被困人员位于车厢后部墙角处，左侧玻璃已经碎裂，有掉落的可能。为避免伤者再次受伤，1名救援人员爬到被困人员左侧，用身体掩护被困人员，拣起一块断裂的行李架，将玻璃砸落。其余3名战斗员迅速将里面的受伤人员救出。

在4号车厢内，救援人员遇到了一个最为复杂的情况。特勤中队的救援人员和月湖大队的一部分救援人员发现一名被卡困的女性伤员。这名伤者身体被车架挤压不能动弹，一条腿与另一名被卡困在其上方的遇难者的腿缠绕在一起。在初步打开救生空间后，仍不能将她抬出来。现场指挥员看到伤员已有失血休克的趋势，若不及时救出治疗，可能会有生命危险，建议到场医生对被困女子进行急救。同时，救援队员们对被困人员腿部空间进行更大范围的破拆。救援人员一边用身体用力支撑顶部的车顶，减轻被困人员身体负荷，一边加快速度进行破拆作业。在施救过程中，救援人员不断与被困者说话，稳定被困人的情绪。期间，江西省政府副省长洪礼和亲自深入救援现场内部，鼓励安慰被困人员。

又经过近20分钟的紧张施救，救援人员将上方遇难者的腿解脱出来，迅速将下面的被困伤者抬了出来。目睹整个救援过程的洪礼和副省长称赞“消防官兵在这次救援行动中到场最迅速、施救最有效、行动最吃苦。”

4时32分，鹰潭支队贵溪市大队救援力量到场后，指挥部命令由贵溪市大队会同抚州支队东乡县大队的救援队对6号车厢和7、8、9号车厢开展了人员搜救，任务完成后协助第一、第二救援组行动。这几节车厢变形不是很严重，车内乘客大多自行逃生，部分轻伤乘客在救援队的指引下，从砸开的车门、窗口处疏散，并抬上救护车。6名战斗员协助余江县大队对4号车厢内一名被卡在行李架下的伤员展开了救援。经过二十多分钟的努力后，成功救出这名男子。

（四）第四阶段：协助铁路专业救援队进行搜救和善后处置

上午8时，被困人员搜救工作基本结束。随后，铁路部门事故专业救援队到达现场，组织挖掘机、吊机对现场塌方区和脱线车辆进行清理，力求尽快恢复铁路畅通。

11时左右，鹰潭支队指挥部按照总指挥部统一部署，留下余江县大队和特勤中队18名官兵协助清理现场，其余官兵归队执勤。

救援官兵不顾连续作战7个多小时的疲劳，紧密配合铁路专业救援队开展搜救和善后工作。紧紧跟随机械作业，深入仔细检查，对已经确定死难的人员遗体妥善运出。15时40分，整个现场清理完毕，共清理遇难者遗体13具。

按照总指挥部指示，18时30分，参战官兵撤离现场。

四、各级领导到场指挥情况

事故发生后，江西省委、省政府、铁道部、江西省军区和鹰潭、抚州市委、市政府的领导同志先后赶赴现场指挥救援工作。省委书记苏荣，省长吴新雄，省委副书记王宪魁，省委常委、常务副省长凌成兴，省委常委、省委秘书长赵智勇，副省长洪礼和亲临救援一线指挥救援工作，成立“5·23”列车脱线事故救援协调指挥部，由洪礼和副省长担任现场总指挥，省政府副秘书长谭晓林坐镇省政府应急指挥中心协调。

江西省公安厅副厅长罗永银，省公安消防总队总队长房凌春率总队全勤指挥部人员迅速赶赴现场，组织指挥鹰潭支队、抚州支队进行协同作战。鹰潭市委、市政府和市公安局领导也先后到场组织指挥协调救援行动。

五、主要经验

（一）反应迅速，力量调度充足及时。接到灾情报告后，各级领导高度重视，迅速做出调度部署。鹰潭支队全勤指挥部立即启动跨区域抢险救援预案，第一时间调派了4个大队、6个中队的100名官兵、15辆消防车参与救援行动。鹰潭市调集公安、武警、民兵预备役、医疗救护等各相关救援力量迅速赶赴事故现场救援。

（二）准备充分，救援技战术运用恰当。鹰潭支队2004年即开展了铁路交通事故救援的课题研究，制订了《跨区域抢险救援行动预案》，并在鹰潭市铁路南站举行了多支消防队伍联合参战的大型演习。接到报警后，鹰潭支队按照预案要求，一次性调集足够的救援力量，迅速开展救援行动，有效提高了处置效率。

（三）指挥科学，保障了救援信息传送畅通。针对此次救援行动任务重、参战人员多的实际，鹰潭支队成立现场指挥部，对到场救援力量合理编组，明确工作任务，区分层次指挥，通过手机通信和现场无线通信二级、三级网将作战命令层层下达至各作业点，保证了救援行动有力有序开展。

（四）作风顽强，彰显了消防铁军风采。参战官兵冒雨奋战16个小时，在现场复杂的环境下，充分发扬吃苦耐劳、连续作战的精神，许多战士将自己的战斗服脱给伤员挡雨避寒，用自己的身体撑起救援作业的狭小空间，充分展示了消防铁军精神，用实际行动践行了胡锦涛总书记“三句话”的总要求。

（五）文明施救，树立消防部队良好形象。在救援过程中，各级指挥员注意维护参战官兵的权益。对被困人员不轻易做出无生命迹象的认定，而是由到场的医护人员进行认定，避免法律纠纷及争议；在救助过程中，尊重死者尊严，做到文明施救。面对救援现场到处散落的乘客行李财物、手机、钱包、首饰等贵重物品，参战消防官兵严格遵守群众纪律，将贵重物品及时收集交给现场公安干警处理。

六、存在不足

（一）应急救援体系不够健全，社会联动机制有待加强。在整个救援行动中，尤其是在救援行动初期，参与救援的社会各职能单位和各救援队伍之间的沟通联系不畅，救灾行动不够协调。因此，迅速组建一支政府统一领导、部门协调有序、队伍专兼并存、救援资源共享、战时保障有力的综合救援应急队伍已经迫在眉睫。

（二）应急救援装备建设滞后，难以满足大规模抢险救援的需要。抢救此类有大量人员卡困、伤亡的灾害现场，最为有效的就是多功能便携电动破拆工具、气体切割装备和各种牵引、起重、吊升车辆装备。此类装备在江西消防部队虽然有部分配备，但无论在数量上还是在质量上都严重不足，不能完全满足复杂和大型的灾害现场救援需要。在深入车厢内救援时，许多作业面由于装备器材的限制，不能快速实施救助，只能用人力拉拽、锯切，极大的影响了救援进度。

江西消防部队参与“6·21”抚河唱凯溃堤抗洪抢险情况

2010年入汛以来，江西省持续遭遇特大洪涝灾害，降雨之强、流量之大、险情之多、灾情之重历史罕见。6月21日18时30分，抚州市临川区抚河唱凯大堤发生340米的决口，直接造成临川区的湖南、罗湖、唱凯、罗针和云山等5个乡镇被淹、14.5万名群众急待转移。

一、基本情况

江西省公安消防总队接到命令后，先后从抚州、南昌、教导大队、九江、新余、鹰潭、上饶以及共青、高安铁军集训队紧急调集1200余名官兵，利用86艘冲锋舟、16艘橡皮艇展开救援，经过三天四夜连续奋战，先后营救被困群众2万余人，实现了“万名群众无人淹亡、千名官兵无人伤亡”的重大救援战果，圆满完成了抗洪抢险救援任务，赢得了灾区干部群众的充分信赖和赞誉，受到了国务院总理温家宝、省委书记苏荣、省长吴新雄、公安部副部长刘金国等领导的高度评价和充分肯定，新华社、人民日报、中央电视台等主流媒体多次播发消防部队抗洪事迹。

二、处置经过

（一）高度重视，反应迅速。6月21日19时30分左右，在接到出动命令后，江西总队立即启动抗洪抢险Ⅰ级预案，房凌春总队长、宋学泉参谋长第一时间率领总队机关、南昌、九江、新余支队以及教导大队530余名先遣队员，携带冲锋舟、橡皮艇以及应急照明灯、发电机、救生圈、救生衣等装备器材赶赴灾区，在第一时间到场并率先向现场总指挥吴新雄省长领受任务，为抢救群众生命赢得了宝贵时间。王林波政委、宋锦龙副总队长坐镇指挥中心连夜对抗洪救灾物资调配、战斗保障、安全防护等作出部署，确保了前后方行动一致、高效运转。6月22日，上饶、鹰潭、南昌支队、铁军集训队670名增援力量赶赴现场参加救人行动。此次抗洪抢险是江西消防部队近年来投入警力最多、情况最为紧急、救援效率最高的一次跨区域重大救援行动，同时也是全省首支进入灾区救援的部队。

（二）协同有力，决策果断。决堤当晚，从抚州防汛现场指挥部了解到罗针镇等地为受灾最严重的地区之后，总队当即决定将指挥部设在罗针镇境内，并调集部队将救援重心放在罗针。按照抗洪预案分别成立总队部门副职领导担任组长的作战指挥、通信联络、后勤保障、政工宣传组，同时快速实施了“三项重要决策”：一是快速成立警政联动的联合指挥部。总队主官到场后，迅速协同省、市、区三级政府领导一起组成联合指挥部，及时确立了“警政联动、村民引导、分片包干、救人第一”救援指导原则，坚持官兵前方营救人员，政府后方统揽保障，确保现场救援行动始终高效指挥、坚强有力。二是快速调集救灾所需物资和向导。针对救灾物资储备不足的现状，总指挥部协同省防总，连夜从省、市防总和全省消防部队调配80艘冲锋舟、16艘橡皮艇、1800件救生衣、50具抛投器等抗洪抢险装备运至救灾现场；调集加油车为冲锋舟不间断加油；调集近百名乡村干部和村民骨干充当救人向导，为成功实施救援提供有力保障。三是科学设置现场救援展开地点。黑夜中，面对汪洋一片的村庄和12

万亩农田，总指挥部决定居高临下占据有利地形，依托贯穿其中的京福高速公路，设立总指挥部和六个分指挥部，指挥千名消防官兵围绕高速公路，从东、西双向各设置了3个分指挥部，全面展开梯次救人行动。

（三）科学施救，战术得当。救援过程中，广大参战官兵充分发挥消防部队在抢险救援方面的主力军和突击队作用，始终坚持“救人第一、科学施救”指导思想，克服深夜天黑、地形复杂、水流湍急、点多面广等困难，以京福高速公路为轴线，自南向北梯次推进救人，分片包干划分作战区域，合理部署救援力量，科学开展人员营救。主要做到了“施救五科学”：一是科学指挥。经过与镇村干部协调，及时将救援区域划分为六个作战区域，保证了救援力量科学分配，不重复搜救；组织了若干的救人向导组，每艘冲锋舟配备一名向导，协助官兵在黑夜洪水中，科学地选定救生航线和救人方位。二是科学编成。坚持“4人乘坐1舟、3舟编成1组、3组包干1村”的战斗编成，保证了所有冲锋舟在黑夜行动中，互相协作、互相救助、安全施救。在救人行动中，有多艘冲锋舟因触礁、漩涡或树枝、电线缠绕造成侧翻，都是相邻船只及时实施了救助。三是科学救人。在每个自然村数百户、上千人的实际救人行动中，各救援分队坚持“先近后远、先多后少、先弱后壮、梯次推进”救人原则，通过照明灯、喊话器逐村逐户营救被困群众，通过软梯、绳索从楼顶向下放人，在最短的时间内以有限的装备和警力实现了救人效果的最大化，保证了救人工作的有序进行。四是科学调派。此次抗洪抢险调动了千名官兵参战，是全省跨区域作战最多的一次，在兵力调集时坚持了“灭火执勤”与“抗洪抢险”两不误，坚持快速集结原则，做到了“四个优先”：集训人员优先、抗洪骨干优先、机关官兵优先、城区官兵优先。五是科学培训。此次抗洪救人行动，关键是要有足够的冲锋舟和操作员。针对操作员不足的情况，总队坚持“以老带新、边救边训”的原则，及时组织人员培训。由老操作员驾驶载人满船返回，途中作好示范和讲解；由新操作员驾驶空船出动，熟悉驾驶技术和行驶航线，迅速培养出一批操作员。通过科学施救，消防官兵及时营救出了五分之一的被困群众，是各支救援力量中救人成功率最高的参战队伍。

（四）不畏艰险，连续作战。此次抗洪救灾，是对参战官兵生理、心理的一次重大考验。从星夜集结、驰援一线，再到5个昼夜连续奋战、不眠不休，全体参战官兵始终牢记胡总书记“三句话”总要求，积极弘扬伟大的98抗洪、08抗震精神，充分发扬“攻无不克、战无不胜、英勇顽强”的消防铁军精神，官兵每天仅就地在雨水中的高速公路上轮流休息一、二个小时，坚持与时间赛跑，与死神抗争，凝聚一切力量，激发一切潜能，全力以赴投入抗洪救灾。包括总队军政主官在内的4名党委成员，抚州、南昌、九江、鹰潭、上饶支队和总队教导大队等单位主官亲自一线督战指挥，与官兵同吃、同住、同救人，发挥了率先模范作用。这次抗洪抢险战斗充分锤炼了队伍，检验了消防铁军的建设成果。

三、存在不足

2010年距离1998年洪灾整整过去了12年，在这12年间，随着我国经济的高速发展，救援队伍、救援装备、处置经验、预警机制、战勤保障上都有了长足的进步，为夺取抗洪救灾胜利发挥了重要作用，但是在看到成绩的同时，也暴露出一些问题：

一是抗洪物资储备不足。消防部队抗洪抢险主要任务是营救人员，需要大量冲锋舟，但全省部队仅储备冲锋舟20艘，造成初期救人行动受限；同时现场救人需要大量软梯、绳索、船用撑杆和夜间强光照明器材，需要大量移动照明灯具为冲锋舟夜间导航靠岸。

二是通信联络保障不够。抚州唱凯救人现场调集的千名官兵来自全省百个中队，所携带的手持电台，不少因雨淋损坏，现场电台数量不足、型号各异、频道混乱、充电不便，总队通信指挥车缺乏，造成现场通信部分不畅，一定程度影响指挥调度工作。

三是夜间抗洪经验不足。在江西唱凯、鹰潭余江等抗洪救人时，参战官兵都是承担夜间救人任务，广大农村野外环境复杂，各个村落十分分散，各种障碍物多，夜间水深浪急，官兵地形不熟，驾驶冲锋舟难度大，夜间导航定位困难，靠岸难度大，对官兵救人挑战很大。

四是打大仗恶仗准备不足。此次抗洪，江西总队多次组织千人的抗洪会战，取得了巨大成效，但也暴露出一些问题：现场宣传工作冲击力不够、攻势不够强大；现场政治鼓动、氛围营造上，指挥部设置不够规范，宣传条幅、标语制作、队伍旗帜不规范、不明显，现场政治鼓动性不强；后勤保障上存在准备不充分，保障人员过少，保障不能及时到位等问题。

贵州消防部队处置安顺市关岭县“6·28”特大山体滑坡灾害事故情况

2010年6月28日14时许，贵州省安顺市关岭自治县岗乌镇大寨村发生罕见特大山体滑坡碎屑流复合型灾害，38户99名群众被埋压。接警后，贵州省公安消防总队迅速反应，第一时间启动重大自然灾害应急救援预案，调集安顺、贵阳、六盘水、黔西南等支队160名灭火救援攻坚队员、27辆消防车、8只搜救犬及6台生命探测仪等2000余件（套）特勤装备参加抢险救援。

一、基本情况

关岭县岗乌镇大寨村位于关岭自治县西部，距离关岭县城60公里，距安顺市区117公里，该村依山而建，山顶是坚硬的灰岩、白云岩，透水性好，容易形成溶洞，地下层是松软的泥岩和砂岩；6月27至28日，关岭县岗乌镇出现持续降雨，强降雨快速渗入山体下部。6月28日14时许，岗乌镇大寨村突然发生特大山体滑坡地质灾害，山体先崩后滑，上陡下缓的“靴状地形”，加上近500米的落差，泥石流以极快的速度下滑，碎屑流奔泻而下，顷刻间造成大寨村永窝组和大寨组38户受灾，99人失踪。

经过现场地勘和遥感航测图像数据分析：这是一起国内罕见的特大山体滑坡碎屑流复合型灾害，呈现高速远程滑动特征，且滑坡山体极不稳定，存在二次滑坡的危险。一是突发性强。滑坡事故在短时间内造成上百万方泥石流倾泻而下，瞬间将房屋推倒掩埋，村寨群众猝不及防，难以逃生。二是滑坡面大。滑坡体长约1600余米，最宽约100余米，最深厚约50余米，总量约174万立方米，面积约117万余平方米。三是救援困难。强降雨导致山体松软，发生二次滑坡可能性大，直接威胁救援人员安全，现场地形地貌复杂，巨大滑坡冲击力致使房屋、人员位移，被埋点难以确定，搜救挖掘深，施救难度大。

二、处置经过

6月28日15时15分，安顺市关岭县消防大队接到报警后，立即出动13名官兵、2辆消防车赶到现场。17时10分，安顺市消防支队全勤指挥部调集47名官兵、8辆消防车、4条搜救犬及照明、破拆等工具抵达事故现场。总队接到报告后，迅速成立抢险救援指挥部，立即启动《贵州省消防部队重大自然灾害应急救援预案》，调集贵阳、六盘水、黔西南支队100名官兵紧急驰援，调派200名官兵作为后续增援力量，紧急待命，至6月28日20时，全省消防部队共调派160名官兵、27辆特勤消防车以及2000余件（套）生命探测仪、破拆、起重等救援器材装备、8只搜救犬抵达灾区参加抢险救援工作。6月28日晚，降雨持续不停，滑坡的山体顶部仍有10万立方米的危岩随时可能发生再次滑坡，危及大寨村被困村民生命安全。现场指挥部立即派24名官兵，组成2个突击队，冒雨挺进大寨村，采取逐一排查、逐户喊话、逐片转移等方式，成功将村内及周边400余名群众转移到安全地带。

6月29日7时30分，总队救援队组织120名灭火救援攻坚队员组成6个突击队，挺进大寨村永窝组和大寨组，搜救被埋压群众。到达救援现场后，现场指挥部根据村民居住点的分布情况，将现场划分为3个重点搜救区域，利用6台生命探测仪和8条搜救犬，每2个突击队在1个重点区域内，采取梯次搜救和反复搜救的方法，全力搜救被埋人员，并在重点区域搜救的基础上，6个突击队在长1600米、宽100余米的现场展开大面积的拉网搜寻。每个突击队设置了安全观察点，在现场进（出）口设置安全检查员，检查并登记参战官兵进（出）时间、姓名、个人防护及携带的装备情况；指定2名有经验士官担任安全观察员，观察山体和救援现场的情况，对作业现场实施警戒，确保救援行动安全。

6月30日，现场指挥部针对灾区地形复杂、山高坡陡的特点和天气情况，制定了搜寻救人的攻坚作战方案，将160名灭火救援攻坚队员分成8个抢险救援突击队，实行分组分区域作战，将可能有人员生存的现场再次排查一遍，不放过一个角落、不放弃任何生命迹象。一是搜寻被埋人员生命迹象。采取“生命探测仪与搜救犬搜寻”相结合的方式，各突击队在作业区域内进行生命搜救。救援中，各搜救小组使用生命探测仪和搜救犬，对滑坡现场展开地毯式搜寻，全力寻找可能存在的生命迹象。二是在大型机械协助下开展救援。各救援小组与大型挖掘机密切配合，在使用生命探测仪多次搜寻未果后，利用大型挖掘机械进行作业，采取“边搜寻、边挖掘”的方法交替进行，减少了挖掘的盲目性。发现被埋群众后，采取“大型机械与小型工具”相结合的办法，有的用钢钎撬，有的用铁揪挖掘，有的用双手搬运土石泥块，一点一点地清除埋压在遇难人员上的淤泥碎石，最大限度地减少对被埋遗体的二次损害。三是防护防疫。由于持续高温，被埋的遇难者遗体开始腐烂，为保证安全，指挥部要求参战官兵衣裤袖口、领口必须扎紧，必须戴手套和口罩，挖掘和搬运遇难者的官兵必须佩戴防毒面具。突击队员每发现一具遇难者，先撒上生石灰，喷洒消毒药水，而后挖掘、装袋、搬运，每天参战人员和装备都必须进行防疫洗消。

经过6天150小时的连续奋战，全体参战官兵疏散转移受灾群众400余人，成功搜救遇难者遗体42具，搜出现金38696元，银行卡、存折、证件等贵重物品76件。

三、经验教训

（一）高度重视，组织领导有力。灾情发生后，党中央、国务院和省委、省政府高度重视，温家宝总理、李克强副总理立即作出批示，国务院副总理回良玉，贵州省委书记石宗源，省长林树森，省政协主席王正福，省委常委、政法委书记、公安厅长崔亚东，副省长辛维光等领导亲临现场指挥抢险救援。

（二）救人第一，坚持科学施救。将现场力量划分为若干个突击队，明确每个突击队的搜救范围，将救人行动落实到每个分队，搜救行动有条不紊进行。救援指挥科学有序、个人防护到位、现场警戒观察发挥作用，最大限度地减少了恶劣救援环境对官兵的伤害，确保了官兵人身安全。

（三）作风顽强，发扬铁军精神。参战官兵发扬连续作战的优良作风，克服通道坡度陡、携带装备多、体力消耗大等困难，顶烈日，战酷暑，坚持战斗在抢险救援第一线，以实际行动诠释了公安消防铁军精神。

同时，在救援行动中也存在一些不足：一是消防部队大规模联合作战能力需进一步提高；二是多警种协同作战指挥机制需进一步完善；三是地质灾害救援专业训练需进一步加强；四是大规模作战中官兵现场心理疏导工作需进一步加强。

四川成都市章茂化工公司仓库“7·12”危化品爆炸燃烧事故处置情况

2010年7月12日15时20分，位于四川省成都市成华区龙潭寺新民村一组的成都章茂化工公司仓库发生爆炸燃烧事故，成都市公安消防支队接到报警后，先后调集10个中队的24辆消防车、135名消防官兵参战。经过全体参战官兵历时15个小时的奋力扑救，于7月13日6时基本处置完毕，现场无人员伤亡，避免了火势进一步扩大，保护了大量库存物资，最大限度减少了火灾损失。

一、基本情况

成都章茂化工公司仓库，位于成华区龙潭寺新民村一组，该仓库所在土地为一村民于2006年向村委会协议租用，2007年7月开始自行修建，2008年5月竣工，2008年9月起陆续将仓库租给成都章茂化工公司、凯博材料有限公司、成都市第九运输公司、四川实达化工公司等5个单位或个人存放货物。该仓库建筑面积约7000平方米，分为多个库房，单层砖混结构，房高约7米。公司未依法办理任何相关行政手续，未采取通风防潮措施。起火部位是公司租赁用于存放连二亚硫酸钠（俗称“保险粉”）的库房。7月12日15时20分发生爆炸起火，引发临近库房燃烧，过火面积约2500平方米。

责任区中队到达事故现场后，通过外部观察发现仓库内有大量黄烟随风扩散，浓度极大，能见度不足2米，内夹杂强烈刺激性硫磺味，对周围居民生命安全形成严重威胁。从现场知情人了解得知，仓库内存放着大量保险粉、滑石粉、化肥、石蜡、氢氧化钠及橡胶等大量易燃易爆物品。中队侦察组进入内部侦察后发现发生泄漏、阴燃的部位为存放着大约20吨保险粉及滑石粉的仓房，旁边一辆货车正在燃烧。当中队侦察人员撤出后即发生爆炸，导致库房部分房顶掀开，近三分之二墙体倒塌，爆炸后将现场一橡胶库房引燃，过火面积约2500平方米。

现场除进入仓库的道路周边有3、4栋农房外，其余三面皆为农田，大门左侧沿围墙外侧有一乡村土路，可允许消防车单车通过，道路另一侧有一个人工挖掘的鱼塘，鱼塘面积约1200平方米，水深约3．5米，鱼塘与道路相隔2米左右，可供消防车泵、手抬机动泵吸水取水。燃烧库房或临近着火库房存放物质主要为：保险粉、塑料包装胶带、尿素、氯化钾、橡胶、纯碱、石蜡、黑碳粉等，保险粉学名连二亚硫酸钠，对眼、呼吸道和皮肤有刺激性，属易于自燃物品，加热或接触明火能燃烧，暴露在空气中会被氧化而变质，遇水、酸类或与有机物、氧化剂接触，可引起剧烈燃烧，并释放出有毒和易燃的二氧化硫。

二、处置经过

7月12日15时20分，成都市公安消防支队指挥中心接到报警：位于成华区龙潭寺新民村一组成都章茂化工公司仓库保险粉库房冒烟。指挥中心第一时间调集辖区一中队4辆消防车（3辆水罐车、1辆干粉车）、22名官兵赶往现场扑救。在一中队赶赴现场途中，指挥中心从报警人处了解到，现场已发生燃烧，浓烟滚滚，随即调集3个中队（四中队、特勤一中队、特勤四中队）的8辆消防车、54名官兵前往增援；支队值班指挥长带领全勤指挥部人员立即出动，赶赴现场组织指挥。

16时12分，根据到场中队反馈的信息，现场已发生爆炸，发生大面积燃烧，指挥中心第二次调集增援力量：5个中队（4个公安现役消防队、1个政府专职队）的11辆消防车、56名官兵前往救援。根据现场灭火需要，20时30分，又调集战勤保障大队1辆油罐车及1辆照明车到场提供保障。

第一阶段：扑灭橡胶仓库和保险粉临近库房火势

首战中队一中队到场后，成立三个搜救小组，以“救人第一”为目标开展了初期搜救和侦察，对仓库周边民房进行地毯式搜索，将民房内行动不便的老人抬至安全区域，并安全疏散围观群众27人。由1名干部带领2名战士深入内部进行侦察，在侦察过程中，发现保险粉库房多处发生内部阴燃，已产生明火，引燃了旁边停放的一辆卡车，且存放保险粉部位储量太大，泄漏严重，库区内已全面弥漫黄色的二氧化硫烟雾，随时有爆炸燃烧的危险，立即组织官兵与库房人员紧急撤离。同时划定警戒区，成立两个警戒小组，对现场进行警戒，严禁社会车辆、人员随意进入，并确定一名中队安全员，负责在外围对泄漏仓库进行安全监控。所有人员撤出后不久，仓库保险粉存储部位突然发生猛烈连环爆炸，由于撤离及时，现场无人员伤亡。

16时10分，爆炸发生后，一中队立即对事故现场进行再次搜救，由3名干部各带领一个搜救小组，深入爆炸现场及周边民房确认有无人员伤亡，并勘察爆炸现场、确定受灾范围。在当地村委会干部配合下，官兵对附近村民进行了人员统计，并疏散仓库500米范围内人员到安全区域。

支队值班指挥长到场后第一时间找到仓库负责人询问了解仓库内部建筑情况、存放物品信息、存放区域分类等详细情况，绘制出现场简易平面图，经内部侦察发现橡胶仓库火势较大，保险粉库房发生爆炸后，保险粉部分散落在地上，包装没有完全损坏的形成大小不同的堆垛，临近的库房发生小面积燃烧。根据灭火专家确定，保险粉发生燃烧后可以采用大量的清水进行扑救，加快反应使其迅速燃烧分解。支队全勤指挥部决定组织力量先控制保险粉仓库火势，并设置观察哨负责警戒，在此基础上展开战斗，消灭橡胶仓库及临近库房的火势，最后总攻保险粉仓库。一中队水罐车停在仓库外的土路上从池塘直接吸水取水，利用车载炮控制橡胶仓库火势，同时出2支水枪阻止火势向周围蔓延；特勤一中队东风水罐车停在仓库外的土路上，利用手抬机动泵从池塘直接吸水取水，出1支水枪在围墙外对橡胶仓库火势进行压制；四中队东风水罐车进入库区内利用车载水炮对橡胶仓库火势进行压制，由水罐车从仓库外池塘直接吸水进行供水。大火得到有效压制后，东风水罐车车载炮调整1门移动水炮在橡胶仓库门口射水灭火。

17时12分，橡胶仓库火势得到控制，由于橡胶堆垛较多，调整为二中队泡沫车出2支泡沫枪对橡胶堆垛缝隙内余火进行覆盖。同时，一中队五十铃水罐车、四中队东风水罐车停止水炮灭火，东风水罐车调整为2支水枪清理石蜡、纯碱仓库等处明火。

第二阶段：扑灭保险粉仓库火灾

由于存放保险粉的仓库有再次爆炸危险，因前一次爆炸导致库房顶部、墙体发生坍塌，爆炸后保险粉容器大部分破坏，散落在仓库内外，如果进行转移极其不便。指挥部决定利用车载水炮、移动水炮在周边库房墙体掩护的条件下实施远距离射水，加速保险粉反应使其快速燃烧。

19时30分，四中队东风水罐车车载水炮、三中队、特勤一中队2门移动水炮水带干线铺设完毕，期间，保险粉遇水后发生爆炸，由于各水炮距离爆炸点较远，并且利用地形、建筑物掩护，没有给参战人员造成伤害，灭火人员在暂时撤离避险后立即返回阵地继续灭火。经过3门水炮全力喷射水流，交替掩护推进，保险粉仓库火势于20时40分基本被控制。

第三阶段：轮换上阵，彻底清理现场

20时40分，保险粉仓库火势基本被控制，临近部分库房已坍塌，石棉瓦屋顶将大量塑料包装胶带等可燃物覆压，现场指战员采取轮换上阵的方式，除2台移动水炮继续进攻保险粉仓库，对其进行浇灌，防止死灰复燃外，其余力量利用火钩、撬棍在水枪掩护下全面清理现场，消灭余火。

22时10分，现场清理完毕，各增援力量陆续撤离。现场交由一中队、四中队架设2门水炮对漂浮在空中和散落在地上的保险粉进行稀释处置。

7月13日6时20分，除一中队2辆水罐车最后清理外，其余力量全部返回。

三、经验教训

（一）火场组织指挥协调，统一指挥实施好。在灭火作战中成立了现场指挥部，分别明确专人负责指挥火场供水和现场警戒；指挥内攻灭火以及对整个火场进行全程动态侦察，保证了组织指挥内外上下协调一致，避免了“令出多头”现象的发生。

（二）战术运用恰当，措施得力。支队增援力量到场后，始终坚持“先控制、后消灭”和“分割包围、逐步消灭”的原则，灭火力量首先使用车载水炮、移动水炮对大火进行压制，然后利用泡沫液对橡胶堆垛进行覆盖，防止复燃；由于转移不便，指挥部果断决策，集中力量远距离对保险粉仓库进行射水，加速保险粉反应使其快速燃烧，避免了再次发生大的爆炸。

（三）参战官兵英勇顽强，作风过硬。在整个灭火战斗中，各级指挥员冒着爆炸危险，面对熊熊大火、有毒烟雾、粉尘弥漫和爆炸危险，自始至终坚守在高温环境下指挥战斗。全体参战官兵在长达15个小时的连续战斗中，充分发扬英勇顽强、敢打敢拼的大无畏精神，无一人怕苦喊累、畏缩不前，在灭火过程中，发生多次爆炸，参战人员克服恐惧心理，始终战斗在灭火第一线，为成功扑灭大火起到了决定性作用。

（四）火场通信畅通、命令传达及时。面对复杂的火场，众多的战斗力量，指挥部启动灭火战斗三级网。各参战中队使用规定频道，组成各参战中队之间的通信网络，同时规定警笛和喇叭同时长鸣为撤离信号，由观察哨、信号员掌握，一旦发生突然情况，立即发出撤离信号，保证了火场通信联络的畅通，为灭火指挥提供了有力保障。

（五）处置中也暴露出一些问题：一是部分中队处置特殊火灾经验欠缺，对于含硫等易爆物质及发生大规模突发爆炸事故的处置能力有待进一步提高。二是参战中队在火场较大、增援较多的情况下，水带铺设、水枪阵地设置、人员优化配备等还需加强。三是在灭火后阶段内攻过程中，部分中队战斗员盲目深入，缺乏必要的水枪掩护及安全监护；在处置危化品泄漏、爆炸燃烧事故中，个人安全防护不到位，手套、空呼、高温防护服等装备配备不齐。

辽宁大连中石油国际储运有限公司保税区“7·16”油库爆炸火灾事故处置情况

2010年7月16日18时12分，大连市公安消防支队接到报警，位于大连市大孤山新港码头的大连中石油国际储运有限公司保税区油库输油管线爆炸起火。大连市公安消防支队立即调集37个公安消防中队和4个企事业专职队的128辆消防车、1000余名消防人员赶赴现场。辽宁省公安消防总队接报后，立即启动跨区域增援预案，迅速调集全省13个支队、14个企业专职消防队的220辆消防车、1380余名消防人员前往增援。同时在全省范围内调集泡沫液900余吨；通过部消防局以陆运、海运、空运方式从吉林、河北、天津、黑龙江、山东等地调集泡沫液460余吨运往现场；并协调沈阳空军调用运8飞机运送包括院士在内的11名专家到场，为火灾扑救工作提供技术支持。经过消防人员15个小时的艰苦奋战，17日8时20分火灾得到有效控制，9时55分大火被基本扑灭，成功保住了罐区19个总储量175万立方米原油储罐以及临近2个单位的56个总储量为560万立方米原油、成品油储罐和51个12.45万立方米二甲苯、苯等易燃易爆有毒危险化学品储罐乃至整个大连地区的安全。

一、基本情况

大连中石油国际储运有限公司保税区油库（以下简称为中联油大连储备库）位于大连市大孤山半岛新港码头。大孤山新港位于大连市东北端，规划设计储量1000万立方米。中联油大连储备库建有10万立方米原油罐17个，5万立方米原油罐3个，总储量为185万立方米。东临储量120万立方米的南海罐区和12.45万立方米的液体化工原料仓储区，南邻在建LNG接收站和居民区、港区单位及加油站等附属建筑，西邻储量140万立方米的商储油公司，北邻储量300万立方米的国家原油储备库。油库内有多条直径700－900毫米的输油管线连接邻近罐区。中联油大连储罐区建有固定消防设施，但因爆炸火灾导致供电中断，大部分消防设施不能正常运行。火灾发生当天，大连市多云，温度22～27度，东南风4～5级。

二、处置经过

第一阶段：堵截火势蔓延，防止灾情扩大。

7月16日18时19分，大连支队到场时，T103#罐已经起火，北侧输油管线已经炸断，现场多处输油管线、排水排污管道井连续发生爆炸。支队现场指挥部立即作出战斗部署。一是派出灭火攻坚组深入罐区关阀断料；二是对T103#罐和毗邻的T106#、T102#罐及南海罐区的T037#、T042#罐进行冷却抑爆；三是全力堵截消灭地面流淌火，压制输油管线火势。四是协调海事部门出动消防艇和托消两用船，控制海面火势。由于大连支队初期控火得力，从而为成功扑救火灾赢得了宝贵时间。

第二阶段：全面控制火势，掌握战局主动。

21时30分许，总队领导到达现场，迅速成立了现场指挥部。按照“先控制、后消灭”、“确保重点、攻克难点、兼顾一般”的原则，立即调整作战力量，将火场划分了四个战斗区域并设置分指挥部。

在第一战斗区域，本溪支队、锦州支队和大连石化消防队、大连机场消防队在先期力量部署的基础上，出3门车载水炮对T106#、T102#罐进行冷却；出2门移动泡沫炮和4支泡沫管枪，压制T103#罐东侧泵房及邻近管线的大火，堵截地面流淌火向东侧蔓延，消灭罐区阀组火势。

在第二战斗区域，营口支队、沈阳支队和辽阳支队，出1门车载水炮、2门移动水炮对T037#原油储罐进行冷却，出1门移动泡沫炮和9支泡沫管枪压制T037#、T042#罐邻近输油管线、阀组的火势。同时采取沙土筑堤、覆盖的措施配合泡沫管枪，全力堵截、消灭地面流淌火势。

在第三战斗区域，鞍山支队、抚顺支队和抚顺石化消防队出2门车载水炮对T042#罐进行冷却；出4支泡沫管枪堵截向T048#、T043#罐蔓延的流淌火势；出6支泡沫管枪消灭T042#罐邻近的输油管线和地下沟渠内的火势。

在第四战斗区域，丹东支队和盘锦支队在原有力量部署的基础上，出4支泡沫管枪阻止火势向液体化工原料仓储区和输油管线蔓延；出2门移动水炮和4支泡沫管枪冷却码头区域南侧输油管线，消灭船舶燃料供应公司院内的地面流淌火，堵截火势向成品油桶区域蔓延。

第三阶段：备足攻坚力量，发起总攻灭火。

7月17日8时20分，四个区域的火势基本得到控制，在现场各种条件都已具备、时机成熟的情况下，现场指挥部发出总攻命令。

在第一战斗区域，重点对T103#罐进行强力冷却，同时利用2门车载泡沫炮、4门移动泡沫炮、2门高喷炮、6支泡沫管枪和6个经改造的固定泡沫灭火设施实施总攻。

在第二战斗区域，全力控制严重威胁T042#储罐的管线、阀组火势，并采用水流切封法彻底扑灭管线和阀组开裂处大火。

在第三战斗区域，重点对T042#，T043#两个原油罐进行不间断冷却；阻截消灭地面和沟渠流淌火及输油管线火势。

在第四战斗区域，出6支泡沫管枪扑灭码头岸边和排污口明火，堵截向液体化工原料仓储区蔓延的火势；组织大连海事局和海港支队全力扑灭通过排污管道蔓延至海面的火势。

经过一个半小时的奋战，9时55分，除T103#罐外，大火被成功扑灭。

第四阶段：彻底消灭残火，实施现场监护。

总攻结束后，现场指挥部命令继续加强火场重点部位的冷却，并消灭残火。20日8时20分，T103#罐内残火彻底消灭，整个灭火战斗行动圆满结束。

三、经验与体会

一是决策果断，靠前指挥。在火势最猛烈的时刻，公安部、部消防局和省公安厅领导亲临一线，靠前指挥，为灭火提供了坚强有力的领导。

二是调度及时，集结快速。接到报警后，大连支队、辽宁总队一次性调动先期处置力量、增援力量和社会联动力量赶赴现场，为成功处置创造了有利条件。

三是作风顽强，敢于攻坚。全体参战人员面对浓烟烈火的熏烤，面对不断发生的爆炸，面对长时间作战的极度疲劳，没有一人退缩，彰显了公安消防铁军的战斗风采。

四是装备精良，效能明显。辽宁公安消防部队配备的高精尖装备，在火灾中经受住了长途奔袭和长时间作战的严峻考验，特别是大连支队远程供水系统发挥了重要作用。

五是立体补给，保障到位。此次火灾充分检验了辽宁总队战勤保障建设成果。同时兄弟省份的海陆空立体化补给，为圆满完成任务，提供了强有力保障。

六是前后协同，沟通顺畅。在火灾扑救中，前线指挥部和后方指挥中心始终沟通顺畅，配合紧密。后方指挥中心预先研判，提前拟制增援方案，确保了火场参战力量及时到场。

江苏南京市"7·28"原南京塑料四厂丙烯管道气体泄漏爆炸事故抢险救援情况

2010年7月28日9时56分，江苏省南京市公安消防支队指挥中心接到报警称，南京栖霞区万寿村15号原南京塑料四厂有不明气体发生泄漏，10时6分辖区中队到场；约5分钟后发生了一场大爆炸。

一、基本情况

（一）单位概况

原南京塑料四厂地处栖霞大道和经五路交界处，该厂已于2005年停产，厂区内尚有部分未迁走的居民和两家汽车修配厂。厂区东侧阳光雅居小区约有1000户居民；南侧为红太阳家居城和万寿村约1万户居民；西侧为省工业设备安装公司和高力家具港；北侧栖霞大道的两边为居民房及中石化江南加油站，周边机动车日流量约10万辆。泄漏现场200米范围内有市政消火栓6个，高力家具港有600立方米水池1处，红太阳家居城有350立方米水池1处。火场距离辖区迈皋桥中队约3. 5公里。当日天气晴，气温28~35度，偏南风3~4级。

（二）事故原因

经国家安监总局和省政府联合调查，本次事故原因为：施工单位在平整场地时违规施工，造成埋于地下的丙烯管道破裂，易燃丙烯气体大量泄漏，与空气混合形成爆炸性气体，遇着火源发生爆炸燃烧。

二、处置经过

第一阶段：力量调集

9时56分，南京市公安消防支队作战指挥中心接警后，立即启动《重大灾害事故应急处置预案》，调集7个公安消防中队及扬子石化、金陵石化消防支队的2个专职消防中队和战勤保障大队，共39辆消防车、214名消防人员及7条搜救犬赶赴现场。同时，向总队和市政府、市公安局报告，并通知有关应急联动单位参战。

第二阶段：现场侦察

10时6分，辖区中队接警到场，立即采取以下四项措施：一是迅速向支队作战指挥中心报告现场情况；二是命令消防车分别停靠在上风方向和侧风方向；三是做好个人防护；四是分成2个警戒小组和4个疏散小组，利用喊话和设立警戒标识的办法，对现场进行警戒，及时疏散过往群众600余人。

10时10分，厂区发生猛烈爆炸，现场迅速成立了"7·28"救援总指挥部。10时20分，增援力量和应急联动力量相继到场，总指挥部立即派出力量对现场实施警戒。爆炸点周边100米内的危险区域由消防人员实施警戒；外围道路由1200余名公安、武警实施警戒，防止无关人员和车辆进入。

现场总指挥部召集危化品处置专家、金陵石化集团及周边化工厂的技术人员到场，组成现场专家组。12时许，确认了泄漏管道为输送丙烯原料管道。通过侦察发现，发生泄漏段最近端阀门位于金山花苑小区和金铺集团金陵塑胶化工公司内。13时许，厂方技术人员对泄漏管道阀门实施关闭。

第三阶段：灭火救人

爆炸发生后，参战官兵在控制泄漏点稳定燃烧的同时，积极消灭外围火点，将现场分成4个作战区域，用18个灭火小组逐个消灭爆炸造成的60余处火点。中队指挥员立即组织抢救遇险群众，第一时间抢救出被烧伤、砸伤群众19人。增援力量到场后，组成4个救人小组，对爆炸中心区域的倒塌建筑进行第二轮搜救，在现场北侧倒塌建筑内营救出3名被埋压的幸存者。11时20分，火点被全部扑灭。截至18时，先后实施了5轮地毯式搜救，共营救出被埋压人员36人，挖掘出9具遇难者遗体。

第四阶段：谋划决策

外围明火全部扑灭后，泄漏点仍在猛烈燃烧。总指挥部根据现场情况下达指令：一是继续对现场被困遇难人员实施搜救，二是严格控制进入警戒区内的人员数量，三是侦察人员随时报告泄漏点的燃烧情况，四是确定工艺处置措施。

15时许，现场发现泄漏管道阀门无法彻底关死，管道内仍有大量丙烯气体在泄漏。15时30分，现场总指挥部研究决定，对泄漏段管道两端采取“加盲板”措施。

第五阶段：工艺处置

29日0时30分，厂方技术人员对泄漏管道阀门进行了注水密封，并立即在第四阀门处加装盲板。0时40分左右，加装盲板结束。泄漏点火焰高度呈逐渐下降态势。20分钟后，泄漏点火焰降至约20厘米。

第六阶段：安全监护

专家组在对泄漏点仔细观察后，确定加装盲板取得成功。按照现场总指挥部的命令，参战官兵在管道泄漏处1平方米范围内点燃了4根“长明灯”，用于监测泄漏。29日5时23分，泄漏管道内丙烯物料燃尽，火焰自动熄灭。为确保安全，南京支队官兵连续7天7夜在现场实施24小时监护，配合厂方对破损管道进行切割、更换，直至恢复生产。

三、经验体会

（一）必须坚持最大限度地避免人员伤亡。支队作战指挥中心第一时间通知各参战力量采取安全防护措施，进行施救。各级指挥员必须冷静判断现场的危险因素，采取有效的处置措施。尤其当发生大面积的易燃或有毒气体泄漏时，消防指挥员应使用消防指挥车上的大功率扩音设备进行广播，及时通知现场群众紧急疏散逃生。

（二）必须坚持实施统一指挥和科学决策。事故发生后，省、市主要领导迅速到达现场指挥抢险救援及善后工作。当日，部消防局作战指挥中心视频连线总队作战指挥中心以及救援现场前沿指挥部，了解情况、指挥作战。总队、支队主要领导在接警后第一时间到达一线，为有效的处置此次灾害事故发挥了重要作用。

（三）必须坚持发挥应急联动单位的作用。省、市政府立即启动《重大灾害事故应急处置预案》，公安、武警、安监、环保、供水、供气、供电、电信、医疗救护等社会应急联动力量快速到场协同开展灭火救援行动，切实形成了救援合力。

（四）必须坚持发扬公安消防部队的铁军精神。参战官兵坚决贯彻指挥部命令，不怕牺牲，不顾极度疲劳，许多官兵出现中暑症状，仍在高温酷暑和大火的熏烤下连续作战，充分展现了“攻无不克、战无不胜、英勇顽强”的铁军精神。

陕西宝鸡市“7·30”宝天高速大巴车悬挂高架桥抢险救援情况

2010年7月30日下午18时10分，一辆从西藏开往西安的长途客车行至宝天高速公路姚家山隧道东出口高架桥处发生车祸，车上35名乘客生死不明，急需救援。接到报警后，陕西省宝鸡市公安消防支队全勤指挥部迅速调集特勤中队10名官兵、1辆抢险救援车和二中队18名官兵、2辆抢险救援车、1辆A类泡沫车赶赴事故现场。经过两小时救援，成功救出被困重伤员4人，安全转移重伤员8人、轻伤员22人。

一、基本情况

7月30日下午18时10分，一辆从西藏开往西安的金龙旅游大巴，由于驾驶员疲劳驾驶、车速过快，行至宝天高速公路姚家山隧道东出口高架桥处时突发交通事故，车辆冲出桥面，车头向下呈90度悬挂在隧道出口桥梁半空，大部分乘客从车头破碎的挡风玻璃处掉落至桥下河道，受伤情况不明，还有1名乘客在安全带的保护下悬挂在车体尾部，3名乘客困在变形的车体内。且事故车辆处于悬空状态，车头离河床高度10米，随时都有下滑坠落可能，现场情况万分危急。

二、处置过程

6时12分，接到出动命令后，宝鸡支队特勤中队10名官兵、1辆抢险救援车和二中队18名官兵、2辆抢险救援车、1辆A类泡沫消防车分两路赶赴现场：一路从宝天高速到达现场；一路从310国道到达现场（高架桥下方），并及时向宝鸡市公安局、市政府汇报情况，市政府立即启动《宝鸡市重特大交通事故应急救援预案》，紧急调动医疗、交通及公安交管、治安等部门相关人员赶赴现场协助处置。18时25分，政府相关联动部门相继到场，成立了以副市长袁军晓为总指挥的现场救援指挥部。指挥部决定：一是交警部门在事故点两端200米处设立警戒、实施管制；二是确定4名被困人员的施救顺序，由消防部门承担施救任务；三是医疗部门做好救护准备对重伤员实施跟进救护；四是交通部门负责调集清障车、50吨吊车到场。

（一）悬空营救

由于事故清障车，50 吨吊车还未到达事故现场，如果事故车辆稍有晃动，车体一旦下落，将会导致车内被困人员及掉落在车体正下方河道中的乘客二次受伤，给营救工作带来了极大困难。指挥部按照确定的营救顺序，由特勤中队首先营救困在车尾部的女乘客。根据营救分工，首先设置了观察哨，随时注意车体倾斜角度，防止车体坠落，一名干部带领战士撑起二节拉梯，拉梯下端以路面为支点，由 2 名战士手扶脚顶防止滑动，拉梯上端缚上救援绳索，绳索另一端由 4 名战士牢牢拽住，缓慢放松绳索，将拉梯放入车体内，一名战士缓缓登上二节拉梯，慢慢靠近悬空女乘客，通过语言交流稳定其情绪。在靠近女乘客后，轻轻解开安全带，将其扶上拉梯，第一名被困者成功获救。

（二）破拆营救

18 时 35 分，清障车到达现场。结合侦察情况，现场指挥部认为：第二、三名被困人员位于车体中部，被卡在座位上，没有活动空间，必须对车体进行破拆。操作人员首先用钢丝绳将事故车辆绑定到清障车，用 A 类泡沫对流淌出来的油品进行覆盖，防止被切割破拆时产生的火花引燃，然后由特勤战士进入事故车体展开营救。然而，救援并不顺利，一方面由于车体向下倾斜，救援人员进入车体后无法站立，破拆救援很难开展，另一方面破拆动作稍大可能导致车体晃动，使整个车体失去平衡，会引起被困伤员情绪激动和声嘶力竭的呼喊，甚至事故车辆连同牵引清障车一同坠落，后果不堪设想。但是，破拆人员充分利用丰富的战斗经验，在用语言安慰被困人员的同时，排除救援空间极其狭小的不利影响，用安全绳将自己固定，快速利用液压剪、扩张器等救援工具扩大救援空间，同时医护人员及时对被困乘客做打点滴、吸氧等急救处理，稳定伤者情绪。19 时 10 分，第二名、第三名被困者被救出。

（三）扩张切割

第 4 名被困乘客由于腿部被夹，伤势严重，腰部被安全带束缚，身体被周围障碍物死死卡住，一度处于昏迷状态，破拆切割营救过程中很难做到主动配合，救援难度非常大。19 时 13 分，50 吨吊车到达现场。指挥部命令操作人员用钢丝绳将事故车辆固定在吊车上，要求救援人员先将被困者周围障碍清除后再实施救援。特勤中队三名救援人员进入车内，慢慢清除、切割被困人员身体上、中、下三个部位障碍物，一点一点扩大救援空间，同时不断地与受伤乘客交流，稳定其情绪。在周围障碍物清除完后，利用扩张器等救援器材扩张活动空间。19 时 35 分，在参战官兵的共同努力下，成功救出第 4 名乘客。为确保所有人员得到救助，指挥部命令救援人员对事故车辆进行仔细搜索，确定现场无被困人员后，清理现场，起吊事故车辆，险情排除。19 时 50 分，宝天高速恢复通车。

三、经验教训

此次救援行动取得圆满成功，得益于：一是领导靠前指挥，救援指导思想明确；二是科学决策，划分区域分组作业；三是行动坚决，抢险救援应急联动机制作用明显；四是英勇顽强，参战官兵发扬了不怕牺牲的战斗精神。但在处置过程中，也暴露出一些问题和不足，主要体现在：一是部队训练的针对性不强。抢险救援专业人员缺乏正规化、系统化培训，部分指挥员面对较大的救援现场心理素质较差，存在恐惧心理。二是器材装备的结构不合理。部队虽然购置了大量的车辆和各种救援装备，但装备器材仍不能满足处理特殊事故救援的需要。

甘肃舟曲“8·7”特大山洪泥石流灾害抢险救援情况

2010年8月7日，舟曲县特大山洪泥石流灾害发生后，甘肃省公安消防部队快速反应、全警动员、科学施救，圆满完成了救援任务，最大限度抢救了人民群众生命财产，受到了各级党委、政府及人民群众的高度赞扬。

一、基本情况

8月7日23时左右，甘肃省舟曲县城东北部山区突降特大暴雨，引发建国以来罕见的特大山洪泥石流灾害，造成一千多人死亡，数百人失踪，给当地群众的生命财产带来了巨大损失。灾情发生后，甘肃省公安消防部队坚决贯彻公安部、省委、省政府和省公安厅的部署，第一时间分五批次紧急调集甘南、兰州等10个消防支队和总队机关、教导大队的716名官兵、92辆消防救援车辆，携带救生、搜寻、破拆、照明等10大类4700余件（套）抢险救援器材装备，紧急赶赴灾区参加救援。

在这次抢险救援行动中，甘肃省参战消防官兵牢固树立“多挖一个生还者，拯救一条生命；多挖一具遗体，告慰一个亡灵”的理念，充分发挥技术装备和专业技能优势，科学、高效、安全施救，分秒必争地抢救被困群众，共营救生还者77人，挖掘遇难者遗体106具，挖出现金、首饰、有价证券等物品价值达200多万元，给群众送水1940吨，为抗洪救灾做出了积极贡献，得到了中共中央政治局常委、中央政法委书记周永康，省委书记陆浩，副书记、代省长刘伟平和公安部副部长刘金国等领导同志的充分肯定，展示了甘肃公安消防部队的良好形象。

二、处置经过

（一）全警动员，紧急调集精锐力量弛援灾区。8月8日3时，总队接到舟曲发生泥石流灾害信息，迅速派出甘南支队29人、3辆消防车作为全省消防救援队第一梯队赶赴灾区。7时许，总队召开紧急会议，专题研究部署赴舟曲灾区参加救援工作，成立抢险救灾指挥部，立即启动《总队跨区域增援调动预案》和《重大灾害事故处置应急预案》，命令全省消防部队进入待命状态，先后调集716名官兵、92辆消防车参与救援，调集兵力之多、涉及范围之广、集结速度之快，在甘肃省公安消防部队灾害救援史上尚属首次，为最大限度地营救群众、抢救生命赢得了宝贵的时间。

（二）分秒必争，迅速营救被困群众。泥石流发生后，甘南支队舟曲大队第一时间向上级汇报灾情，并利用手机拍摄现场视频传送到中央电视台，成为中央电视台播出的第一个灾区现场画面，使全国人民最早、最直观的感受到了灾情。8月8日15时20分，甘南支队救援官兵到达现场，立即利用4艘橡皮艇在水深4米的街面上搜寻被困群众，当天营救出49名被困群众。随后到达灾区的支援力量先后投入到灾情最严重的三眼峪村、月圆村、北街等处，迅速展开抢险救灾。共疏散营救被困群众77人，为圆满完成救援任务奠定了坚实基础。

（三）攻坚克难，全力展开搜救总攻。8月9日晚，在现场指挥的公安部消防局王沁林副局长下达了从10日开始发起搜救总攻的命令，总队前线指挥部根据前期救援情况对参战人员和器材装备进行了合理调整和划分，组织了28个抢险救援突击队，将救援工作从重灾区向周边延伸，扩大搜寻范围，展开拉网式搜救。面对城内交通阻断，行动全靠步行，气温居高不下，尸体开始腐烂，挖掘进展缓慢，抬运尸体异常艰难等重重困难，先后在泥石流和各类建筑废虚中搜寻挖掘遇难者遗体106具，挖出现金、首饰、有价证券等物品价值达200多万元。

（四）真情为民，全力保障灾区用水。特大山洪泥石流冲毁舟曲县城供水系统，城市饮用水源白龙江受到污染，城区4万多群众和现场数千救援人员用水告急。根据这一情况，指挥部决定抽调部分官兵利用消防车为群众送水。从8月10日开始，甘南、陇南、白银支队共出动35名官兵、8辆水罐消防车，分别从距灾区30公里外的地方向县城送水，并专门挑选20名官兵组成挑水队，将生活用水送到各灾民安置点。期间，累计送水310车、1940余吨，极大地缓解了县城4万余人的饮水困难，为保障灾民基本生活需求、维护灾区社会形势稳定做出了应有贡献。

三、经验体会

这次舟曲特大山洪泥石流灾害救援取得了阶段性战果，赢得了党委政府和社会各界的广泛认可，主要得益于以下几个方面：

（一）公安部、省委、省政府和省公安厅的坚强领导是取得抢险救援胜利的关键。灾情发生后，省委书记陆浩，副书记、代省长刘伟平在救援现场亲切接见了消防官兵，省委常委、省政法委书记兼省公安厅厅长罗笑虎，副省长张晓兰对救援工作作出重要指示。公安部消防局副局长王沁林赶赴现场指挥救援工作。公安部、部消防局紧急调集四川、陕西、宁夏、青海4个总队的671名官兵增援，刘金国副部长多次打电话到前线了解情况，提出明确要求，为公安消防部队完成抢险救援任务提供了坚强的组织领导。

（二）指挥部的科学指挥是取得抢险救援胜利的决定因素。总队抢险救灾指挥部下设前方和后方指挥部，分别负责兵力调度、前方作战指挥和物资后勤保障、联系协调、信息报送等工作，研究确定了“救人第一、分组协同、梯次推进、确保安全”的指导思想，安排部署了作战任务、通信联络、战勤保障、兵力运送等工作。全体参战官兵克服重重困难，依靠坚韧毅力和过硬技术，圆满地完成了抢险救援任务。

（三）及时靠前的遂行保障是取得抢险救援胜利的有力支撑。甘肃总队在承担本省消防部队716名救援人员生活保障的同时，还负责四川、陕西、青海、宁夏消防总队增援力量671人的后勤保障工作。总队快速启动应急战勤保障物资调运方案，以兰州、临夏、陇南等地为后勤保障基地，按照1500人、3天标准筹集保障物资，先后调集9辆卡车，第一时间将食品和生活物资运送到救灾一线，遂行派出医疗小分队，保证了参战官兵在整个战斗中“有饭吃、有水喝、有帐蓬住、有医疗防疫”。总队教导大队抽调120名官兵承担运送救援物资任务，官兵们每次背负五六十斤生活物资，徒步30余公里运送到救援现场，为部队作战行动提供了有力支撑。

（四）大张旗鼓的战时宣传是取得抢险救援胜利的不竭动力。事故发生后，总队立即启动应急宣传机制，调集15名宣传报道人员随队出动，迅速联系协调中央、省、市主流媒体，派出随队记者全程跟踪采访报道，协调中央电视台、中央广播电台等主流媒体播出专题、新闻200多条，协调《人民日报》、新华社、《甘肃日报》、人民网等50余家报刊杂志及各大门户网站刊发、转载全省消防部队抢险救援稿件近600余篇，充分展现了甘肃省消防部队英勇顽强的战斗风貌。

浙江杭州“8·13”合祥精细化工有限公司化学危险品热解事故抢险救援情况

2010年8月13日19时19分，浙江省杭州市拱墅区祥符镇新文路南坝103号合祥精细化工有限公司危险品仓库发生硫脲热解事故，造成有毒气体扩散。杭州市公安消防支队指挥中心接警后，先后调派10个中队的21辆消防车、140名消防官兵赶赴现场处置，先后疏散群众1000余人，成功营救出23名被困人员，确保了人民群众的生命安全。

一、基本情况

杭州合祥精细化工有限公司占地面积1000平方米，系台商独资企业，注册资金42.15万美元，主要销售轻纺印染和印染助剂，职工18人。该单位的化危品仓库主要存放乙二醇、二乙醇胺、冰醋酸、硫脲、氢氧化钠、甲基萘等。仓库占地400平方米，钢架结构，位于单位西侧，单位东侧是一排砖混结构的2层居民房，仓库和居民房之间为钢棚屋顶的走廊，也存放大量的危险化学品。单位东边为村道，西边为居民房，北边为新文路，南边为居民房。单位500米范围内水源充足，距辖区消防中队约2公里。当天气温29～39度，偏南风，风力3～4级，火险等级4级，易燃。

二、处置经过

第一阶段：分批调度，快速反应

杭州支队指挥中心接警后，先后调派10个消防中队的21辆消防车、140名消防官兵赶赴现场。在明确为化学品事故后，全勤指挥部立即向相关部门报告，启动《杭州市重大灾害事故应急救援处置预案》，调集公安、安监、交通、卫生、环保等相关应急联动单位到场协助，并协调有关部门做好市政管网加压、交通管制工作，调集氨水、熟石灰等备用物资到场。

第二阶段：严密警戒，紧急疏散

19时24分，祥符中队抵达现场。此时，事故单位内堆放的1吨左右硫脲受热分解产生大量二氧化硫等有毒的硫氧化物、氮氧化物，在空气中被氧化成硫酸雾，弥漫在事故现场。指挥员本着"救人第一"的原则，迅速组成侦检、警戒、疏散、搜救4个攻坚小组，按照化学事故处置程序，积极营救和引导疏散现场被困群众，划定警戒范围，严禁无关人员进入污染区。

19时30分，指挥员会同厂方技术人员进入厂区内部，确认泄漏源为化工原料硫脲。指挥员果断下达命令，派2名精干人员身着内置式重型防化服，佩戴干粉枪，与厂方技术人员深入仓库内部，用干粉对泄漏的硫脲进行覆盖，在将其完全覆盖后撤出仓库。19时59分，增援力量到场后，根据辖区中队指挥员命令协助组织扩大警戒范围，并开展进一步搜救。

第三阶段：科学研判，稀释降毒

20时03分，支队全勤指挥部到场。此时，已有5名官兵感到身体不适，指挥部迅速指派专人送中毒官兵前往医院治疗。全勤指挥部经过分析研判后，要求官兵处置时必须着重型防化服，继续扩大现场警戒范围，全力疏散周边住户和围观群众并协助做好洗消工作，防止二次毒害。特勤、战保、蒋村、半山等中队到场后，根据全勤指挥部的命令，实施侦检、照明、搜救、稀释和洗消等工作，并组织后备力量替换一线作战人员。

第四阶段：持续侦检，彻底洗消

指挥部根据现场情况，召集有关专家和技术人员认真研究处置措施，科学制定了"强化作战人员防护、严密控制外围警戒，攻坚稀释扩散气体、迅速排除重大险情"的处置对策。20时50分，现场情况得到有效控制。8月14日1时许，现场二氧化硫等有毒气体浓度已经降到安全范围内。2时许，支队将现场移交给环保、安监等部门，最后一批留守官兵撤离现场。

三、经验教训

（一）各方响应迅速及时。支队指挥中心接警后，先后调集10个中队到场展开救援。全勤指挥部在赶赴现场的同时报请政府启动应急联动预案，及时调集社会相关力量参与事故处置，为成功处置奠定了基础。

（二）技战术措施得当。现场指挥员根据侦察掌握情况，迅速调整部署，认真研究处置措施，科学制定处置对策，避免了人员中毒伤亡，最大限度的减少了事故损失。

（三）官兵作风英勇顽强。在事故处置过程中，参战官兵面对毒害威胁，临危不惧，毫不退缩，始终坚持在一线连续作战，是成功处置此次事故的保证。

（四）事故处置过程中暴露出一些问题。一是个人防护不到位，导致部分官兵出现中毒症状；二是对辖区危化品情况掌握不够。

广西贵港市“8·13”房屋坍塌事故抢险救援情况

2010年8月13日6时30分许，广西贵港市港南区桥圩镇牛岭街供销社百货门市部发生建筑坍塌事故，12人被埋压。贵港市公安消防支队接到报警后，迅速调集5个中队的12辆消防车、104名官兵赶赴现场实施救援。广西公安消防总队全勤指挥部遂行出动，并调集南宁、玉林市公安消防支队的7辆消防车和33名官兵跨区域增援。经过全体参战官兵近17个小时的奋战，成功从废墟中搜救出12名被困人员（其中9名生还，3名死亡），搜寻出49枚雷管。

一、基本情况

坍塌建筑位于港南区桥圩镇牛岭街，为3层砖混结构建筑，占地面积约200平方米，建筑面积590平方米，高约10米。其中，一层为6间沿街铺面，二层为办公场所，三层为住宅，在楼顶搭建有一个钢结构顶棚。坍塌建筑东、北面为街道，南面为一在建超市，西面为供销社综合楼。事故地点距港南区公安消防中队约20公里，距玉林市约70公里，距南宁市约160公里。

此次事故是因为房主在进行房屋改建时拆除承重墙，致使建筑承重能力下降而造成的。由于坍塌事故发生突然，事发时又正值清晨，楼房内大部分人员尚未起床，12名在楼内的人员全部被埋压在废墟下，同时还有49枚雷管也一同被埋在废墟下。该建筑坍塌属于平降崩塌，即整栋建筑整体坍塌，坍塌后梁、柱、楼板及楼顶钢结构顶棚等建筑构件杂乱交错，塌落的钢筋水泥、砖块等堆起来约有2米多高。

事故发生当天，晴天，东南风1—2级，气温28～36℃。

二、处置经过

第一阶段：快速调集力量，及时疏散群众和抢救遇险人员。

6时34分，贵港市公安消防支队指挥中心接到报警后，迅速启动重大灾害事故应急预案，并调集港南、港北、特勤、覃塘、桂平5个大中队及支队全勤指挥部106名消防官兵火速奔赴现场救援。贵港市公安消防支队全勤指挥部在赶赴事故现场的同时，立即向总队和市委、市政府等报告情况。自治区公安消防总队接到报告后，立即启动跨区域作战预案，总队参谋长蒋正明带领全勤指挥部立即赶赴现场组织指挥抢险救援行动，同时调派南宁、玉林市公安消防支队的7辆消防车和33名官兵，携带生命探测仪、起重气垫等救生装备增援。贵港市人民政府接到报告后，立即启动重特大事故应急救援预案，调集公安干警240人、民兵80人、医护人员16人及救护车4辆参与救援。

7时1分，辖区港南区消防中队2辆消防车和12名消防官兵到达事故现场。中队指挥员在第一时间组织消防人员开展救人，并在现场人员配合下，解救疏散出4名被埋压在倒塌建筑表层的人员。同时，消防人员经现场询问了解，坍塌建筑下还有多名被埋压人员，从外侦察可以发现在倒塌建筑西南角落和南侧中央部位分别有1名被困人员，一名男子上半身被倒塌的水泥板压住，另一名男子双腿被倒塌的水泥板压住，头部受伤，正在不断流血。中队指挥员根据现场侦察情况，立即组织2个救援小组，在当地派出所民警的配合下，利用无齿锯、液压剪扩器、液压支撑顶杆等装备对坍塌表层的2名被困人员开展救援。同时，组织其他消防人员和民警共同疏散围观群众和受害者家属，并在事故现场出入口设置警戒带，禁止无关人员进入。

第一救援小组利用绝缘剪和多功能液压钳等救援工具对南侧中央部位的被困人员实施救援。消防人员一边安慰被困人员，一边利用破拆工具剪断被困人员身边的钢筋，将大块建筑构件分割成小块，再通过徒手作业方式搬开埋压在被困人员身上的砖石。7时22分，被困人员周边的砖石被清理完毕，第5名被困人员被成功救出。

第二救援小组负责对西南角的被困人员展开施救，由于身上埋压的水泥板较多，一时难以搬开，救援人员先用救援顶杆制作支撑点，防止上方倒塌的建筑构件发生二次坍塌，再用绝缘剪将被困人员周边的钢筋剪断，然后用手把被困人员周边的碎石慢慢清理出来，为被困人员清理出一个空间。7时41分，第6名被困人员被成功救出。

第二阶段：加强协同配合，全力搜救被困人员。

7时15分，贵港市公安消防支队特勤大队3辆消防车和20名官兵到达事故现场，并立即展开战斗，协助港南中队开展救援。

7时25分，贵港市公安消防支队全勤指挥部与港北中队增援力量2辆消防车和8名官兵到达现场。现场指挥员组织成立抢险救援指挥部，设立抢险救援组、安全组、战勤保障组、秘书组，确定“先易后难、先救有生命体征，后救遇难者”的救援措施，并根据现场情况，立即对参战力量进行重新调整部署：安全组对危险区段、部位进行实时监测，防止发生次生灾害，确保救援官兵人身安全；战勤保障组落实好战勤保障工作，确保救援工作顺利开展；港北中队增援力量协助港南中队在倒塌建筑南面开展搜救；特勤大队增援力量分成2个搜救小组，分别负责北面、西面搜救工作。

在解救第6名被困人员过程中，在其西侧1米处发现第7名被困人员，经现场医护人员诊断已经死亡。港北中队到达后，立即组织一个救援小组携带救援工具进入坍塌楼房南面战斗段，协同港南中队官兵利用液压剪、液压破拆工具组、绝缘剪和切割机等破拆工具，对第7名被埋压人员身上的钢筋混凝土进行清理。7时48分，将遇难者遗体挖出。

7时22分，特勤大队第一搜救小组在倒塌建筑北侧中央段发现第8名被埋压人员，先利用破拆工具对水泥板进行破拆，然后手工清除出埋压在被困人员身上的碎水泥砖块。7时45分，成功将被困人员救出。

8时3分，特勤大队第二搜救小组在事故现场中部位置发现第9名被困者，经确认已经死亡。8时18分，消防人员将该遇难者遗体清理出来。

8时41分，贵港市领导和桂平大队、玉林市支队增援力量相继赶到现场。贵港市政府成立以市长李宁波为指挥长，市委常委、政法委书记蔡锦军等领导为成员的现场总指挥部。总指挥部在听取现场救援工作汇报后，进一步明确参战单位任务：一是由消防部门负责搜救、确定被困人员地点和数量，开展救人；二是“110”和辖区派出所负责外围警戒，交警负责对事故现场周围实施交通管制，“120”负责现场救护；三是港南区政府对事故现场进行调查和善后处理；四是城建部门立即调集大型工程车辆到达现场，作为备用。

根据现场总指挥部部署和现场救援工作需要，贵港市支队抢险救援指挥部立即召集参战官兵进行简单思想动员，将200平方米废墟分成3个战斗区域：一是由特勤大队一部负责现场北面战斗段搜救；二是由特勤大队一部和覃塘大队负责现场南面战斗段搜救；三是由玉林市支队增援力量及桂平中队替换港南、港北中队人员负责现场东面战斗段搜救。

8时52分，根据知情人叙述，消防人员利用生命探测仪在现场中部发现第10名被困者——名叫马心妍的4岁女孩，被倒塌的横梁和楼板困在一个三角空间内，在不停哭喊。消防人员一边通过对话稳定小女孩的情绪，一边利用破拆工具在其被困位置旁打开一个直径约50厘米的救生通道，然后用手扶住小女孩双脚，引导小女孩通过倒爬的方式撤离出危险区域。9时3分，小女孩被成功救出。

10时，消防人员在坍塌建筑西北角再次探测到有微弱呼救声，最终确认发现第11名被困者。该被困者是一个名叫马心卉的小男孩，双脚被水泥板死死卡住。但由于坍塌建筑上面还有一层铁棚，影响救援工作开展，现场指挥员组织2个破拆小组携带无齿锯、钢筋速断器、多功能液压钳等破拆工具对西北角的棚顶实施破拆。救援人员先用钢筋速断器剪断连接水泥板的钢筋，再将小男孩双腿四周和头部附近砖土一点一点扒开。10 时 22 分，小男孩被成功救出。

在救出被压小男孩的同时，在其西北侧 2 米处又发现第 12 名被困者，经医护人员确认，已经死亡。由于遇难者遗体的左手臂和右腿被大量倒塌的楼板及横梁死死压住，救援十分困难。救援人员一方面利用破拆工具将大块建筑构件分解清理，另一方面利用吊车清理大块建筑构件。10 时 33 分，遇难者遗体被清理出来。

10 时 28 分，总队蒋正明参谋长率总队全勤指挥部人员和南宁支队增援力量也相继赶到现场，在详细了解现场情况后作出部署：一是再次组织搜救人员利用雷达生命探测仪、蛇眼生命探测仪对现场进行全面侦测，确保不遗漏、不出现死角；二是把压在事故现场上的铁棚切割分块，利用吊车吊离现场，为救援人员深入现场作业提供空间；三是设置安全员对现场进行监护，预防雷管爆炸。

10 时 35 分，消防人员利用雷达生命探测仪、蛇眼生命探测仪对现场进行全面侦测搜寻，确认现场已没有生命迹象。

第三阶段：排除爆炸物品，配合相关力量清理现场。

13 时 50 分，经现场侦察、多方了解并与救出人员核对，确认现场没有被困人员，现场指挥部命令南宁市支队、玉林市支队、桂平大队、覃塘大队增援力量清点人员、器材，撤离现场。

同时，现场指挥部及时调整救援方案，把救援重点放在搜寻雷管、清理废墟上。现场指挥部调来 2 辆大型推土机、1 辆挖掘机、5 辆自卸车对现场进行清理，由贵港市支队负责现场监控，预防次生灾害发生。

17 时 35 分，被埋压的 49 枚雷管全部找到，防爆人员立即使用专业工具对雷管进行安全转移，除港南中队留守监控现场外，其它消防力量全部撤回。

23 时 50 分，现场废墟清理完毕，救援工作圆满结束，消防救援人员全部撤离现场。

三、经验体会

（一）组织指挥有力。事故发生后，广西消防总队领导高度重视，始终密切关注救援进展情况；贵港市政府领导亲临一线组织指挥，协调社会联动单位积极参与救援工作；总队、支队领导到场后，根据现场情况，坚持“救人第一、科学施救”指导思想，合理划分战斗区域，正确运用技战术措施，采取梯次轮换作业方式科学部署救援任务，使参战官兵始终保持旺盛战斗力。各级领导高度重视和强有力的组织指挥，为成功处置此次抢险救援提供了有力保证。

（二）救援力量调动迅速。总队、支队两级全勤指挥部接到情况报告后，第一时间赶赴现场指挥，同时还调集玉林、南宁市支队跨区域增援。当地政府在充分发挥公安消防部队主力军作用的同时，还调集公安、卫生、交通、城建等社会联动单位力量，明确分工，各司其责，协同配合，确保整个救援行动有序进行，为圆满完成抢险救援任务奠定基础。

（三）铁军攻坚作用突出。此次救援过程中，充分发挥了攻坚组队员熟悉救援器材装备、战斗作风顽强的特点。各攻坚组利用音频、蛇眼生命探测仪等全方位多轮次搜救被困人员，在大型机械设备无法展开施救的情况下，利用无齿锯、液压破拆工具、液压顶杆等器材进行破拆、起重、顶升，确保救援工作顺利进行，为高效开展抢险救援工作发挥了至关重要的作用。

（四）存在不足。部分特种装备配置不足，满足不了大型建筑物坍塌事故救援需要，尤其是辖区贵港市支队配备的装备明显不足，仅特勤大队配备1部蛇眼生命探测仪。从这次救援也反映出蛇眼生命探测仪有一定的局限性，有必要配备更先进的雷达探测仪等装备和搜救犬。

黑龙江伊春市乌马河华利实业有限公司（鞭炮厂）“8·16”爆炸事故处置情况

2010年8月16日，黑龙江省伊春市乌马河区华利实业有限公司（鞭炮厂）发生剧烈爆炸并引发大面积火灾。省公安消防总队共调集4个支队的402名官兵、68辆消防车，调动社会增援力量2200余人、车辆及大型救援设备350余台、灭火直升机2架参加抢险救援和灭火战斗。经过32小时鏖战，共抢救出轻重伤员40人，挖掘遇难者遗体12具，成功保护2个鞭炮成品库、2个原料库（库内共存放黑火药47.7吨），2.2万立方米木材原料和1000余户居民的安全，疏散群众4000余人，扑灭燃烧区面积2.8万平方米，打水近万吨，参战官兵无一伤亡，出色地完成了抢险救援和灭火任务。

一、灾害事故基本情况

华利实业有限公司（鞭炮厂）位于伊春市乌马河区振兴街北段，占地面积70300平方米，建筑面积5200平方米，共有职工120人，厂区南端为办公室，北端为2个原料库（库内共存放黑火药47.7吨），中部为11个库房、9个车间、2个锅炉房、1个发电室、2个门卫室，每个车间都装有一定数量的黑火药等原料，库房内存有鞭炮。华利公司东面毗连泰桦木制品有限公司，主要加工生产冰淇淋、雪糕木棍，占地面积3万平方米，建筑面积8267平方米，共有7个车间、3个库房，职工100余人，厂区储存松木4000立方米，成品、半成品价值约4000万元。泰桦木制品有限公司东侧为郑氏木业有限公司，以木材加工及多层板、单板生产为主，占地面积2万平方米，建筑面积2000平方米，存有价值大约3000多万元的成品和半成品木材。郑氏木业有限公司东侧毗邻居民1000多户。以上单位主要建筑均为砖木结构，耐火等级3级。华利实业有限公司西侧50米为乌马河（天然水源），南侧为居民区和哈伊公路，北侧为农田，周围2000米范围内有上水鹤1处。

二、处置经过

（一）快速反应，抢抓战机，迅速启动二级灭火救援应急响应机制。

8月16日9时46分，伊春市乌马河区华利实业有限公司（鞭炮厂）发生爆炸。爆炸事故发生后，伊春市公安消防支队先后调派270名指战员、53辆消防车赶赴现场，同时协调社会增援力量2200余人、各种车辆及大型救灾设备350余台、灭火直升机2架参加抢险救援和灭火战斗。省公安消防总队总队长冷俐接到报告后，立即率总队全勤指挥部人员赶赴伊春组织指挥灭火抢险救援，总队政委葛相君、参谋长邢树文在总队指挥中心坐镇指挥，调集鹤岗、佳木斯、双鸭山支队132名指战员、15辆水罐消防车火速赶赴伊春增援，并调集七台河支队30名指战员、3辆消防车到佳木斯市驻勤。

（二）依托掩体强攻防爆灭火、抢救人员，安全施救。

9时50分，支队全勤指挥部、特勤中队和乌马河大队到达现场。经指挥部研究，派出了3个侦察小组，分别在华利公司厂区、泰桦木制品公司厂区、东侧居民区进行侦察。根据侦察结果，支队前线指挥部迅速作出了“救人、防爆、控火同时进行”的决策，组成现场疏散救人小组、保护物资小组、火场供水小组、抢险救援小组开展战斗行动。此外，支队前线指挥部在现场设立了2处观察哨，对爆炸事故现场实施监视侦察。

10时7分，经观察哨侦察及询问现场职工，前线指挥部得知鞭炮厂一库房已被火势包围，有爆炸危险，立即利用手持台、消防车上的喊话器及手持扩音器，下达撤退命令，所有参战人员立即撤离至安全区域，并迅速扩大警戒范围。

10时12分，鞭炮厂正门西北150米处礼花弹库房发生猛烈爆炸。

10时20分，爆炸过后，支队前线指挥部派出1个侦察小组深入华利公司厂区内部进行侦察，经侦察得知西北侧有2个成品库和2个原料库（库内共存放黑火药47.7吨）。成品库正在受其南侧不足30米的剧烈燃烧厂房的直接威胁，指挥部经召集专家技术人员详细讨论后，确立了“平面控火，立体水幕防止飞火窜入库房，严防发生爆炸”的处置措施，迅速组成3个战斗小组，将水枪阵地延伸至华利公司厂区内部实施内攻近战，将威胁成品库安全的火点全部消灭。

（三）加强防爆力量，围控燃烧区域，坚守保护。

17时30分，冷俐总队长率总队全勤指挥部驱车六百多公里抵达爆炸现场，实地踏勘后，成立总队前线指挥部，要求所有参战官兵贯彻“防爆排险、积极救人”的原则，尽最大可能排除爆炸危险，抢救出更多的被困人员。根据灭火和救援需要，总队前线指挥部又调集佳木斯市、双鸭山市2个公安消防支队迅速赶赴伊春市增援。

20时30分，按照指挥部命令，参战官兵牢牢控制住火势。经过一夜战斗，消灭了大部分燃烧点，控制了燃烧面积的扩大，为灭火总攻奠定了基础。

8月17日零时50分、2时40分，佳木斯支队50名指战员、5辆水罐消防车和双鸭山支队50名指战员、5辆水罐消防车先后到达现场。

2时45分，总队指挥部召集4个参战消防支队的指挥员召开会议，详细分析了火场形势和各参战队伍的力量情况，对各参战力量进行了详细部署，明确了任务。并决定于次日早8时整，集中全部力量发起总攻。

（四）彻夜筹划组织总攻，备足力量，总攻灭火。

8月17日8时，总队前线指挥部组织4个参战支队的450名指战员、70辆消防车、100台手抬机动泵及相关社会力量，向火场发起总攻。佳木斯支队负责火场北线火灾扑救，双鸭山支队负责火场东线火灾扑救，伊春支队负责火场南线火灾及残火扑救，鹤岗支队从西侧沿河堤向东推进，消灭残火。

9时30分，残火基本被扑灭。总队前线指挥部决定灭火救援行动转入现场二次搜救和监护阶段。

18时整，总队前线指挥部命令所有参战官兵撤离现场，灭火救援行动结束。

三、主要经验

一是快速反应，迅速启动等级应急响应机制，是成功完成灭火救援任务的前提。

二是有效防爆，积极疏散抢救人员生命，使遇险群众伤亡降到了最低。

三是科学指挥，安全施救，确保了官兵零伤亡。

四是联勤联动，协同配合，为战斗展开创造了有利条件。

五是官兵英勇善战，灭火救援成效显著，彰显了消防铁军精神。

黑龙江伊春市“8·24”飞机失事抢险救援情况

2010年8月24日21时42分，由黑龙江省哈尔滨市飞往伊春市的河南航空公司VD8387号航班飞机在林都机场降落时失事解体并引发燃烧。黑龙江省委书记吉炳轩，省委常委、政法委书记黄建盛，副省长、省公安厅厅长孙永波等领导陆续到达现场。黑龙江省消防部队共调集160名官兵、32辆消防车、11.8吨泡沫赶赴现场，成功搜救幸存者54人（独立搜救27人，与其他警种联合搜救27人），清理出遇难者遗体42具，出色地完成了抢险救援和灭火任务。吉炳轩书记对伊春市公安消防支队抢险救援工作给予了充分肯定和高度赞扬：消防官兵在危难面前，冲锋在前，舍生忘死，英勇奋战，是伊春人民值得信赖的一支钢铁部队，感谢消防官兵为这次抢险救援工作所做出的努力！

一、基本情况

伊春林都机场位于伊春市乌马河林业局伊林经营所境内，失事飞机为巴西生产的E190喷气支线客机，全长36.24米，机高9.73米，翼展28.72米。8月24日20时51分，该飞机从哈尔滨太平机场起飞，21时42分在距伊春林都机场跑道东侧2000米处坠落后解体，并引发燃烧。机上共有96人，其中旅客91人，机组人员5人。飞机失事后形成了机头、机身、机尾3个大小不等的燃烧区域。飞机残骸斜卧在遍布蒿草的砂石路上。砂石路宽3.6米，两侧为深度1.5米的简易排水沟。事故现场浓烟滚滚，周围灌木丛生，大雾弥漫。

二、处置经过

（一）快速反应，全力搜救遇险人员。

8月24日21时42分，由哈尔滨市飞往伊春市的VD8387号航班在伊春市林都机场降落时失事，伊春市公安消防支队接到报告后立即调动支队全勤指挥部、伊春区等7个公安消防大队和1个企业消防队的160名指战员、32辆消防车赶往现场救援。与此同时，消防支队提请市政府调集社会力量展开救援。消防官兵到场后，按照指挥部命令，一部分官兵参与灭火，一部分官兵搜救遇险人员。22时30分，参战消防官兵独立搜救出27名生还者，与其他警种联合搜救生还者27人。

（二）强攻近战灭火，妥善清理遇难者遗体。

22时7分，按照前线指挥部部署，30名指战员、6辆消防车采取强攻近战措施扑灭飞机残骸明火。23时30分，飞机明火被全部扑灭。随后，参战官兵成立挖掘清理组、遗体搬运组、装袋运输组，有序地开展遗体清理工作。8月25日3时左右，遇难者遗体清理完毕，共清理出42具遇难者遗体，经整理分别装入敛尸袋。

三、主要经验

各级领导靠前指挥是成功完成灭火救援任务的前提，战术运用科学使遇险人员伤亡降到了最低，物资准备充足是成功扑灭飞机残骸大火的关键，消防铁军敢打善战是成功完成任务的保障。

山西晋中市“11·20”榆社县化工厂爆炸事故抢险救援情况

2010年11月20日19时10分，山西省晋中市榆社县化工股份有限公司聚合工段发生爆炸。县政府专职消防队第一时间出动2辆消防车、12名消防人员赶赴现场，同时调集榆社电厂消防队2辆消防车、11名消防人员到场。晋中公安消防支队先后派出13辆消防车、82名消防人员到场增援。经过近13个小时的战斗，11月21日8时30分大火被扑灭，共营救被困人员3人，疏散员工82人。

一、基本情况

山西榆社化工股份有限公司位于晋中市东南部榆社县城新建南路99号，

企业占地面积78万平方米，现有职工2400余人。该厂分为两个厂区，北侧为电化一厂、树脂一厂和公司前厂区；南侧为新建的电化二厂和树脂二厂。爆炸部位位于该公司树脂一厂，该厂主要包括6万吨聚氯乙烯生产装置和8万吨聚氯乙烯生产装置，由西向东依次为乙炔制备区，聚乙烯转化、压缩、精馏区，空压制冷装置区，北边是6万吨装置，南边是8万吨装置；乙炔气柜、盐泥压滤、消防水池等布置在树脂一厂装置区的西侧；在乙炔气柜南侧为19万吨固碱预留场地、片碱包装、固碱熬制和原煤堆场；在围墙以南为20万吨烧碱装置区和20万吨聚氯乙烯装置区。该公司共有室内消火栓30个，室外消火栓69个，灭火器1523个，消防砂8处。爆炸部位周围共有3个室外消火栓，60个灭火器。当日气温为3～－5度，北风2级。

二、处置经过

第一阶段：

19时10分，榆社化工股份有限公司爆炸事故发生后，榆社县政府专职消防队第一时间到达现场，指挥员在技术人员的指导下，命令火情侦察小组展开侦察，灭火组出2支水枪控制火势，救援组开展人员搜救，厂保卫部门负责现场的警戒工作。19时18分，榆社县消防大队领导到达现场，命令战斗组加大对周围罐体的冷却，继续加强救援工作，先后救出3人，并将82人疏散至安全区域。19时40分，榆社电厂消防队增援力量到达现场，大队随即与电厂消防队、单位工程技术人员联合组成火场指挥部，通过询问单位工程技术人员了解到爆炸气体为氯乙烯。指挥部命令在技术人员的指导下继续采取冷却、隔离等措施防止发生二次爆炸。

19时54分，晋中市公安消防支队接到市公安局110指挥中心指令，立即启动化学灾害事故应急处置预案，调派特勤中队、一中队、二中队、太谷县中队共9辆消防车、58名官兵赶赴现场，支队全勤指挥部遂行出动，同时110指挥中心调集环保、医疗、交通、安监等联动单位前往增援。

20时43分，支队全勤指挥部到达现场后，迅速设立支队灾害处置指挥部，成立战斗、救援、侦察、警戒四个小组，同时要求环保局专业人员对事故现场爆炸气体浓度和危害系数进行侦检。为有效防止气体不完全燃烧生成有毒有害物质，指挥部命令：救援小组佩戴好个人全套防护装备，负责进入现场搜救人员；侦察小组负责对构建筑物整体情况进行侦察；战斗小组由榆社专职队员组成，负责对东西两边罐体冷却；电厂消防队负责供水，并占据距事发现场200米处消火栓向榆社专职队运水供水。

20时59分，左权消防大队到达现场后，根据指挥部命令：从东南、西南方向冷却东西两侧罐体及周围管道，最大限度减少有毒有害气体的扩散。21时5分，指挥部命令左权大队水枪全部更换成移动式水炮、实行远距离控制，同时命令前沿指挥部指战员全部撤至安全地带。

21 时 29 分，晋中市特勤中队到达现场。指挥部命令其利用喷雾水枪对单体罐进行冷却。21 时 36 分，一中队、二中队到达现场。随即，现场指挥部对战斗力量进行了调整，并成立战斗一组、战斗二组，供水组、侦察小组、警戒组。战斗一组负责东侧聚氨罐的冷却与稀释低洼处有毒气体；战斗二组负责西侧聚合工段的冷却及稀释低洼处可燃气体；供水组负责给整个火场供水；警戒小组由县公安交警部门担任，负责从东西两边 300 米处警戒；侦察小组由消防官兵和环保局人员组成，负责对火场进行不间断侦检；在距着火罐 50 米内，每个战斗小组由 3 名战斗员组成，其中 2 人利用水枪控制火势、1 人负责观察火场周围情况，遇到突发情况，立即发出警报。

第二阶段：

22 时 2 分，指挥部要求加大对着火罐体和管道的冷却，保证供水不间断。22 时 15 分，太谷中队 2 辆水罐消防车、10 名消防官兵到场，指挥部命令其原地待命。

22 时 45 分，总队全勤指挥部到达现场，并成立灾害事故处置总指挥部。22 时 47 分，总指挥部召集全体指挥员和单位工程技术人员召开会议，制定四项措施：一是加大对罐体的连续、不间断冷却，以保持稳定燃烧，最大限度地减少有毒有害气体的生成；二是在技术人员指导下，加强对聚合工段重点部位的冷却，在条件成熟时将其扑灭；三是加大对低洼处沉积气体的稀释，以降低有毒、可燃气体浓度；四是在现场 500 米处设立警戒，杜绝无关人员和车辆进入。22 时 52 分，太原支队增援力量到场。

21 日 4 时 12 分，晋中支队一中队、二中队第二批增援力量到达现场。指挥部命令：增援力量替换第一、第二战斗组继续冷却罐体及周边管道，要做到一对一替换，现场情况交接清楚。

第三阶段：

经过全体消防人员一夜的激烈鏖战，至 21 日 7 时，聚合工段内残留气体燃烧殆尽，只剩保温层在燃烧。8 时 10 分，总指挥部发起总攻命令。8 时 30 分，处置工作圆满结束。12 时 56 分，在确保火场无明火、各生产工艺流程管道都已降至常温后，消防人员全部撤出现场。

三、经验教训

（一）加强第一出动，增援力量迅速、控制火势措施科学有效。发生爆炸后，辖区专职队指挥员立即到场处置，利用水枪掩护，深入内部搜救人员并指导职工疏散。

（二）在这次救援中，公安、交警、环保、医疗、武警、民兵预备役、化工等部门参与处置，各部门密切配合，协同作战，确保事故成功处置。

（三）战斗阵地比较多而分布稀疏，没有固定的标识，加之单位负责人和技术人员现场流动性强，致使与指挥部联系起来难度较大，不能及时有效地将火场情报传达至指挥部。

湖北黄石市新冶钢有限公司动力厂制氧车间“12·5”氧储槽泄漏事故抢险救援情况

一、基本情况

2010年12月5日2时40分，湖北新冶钢有限公司动力厂制氧车间内一液氧储槽车进行倒罐作业时，由于槽车工人未将储槽与槽车连接部分卸下即驶离储槽区，将槽车连接软管和储槽法兰拉断，导致储槽内600立方米液氧泄漏，扩散面积达2万余平方米，事发初期，由于该厂人员实施处置措施不当，造成1死1伤。制氧车间位于黄石大道316号，距车间东侧10米为桃园村社区居民区，居民100余户；距车间南侧100米处为飞云山，居民30余户；距车间西侧5米为桃园村巷居民区、居民210余户，150米处为黄石市第四中学；距车间北侧80米至200米处为中国电信黄思湾营业厅家属楼及居民楼，居民70余户；车间正门前为黄石大道，日均车流量为1万余辆次。当天晴天，气温7—19℃，北偏东风1－3级，空气湿度43%。

二、处置经过

第一阶段：联勤联动，第一时间调集优势力量

12月5日3时1分25秒，黄石市消防支队119指挥中心接到报警后，火速调集西塞山中队、王家墩中队6辆消防车、54名消防官兵赶赴现场进行处置，支队全勤指挥部随行作战。同时，向市公安局指挥中心、市委市政府总值班室、省消防总队指挥中心报告了灾情情况。黄石市政府接报后，迅速启动应急预案，先后调集安监、民政、建委、环保、治安、交警、巡警、供电、电信、煤气、医疗等12支应急救援专业队伍，共计200余人的应急力量到场协同救援。

第二阶段：初战有力，全力控制事态发展

3时6分，西塞山中队到达事故现场，发现有大量白色烟雾从厂区大门流向黄石大道。经询问、侦检，立即作出部署，警戒组在黄石大道东西方向各500米处划定警戒线，严格控制火源，禁止车辆通行，防止爆炸燃烧；攻坚组深入厂区内部疏散工作人员；同时，向119指挥中心反馈现场情况。3时15分，王家墩中队到达现场，协助开展警戒和疏散工作。3时30分，黄石市消防支队支队长率全勤指挥部人员赶到现场指挥救援行动。

3时39分，黄石消防支队指挥员根据现场情况，要求参战消防官兵在做好个人安全防护的前提下，立即展开战斗部署，全力控制事态发展：一是扩大警戒范围至1000米；二是设立安全员，将战斗车辆停靠在上风方向，采取防静电措施，设置安全警戒标志，杜绝无关人员进入；三是通知事故单位调集1台防爆排风机、2根蒸气管线对泄漏中心位置进行加热、稀释、吹扫；四是配合

相关部门对附近的居民进行疏散；五是对事故现场氧气浓度进行不间断检测，密切关注气象变化；六是及时报送信息情况，确保警令政令畅通。

4 时 10 分，湖北新冶钢有限公司技术人员按照消防支队的要求，利用橡胶管分别在正门和西侧铺设 2 条热蒸气线路、1 台防爆排风机，对泄漏的液氧进行加热、稀释、吹扫，加速液氧的蒸发。随后，安监、民政、建委、环保、治安、交警、巡警、供电、电信、煤气、医疗等单位共 200 余人赶赴现场救援。

第三阶段：科学决策，协同处置事故现场

6 时 10 分，黄石市委、市政府领导到达现场，立即组织人员在事故现场召开部署会，要求各单位协同作战，疏散周边居民，杜绝一切火源，控制事态扩大。

9 时 15 分，成立以市政府主要领导为总指挥的抢险救援指挥部，及时了解灾害情况，分析事故发展形势，先后召开 6 次会议对救援行动进行研究，及时调整作战部署。

11 时，根据省消防总队副总队长张兴辉的指示，由黄石市消防支队全面负责处置工作，各参战专业队按分工协同配合，采取八项措施处置灾情：一是疏散警戒，交警部门对泄漏区上侧风 1 公里，下侧风 2 公里区域实施警戒，街道社区将疏散出的群众移至上侧风的不同区域；二是防止爆炸，消防官兵在事故中心区域设立安全员和安全警戒标志，并准备大量远程喷射器具，备足灭火所需力量，防止爆炸燃烧；三是动态检测，安监、环保等部门密切关注气象变化，在周边 1 公里范围内，每隔 50 米、相邻 20 户设置 1 个监测点，黄石消防支队组织精干尖刀队员 3 人 1 组，做好防静电措施，每半小时深入中心区域侦察一次，观察储槽的液面位置，评估灾害风险；四是加强防护，进入现场的救援人员，加强个人防护装备；五是吹扫稀释，由事故单位再次调集 1 台防爆排风机、2 条蒸气管线对泄漏中心位置逐片进行加热、稀释、吹扫，加快液氧挥发速度；六是执行“四禁”，在警戒范围内禁火、禁电、禁气、禁行；七是多点安置群众，区政府、街道办、居委会协助民政部门将群众分流至周边 12 个宾馆、旅店，做好解释和情绪安抚工作，以防不良人员滋事；八是集中发布信息，各部门及时汇总上报信息，统一归口至市政府新闻部门，及时滚动发布，防止媒体炒作。

11 时 20 分，随着泄漏的增大，指挥部决定将警戒范围扩大到 2 公里；15 时 40 分，液氧储罐由液相泄漏转为气相泄漏；17 时 30 分，泄漏减弱；17 时 35 分，指挥部决定，由湖北新冶钢有限公司技术人员与消防官兵共同配合，采取干毛巾浇水利用冰冻法实施堵漏；17 时 45 分，堵漏成功。

第四阶段：监控现场，妥善安置疏散外迁居民

18 时，指挥部根据现场情况再次召开部署会，要求各专业力量按照职责分

工，密切协作，在夜间开展作战行动。一是对附近500米区域内继续进行多点、多方位连续监测；二是继续实施交通道路管制，禁止一切车辆进入警戒区域；三是继续对泄漏区域内实施现场警戒，防止无关人员进入和进行破坏活动；四是对泄漏现场2公里和1公里范围内采取断电措施、通信实施限制；五是安排好疏散外迁居民的食宿，并做好安抚工作。

6日8时，指挥部根据监测数据，召开会议作出部署，一是引导疏散外迁居民返回；二是发放安全传单，提醒周边单位和回家群众，尤其在恢复生活前，对重点区域、部位进行自然通风、放水排气，及时打开门窗，对床底、卫生间等易积聚氧气的地方进行吹扫，防止富氧诱发燃爆事故；三是解除管制，恢复交通；四是各单位完成任务后撤回。

8时30分，疏散外迁居民陆续返回家中，生产生活恢复正常。

三、经验教训

（一）成功经验

1. 运行应急联动机制，调集“多兵种”协同处置。针对此次液氧泄漏量大、扩散面积广、泄漏区域内居民多等特点，第一时间报请市政府启动了应急预案，先后调集安监、民政、建委、环保、治安、交警、巡警、供电、电信、煤气、医疗等12支应急救援专业队伍，共计200余人的应急力量到场协同作战，成功疏散了3000余人，保护了2万余平方米的财产安全。

2. 第一时间警戒疏散，消除、控制泄漏区引火源。黄石消防支队领导接报后，立即指示辖区中队到场后，警戒现场和疏散事故单位工作人员。随后，警戒范围由500米扩至3000米，人员疏散扩至2万平方米，并在警戒区内实施“四禁”，成功地消除、控制了泄漏区内的引火源。

3. 加强个人安全防护，正确选用灭火方式。湖北消防总队副总队长张兴辉针对此次液氧泄漏，要求进入泄漏区的官兵要着棉质衣物，扎紧袖口、裤管口，防止冻伤；灭火时注意泄漏区内距地面20厘米处的氧储槽，选择站姿或远距离灭火，慎用水或液体灭火剂。

4. 注意风向变化全程监测，适时调整战斗部署。此次液氧泄漏事故中，采取流动多点、多方位、不间断的全程监测；尤其是检测凌晨或傍晚时的风向变化，先后6次适时随时调整战斗部署。

5. 采取加温蒸发风机吹扫，加速液氧蒸发扩散。此次液氧泄漏时温度在7－19℃，流动性差，蒸发扩散速度慢，采用了4条热蒸气和2台防爆排风机进行吹扫，加快扩散速度，但应注意控制热蒸气的速度，不可过快，否则易导致扩散的氧气飘散在空气中，然后沉淀聚集在地势低洼处，形成新的不稳定因素。

6. 及时有效洗消装备器材，防止形成次生灾害。救援人员及器材装备长时间处在事故现场，装备、衣物、毛发等易吸附大量氧分子，救援行动结束后，及时对车辆、器材装备进行通风，确认安全后方可点火发车。归队后，应立即换掉衣物，对毛发进行清洗，对个人防护装备进行晾晒，20—30 分钟内严禁吸烟或靠近火源，防止产生次生灾害。

7. 英勇奋战不畏牺牲，是成功实施处置的保证。此次泄漏事故发生后，各级领导冒着生命危险多次深入泄漏中心区域了解掌握现场情况，确定总体部署和战斗方案，并根据现场变化，随机指挥战斗。参战消防官兵和各救援力量工作人员，坚守岗位，认真履行职责，持续作战 30 余小时，顽强战斗，发扬大无畏的消防铁军精神，是成功实施处置的保证。

（二）存在问题

1. 低温情况下的应急处置是消防部队面临的一个新课题，有待于进一步研究。随着消防部队职能的进一步拓展，低温或超低温情况下的应急救援处置将是消防部队面临的一个新课题。液氧已广泛应用于工业和军事领域，本身无色、无味、不自燃，但能助燃，沸点低，与可燃物混合具有火灾危险性和爆炸性，易忽视安全防护与处置。目前，消防部队缺乏这方面的处置经验。

2. 目前消防部队配备的器材装备方面没有能够有效抵御低温或超低温的防护和抢险装备。目前配备的抢险救援器材装备多数是用于有毒有害场所、易燃易爆、烈烟高温等场所的防护和救援器材，而对低温或超低温场所的抢险救援防护和抢险器材装备尚为空白，导致基层作战部队在面对此类灾害无从实施处置。

3. 应急救援联动信息互通有待进一步加强。应急救援建设起步较晚，虽能够联勤联动，但在灾害现场缺少能够互相通讯的工具。

浙江嘉兴市“12·18”华辰能源有限公司丙烯罐爆炸事故抢险救援情况

2010 年 12 月 18 日 7 时 21 分，浙江省嘉兴平湖市独山港临港石化工业发展区的浙江华辰能源有限公司一丙烯储罐发生爆炸并起火。嘉兴市公安消防支队接到报警后，先后调集 26 辆消防车、182 名消防人员赶赴现场，上海市公安消防总队及时增援，调派金山公安消防支队的 35 辆消防车、182 名消防人员协同实施扑救，通过浙沪两地官兵的联合作战，成功保护了邻近 10 个储罐的安全，共计保护价值约 7200 万元。

一、基本情况

浙江华辰能源有限公司位于平湖市全塘镇白沙路 333 号。该单位共设有低温丁烷储罐、低温丙烷储罐、低温丙烯罐、丙烯球罐、化学品罐共计 19 个。该单位地上消火栓 36 个，消防水泵 4 台，消防水池 2 个，蓄水量 1. 8 万立方米。着火罐位于该单位的东南面，是一个 2 万立方米的丙烯罐，内储存丙烯约 90 立方米，其东侧一墙之隔为白沙湾油库原油罐区，北侧为丙烯球罐，西侧为低温丙烷储罐，南侧为空地。丙烯属有毒易燃气体，与空气混合能形成爆炸性混合物，遇热源和明火有燃烧爆炸的危险。罐区设有固定泡沫灭火系统和水喷淋系统，固定水炮4门。当日天气晴，东风3级，平均相对温度3～12度。

二、处置经过

12月18日7时21分，嘉兴支队平湖大队接警后，立即出动6辆消防车、32名消防官兵赶赴现场，并第一时间向支队请求增援，支队全勤指挥部遂行出动，指令迅速启动跨区域应急增援预案和联动作战机制，调集特勤一中队、嘉善、海盐、桐乡等10个中队的20辆消防车赶赴现场增援，总队指挥中心接报后调集杭州支队7辆泡沫车前往增援，并指令宁波和湖州支队做好增援准备。

7时28分，白沙湾专职队的2辆消防车、14名消防人员先期抵达现场，利用车载炮对着火罐进行冷却。7时32分，上海总队纬九中队5辆消防车到达现场。7时40分。上海总队增援力量相继到场，并成立火场指挥部，对到场战斗力量进行分工部署。7时46分，平湖大队的6辆消防车、32名消防官兵到达现场，立即与金山支队进行沟通协调，并与单位技术人员取得联系了解情况，全力控制灾情发展。7时49分，平湖大队指挥员与金山支队指挥员及现场技术人员协调后，决定采取先冷却控制后围歼消灭的战术方法，立即展开战斗，利用水罐车分四个方向对罐体进行冷却。同时，要求近战水枪手必须佩戴好空气呼吸器，做好个人防护，并指令厂方启动消防水泵进行加压，以确保火场用水。

8时28分，嘉兴支队全勤指挥部到场，迅速成立火场指挥部，第一时间向上海总队金山支队了解现场情况，并接收了指挥权，听取了平湖大队、厂内技术人员的情况汇报。随后经侦察发现罐体有明显倾斜，罐体底部有撕裂口，指挥部立即下达五点作战指令：一是请金山支队帮助对着火罐北侧和东侧进行冷却；二是命令平湖中队对着火罐南侧和西侧进行冷却；三是利用内部固定消防设施配合对罐体冷却；四是组织精干力量和技术人员组成攻坚侦察小组进行近距离侦察，检查阀门关闭及断料情况，查明罐体爆炸后的危害情况和明火燃烧情况；五是要求全体参战官兵注意安全。

8时48分，海盐中队、嘉善中队、特勤一中队、开发区中队、秀洲中队相续到达火灾现场，立即投入战斗。9时18分现场明火基本扑灭。

9时21分，浙江总队全勤指挥部人员到场，要求继续做好罐体冷却，密切注意现场情况，防止发生二次爆炸，并注意个人防护，同时要求支队组织精干力量和技术人员组成的侦察小组再次接近罐区进行侦察。

9时32分，侦察小组向火场指挥部报告，罐体顶部的火焰已逐渐减弱，罐体外部的保温层全部脱落，呈稳定燃烧态势，火焰直接烧烤罐体底部，罐体倾斜程度有所加大，如不及时集中降温，可能有倒塌危险。指挥部根据现场情况果断下达命令，发起全面总攻。

10时30分，上海总队除纬九中队2辆消防车在着火罐北侧进行现场监护外，其他力量全部撤离现场；嘉兴支队除11辆消防车进行现场监护外，其他力量全部撤离现场。12时20分，除平湖中队2辆消防车，纬九中队2辆消防车在现场监护外，其他中队车辆全部撤离现场。13时20分，除平湖中队1辆消防车、7名消防官兵在现场监护外，纬九中队2辆消防车全部撤离现场。

三、经验教训

（一）各级领导靠前指挥。事故发生后，公安部消防局领导先后作出指示批示指导救援工作，总队、支队、平湖市委市政府等各级各部门领导各司其职，形成了强有力的组织指挥体系。

（二）联合协同作战机制发挥重要作用。此次事故的成功处置得益于浙江总队和上海总队联动作战机制的建立和联合作战演习，尤其是上海世博会期间，浙沪两地多次组织实地实装拉练演练、快速通行演练，并在浙江华辰能源有限公司组织了浙沪两地跨区域联合作战演习，为成功处置此起事故奠定基础。

（三）战术措施科学应用。在现场指挥部的统一指挥下，参战官兵坚决贯彻“先控制、后消灭”的战术原则，果断采用“关阀断料、冷却保护、围攻歼灭”的战斗措施，有效地控制了灾情的扩大。

（四）参战官兵英勇顽强。全体参战官兵面对火场高温、浓烟、爆炸等危险因素，勇敢顽强，同时克服了天气寒冷的恶劣因素，不怕牺牲、坚守阵地，充分展现了“消防铁军”形象。

（五）器材装备性能优良。一方面，各参战器材装备在长时间高负荷的战斗中保障有力，未出现故障；另一方面，通过车辆装备性能测试、技术革新和应用技术训练等的深入开展，实现了人与装备的最佳结合，在此次事故处置中充分发挥了最大作战效能。

（六）战勤保障体系快速反应。接到报警后，支队全勤指挥部根据预案的要求，第一时间调派战勤保障中队供气车、泡沫转输车、供油车、大吨位供水车，上海金山支队调集了2辆保障消防车，确保现场的供气、供液、供油和供水的需要。同时，平湖大队及时联系交警、医疗、环保等部门力量到达现场，组织沿途道路的指引、医疗救护和环境检测，充分体现火场战勤保障“快速反应，保障有力”的要求。

（七）存在不足：一是部分参战官兵安全意识不强；二是寒冷条件下的防冻措施未及时跟上；三是区域消防力量比较薄弱。

第八篇

全国消防业务统计资料

第一章　火灾统计

第一节　全国火灾情况

2010 年全国火灾情况分析

2010 年，全国共接报火灾 132497 起（不含森林、草原、军队、矿井地下部分及港澳台地区火灾，下同），死亡 1205 人，受伤 624 人，直接财产损失 19.6 亿元，与 2009 年相比，起数、损失分别上升 2.4%、20.7%，死亡、受伤人数分别下降 2.5%、4.1%。分析一年来全国的火灾形势，主要有以下几个特点：

一、火灾总量反弹，呈现波动发展趋势

2010 年，全国火灾总起数比 2009 年增加 3115 起，火灾损失比 2009 年增加 3.4 亿元。从分地区情况看，有 16 个省份的火灾起数同比上升；23 个省份的火灾损失同比上升，其中多数省份的上升幅度达到或超过了两位数。从全国火灾形势看，仍呈现火灾多发的趋势，社会防控火灾基础薄弱的局面尚未得到根本扭转。

二、较大火灾大幅上升，重特大火灾影响全局

2010 年，全国共发生一次死亡 3 人至 9 人或损失 1000 万元至 5000 万元（不含）的较大火灾 77 起，死亡 272 人，受伤 57 人，直接财产损失 11773.3 万元，与 2009 年相比，分别上升 30.5%、22.5%、103.6% 和 1327.2%；发生一次死亡 10 人至 29 人或损失 5000 万元至 1 亿元（不含）的重大火灾 4 起，死亡 43 人，受伤 51 人，直接财产损失 11384.6 万元，与 2009 年相比，起数持平，死亡人数下降 12.2%，受伤人数和损失分别上升 70%、36.3 倍。吉林省长春市“3·28”天元商贸市场火灾、上海市静安区“11·15”高层住宅楼特别重大火灾（属生产责任事故，未列入火灾统计）充分暴露了社会消防工作存在的问题，严重影响了全国消防形势的稳定。

三、冬春季节火灾高发，2 月份为全年火灾起数最多月份

从季节火灾分布情况看，冬春季节共发生火灾 7.8 万起，死亡 805 人，受伤 297 人，直接财产损失 11 亿元，分别占全年总数的59%、66.8%、47.6%和56.2%；夏秋季节的火灾四项数字分别占全年火灾总数的41%、33.2%、52.4%和43.8%。从每月火灾看，2月份由于春节燃放烟花爆竹及用火用电等引发火灾较多，为全年火灾起数最多的月份，达1.8万起，占全年火灾总数的13.6%，9月份为全年火灾最少的月份，占全年火灾总数的5.7%。世博、亚运及元旦、春节、国庆节等重大节日期间，公安消防部门全警动员、全力以赴，确保了消防安全。

四、城市火灾起数和伤亡上升，农村火灾所占比重下降

2010年，共发生城市火灾49605起，死亡433人，受伤253人，直接财产损失5.9亿元，与2009年相比，分别上升4.5%、23.4%、38.3%和10.3%；县城集镇火灾33768起，死亡349人，受伤171人，直接财产损失6.6亿元，与2009年相比，起数和损失分别上升2.6%和27.7%，死、伤人数分别下降7.4%和31%；农村火灾38688起，死亡404人，受伤173人，直接财产损失4.1亿元，与2009年相比，起数和亡人分别下降2.7%和14.2%，伤人和损失分别上升2.4%和13%。从城乡火灾构成看，农村火灾起数占29.2%、死亡人数占33.5%，分别比2009年下降1.5和4.6个百分点，也低于城市火灾起数和死亡人数37.4%和35.9%的比重。

五、住宅和人员密集场所火灾亡人较多，死亡原因和时间相对集中

从场所火灾亡人分布看，住宅火灾造成853人死亡，占总数的70.8%；人员密集场所火灾造成180人死亡，占14.9%；厂房火灾造成53人死亡，占4.4%；仓储火灾造成19人死亡，占1.6%；农副场所火灾造成13人死亡，占1.1%；其他场所火灾造成87人死亡，占7.2%。从火灾造成人员死亡的直接原因看，因窒息和中毒死亡的最多，共663人，占总数的55%；烧灼致死的有368人，占30.5%；因摔、砸、炸等死亡的有174人，占14.4%。从亡人火灾的时间分布看，夜间22时至次日6时最为集中，该时段共发生火灾32549起，造成624人死亡，虽然起数只占总数的24.6%，但死亡人数占到总数的51.8%。

六、半数火灾系电气、用火不慎引发，多数火灾损失低于万元

从起火原因的调查情况看，因电线短路、过负荷及电气设备故障等电气原因引起的火灾共41237起，占火灾总数的31.1%，生活用火不慎引发火灾25878起，占19.5%；此外，生产作业不慎引发的火灾占5.8%，吸烟占5.7%，玩火占5.4%，自燃占2.6%，雷击、静电等其他原因占21.5%，原因不明占8.3%。在81起较大以上火灾中，有29起为电气原因引起，占35.8%；有12起为生活用火不慎引起，占14.8%。从火灾损失的调查结果看，直接财产损失1千元（不含）以下的火灾共68736起，占总数的51.9%；直接财产损失1千元至1万元（不含）的火灾共47397起，占总数的35.8%；直接财产损失1万元以上的火灾共16364起，占总数的12.4%。

七、公安消防部队处警量再创新高，营救遇险被困人员近16万人

2010年，全国公安消防部队共接警出动58.9万起，是建国以来灭火救援任务最多的一年，其中火灾扑救13.1万起、抢险救援18.3万起、社会救助14.8万起、公务执勤近1万起、其他出动11.6万起，共出动官兵615.2万人次，出动消防车辆96.7万辆次，营救遇险被困人员159834人，挽回经济损失367多亿元。在玉树地震、舟曲特大泥石流、全国大范围旱灾、洪涝等特殊灾害和重特大火灾处置中，广大公安消防官兵不畏艰难，英勇奋战，为保卫国家和人民生命财产安全做出了突出贡献。一年来，共有7名消防员在灭火、救援中牺牲。

全国火灾对比情况

项目		2010 年	2009 年	同比
四项数字	起数	132497	129382	2.4%
	死人	1205	1236	-2.5%
	伤人	624	651	-4.1%
	直接损失（万元）	195945.2	162392.4	20.7%
较大火灾	起数	77	59	30.5%
	死人	272	222	22.5%
	伤人	57	28	103.6%
	直接损失（万元）	11773.3	824.9	1327.2%
重大火灾	起数	4	4	0.0%
	死人	43	49	-12.2%
	伤人	51	30	70.0%
	直接损失（万元）	11384.6	305.5	3626.5%
特别重大火灾	起数		1	-100.0%
	死人		1	-100.0%
	伤人		6	-100.0%
	直接损失（万元）		15072.2	-100.0%

注：较大火灾是指造成 3 人以上 10 人以下死亡，或者 10 人以上 50 人以下重伤，或者 1000 万元以上 5000 万元以下直接财产损失的火灾；重大火灾是指造成 10 人以上 30 人以下死亡，或者 50 人以上 100 人以下重伤，或者 5000 万元以上 1 亿元以下直接财产损失的火灾；特别重大火灾是指造成 30 人以上死亡，或者 100 人以上重伤，或者 1 亿元以上直接财产损失的火灾。

分地区火灾综合情况

地区	火灾概况						较大火灾				重大火灾				特别重大火灾			
	起数	死人	伤人	损失			起数	死人	伤人	直接损失（万元）	起数	死人	伤人	直接损失（万元）	起数	死人	伤人	直接损失（万元）
				直接损失（万元）	烧毁建筑（平方米）	受灾户数												
合　计	132497	1205	624	195945.2	9699751	37161	77	272	57	11773.3	4	43	51	11384.6				
北　京	5468	32	13	4361.0	105574	414	3	6		2914.0								
天　津	1148	23	3	624.7	58159	308												
河　北	4757	29	14	5692.6	433159	838	1	3		0.2								
山　西	4439	26	14	6331.7	760441	605												
内蒙古	8789	51	14	5306.7	502082	1604	3	10		55.2								
辽　宁	5566	42	14	3756.5	229977	1167	4	12		7.7	1	12	10	9.0				
吉　林	7862	43	25	7129.1	281850	1311	3	8		1632.2	1	19	24	1560.0				
黑龙江	2944	26	13	5444.2	547831	1685	3	10	3	5.9								
上　海	5702	43	54	7149.2	99726	1452	1	3	2	25.4								
江　苏	5296	85	52	8975.5	213709	1024	3	9		36.2								
浙　江	3834	88	42	6835.5	409740	2421	7	38	10	160.1								
安　徽	5173	35	21	8474.3	686334	837	2	6	1	29.5								
福　建	4016	55	18	9374.8	405294	1902	4	14	1	19.7								
江　西	4715	21	11	8074.4	218488	1401	1	3		17.6								
山　东	7226	32	15	13315.0	500181	1148	4	12	4	4142.7								
河　南	3534	16	13	3781.9	224736	1010	2	6		11.5								
湖　北	9383	25	9	3821.3	166456	2007	1	3		0.2								
湖　南	2915	33	4	8388.0	167086	1002	3	11		4.5								
广　东	6158	132	64	17825.1	448730	993	13	51	8	37.8								
广　西	1287	32	14	6094.2	229253	1080	3	10		11.3								
海　南	1052	3	1	1201.3	273674	141												
重　庆	5040	43	24	13689.3	110189	1999	1	3	8	212.3	1			9800.1				
四　川	6204	37	21	11197.8	201360	1676	1	1		1200.0								
贵　州	1661	73	41	4566.2	738791	1892	3	12	11	31.4								
云　南	2069	64	20	7363.9	420571	2372	4	12	1	14.8								
西　藏	219		11	623.9	21930	136												
陕　西	4620	23	11	8354.2	632644	507	2	9	1	33.0								
甘　肃	1141	16	13	2887.9	99918	757	1	6	6	965.6								
青　海	1623	12	13	926.0	90494	691	1	3	1	2.1								
宁　夏	3447	5	1	1338.2	109100	273												
新　疆	5209	60	41	3040.9	312276	2508	3	11		202.6	1	12	17	15.5				

分月季火灾综合情况

项目		起数	所占比例(%)	死人	所占比例(%)	伤人	所占比例(%)	直接损失(万元)	所占比例(%)	较大火灾				重大火灾				特别重大火灾			
										起数	死人	伤人	直接损失(万元)	起数	死人	伤人	直接损失(万元)	起数	死人	伤人	直接损失(万元)
合计		132497	100	1205	100	624	100	195945.2	100.0	77	272	57	11773.3	4	43	51	11384.6				
一季度	小计	43425	32.8	464	38.5	150	24.0	51726.4	26.4	34	126	25	6530.4								
	一月	13734	10.4	188	15.6	60	9.6	19873.2	10.1	12	49	15	4814.3								
	二月	18009	13.6	151	12.5	48	7.7	14800.7	7.6	12	46	5	81.7								
	三月	11682	8.8	125	10.4	42	6.7	17052.5	8.7	10	31	5	1634.4								
二季度	小计	29373	22.2	235	19.5	130	20.8	51349.4	26.2	15	46	3	3201.2	1			9800.1				
	四月	10707	8.1	103	8.5	60	9.6	24717.8	12.6	7	25	1	240.0	1			9800.1				
	五月	9649	7.3	80	6.6	40	6.4	12716.5	6.5	4	12		22.2								
	六月	9017	6.8	52	4.3	30	4.8	13915.1	7.1	4	9	2	2938.9								
三季度	小计	24353	18.4	169	14.0	180	28.8	37737.9	19.3	9	28	8	39.7	2	24	27	24.5				
	七月	8225	6.2	65	5.4	83	13.3	10539.3	5.4	4	12	3	22.1	1	12	17	15.5				
	八月	8608	6.5	50	4.1	71	11.4	13561.2	6.9	1	3	1	0.5	1	12	10	9.0				
	九月	7520	5.7	54	4.5	26	4.2	13637.4	7.0	4	13	4	17.1								
四季度	小计	35346	26.7	337	28.0	164	26.3	55131.6	28.1	19	72	21	2002.0	1	19	24	1560.0				
	十月	9382	7.1	63	5.2	39	6.3	15785.3	8.1	3	12		36.8								
	十一月	11569	8.7	116	9.6	78	12.5	18435.7	9.4	6	22	16	661.7	1	19	24	1560.0				
	十二月	14395	10.9	158	13.1	47	7.5	20910.6	10.7	10	38	5	1303.4								

分起火场所火灾情况

项目	火灾概况 起数	火灾概况 死人	火灾概况 伤人	火灾概况 直接损失（万元）	火灾概况 烧毁建筑（平方米）	火灾概况 受灾户数	较大火灾 起数	较大火灾 死人	较大火灾 伤人	较大火灾 直接损失（万元）	重大火灾 起数	重大火灾 死人	重大火灾 伤人	重大火灾 直接损失（万元）	特大火灾 起数	特大火灾 死人	特大火灾 伤人	特大火灾 直接损失（万元）
合计	132497	1205	624	195945.2	9699751	37161	77	272	57	11773.3	4	43	51	11384.6				
住宅	39078	717	290	24119.5	1133423	15656	39	146	22	472.2	1	12	17	15.5				
宿舍	13583	136	57	6813.6	422411	4207	6	21	3	7.7								
办公场所	1311	22	10	1109.0	36367	229	1	5		6.5	1	12	10	9				
学校	637			409.7	21225	64												
商业场所 小计	5259	90	53	32578.8	285076	3785	8	23	6	2907.2	2	19	24	11360.1				
商业场所 商场	629	28	31	18452.1	94231	1108	2	5	4	1623.6	2	19	24	11360.1				
商业场所 超市	473	8		1074.3	22361	165	1	4		54.8								
商业场所 室内市场	457	8	2	4301.4	33308	390	3	7		1206.5								
商业场所 室外集贸市场	628	6	4	2683.3	39375	593												
商业场所 其他	3072	40	16	6067.7	95801	1529	2	7	2	22.4								
文博馆	81			380.3	3575	9												
宾馆、招待所	788	16	9	1636.1	18649	198	2	6	4	5.2								
餐饮场所	3537	25	40	2459.3	62739	1006	4	13	8	215.7								
医院	294		1	141.1	5680	49												
养老院	46	13	4	97.3	2433	11												
公共娱乐场所	684	11	9	910.4	23340	182	1	4		12.1								
体育场馆	36			60.4	2194	10												
金融交易场所	56			42.1	1172	8												
交通枢纽站	919	1	1	1014.6	14556	80												
科研试验场所	17			10.3	19446	3												
广播电视中心	17			27.9	798	2												
邮电通信场所	221	1		252.5	2823	30												
文物古建筑	33			302.5	3079	9												
宗教场所	136	2		414.9	10046	27												
会议展览中心	5			3.2	1060	3												
物资仓储场所	6344	19	9	39969.7	1091553	2156	3	4		6613.0								
厂房	7181	53	64	40192.8	1104512	1813	3	12	4	456.1								
加油加气站	95	0	9	107.3	2043	11												
汽车库	407	6	1	1221.5	9828	99	1	5	1	30.0								
农副业场所	8303	13	3	3468.4	3348422	2034	2	6		0.2								
石油化工企业	363	6	7	1785.7	26647	52	1	6	6	965.6								
露天框架	1461		1	1019.8	77950	245												
交通工具 小计	14121	4	12	22698.7	150505	1506												
交通工具 机动车	13135	4	12	21285.4	138027	1355												
交通工具 铁路列车	10			16.4	680													
交通工具 船舶	136			249.2	5617	49												
交通工具 航空（天）器																		
交通工具 城市轨道交通工具	51			48.5	182	5												
交通工具 其他	789			1099.2	5999	97												
建筑工地	1330	1	1	1428.4	102809	141												
公园	265	1		28.1	7006	9												
三合一、多合一场所	67	2	3	151.3	3524	38												
动拆迁工地	451	1		194.2	12459	32												
垃圾及废弃物	5493	2	3	674.0	114164	283												
其他	19878	63	37	10221.7	1578237	3174	6	21	3	81.9								

项目	起火原因（起） 放火	电气	生产作业	用火不慎	吸烟	玩火	自燃	雷击	静电	不明确原因	其他
合计	3249	41237	7722	25878	7586	7094	3504	248	137	10942	24900
住宅	1034	15127	477	10750	1470	2005	229	68	6	2533	5379
宿舍	366	5219	211	3277	646	667	95	34	1	1036	2031
办公场所	21	781	68	106	42	17	11	3	1	74	187
学校	14	254	36	109	34	31	7	3	1	39	109
商业场所 小计	171	2470	290	795	146	113	35	5	2	407	825
商业场所 商场	17	309	62	57	25	8	4	1		49	97
商业场所 超市	9	264	14	51	11	8	3	1	1	34	77
商业场所 室内市场	17	236	11	61	11	10		1		46	64
商业场所 室外集贸市场	23	219	23	114	23	26	10	1		56	133
商业场所 其他	105	1442	180	512	76	61	18	1	1	222	454
文博馆	4	30	5	5	1	1	4			12	19
宾馆、招待所	20	362	48	148	49	14	2			52	93
餐饮场所	23	792	125	2096	34	29	2		1	99	336
医院	9	131	16	35	19	5	3	2		21	53
养老院	3	16	2	10	8	1				1	5
公共娱乐场所	21	322	42	85	36	15	3			37	123
体育场馆	1	10	6	4	5	2				5	3
金融交易场所	2	30	7	4	2	1				8	2
交通枢纽站	23	322	49	46	37	15	62	2	2	88	273
科研试验场所		6	3				1			2	5
广播电视中心		10	3					1		1	2
邮电通信场所		159	10	8	1	2	2	1		12	26
文物古建筑	2	4		8	6	3				5	5
宗教场所	6	28	5	63	1	5		3		10	15
会议展览中心		3	1			1					
物资仓储场所	194	1758	965	699	301	318	227	35	22	726	1099
厂房	78	2484	2320	369	115	46	141	24	54	527	1023
加油加气站	1	35	15	3	4	1	2	1	3	7	23
汽车库	12	160	60	27	11	11	17	1		30	78
农副业场所	334	461	135	2437	1009	1215	127	6		1058	1521
石油化工企业	1	49	198	15	5	4	11		6	24	50
露天框架	19	439	78	159	156	217	41	7	4	127	214
交通工具 小计	308	4686	1309	195	185	108	1914	6	19	1342	4049
交通工具 机动车	287	4379	1218	151	168	93	1812	6	18	1228	3775
交通工具 铁路列车		3	1				1			1	4
交通工具 船舶	1	34	40	23		1				8	29
交通工具 航空（天）器											
交通工具 城市轨道交通工具		6	2	2	1		9			18	13
交通工具 其他	20	264	48	19	16	14	92		1	87	228
建筑工地	19	274	400	127	109	44	5	1	3	78	270
公园	9	32	4	22	55	49	5	1		26	62
三合一、多合一场所	2	31	6	12	2	3	1			4	6
动拆迁工地	11	63	77	51	55	21	5			39	129
垃圾及废弃物	145	208	74	678	1233	575	154	4		424	1998
其他	396	4481	677	3535	1809	1555	398	40	12	2088	4887

分行业类别火灾情况

项目		火灾概况 起数	火灾概况 死人	火灾概况 伤人	火灾概况 直接损失（万元）	火灾概况 烧毁建筑（平方米）	火灾概况 受灾户数	较大火灾 起数	较大火灾 死人	较大火灾 伤人	较大火灾 直接损失（万元）	重大火灾 起数	重大火灾 死人	重大火灾 伤人	重大火灾 直接损失（万元）	特别重大火灾 起数	特别重大火灾 死人	特别重大火灾 伤人	特别重大火灾 直接损失（万元）
合计		39011	259	224	121727.6	6508526	12199	25	77	28	11188.8	1	19	24	1560.0				
第一产业	小计	11180	26	9	7990.2	4012982	3166	4	15	4	441.9								
	农业	8525	20	4	3627.9	1867130	2475	3	10		0.2								
	林业	1251			1475.2	1781537	182												
	畜牧业	903	5	4	1529.1	316839	326	1	5	4	441.7								
	渔业	57			91.7	3495	22												
	农、林、牧、渔服务业	444	1	1	1266.2	43982	161												
第二产业	小计	10537	62	79	54766.3	1650099	2375	4	16	6	983.2								
	采矿业	160		1	751.4	12171	31												
	制造业	8375	54	71	49917.0	1550315	2025	2	9	6	977.0								
	电力、燃气及水的生产和供应业	1128	8	5	2308.5	31326	145	2	7		6.3								
	建筑业	874		2	1789.3	56288	174												
第三产业	小计	17294	171	136	58971.2	845445	6658	17	46	18	9763.6	1	19	24	1560.0				
	交通运输	1640	2	9	3636.1	17310	409												
	邮政业	36			115.1	824	2												
	仓储业	2084	4	1	22633.2	294669	802	2			6612.9								
	信息传输、计算机服务和软件业	122			548.4	3669	58												
	批发和零售业	3468	41	19	18093.2	236559	2442	4	8		2836.6								
	住宿和餐饮业	4670	43	50	4030.1	86421	1349	6	19	12	220.9								
	金融保险业	84			54.9	1764	17												
	房地产业	195		2	198.4	6720	43												
	商务服务业	1478	35	30	5730.5	82713	742	1	3		17.6	1	19	24	1560.0				
	科学研究、技术服务和地质勘查业	44			77.2	1549	6												
	水利、环境和公共设施管理业	243			95.6	6190	16												
	社会服务业	1849	35	19	1918.4	57516	522	3	12	6	63.6								
	教育 小计	448			266.7	17335	58												
	教育 高等教育	121			112.8	3104	17												
	教育 初中等教育	189			85.1	8293	25												
	教育 学前教育	96			49.0	4353	11												
	教育 职业业余教育	42			19.9	1585	5												
	卫生、社会保障和社会福利业	323	6	2	378.3	8741	69												
	文化、体育和娱乐业	438	5	4	737.3	14127	86	1	4		12.1								
	机关团体	170			457.7	9335	36												
	国际组织	2			0.0	4	1												

项目		起火原因（起） 放火	电气	生产作业	用火不慎	吸烟	玩火	自燃	雷击	静电	不明确原因	其他
合计		974	10992	4720	7262	2166	2183	812	93	96	3423	6290
第一产业	小计	439	850	346	2945	1284	1627	187	13	1	1470	2018
	农业	334	508	164	2319	1016	1416	125	7		1176	1460
	林业	46	65	97	262	183	114	37	4	1	156	286
	畜牧业	42	182	48	249	47	68	15	2		79	171
	渔业	3	17	5	8		2	3			7	12
	农、林、牧、渔服务业	14	78	32	107	38	27	7			52	89
第二产业	小计	145	3833	3046	546	211	112	279	54	75	765	1471
	采矿业	1	44	45	16	7	1	13	1	1	13	18
	制造业	106	2794	2715	410	147	67	232	37	68	640	1159
	电力、燃气及水的生产和供应业	2	757	109	35	8	13	20	16	5	58	105
	建筑业	36	238	177	85	49	31	14		1	54	189
第三产业	小计	390	6309	1328	3771	671	444	346	26	20	1188	2801
	交通运输	31	573	225	42	30	19	175	1	5	130	409
	邮政业	1	19	1	2	1	1				6	5
	仓储业	53	649	287	200	104	82	68	10	8	221	402
	信息传输、计算机服务和软件业	2	72	8	9	3					7	21
	批发和零售业	112	1595	210	430	95	97	28	4	3	331	563
	住宿和餐饮业	51	1295	193	2259	125	68	15			184	480
	金融保险业	3	49	7	7	5	1				9	3
	房地产业	8	68	22	25	14	16	2			11	29
	商务服务业	34	693	113	231	47	38	8	1	2	78	233
	科学研究、技术服务和地质勘查业		13	13	2	1		1	1		4	9
	水利、环境和公共设施管理业	3	48	13	16	42	13	8			12	88
	社会服务业	52	652	156	350	102	50	26	4	1	109	347
	教育 小计	6	166	25	86	27	21	5	2	1	32	77
	教育 高等教育	1	46	9	27	9	1			1	8	19
	教育 初中等教育	3	69	8	35	10	14	2	1		14	33
	教育 学前教育	1	36	2	19	4	6	2	1		8	17
	教育 职业业余教育	1	15	6	5	4		1			2	8
	卫生、社会保障和社会福利业	14	144	19	42	32	7	3	1		16	45
	文化、体育和娱乐业	16	193	23	51	33	25	5	2		29	61
	机关团体	3	80	13	19	10	6	2			8	29
	国际组织	1									1	

起火原因情况

项目		火灾概况						较大火灾				重大火灾				特别重大火灾			
		起数	死人	伤人	直接损失（万元）	烧毁建筑（平方米）	受灾户数	起数	死人	伤人	直接损失（万元）	起数	死人	伤人	直接损失（万元）	起数	死人	伤人	直接损失（万元）
合计		132497	1205	624	195945.2	9699751	37161	77	272	57	11773.3	4	43	51	11384.6				
电气	小计	41237	358	187	65421.6	1763030	13289	27	97	24	1746.0	2	31	34	1569.0				
	电气线路故障	26441	239	125	47979.8	1287778	9165	24	83	13	1695.6	1	19	24	1560.0				
	电器设备故障	7744	38	14	9151.7	226960	2069	1	3		20.6								
	电加热器具火灾	2883	39	14	3311.0	83296	956	1	6	7	26.9								
	其他	4169	42	34	4979.1	164995	1099	1	5	4	2.9	1	12	10	9.0				
生产作业	小计	7722	56	72	41424.4	1177905	2190	6	24	11	5160.3	1			9800.1				
	焊割	2412	13	14	18357.7	293140	953	1	4		3.0	1			9800.1				
	烘烤	1366	2	1	3375.5	116385	427												
	熬炼	218	1	1	242.0	14068	54												
	化工火灾	332	11	22	3117.7	52307	76	1	6	6	965.6								
	机械设备类故障	1852	5	3	10108.0	448188	343	2	4		3720.0								
	其他	1542	24	31	6223.5	253817	337	2	10	5	471.7								
生活用火不慎	小计	25878	215	128	11083.7	2967946	8576	12	41	8	134.9								
	余火复燃	1209	14	5	705.5	59311	566	2	6	4	9.0								
	照明不慎	522	18	4	430.8	22614	244												
	烘烤不慎	2515	33	11	1374.8	88580	1090												
	敬神祭祖	735	16	4	585.6	453967	279	2	9	3	36.8								
	油锅起火	3000	1	5	760.8	26983	821												
	炉具故障及使用不当	4045	40	53	1712.1	73780	1426	3	9	1	31.9								
	烟道过热窜火、飞火等	2233	7		1257.0	106088	1041												
	烧荒、野外生火不慎	2181			688.5	1580013	344												
	使用蚊香不慎	275	9	5	155.9	7584	126	1	3		0.1								
	其他	9163	77	41	3412.9	549027	2639	4	14		57.1								
吸烟	小计	7586	107	12	3758.5	270545	1262	2	10	2	1708.1								
	违章吸烟	181	2	2	251.3	8366	32												
	卧床吸烟	455	73	3	128.3	10740	175												
	乱扔烟头、火柴等	6292	17	7	3150.8	232744	874	2	10	2	1708.1								
	其他	658	15		228.1	18695	181												
玩火	小计	7094	96	39	3501.6	256312	1999	5	17		4.4	1	12	17	15.5				
	小孩玩火	2878	80	35	1743.8	132774	1050	4	13		1.4	1	12	17	15.5				
	燃放烟花爆竹	3886	6	2	1583.3	89106	884												
	其他	330	10	2	174.4	34432	65	1	4		3.0								
自燃		3504	4	4	9575.4	280701	527	1			2912.9								
雷击		248			1249.7	30472	85												
静电		137	3	12	1527.0	29190	23												
不明确原因		10942	89	38	22997.3	1093711	3693	3	10		13.6								
放火		3249	165	70	8127.7	717266	1354	13	48	7	24.9								
其他		24900	112	62	27278.4	1112674	4163	8	25	5	68.1								

分地区火灾基本情况

项目	火灾概况				起火原因																					
					放火		电气		生产作业		用火不慎		吸烟		玩火		自燃		雷击		静电		不明确原因		其他	
	起数	死人	伤人	直接损失（万元）	起数	直接损失（万元）	起数	直接损失（万元）	起数	直接损失（万元）	起数	直接损失（万元）	起数	直接损失（万元）	起数	直接损失（万元）	起数	直接损失（万元）	起数	直接损失（万元）	起数	直接损失（万元）	起数	直接损失（万元）	起数	直接损失（万元）
合计	132497	1205	624	195945.2	3249	8127.7	41237	65421.6	7722	41424.4	25878	11083.7	7586	3758.5	7094	3501.6	3504	9575.4	248	1249.7	137	1527.0	10942	22997.3	24900	27278.4
北京	5468	32	13	4361.0	99	57.4	1660	758.8	276	122.2	1151	120.4	556	23.9	255	25.7	139	2948.3	5	0.2	5	6.9	63	19.9	1259	277.4
天津	1148	23	3	624.7	46	75.9	290	123.8	62	64.9	184	21.2	100	9.0	24	141.5	16	5.5			3	4.6	140	89.2	283	89.1
河北	4757	29	14	5692.6	213	490.5	1578	1913.4	376	590.2	871	587.5	383	130.3	410	214.9	275	271.9	14	30.1	7	17.2	58	110.5	572	1336.1
山西	4439	26	14	6331.7	96	424.2	1323	2816.0	280	479.0	551	159.5	512	60.6	220	57.6	100	89.1	6	121.4	3	8.4	305	766.2	1043	1349.8
内蒙古	8789	51	14	5306.7	146	156.6	2084	876.9	483	1113.3	2285	446.4	978	66.1	929	188.2	255	552.8	8	106.4	6	2.6	711	1004.3	904	793.2
辽宁	5566	42	14	3756.5	162	126.1	1284	1605.0	249	346.6	1040	250.8	212	164.0	498	60.0	51	48.6	5	32.7			430	477.1	1635	645.6
吉林	7862	43	25	7129.1	105	68.4	1416	2639.0	201	313.1	2189	491.4	617	1666.7	343	36.0	72	40.9	7	6.5	2	2.4	1700	1334.6	1210	530.3
黑龙江	2944	26	13	5444.2	95	348.4	829	1721.5	181	686.0	888	651.1	242	79.1	118	98.1	46	39.1	2	0.5	3	399.3	71	1028.9	469	392.3
上海	5702	43	54	7149.2	76	971.3	2332	4474.1	379	415.2	1151	125.2	193	16.9	149	46.4	110	86.8	21	19.3	15	107.1	38	44.3	1238	842.7
江苏	5296	85	52	8975.5	151	373.7	2008	2700.5	678	1927.3	670	381.2	152	31.5	102	201.2	211	444.3	24	155.0	22	193.5	232	719.0	1046	1848.4
浙江	3834	88	42	6835.5	61	172.0	1544	2677.5	438	932.3	475	367.7	100	143.5	123	108.3	83	212.5	17	28.7	10	44.2	244	811.5	739	1337.3
安徽	5173	35	21	8474.3	124	386.8	1755	2563.7	304	2006.4	847	348.9	206	35.1	216	128.6	157	300.3	13	449.9	2	7.6	211	568.4	1338	1678.5
福建	4016	55	18	9374.8	87	467.1	1696	4013.1	263	1647.1	588	517.3	59	20.4	66	81.1	120	274.5	6	5.9	7	291.6	211	1261.1	913	795.6
江西	4715	21	11	8074.4	86	123.8	1536	1852.7	228	1572.8	797	476.5	223	131.9	176	101.7	221	601.1	16	20.2	2	8.0	731	2174.5	699	1011.4
山东	7226	32	15	13315.0	198	238.9	1692	3173.2	349	5760.9	857	341.1	313	52.6	310	188.3	237	291.4	8	10.6	7	45.5	1378	1155.4	1877	2057.2
河南	3534	16	13	3781.9	86	228.1	1214	1504.4	216	490.4	492	149.0	180	43.2	94	79.2	74	181.3	3	1.6	5	29.5	464	404.3	706	670.8
湖北	9383	25	9	3821.3	194	189.2	3460	1215.9	404	467.5	1824	340.7	565	234.5	445	101.8	293	212.5	24	11.5	5	10.2	756	572.5	1413	465.1
湖南	2915	33	4	8388.0	49	366.6	1370	3166.0	164	596.7	500	731.4	92	176.0	69	161.5	72	292.6	11	28.5	1	0.3	176	1379.7	411	1488.7
广东	6158	132	64	17825.1	216	265.0	2295	7165.1	441	4117.1	747	515.1	167	53.9	72	31.8	235	791.0	29	78.7	11	235.4	603	1514.1	1342	3057.9
广西	1287	32	14	6094.2	68	481.9	591	2123.5	138	1739.7	215	203.1	35	84.8	62	131.6	36	879.0	2	0.7	2	18.2	40	198.2	98	233.5
海南	1052	3	1	1201.3	53	92.1	213	231.2	46	46.2	175	55.2	16	4.6	37	7.0	39	21.7	2	0.2			182	138.6	289	604.4
重庆	5040	43	24	13689.3	115	72.7	2334	1866.0	199	10561.6	989	292.9	148	12.6	242	103.6	81	46.3	11	19.0	2	0.0	56	76.6	863	638.0
四川	6204	37	21	11197.8	93	285.0	2275	5845.5	316	1451.4	1296	839.3	127	28.9	166	178.2	196	234.8	9	113.7	1	0.8	237	821.3	1488	1398.9
贵州	1661	73	41	4566.2	67	307.0	686	2012.6	90	111.8	305	440.4	48	36.6	112	240.3	39	20.1	3	6.5	1	0.1	103	441.6	207	949.2
云南	2069	64	20	7363.9	126	445.0	465	1770.9	141	841.0	541	1001.6	141	154.5	227	493.3	38	176.7	1	1.5	1	3.5	214	2015.0	174	460.7
西藏	219		11	623.9	1	4.5	47	144.5	19	76.7	77	26.9	10	6.3	16	8.4							27	279.8	22	76.8
陕西	4620	23	11	8354.2	217	761.6	1244	1606.6	195	938.1	806	518.3	200	62.9	175	67.0	178	453.6	1	0.5	8	56.8	490	2807.7	1106	1081.1
甘肃	1141	16	13	2887.9	37	67.4	199	544.3	81	1237.1	239	203.4	49	10.9	155	51.9	10	8.3			1	0.5	177	449.6	193	314.4
青海	1623	12	13	926.0	29	18.6	233	196.4	93	128.8	446	157.2	217	14.5	351	62.0	18	22.4			2	0.1	114	164.4	120	161.6
宁夏	3447	5	1	1338.2	50	10.2	334	915.4	82	206.2	1036	53.1	318	11.7	488	38.2	33	6.1					723	75.4	383	22.0
新疆	5209	60	41	3040.9	103	51.7	1250	1204.3	350	437.2	1646	269.9	427	190.9	444	68.2	69	21.9			3	32.7	57	93.6	860	670.5

分经济类型火灾情况

项目		火灾概况						较大火灾				重大火灾				特别重大火灾				起火原因(起)										
		起数	死人	伤人	直接损失（万元）	烧毁建筑（平方米）	受灾户数	起数	死人	伤人	直接损失（万元）	起数	死人	伤人	直接损失（万元）	起数	死人	伤人	直接损失（万元）	放火	电气	生产作业	用火不慎	吸烟	玩火	自燃	雷击	静电	不明确原因	其他
合计		38548	259	227	121086.6	6430585	12277	25	77	28	11188.8	1	19	24	1560.0					967	10779	4682	7200	2137	2163	809	91	97	3392	6231
公有经济	小计	5542	41	41	24815.4	1426908	1106	5	13	6	7582.0	1	19	24	1560.0					162	1893	688	672	378	229	142	24	14	389	951
	国有经济	1979	33	35	13322.7	358168	368	3	10	6	4668.6	1	19	24	1560.0					34	858	300	159	118	52	46	17	6	149	240
	集体经济	1170	2	3	7492.9	156904	248	1			2912.9									19	395	189	160	73	45	33	2	4	78	172
	其他	2393	6	3	3999.8	911836	490	1	3		0.5									109	640	199	353	187	132	63	5	4	162	539
非公有经济	小计	33006	218	186	96271.2	5003678	11171	20	64	22	3606.8									805	8886	3994	6528	1759	1934	667	67	83	3003	5280
	私有经济	24393	162	134	79864.0	3378190	8604	13	41	8	3357.9									561	7032	3308	4999	1128	1252	524	53	63	2246	3227
	港澳台经济	123		1	2105.3	32222	18														51	42	7	2		1	1	1	5	13
	外商经济	178	4	8	2102.7	47416	28	1	3	8	212.3									4	66	54	8	5	7	1	6	9	18	
	其他	8312	52	43	12199.2	1545849	2521	6	20	6	36.6									240	1737	590	1514	624	682	135	12	13	743	2022

分区域火灾情况

区域	火灾概况					损失			较大火灾				重大火灾				特大火灾				起火原因(起)										
	起数	扑救起数	所占比例(%)	死人	伤人	直接损失(万元)	烧毁建筑(平方米)	受灾户数	起数	死人	伤人	直接损失(万元)	起数	死人	伤人	直接损失(万元)	起数	死人	伤人	直接损失(万元)	放火	电气	生产作业	用火不慎	吸烟	玩火	自燃	雷击	静电	不明确原因	其他
合计	132497	131025	98.9	1205	624	195945.2	9699751	37161	77	272	57	11773.3	4	43	51	11384.6					3249	41237	7722	25878	7586	7094	3504	248	137	10942	24900
城市市区	49605	49326	99.4	433	253	59336.9	1188204	11268	29	101	29	4119.9	4	43	51	11384.6					915	17428	2219	9454	3223	2569	985	52	27	3103	9630
县城城区	19064	18805	98.6	142	82	27956.4	805680	6714	8	29	7	44.2									493	7167	1204	3564	740	823	533	31	15	1476	3018
集镇镇区	14704	14524	98.8	207	89	37716.3	1030969	4257	15	58	9	174.2									418	5228	1311	2265	575	492	418	46	31	1218	2702
农村	38688	38061	98.4	404	173	41019.2	5618250	13490	23	81	12	3733.0									1266	8871	1642	9827	2631	2989	664	108	30	4130	6530
开发区、旅游区	3833	3805	99.3	15	18	12160.2	500193	672	1	3		1.9									54	1089	586	472	177	144	159	9	15	355	773
其他	6603	6504	98.5	4	9	17756.3	556455	760	1			3700.0									103	1454	760	296	240	77	745	2	19	660	2247

分月季火灾基本情况

项目		火灾概况						较大火灾				重大火灾				特别重大火灾				起火原因(起)										
		起数	死人	伤人	直接损失（万元）	烧毁建筑（平方米）	受灾户数	起数	死人	伤人	直接损失（万元）	起数	死人	伤人	直接损失（万元）	起数	死人	伤人	直接损失（万元）	放火	电气	生产作业	生活用火不慎	吸烟	玩火	自燃	雷击	静电	不明确原因	其他
合计		132497	1205	624	195945.2	9699751	37161	77	272	57	11773.3	4	43	51	11384.6					3249	41237	7722	25878	7586	7094	3504	248	137	10942	24900
一季度	小计	43425	464	150	51726.4	3293496	13309	34	126	25	6530.4									1076	12029	1857	8489	2442	4991	787	32	31	3913	7778
	一月	13734	188	60	19873.2	632399	4327	12	49	15	4814.3									366	4474	725	2961	782	503	267		11	1178	2467
	二月	18009	151	48	14800.7	1332585	5187	12	46	5	81.7									401	4130	458	3173	898	4000	259	15	7	1656	3012
	三月	11682	125	42	17052.5	1328512	3795	10	31	5	1634.4									309	3425	674	2355	762	488	261	17	13	1079	2299
二季度	小计	29373	235	130	51349.4	2972046	8565	15	46	3	3201.2	1			9800.1					745	9132	1907	6152	1968	707	793	65	33	2426	5445
	四月	10707	103	60	24717.8	1355373	3546	7	25	1	240.0	1			9800.1					251	3079	653	2512	811	294	251	6	15	901	1934
	五月	9649	80	40	12716.5	501947	2661	4	12		22.2									228	3011	648	1925	659	243	253	30	5	805	1842
	六月	9017	52	30	13915.1	1114726	2358	4	9	2	2938.9									266	3042	606	1715	498	170	289	29	13	720	1669
三季度	小计	24353	169	180	37737.9	1380190	6496	9	28	8	39.7	2	24	27	24.5					509	9466	1555	4212	971	406	981	150	31	1591	4481
	七月	8225	65	83	10539.3	714029	1976	4	12	3	22.1	1	12	17	15.5					159	3301	493	1418	320	133	397	47	7	517	1433
	八月	8608	50	71	13561.2	327826	2310	1	3	1	0.5	1	12	10	9.0					177	3360	513	1474	326	143	346	79	13	563	1614
	九月	7520	54	26	13637.4	338335	2210	4	13	4	17.1									173	2805	549	1320	325	130	238	24	11	511	1434
四季度	小计	35346	337	164	55131.6	2054020	8791	19	72	21	2002.0	1	19	24	1560.0					919	10610	2403	7025	2205	990	943	1	42	3012	7196
	十月	9382	63	39	15785.3	603773	2445	3	12		36.8									219	3072	696	1723	565	250	287		16	776	1778
	十一月	11569	116	78	18435.7	626290	2898	6	22	16	661.7	1	19	24	1560.0					317	3291	799	2310	758	359	303	1	11	975	2445
	十二月	14395	158	47	20910.6	823957	3448	10	38	5	1303.4									383	4247	908	2992	882	381	353		15	1261	2973

消防监督分级管理单位火灾基本情况

项目	火灾概况						较大火灾				重大火灾				特别重大火灾				起火原因(起)										
	起数	死人	伤人	直接损失(万元)	烧毁建筑(平方米)	受灾户数	起数	死人	伤人	直接损失(万元)	起数	死人	伤人	直接损失(万元)	起数	死人	伤人	直接损失(万元)	放火	电气	生产作业	生活用火不慎	吸烟	玩火	自燃	雷击	静电	不明确原因	其他
合计	66756	651	377	117070.4	5294508	20504	44	153	49	7755.7	3	43	51	1584.5					1622	20414	4357	14282	4282	3770	1434	125	87	6008	10375
一级管理单位	1905	23	12	10157.7	190132	506	3	15	10	1410.3									41	669	299	220	111	66	69	7	6	155	262
二级管理单位	6942	54	70	32396.5	663376	1920	1	1		1619.6	1	19	24	1560.0					164	2373	908	1038	265	176	193	17	21	599	1188
派出所列管单位(场所)	57909	574	295	74516.2	4440999	18078	40	137	39	4725.8	2	24	27	24.5					1417	17372	3150	13024	3906	3528	1172	101	60	5254	8925

注:“一级管理单位”指直辖市消防总队或地(市)消防支队直接监督管理的单位(也称一级重点单位);“二级管理单位”指大、中城市的区消防处(科)或县(市)消防大队监督管理的单位;“派出所管理单位(场所)”指公安派出所监督管理的单位。

分引火源火灾情况

项目	火灾概况						较大火灾				重大火灾				特别重大火灾				起火原因(起)										
	起数	死人	伤人	直接损失（万元）	烧毁建筑（平方米）	受灾户数	起数	死人	伤人	直接损失（万元）	起数	死人	伤人	直接损失（万元）	起数	死人	伤人	直接损失（万元）	放火	电气	生产作业	用火不慎	吸烟	玩火	自燃	雷击	静电	不明确原因	其他
合计	132497	1205	624	195945.2	9699751	37161	77	272	57	11773.3	4	43	51	11384.6					3249	41237	7722	25878	7586	7094	3504	248	137	10942	24900
建筑构件材料	15144	183	96	25308.0	1006038	6386	14	49	21	713.3	1	19	24	1560.0					508	5179	1295	3719	384	644	76	43	1	1427	1868
家俱、设备及竹、木等制品	39798	460	173	53400.2	1385721	13361	23	83	13	115.9	1			9800.1					779	22627	1394	7350	1050	1185	356	83	21	2076	2877
轻工业品、纺织品	11602	199	67	40313.7	1089981	3937	8	26	5	5452.4	1	12	17	15.5					418	3346	1247	1792	1216	744	264	25	26	825	1699
易燃、易爆物品	7946	86	184	19314.8	331801	2166	8	33	9	3967.7									163	885	1696	3343	93	162	431	16	63	338	756
农副产品	4156	18	7	4504.2	1521572	1768	1	3		0.1									183	365	162	1467	289	467	104	6		509	604
山林野外（露天）	16486	11	1	4581.1	3222422	2477	2	6		200.1									485	754	132	3862	2668	2477	383	21	5	2116	3583
其他	37365	248	96	48523.2	1142216	7066	21	72	9	1323.8	1	12	10	9.0					713	8081	1796	4345	1886	1415	1890	54	21	3651	13513

分建筑类别火灾情况

项目	火灾概况						较大火灾				重大火灾				特别重大火灾				起火原因(起)										
	起数	死人	伤人	直接损失（万元）	烧毁建筑（平方米）	受灾户数	起数	死人	伤人	直接损失（万元）	起数	死人	伤人	直接损失（万元）	起数	死人	伤人	直接损失（万元）	放火	电气	生产作业	用火不慎	吸烟	玩火	自燃	雷击	静电	不明确原因	其他
合计	83574	1161	576	159838.0	4480006	31092	73	260	54	11741.2	4	43	51	11384.6					2081	31372	5224	19089	3117	3444	894	190	100	5917	12146
高层	2555	33	28	15350.9	95433	1403	2	12	10	213.3	1			9800.1					44	890	232	547	117	199	11	3	9	92	411
多层	39819	718	374	58771.5	1514687	13974	53	196	38	2537.6	3	43	51	1584.5					836	16889	1530	9010	1523	1590	264	70	27	2239	5841
单层	40537	410	174	85280.1	2749057	15531	18	52	6	8990.3									1132	13423	3417	9473	1433	1599	604	117	64	3518	5757
地下	663			435.5	120830	184													69	170	45	59	44	56	15			68	137

火灾损失、死人分段情况

项目		起数	死人	伤人	直接损失（万元）
损失分段	合计	132497	1205	624	195945.2
	0.1万元以下	68736	134	85	1904.7
	0.1万元—1万元	47397	422	189	13873.6
	1万元—5万元	10942	321	143	21938.9
	5万元—10万元	2718	104	62	17663.9
	10万元—20万元	1273	96	35	16418.4
	20万元—30万元	518	37	29	12139.5
	30万元—100万元	689	41	38	33681.6
	100万以上	224	50	43	78324.6
死人分段	合计	132497	1205	624	195945.2
	无	131673		396	184093.9
	1人	604	604	67	6399.6
	2人	144	288	53	1526.5
	3人	47	141	22	611.9
	4人－5人	21	92	18	645.7
	6人－9人	5	37	17	1083.1
	10人－29人	3	43	51	1584.5
	30人以上				

注：损失金额含下限（左）不含上限（右）。

每日火灾情况

日期	星期	一月 起数	死人	伤人	直接损失（万元）	星期	二月 起数	死人	伤人	直接损失（万元）	星期	三月 起数	死人	伤人	直接损失（万元）
合计		13734	188	60	19873.2		18009	151	48	14800.7		11682	125	42	17052.5
1	五	428	5		468.0	一	460	5	2	308.2	一	424	12	4	534.2
2	六	381	9	3	309.6	二	449	6		386.1	二	342	3		361.3
3	日	357	10	7	308.4	三	468	5		296.7	三	334	2	1	348.2
4	一	387	3	2	620.0	四	457	5		312.5	四	317	2		143.5
5	二	414	6	1	795.8	五	468	3	1	377.8	五	274	1	2	167.7
6	三	464	15	3	592.4	六	498	7	1	336.7	六	348	3	2	266.0
7	四	458	12	7	1667.3	日	407	1		438.3	日	345	3	3	583.5
8	五	435	1	1	552.3	一	419	9	1	395.9	一	337	1		386.7
9	六	386	4		237.2	二	406	10	1	322.9	二	344	3	1	653.1
10	日	420	7	2	453.6	三	472	3	1	430.5	三	403	2		475.6
11	一	427	5		233.8	四	471	9	3	707.0	四	433	4	1	400.0
12	二	504	6		413.6	五	555	3		255.7	五	400	6	4	638.0
13	三	501		2	500.0	六	1822	11	6	1536.9	六	427	5	1	658.7
14	四	484	8		721.7	日	1903	8	3	1134.2	日	375	2		231.9
15	五	468	5	1	316.1	一	802	6	5	451.3	一	330	1		295.0
16	六	454	7	3	490.8	二	697	5		593.1	二	364	5	3	756.1
17	日	420	4		435.3	三	646	3		458.8	三	438	8		1242.3
18	一	474	5	1	329.1	四	768	3	1	455.1	四	377	7	1	459.8
19	二	470	7	2	720.9	五	674	5	1	367.8	五	463	4		517.7
20	三	450	5	1	274.9	六	716	2	2	457.9	六	488	4	4	319.8
21	四	433	9	1	455.2	日	605	9	4	808.9	日	454	4		528.2
22	五	450	3	4	298.8	一	508	10	2	487.8	一	367	2	2	1051.5
23	六	423	10	4	592.6	二	538	4	1	574.1	二	346		2	352.6
24	日	467	6	6	1083.7	三	525	1	1	546.8	三	334	9	1	220.1
25	一	518	13	1	311.9	四	466	9	2	735.1	四	370	2	1	326.8
26	二	484	6	2	681.3	五	462	4	3	273.5	五	398	3		436.9
27	三	429	7	1	449.8	六	423	3	5	454.9	六	394	9	4	319.7
28	四	477	1	3	315.0	日	924	2	2	895.9	日	463	7	1	2541.6
29	五	477	2		646.6						一	359	3	1	340.2
30	六	388	1	2	312.8						二	330			1074.8
31	日	406	6		4284.7						三	304	8	3	420.6

日期	星期	四月 起数	死人	伤人	直接损失（万元）	星期	五月 起数	死人	伤人	直接损失（万元）	星期	六月 起数	死人	伤人	直接损失（万元）
合计		10707	103	60	24717.8		9649	80	40	12716.5		9017	52	30	13915.1
1	四	339			643.1	六	483	4	6	603.9	二	280			363.7
2	五	345	12	1	287.7	日	437	2	1	740.4	三	261	2	1	318.4
3	六	436	6	1	211.6	一	443	1	2	555.6	四	307	1		690.9
4	日	420	3		297.1	二	366		2	315.4	五	309	3		455.1
5	一	481	3	3	339.4	三	307	2		370.1	六	293	2	2	372.3
6	二	362	3		240.3	四	301	1		208.9	日	369	2	1	297.1
7	三	431	4		721.9	五	349	2		372.6	一	352		1	426.6
8	四	508	3	6	350.0	六	298	4	1	249.0	二	341	1		402.2
9	五	336			424.8	日	305	6	2	201.4	三	283	5	1	214.0
10	六	311			229.4	一	308	6		1189.0	四	315	3	2	446.4
11	日	323	2		621.1	二	312	4	5	180.3	五	285	2	1	197.1
12	一	317	3	2	255.9	三	277		2	178.8	六	290	1	3	310.6
13	二	326	6	2	213.7	四	324	3		392.2	日	314	2	3	325.3
14	三	304	1	3	167.7	五	299	6	3	295.7	一	305	2	2	280.3
15	四	307		1	205.2	六	255	1		113.3	二	311	1		358.7
16	五	343	4	2	628.1	日	252	3		271.9	三	314		1	376.6
17	六	334	6	3	1398.1	一	244	4		642.4	四	306	2		271.7
18	日	297	3	2	333.6	二	242	2		568.1	五	263	1	1	800.9
19	一	274	1	11	266.8	三	275	1		408.2	六	267	3		316.2
20	二	273	1	2	352.3	四	294		1	357.2	日	325		2	495.5
21	三	307	3		441.1	五	312	1	2	1342.7	一	312	3	1	298.6
22	四	230	9	4	1127.4	六	277			227.0	二	295	1		368.2
23	五	370	5		643.4	日	369	2	2	324.4	三	331	2		286.2
24	六	447	12	1	10733.1	一	319	2		312.8	四	323	4	5	626.0
25	日	423	4		1363.7	二	333	5	3	630.6	五	294	1	1	591.0
26	一	343	3	12	335.5	三	325	1		358.1	六	279	3		158.9
27	二	334	3		431.1	四	302	3		141.9	日	289	2		250.8
28	三	356		3	225.0	五	240	3	1	151.5	一	272	2		199.5
29	四	411	2		963.4	六	256	2	2	238.4	二	270	1	2	3139.8
30	五	419	1	1	266.2	日	265	4	5	443.6	三	262			276.6
31						一	280	5		330.9					

每日火灾情况(续)

日期	星期	七月 起数	七月 死人	七月 伤人	七月 直接损失（万元）	星期	八月 起数	八月 死人	八月 伤人	八月 直接损失（万元）	星期	九月 起数	九月 死人	九月 伤人	九月 直接损失（万元）	星期	十月 起数	十月 死人	十月 伤人	十月 直接损失（万元）	星期	十一月 起数	十一月 死人	十一月 伤人	十一月 直接损失（万元）	星期	十二月 起数	十二月 死人	十二月 伤人	十二月 直接损失（万元）
合计		8225	65	83	10539.3		8608	50	71	13561.2		7520	54	26	13637.4		9382	63	39	15785.3		11569	116	78	18435.7		14395	158	47	20910.6
1	四	278	1	1	191.1	日	278		1	509.2	三	221		2	789.0	五	272	2	1	301.0	一	408	3	1	576.8	三	397	4	4	534.1
2	五	273			180.3	一	297	5	8	185.9	四	218	3		316.1	六	250	2	3	698.1	二	384	3	5	233.8	四	455	3	1	374.9
3	六	282	1	1	301.8	二	349	1		2334.5	五	203	3	3	172.5	日	305	3		326.3	三	380	4	8	597.7	五	423	2		606.3
4	日	291			197.5	三	331	2		323.6	六	197			250.6	一	275	1	1	287.1	四	413	3		702.6	六	451	5	3	482.4
5	一	303	4	4	1230.0	四	344	1	4	403.3	日	224	8	4	314.2	二	307	4	3	863.2	五	376	26	30	2564.0	日	432	3		478.8
6	二	318	2	6	324.1	五	258	1		456.7	一	254	3	1	250.7	三	302	1	4	1575.2	六	396	8	4	2226.1	一	494	5	1	654.9
7	三	281	2	2	162.1	六	239	1	1	386.0	二	268			280.1	四	273	1	2	447.8	日	404	6	1	485.0	二	590	4	5	410.3
8	四	273	1	1	272.0	日	244			341.2	三	242			153.3	五	303	1	2	344.6	一	368	6		304.5	三	498	5	2	686.6
9	五	268	3	7	186.2	一	271			340.9	四	287		2	347.6	六	277	1	2	593.1	二	419	2	1	480.3	四	450	6		780.7
10	六	236	1		301.6	二	289	1	1	231.1	五	244	5		220.1	日	260	2		148.5	三	373	3	5	433.8	五	407	2		427.0
11	日	226		2	436.8	三	354	1	2	1061.9	六	235			330.4	一	285	1	6	685.3	四	496	3	2	511.4	六	464	3		668.5
12	一	252	3	1	342.5	四	345		1	260.5	日	228	2		616.1	二	247	1		849.2	五	425	3	3	270.3	日	368	7	1	333.7
13	二	224	1		429.3	五	299			327.2	一	233	4		229.7	三	292	1	2	365.6	六	432		5	1633.9	一	405	14	2	387.5
14	三	255	3	1	225.5	六	313	1		431.3	二	228			321.5	四	253	4		698.9	日	413	1		405.1	二	414	4		472.5
15	四	249			188.4	日	308		2	596.3	三	274	2	1	781.1	五	300	2		300.2	一	375	3		543.2	三	510	9	4	718.2
16	五	233		3	266.7	一	277	4	3	406.5	四	239	2		837.3	六	312		1	241.3	二	348	2	1	389.3	四	506		1	687.7
17	六	245	2		533.2	二	301		1	605.1	五	258	3	2	171.8	日	316	1		352.9	三	356	3	2	456.7	五	452	7		480.5
18	日	256		1	580.4	三	269	1	2	338.1	六	248	3		359.5	一	327	3	1	183.5	四	302	2		201.1	六	446	3	2	535.2
19	一	279	12	19	650.2	四	285	3	2	206.2	日	286		1	2363.6	二	282	2		432.9	五	336	6	1	268.2	日	445	6	6	528.7
20	二	243	5	4	276.6	五	254		2	280.3	一	307	2	1	251.8	三	300	4	1	358.8	六	344		2	519.3	一	451	10		1539.7
21	三	247	2		171.2	六	230	5	3	269.4	二	285		1	954.5	四	307	1	1	496.5	日	401	1		753.9	二	416	4		651.4
22	四	274	2	4	482.9	日	262	1	2	376.1	三	324	2	2	554.4	五	319	2		998.1	一	369	3		592.3	三	421	3	2	315.5
23	五	233	5	3	114.5	一	285		2	510.3	四	249	3		187.7	六	265	2	1	176.7	二	357	2		285.4	四	454	4	1	558.1
24	六	243	3	2	325.6	二	254	2	2	438.1	五	284	2		305.7	日	270			454.7	三	427	3		595.3	五	452	3	1	714.9
25	日	260	3	2	265.9	三	260	2	6	232.1	六	244	1	1	608.1	一	301	1	3	237.2	四	380	2	3	641.4	六	474	10	3	1575.7
26	一	255	2	1	195.0	四	247	2	7	290.4	日	224		1	131.6	二	360	8	3	413.6	五	372	5		197.0	日	476	7	1	544.3
27	二	268	2	11	342.8	五	211	1		105.1	一	257			561.0	三	337	2		595.0	六	410	3	1	348.3	一	504	2	4	393.7
28	三	256	2	2	173.1	六	199	13	10	290.1	二	249	2	1	312.7	四	384			298.2	日	364	5	2	675.4	二	496	8		1935.2
29	四	262		4	410.5	日	256		8	565.4	三	267	1	1	278.1	五	354	3	1	777.1	一	364	1		230.6	三	496	5	1	621.2
30	五	337	3		592.9	一	247	2	1	271.3	四	243	3	2	386.7	六	386	4	1	831.8	二	377	4	1	313.0	四	548	6	1	723.0
31	六	325		1	188.7	二	252			187.0						日	361	3		453.2						五	600	4	1	1089.4

火灾24小时分布情况

时间	火灾概况						较大火灾				重大火灾				特别重大火灾				起火原因(起)										
	起数	死人	伤人	直接损失（万元）	烧毁建筑（平方米）	受灾户数	起数	死人	伤人	直接损失（万元）	起数	死人	伤人	直接损失（万元）	起数	死人	伤人	直接损失（万元）	放火	电气	生产作业	生活用火不慎	吸烟	玩火	自燃	雷击	静电	不明确原因	其他
合计	132497	1205	624	195945.2	9699751	37161	77	272	57	11773.3	4	43	51	11384.6					3249	41237	7722	25878	7586	7094	3504	248	137	10942	24900
00～02	9166	163	57	26331.2	488048	3688	11	43	6	332.1	1			9800.1					395	2899	362	1373	493	664	244	26	7	875	1828
02～04	7118	184	66	20793.2	456030	2602	17	61	18	1590.9									391	2434	363	1055	346	148	214	20	3	742	1402
04～06	5726	143	55	17795.8	367082	2074	16	58	21	512.7									223	2082	344	818	273	84	208	14	6	532	1142
06～08	6416	86	35	11906.2	272590	1782	5	14	1	2924.9									136	2340	403	1283	272	119	182	11	7	473	1190
08～10	10041	73	54	13527.3	453388	2626					1	19	24	1560.0					168	3450	861	2141	501	289	273	7	9	655	1687
10～12	13238	70	35	15229.1	907996	3247	1	3		0.1									225	3950	1030	3166	763	535	349	10	13	943	2254
12～14	13611	45	29	16244.8	1482171	3537	1	4		3.0									244	3860	801	3070	843	800	379	9	19	1101	2485
14～16	15293	103	67	18410.9	2015962	3880	2	5	1	3730.0	2	24	27	24.5					291	4126	1078	3180	1011	1072	362	36	21	1289	2827
16～18	13933	66	64	13424.3	869387	3738	7	26	6	972.3									241	4021	917	2960	844	891	346	36	17	1070	2590
18～20	14253	54	49	15033.9	661244	3473	2	6		2.0									270	4483	623	2821	821	1000	341	24	14	1116	2740
20～22	13163	84	66	13325.6	745620	3399	4	16	2	1622.6									322	4225	520	2323	787	850	338	30	13	1138	2617
22～24	10539	134	47	13923.0	980234	3115	11	36	2	82.6									343	3367	420	1688	632	642	268	25	8	1008	2138

注:时间含上限(左)不含下限(右)。

人员死亡火灾对比情况

项目		2010 年	2009 年	同比
四项数字	起数	824	893	-7.7%
	死人	1205	1236	-2.5%
	伤人	228	198	15.2%
	直接损失（万元）	11851	22721.0	-47.8%
一次死亡1至2人	起数	748	830	-9.9%
	死人	892	965	-7.6%
	伤人	120	140	-14.3%
	直接损失（万元）	7926.1	21590.6	-63.3%
一次死亡3至9人	起数	73	59	23.7%
	死人	270	222	21.6%
	伤人	57	28	103.6%
	直接损失（万元）	2340.7	824.9	183.8%
一次死亡10人至29人	起数	3	4	-25.0%
	死人	43	49	-12.2%
	伤人	51	30	70.0%
	直接损失（万元）	1584.5	305.5	418.7%
一次死亡30人以上	起数			
	死人			
	伤人			
	直接损失（万元）			

人员死亡火灾分地区情况

地区	四项数字				一次死亡1至2人				一次死亡3至9人				一次死亡10至29人				一次死亡30人以上			
	起数	死人	伤人	直接损失（万元）	起数	死人	伤人	直接损失（万元）	起数	死人	伤人	直接损失（万元）	起数	死人	伤人	直接损失（万元）	起数	死人	伤人	直接损失（万元）
合计	824	1205	228	11851.3	748	892	120	7926.1	73	270	57	2340.7	3	43	51	1584.5				
北京	26	32		17.0	24	26		15.9	2	6		1.1								
天津	23	23	1	157.5	23	23	1	157.5												
河北	21	29	7	120.1	20	26	7	120.0	1	3		0.2								
山西	22	26	5	322.7	22	26	5	322.7												
内蒙古	40	51	9	112.5	37	41	9	57.3	3	10		55.2								
辽宁	20	42	11	823.4	15	18	1	806.7	4	12		7.7	1	12	10	9.0				
吉林	16	43	24	3209.1	13	17		1636.5	2	7		12.6	1	19	24	1560.0				
黑龙江	17	26	4	962.0	14	16	1	956.1	3	10	3	5.9								
上海	37	43	7	98.8	36	40	5	73.4	1	3	2	25.4								
江苏	67	85	8	189.1	64	76	8	153.0	3	9		36.2								
浙江	45	88	19	586.7	38	50	9	426.6	7	38	10	160.1								
安徽	26	35	2	73.4	24	29	1	43.9	2	6	1	29.5								
福建	38	55	12	161.1	34	41	11	141.4	4	14	1	19.7								
江西	13	21	5	39.8	12	18	5	22.2	1	3		17.6								
山东	22	32	8	556.6	19	20	4	113.9	3	12	4	442.7								
河南	11	16	1	41.6	9	10	1	30.1	2	6		11.5								
湖北	19	25	3	94.6	18	22	3	94.4	1	3		0.2								
湖南	20	33	2	147.7	17	22	2	143.2	3	11		4.5								
广东	76	132	20	332.9	63	81	12	295.1	13	51	8	37.8								
广西	20	32	1	171.9	17	22	1	160.6	3	10		11.3								
海南	3	3		3.6	3	3		3.6												
重庆	36	43	8	294.4	35	40		82.2	1	3	8	212.3								
四川	32	37	6	1521.6	32	37	6	1521.6												
贵州	51	73	24	192.5	48	61	13	161.1	3	12	11	31.4								
云南	48	64	3	259.5	44	52	2	244.8	4	12	1	14.8								
西藏																				
陕西	15	23	1	61.1	13	14		28.1	2	9	1	33.0								
甘肃	10	16	7	1026.5	9	10	1	60.9	1	6	6	965.6								
青海	8	12	8	12.9	7	9	7	10.8	1	3	1	2.1								
宁夏	4	5		12.7	4	5		12.7												
新疆	38	60	22	247.8	34	37	5	29.7	3	11		202.6	1	12	17	15.5				

死亡1至2人火灾分地区情况

地区	起数	死人	伤人	直接损失（万元）	起火原因																					
					放火		电气		生产作业		用火不慎		吸烟		玩火		自燃		雷击		静电		不明确原因		其他	
					起数	直接损失（万元）	起数	直接损失（万元）	起数	直接损失（万元）	起数	直接损失（万元）	起数	直接损失（万元）	起数	直接损失（万元）	起数	直接损失（万元）	起数	直接损失（万元）	起数	直接损失（万元）	起数	直接损失（万元）	起数	直接损失（万元）
合计	748	892	120	7926.1	99	307.3	185	3512.1	29	275.8	150	536.3	88	1746.1	55	261.5	4	143.4			2	410.2	64	279.1	72	454.3
北京	24	26		15.9	2	0.2	1	0.8	3	1.7	3	1.4	9	2.5	2	2.0									4	7.3
天津	23	23	1	157.5	1						3	1.0	12	3.9	2	139.0							3	1.6	2	12.0
河北	20	26	7	120.0	2	0.2	8	5.3	1	0.3	6	93.5			1	0.5									2	20.2
山西	22	26	5	322.7	2	0.4	5	20.0	2	22.0	4	0.7	5	1.7									1		3	277.9
内蒙古	37	41	9	57.3	4	25.4	8	3.1	1	0.1	10	9.4	5	0.3	1	0.2							5	12.5	3	6.1
辽宁	15	18	1	806.7	1		6	805.2			2	0.2	3	0.2									2	1.1	1	
吉林	13	17		1636.5	2	0.1	3	5.2	2	2.3	3	8.6	1	1619.6									2	0.8		
黑龙江	14	16	1	956.1	2	29.0	3	456.5			4	5.3	2	19.2							1	398.0	1	47.1	1	0.9
上海	36	40	5	73.4	5	12.4	12	33.1			7	2.1	5	1.4	1	5.5							1	9.8	5	9.3
江苏	64	76	8	153.0	7	4.5	18	45.0	5	51.3	9	12.8	8	2.1	4	0.8							1	0.5	12	36.0
浙江	38	50	9	426.6	5	7.7	11	216.1	2	2.6	8	8.9	1	0.1	2	32.4	1	100.0			1	12.2	5	39.3	2	7.5
安徽	24	29	1	43.9	1	0.2	6	4.6	1	19.4	4	3.0	2	0.5	5	1.5							1	0.5	4	14.2
福建	34	41	11	141.4	6	22.7	8	50.5	2	3.8	6	42.7	1	0.1	6	15.7							3	3.8	2	2.1
江西	12	18	5	22.2	4	15.0	4	3.0			1	1.0	1	3.0	1	0.2									1	0.1
山东	19	20	4	113.9	2	0.6	5	11.7	3	98.4	5	2.8	1	0.2									3	0.2		
河南	9	10	1	30.1	2	0.7	3	21.9					1	1.0	1	1.0							1	0.5	1	5.0
湖北	18	22	3	94.4	7	4.1	2	2.5	1	50.0	3	3.8											1	26.0	4	8.0
湖南	17	22	2	143.2	2	11.4	6	22.4			4	93.3											5	16.1		
广东	63	81	12	295.1	11	52.7	22	175.7	2	1.3	9	12.0	3	1.4	3	0.8	1	31.5					4	3.1	8	16.6
广西	17	22	1	160.6	1	0.4	6	72.9			5	10.0	1	70.0	3	7.1									1	0.2
海南	3	3		3.6	2	3.4																			1	0.2
重庆	35	40		82.2	8	14.3	12	49.5			10	9.0	1	0.2	2	0.1	1	3.0							1	6.0
四川	32	37	6	1521.6	1	5.0	9	1414.6			7	75.9	3	1.2	1	0.5	1	8.8					6	4.0	4	11.5
贵州	48	61	13	161.1	12	51.1	15	60.3	1	1.2	7	23.9	2	1.2	8	10.8							1	12.5	2	0.1
云南	44	52	2	244.8	4	25.9	1	1.5			16	105.2	8	5.2	7	40.6							7	58.9	1	7.5
西藏																										
陕西	13	14		28.1	1	0.5	2	5.5			3	2.5	1	0.1	1	2.0							2	13.7	3	3.9
甘肃	9	10	1	60.9	1	19.0	1	0.7	2	20.9			1										3	19.6	1	0.7
青海	7	9	7	10.8			1	1.2			2	3.4			2	0.2							2	6.0		
宁夏	4	5		12.7			1	11.5															3	1.2		
新疆	34	37	5	29.7	1	0.1	6	12.0	1	0.6	9	3.9	11	11.0	2	0.5							1	0.4	3	1.2

死亡1至2人火灾分月季情况

项目		火灾概况						较大火灾				重大火灾				特别重大火灾				起火原因(起)										
		起数	死人	伤人	直接损失（万元）	烧毁建筑（平方米）	受灾户数	起数	死人	伤人	直接损失（万元）	起数	死人	伤人	直接损失（万元）	起数	死人	伤人	直接损失（万元）	放火	电气	生产作业	生活用火不慎	吸烟	玩火	自燃	雷击	静电	不明确原因	其他
合计		748	892	120	7926.1	113072	971	2	2		2819.6									99	185	29	150	88	55	4		2	64	72
一季度	小计	291	339	28	2847.4	52183	424	1	1		1619.6									38	64	7	76	32	23	2		1	23	25
	一月	118	139	12	348.9	15447	148													18	31	3	34	10	7	1			7	7
	二月	91	105	8	363.2	11213	112													10	11	2	24	11	13	1			9	10
	三月	82	95	8	2135.3	25523	164	1	1		1619.6									10	22	2	18	11	3			1	7	8
二季度	小计	158	189	32	1379.1	19841	253													23	41	8	25	18	12	1			15	15
	四月	68	78	11	830.6	9141	112													7	18	6	12	7	6				8	4
	五月	54	68	15	482.8	9254	115													10	14	1	8	7	4				2	8
	六月	36	43	6	65.6	1447	26													6	9	1	5	4	2	1			5	3
三季度	小计	93	117	36	303.5	9590	83													17	27	5	12	6	9				6	11
	七月	32	41	13	124.2	2700	30													5	11	1	3	2	3				4	3
	八月	27	35	19	52.0	3183	32													9	6	2	5	1	1				2	1
	九月	34	41	4	127.4	3707	21													3	10	2	4	3	5					7
四季度	小计	206	247	24	3396.1	31458	211	1	1		1200.0									21	53	9	37	32	11	1		1	20	21
	十月	43	51	5	440.4	7855	59													5	8	2	9	8	4	1			1	5
	十一月	63	75	7	264.9	7993	36													8	15	5	11	8					8	8
	十二月	100	121	12	2690.8	15610	116	1	1		1200.0									8	30	2	17	16	7			1	11	8

死亡3至9人火灾分地区情况

地区	火灾概况				起火原因																			
					放火		电气		生产作业		用火不慎		吸烟		玩火		自燃		雷击		静电		不明确原因		其他	
	起数	死人	伤人	直接损失(万元)	起数	直接损失(万元)	起数	直接损失(万元)	起数	直接损失(万元)	起数	直接损失(万元)	起数	直接损失(万元)	起数	直接损失(万元)	起数	直接损失(万元)	起数	直接损失(万元)	起数	直接损失(万元)	起数	直接损失(万元)	起数	直接损失(万元)
合计	73	270	57	2340.7	13	24.9	26	546.0	5	1460.3	12	134.9	1	88.5	5	4.4							3	13.6	8	68.1
北京	2	6		1.1	1	0.1					1	1.0														
天津																										
河北	1	3		0.2	1	0.2																				
山西																										
内蒙古	3	10		55.2							2	55.1			1	0.1										
辽宁	4	12		7.7			2	3.8			1	2.0													1	1.9
吉林	2	7		12.6	1	12.1					1	0.5														
黑龙江	3	10	3	5.9	2	1.1																			1	4.8
上海	1	3	2	25.4																					1	25.4
江苏	3	9		36.2			2	34.4																	1	1.8
浙江	7	38	10	160.1	2	1.8	1	16.1	1	20.0	2	33.7	1	88.5												
安徽	2	6	1	29.5							1	29.4			1	0.1										
福建	4	14	1	19.7	1	1.9	1	0.9															1	11.9	1	5.0
江西	1	3		17.6																					1	17.6
山东	3	12	4	442.7			1	0.5	1	441.7													1	0.5		
河南	2	6		11.5			2	11.5																		
湖北	1	3		0.2	1	0.2																				
湖南	3	11		4.5	1	0.3					2	4.2														
广东	13	51	8	37.8	3	7.3	6	15.8			1	0.1			1	3.0									2	11.6
广西	3	10		11.3			2	11.2							1	0.1										
海南																										
重庆	1	3	8	212.3			1	212.3																		
四川																										
贵州	3	12	11	31.4			2	30.1															1	1.3		
云南	4	12	1	14.8			3	5.9			1	8.9														
西藏																										
陕西	2	9	1	33.0					2	33.0																
甘肃	1	6	6	965.6					1	965.6																
青海	1	3	1	2.1			1	2.1																		
宁夏																										
新疆	3	11		202.6			2	201.4							1	1.2										

死亡3至9人火灾分月季情况

项目		火灾概况						较大火灾				重大火灾				特别重大火灾				起火原因(起)										
		起数	死人	伤人	直接损失（万元）	烧毁建筑（平方米）	受灾户数	起数	死人	伤人	直接损失（万元）	起数	死人	伤人	直接损失（万元）	起数	死人	伤人	直接损失（万元）	放火	电气	生产作业	生活用火不慎	吸烟	玩火	自燃	雷击	静电	不明确原因	其他
合计		73	270	57	2340.7	25111	136	73	270	57	2340.7									13	26	5	12	1	5				3	8
一季度	小计	32	125	25	1210.8	12515	37	32	125	25	1210.8									6	10	2	7	1	4				1	1
	一月	11	49	15	1114.3	9678	10	11	49	15	1114.3									3	4	1	1	1	1					
	二月	12	46	5	81.7	1259	16	12	46	5	81.7									2	2		5		3					
	三月	9	30	5	14.8	1577	11	9	30	5	14.8									1	4	1	1						1	1
二季度	小计	14	46	3	288.2	7337	63	14	46	3	288.2									3	5	1	1						1	3
	四月	7	25	1	240.0	6621	50	7	25	1	240.0									1	3	1							1	1
	五月	4	12		22.2	379	1	4	12		22.2									1	1		1							1
	六月	3	9	2	26.0	337	12	3	9	2	26.0									1	1									1
三季度	小计	9	28	8	39.7	1161	11	9	28	8	39.7									2	2		3						1	1
	七月	4	12	3	22.1	502	1	4	12	3	22.1										1		2						1	
	八月	1	3	1	0.5	22		1	3	1	0.5									1										
	九月	4	13	4	17.1	637	10	4	13	4	17.1									1	1		1							1
四季度	小计	18	71	21	802.0	4098	25	18	71	21	802.0									2	9	2	1		1					3
	十月	3	12		36.8	507	4	3	12		36.8										2	1								
	十一月	6	22	16	661.7	2668	12	6	22	16	661.7									1	4	1								
	十二月	9	37	5	103.4	923	9	9	37	5	103.4									1	3		1		1					3

死亡10至29人火灾分地区情况

地区	火灾概况				起火原因																					
	起数	死人	伤人	直接损失（万元）	放火		电气		生产作业		用火不慎		吸烟		玩火		自燃		雷击		静电		不明确原因		其他	
					起数	直接损失（万元）	起数	直接损失（万元）	起数	直接损失（万元）	起数	直接损失（万元）	起数	直接损失（万元）	起数	直接损失（万元）	起数	直接损失（万元）	起数	直接损失（万元）	起数	直接损失（万元）	起数	直接损失（万元）	起数	直接损失（万元）
合计	3	43	51	1584.5			2	1569.0							1	15.5										
北京																										
天津																										
河北																										
山西																										
内蒙古																										
辽宁	1	12	10	9.0			1	9.0																		
吉林	1	19	24	1560.0			1	1560.0																		
黑龙江																										
上海																										
江苏																										
浙江																										
安徽																										
福建																										
江西																										
山东																										
河南																										
湖北																										
湖南																										
广东																										
广西																										
海南																										
重庆																										
四川																										
贵州																										
云南																										
西藏																										
陕西																										
甘肃																										
青海																										
宁夏																										
新疆	1	12	17	15.5											1	15.5										

死亡10至29人火灾分月季情况

项目		火灾概况						较大火灾				重大火灾				特别重大火灾				起火原因(起)										
		起数	死人	伤人	直接损失（万元）	烧毁建筑（平方米）	受灾户数	起数	死人	伤人	直接损失（万元）	起数	死人	伤人	直接损失（万元）	起数	死人	伤人	直接损失（万元）	放火	电气	生产作业	生活用火不慎	吸烟	玩火	自燃	雷击	静电	不明确原因	其他
合计		3	43	51	1584.5	16760	5					3	43	51	1584.5						2				1					
一季度	小计																													
	一月																													
	二月																													
	三月																													
二季度	小计																													
	四月																													
	五月																													
	六月																													
三季度	小计	2	24	27	24.5	930	5					2	24	27	24.5						1				1					
	七月	1	12	17	15.5	580	5					1	12	17	15.5										1					
	八月	1	12	10	9.0	350						1	12	10	9.0						1									
	九月																													
四季度	小计	1	19	24	1560.0	15830						1	19	24	1560.0						1									
	十月																													
	十一月	1	19	24	1560.0	15830						1	19	24	1560.0						1									
	十二月																													

分场所火灾死亡人员基本情况

场所	死亡（人）	性别		年龄段（岁）			健康情况					来源						受教育程度				职业									
								不健康				常住人口			流动人口								有职业								
		男	女	0~18	19~59	≥60	健康	残疾	精神病	瘫痪	其他	国内	国外	港澳台地区	国内	国外	港澳台地区	高等	中等	初等	未受教育	无业	党政组织事业单位负责人	专业技术人员	办事人员和有关人员	商业和服务人员	农林牧渔水利业	生产、运输设备操作人员及有关人员	军人	不便分类的其他人员	学生
合计	1205	703	502	296	601	308	909	42	30	82	142	930	1	4	267	2	1	52	198	582	373	624	4	21	18	94	58	54	4	226	102
住宅	717	416	301	178	307	232	484	38	26	62	107	587	1	2	127			31	81	353	252	429	2	8	13	26	40	17		122	60
宿舍	136	68	68	44	55	37	99	3	2	12	20	98			36	2		4	21	55	56	79		5		7	4	2		26	13
办公场所	22	13	9	2	19	1	22					16			6			3	16	3		1	2					1	1	15	2
学校																															
商业场所	90	52	38	23	62	5	89				1	73			17			4	28	49	9	23		1	3	32	3	3		15	10
文博馆																															
宾馆、招待所	16	9	7	1	15		15				1	11			5			3	4	8	1	5				3		3		2	3
餐饮场所	25	12	13	8	16	1	25					17			8			3	9	11	2	6		1		14			1	1	2
医院																															
养老院	13	11	2		1	12	4	1		5	3	11			2					4	9	13									
公共娱乐场所	11	4	7	1	10		11					6			5			2	3	6		8			1				1	1	
体育场馆																															
金融交易场所																															
交通枢纽站	1	1			1		1					1								1										1	
科研试验场所																															
广播电视中心																															
邮电通信场所	1	1		1			1					1								1											1
文物古建筑场所																															
宗教场所	2	1	1			2	2					2									2	2									
会议、展览中心																															
物资仓储场所	19	11	8	7	12		19					11			8				4	11	4	6				1	1	4		5	2
厂房	53	40	13	8	43	2	53					21		2	29		1	1	10	36	6	7				2	6	22		15	1
加油加气站																															
汽车库	6	6			5	1	6					6							2	4							1		1	4	
农副业场所	13	8	5	10	1	2	12				1	11			2					1	12	8								1	4
建筑工地	1	1			1		1					1								1		1									
石油化工企业	6	4	2		6		6					6							6					6							
露天框架																															
交通工具	4	4			4		3				1	2			2				1	2	1	1			1			1		1	
垃圾及废弃物	2	1	1		1	1	1		1						2					1	1									2	
公园	1	1			1						1	1								1										1	
三合一、多合一场所	2	1	1		2		2								2				2							2					
动拆迁工地	1	1			1		1					1							1			1									
其他	63	37	26	13	38	12	52		1	3	7	47			16			1	10	34	18	34				7	3	1		14	4

人员密集场所火灾对比情况

项　　目		2010 年	2009 年	同　比
四项数字	起　　数	13789	15010	-8.1%
	死人	180	197	-8.6%
	伤人	127	147	-13.6%
	直接损失（万元）	41257.5	25757.9	60.2%
较大火灾	起　　数	16	19	-15.8%
	死　　人	51	67	-23.9%
	伤　　人	18	10	80.0%
	直接损失（万元）	3146.7	360.0	774.1%
重大火灾	起　　数	3	2	50.0%
	死　　人	31	26	19.2%
	伤　　人	34	26	30.8%
	直接损失（万元）	11369.1	277.7	3993.3%
特别重大火灾	起　　数			
	死　　人			
	伤　　人			
	直接损失（万元）			

人员密集场所火灾分类别情况

项目	火灾概况				较大火灾				重大火灾				特别重大火灾			
	起数	死人	伤人	直接损失（万元）	起数	死人	伤人	直接损失（万元）	起数	死人	伤人	直接损失（万元）	起数	死人	伤人	直接损失（万元）
合计	13789	180	127	41257.5	16	51	18	3146.7	3	31	34	11369.1				
商场市场	5259	90	53	32578.8	8	23	6	2907.2	2	19	24	11360.1				
办公场所	1311	22	10	1109.0	1	5		6.5	1	12	10	9.0				
宾馆招待所	788	16	9	1636.1	2	6	4	5.2								
餐饮场所	3537	25	40	2459.3	4	13	8	215.7								
娱乐场所	684	11	9	910.4	1	4		12.1								
学校	637			409.7												
医院	294		1	141.1												
交通枢纽	919	1	1	1014.6												
其他	360	15	4	998.4												

注：学校含幼儿园，娱乐场所含歌厅舞厅及其他休闲娱乐场所，其他指养老院、文博馆、体育场馆、金融交易场所等人员密集场所。

加油（气）站火灾对比情况

项目		2010年	2009年	同比
四项指数	起数	95	87	9.2%
	死人			
	伤人	9	1	800.0%
	直接损失（万元）	107.3	115.3	-6.9%
较大火灾	起数			
	死人			
	伤人			
	直接损失（万元）			
重大火灾	起数			
	死人			
	伤人			
	直接损失（万元）			
特别重大火灾	起数			
	死人			
	伤人			
	直接损失（万元）			

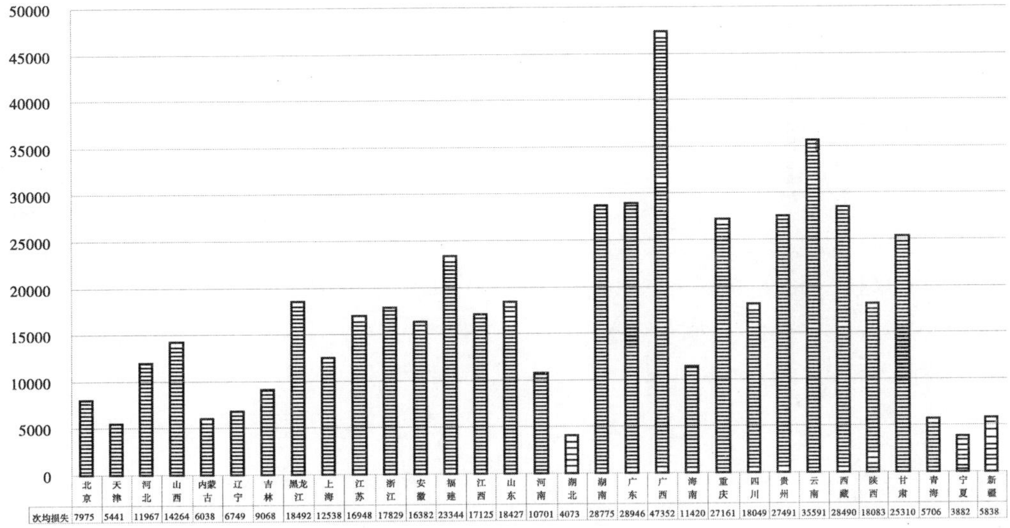

分地区火灾次均损失图

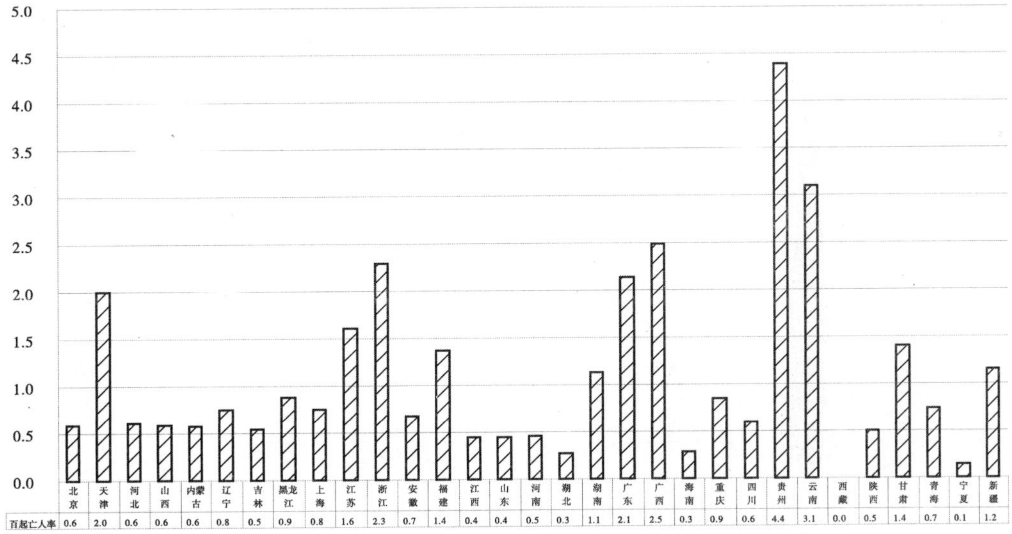

分地区百起火灾亡人率图

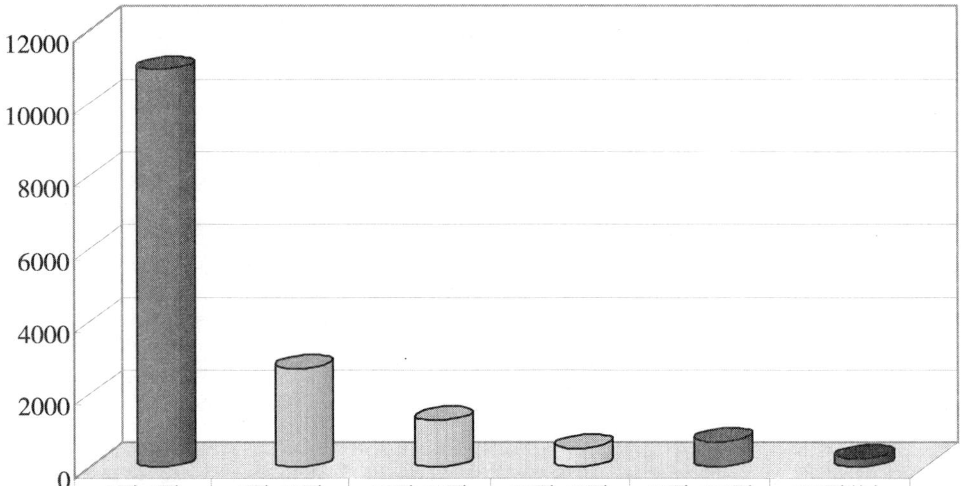

	1万-5万	5万-10万	10万-20万	20万-30万	30万-100万	100万以上
火灾起数	10942	2718	1273	518	689	224

火灾损失分段情况图

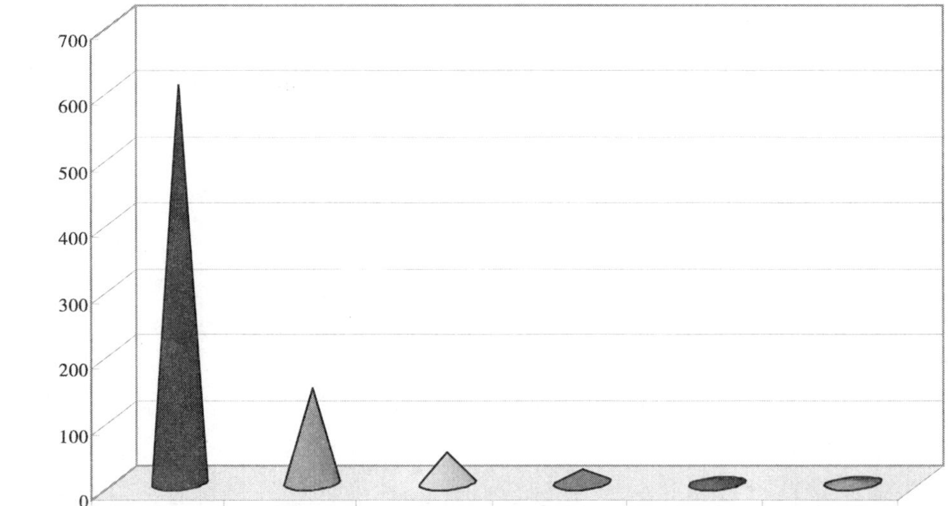

	1人	2人	3人	4人-5人	6人-9人	10人以上
死亡人数	604	144	47	21	5	3

火灾死亡人数分段情况图

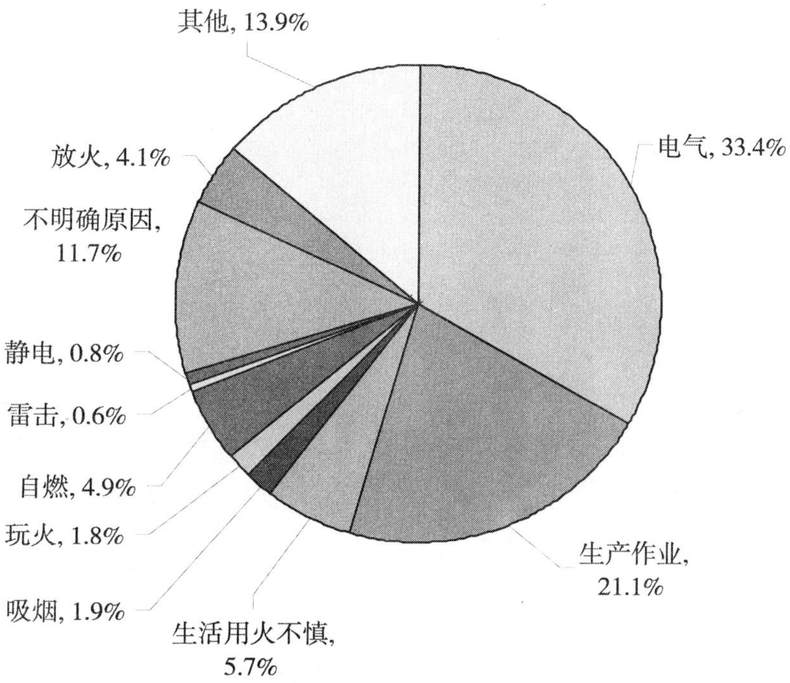

起火原因损失比例图

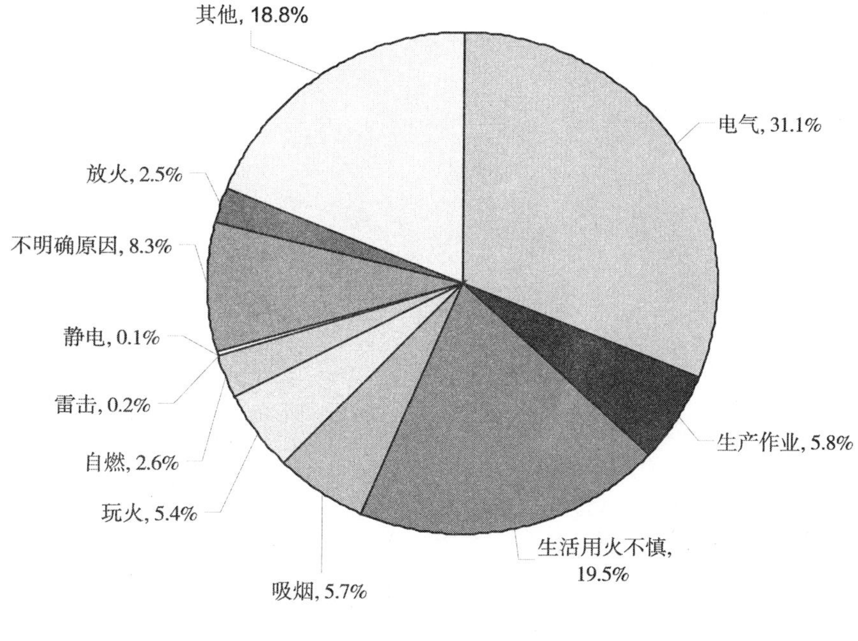

起火原因起数比例图

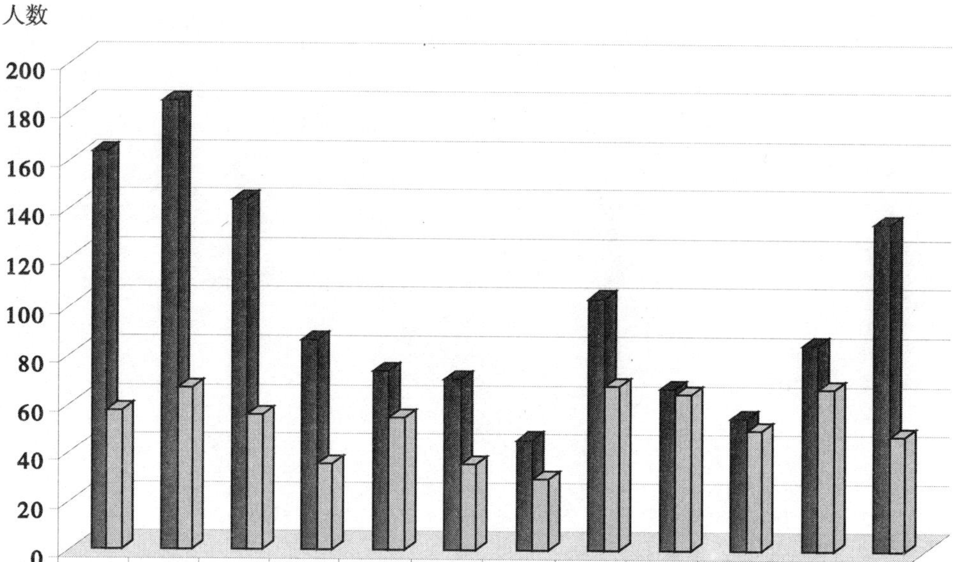

	00～02	02～04	04～06	06～08	08～10	10～12	12～14	14～16	16～18	18～20	20～22	22～24
死人	163	184	143	86	73	70	45	103	66	54	84	134
伤人	57	66	55	35	54	35	29	67	64	49	66	47

火灾伤亡人数24小时分布图

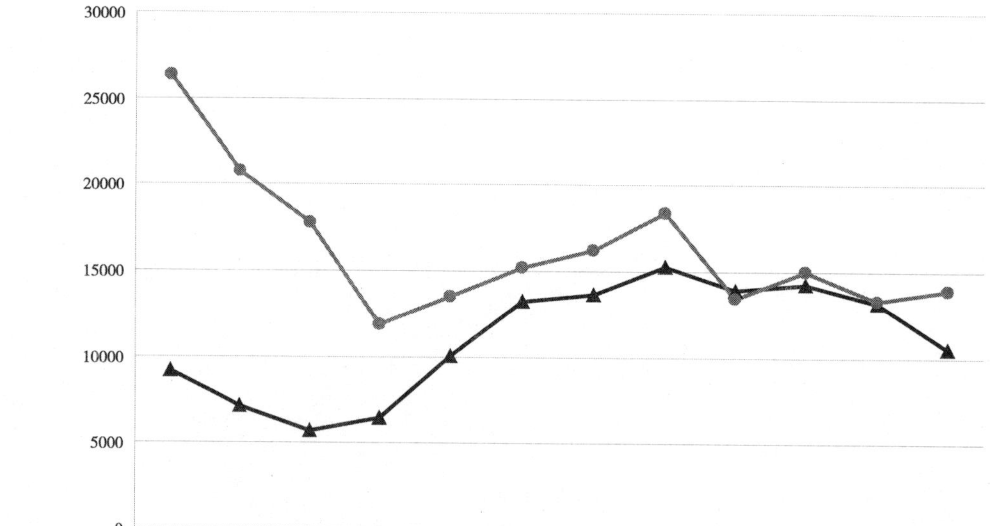

	00～02	02～04	04～06	06～08	08～10	10～12	12～14	14～16	16～18	18～20	20～22	22～24
起数	9166	7118	5726	6416	10041	13238	13611	15293	13933	14253	13163	10539
直接损失(万元)	26331.2	20793.2	17795.8	11906.2	13527.3	15229.1	16244.8	18410.9	13424.3	15033.9	13325.6	13923.0

火灾起数、损失 24小时分布图

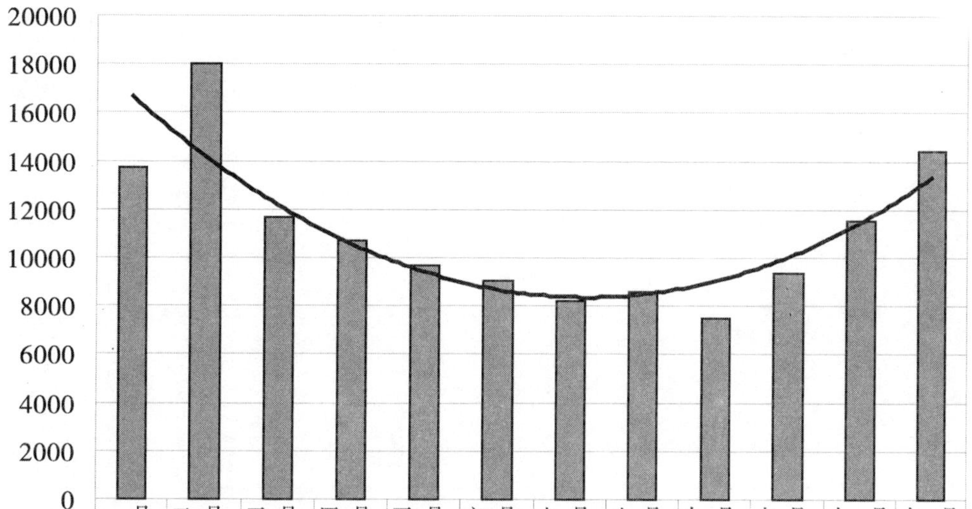

	一 月	二 月	三 月	四 月	五 月	六 月	七 月	八 月	九 月	十 月	十一月	十二月
■起数	13734	18009	11682	10707	9649	9017	8225	8608	7520	9382	11569	14395

火灾起数分月趋势图

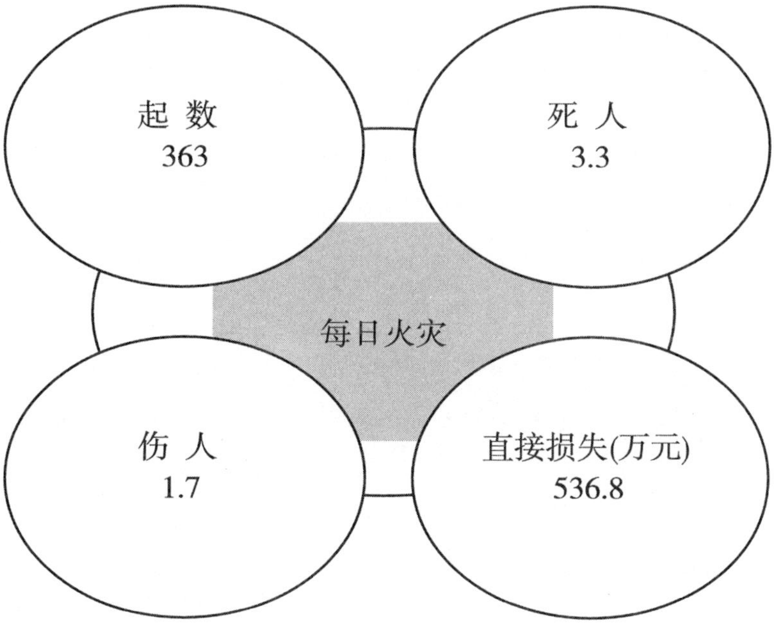

每日火灾情况图

春节期间火灾对比情况

项目		2010 年	2009 年	同比
四项数字	起数	6638	7972	-16.7%
	死人	36	55	-34.5%
	伤人	15	7	114.3%
	直接损失（万元）	4629.5	3723.7	24.3%
较大火灾	起数	1	3	
	死人	3	12	
	伤人	1		
	直接损失（万元）	29.4	21.0	
重大火灾	起数			
	死人			
	伤人			
	直接损失（万元）			
特别重大火灾	起数			
	死人			
	伤人			
	直接损失（万元）			

注：2010 年春节期间是指 2 月 13 日至 2 月 18 日（农历除夕至正月初五），2009 年春节期间是指 1 月 25 日至 1 月 30 日（农历除夕至正月初五）。

春节期间分地区火灾综合情况

地区	火灾概况						较大火灾				重大火灾				特别重大火灾			
	起数	死人	伤人	损失			起数	死人	伤人	直接损失（万元）	起数	死人	伤人	直接损失（万元）	起数	死人	伤人	直接损失（万元）
				直接损失（万元）	烧毁建筑（平方米）	受灾户数												
合计	6638	36	15	4629.5	197273	1840	1	3	1	29.4								
北京	310	1		42.9	3942	28												
天津	33	3		4.5	256	12												
河北	300	2	2	334.2	8914	68												
山西	149	1		141.0	2375	17												
内蒙古	612	1		69.3	13796	108												
辽宁	695			196.1	11089	124												
吉林	401			179.3	8621	61												
黑龙江	137			105.3	5201	72												
上海	183	2	4	59.5	1686	62												
江苏	139		3	89.2	1845	26												
浙江	91	2		65.7	6085	68												
安徽	172	7	2	119.4	2201	46	1	3	1	29.4								
福建	124		1	237.6	6231	28												
江西	239	4		152.6	7646	99												
山东	885	2		270.9	32816	107												
河南	68			63.3	1574	26												
湖北	441	1		87.4	6203	133												
湖南	127			722.8	7078	137												
广东	76	1		74.0	3140	19												
广西	52	1		62.4	2504	44												
海南	37			11.0	497	3												
重庆	309			84.3	3753	59												
四川	331			221.2	8891	84												
贵州	57	1		222.4	6017	90												
云南	207	6	1	578.8	30351	186												
西藏	12			16.7	2756	3												
陕西	133	1		223.5	4341	14												
甘肃	59			89.0	2092	27												
青海	57		1	26.3	1485	16												
宁夏	60			3.4	1464	2												
新疆	142		1	75.6	2429	71												

注:2010 年春节期间是指 2 月 13 日至 2 月 18 日(农历除夕至正月初五)。

春节期间起火原因基本情况

项目		火灾概况						较大火灾				重大火灾				特别重大火灾			
		起数	死人	伤人	直接损失（万元）	烧毁建筑（平方米）	受灾户数	起数	死人	伤人	直接损失（万元）	起数	死人	伤人	直接损失（万元）	起数	死人	伤人	直接损失（万元）
合计		6638	36	15	4629.5	197273	1840	1	3	1	29.4								
电气	小计	1137	3	1	1330.5	31602	458												
	电气线路故障	678	2		1053.0	20359	289												
	电器设备故障	216			116.4	3402	65												
	电加热器具火灾	120		1	81.5	3824	75												
	其他	123	1		79.5	4018	29												
生产作业	小计	58			157.5	2633	16												
	焊割	6			7.0	200	2												
	烘烤	25			139.7	1916	12												
	熬炼	1			0.0														
	化工火灾	2			1.9	86													
	机械设备类故障	16			8.6	119	1												
	其他	8			0.4	312	1												
生活用火不慎	小计	1078	12	3	655.7	41708	400	1	3	1	29.4								
	余火复燃	44			19.8	1564	16												
	照明不慎	22			11.4	1233	11												
	烘烤不慎	140	1		74.7	4143	74												
	敬神祭祖	152	3		168.6	7088	68												
	油锅起火	77			7.9	882	22												
	炉具故障及使用不当	98	5	2	190.4	3858	53	1	3	1	29.4								
	烟道过热窜火、飞火等	110			28.2	2536	29												
	烧荒、野外生火不慎	51			38.2	9491	4												
	使用蚊香不慎	1			0.0	3	1												
	其他	383	3	1	116.6	10909	122												
吸烟	小计	199	4	1	18.8	5614	27												
	违章吸烟	4			3.4	90													
	卧床吸烟	16	3		2.2	153	5												
	乱扔烟头、火柴等	164		1	11.2	5213	19												
	其他	15	1		2.0	158	3												
玩火	小计	2481	4	1	889.5	57108	514												
	小孩玩火	88	2		148.3	4553	22												
	燃放烟花爆竹	2357	2	1	734.3	50919	486												
	其他	36			6.9	1635	6												
自燃		48			24.2	715	10												
雷击																			
静电																			
不明确原因		524	5	3	830.2	25424	188												
放火		99	5	5	133.4	6530	32												
其他		1014	3	1	589.7	25940	195												

注:2010 年春节期间是指 2 月 13 日至 2 月 18 日(农历除夕至正月初五)。

春节期间消防部队接警出动情况

地区	出动情况							参战人员			出动车辆			消防人员伤亡(人)			战斗结果		
	起数	火灾扑救	抢险救援	反恐排爆	公务执勤	社会救助	其他出动	小计	现役	其它	小计	现役	其它	小计	死人	伤人	救出人员(人)	疏散人员(人)	抢救财产价值(万元)
合计	16100	6596	3311	6	222	2591	3374	172092	165370	6722	27747	26547	1200				1333	9583	36541
北京	576	310	20			48	198	8130	8130		1176	1176					16	282	70
天津	966	33	31			42	860	10080	10080		1466	1466					16	46	46
河北	626	298	119	1		191	17	7215	5755	1460	1247	1003	244				29	368	389
山西	236	150	31			10	45	3229	3181	48	553	544	9				51	346	244
内蒙古	646	613	14			7	12	5393	5317	76	905	889	16				26	328	2958
辽宁	845	695	60			46	44	7715	7697	18	1437	1434	3				56	96	10685
吉林	424	401	4			7	12	3381	3335	46	678	670	8				12	59	367
黑龙江	160	136	3		2	19		2207	2151	56	470	460	10				13	28	238
上海	1262	184	146	2	5	415	510	17586	17576	10	1899	1898	1				117	102	1851
江苏	753	138	66		2	12	535	8469	7421	1048	1622	1401	221				21	137	343
浙江	1407	84	896		1	58	368	15182	15164	18	2413	2410	3				95	99	1303
安徽	261	171	45		1	25	19	2566	2530	36	408	403	5				29	535	403
福建	292	124	109		6	23	30	3195	3117	78	512	500	12				51	233	680
江西	342	238	58	1		40	5	3789	3768	21	581	578	3				44	330	778
山东	1362	886	210		3	196	67	15670	15107	563	2498	2406	92				164	357	3429
河南	242	68	156			10	8	2694	2550	144	462	439	23				36	423	3262
湖北	1164	437	245		125	228	129	11518	11320	198	1996	1972	24				104	707	841
湖南	215	126	28			14	47	2601	2601		401	401					78	178	667
广东	460	76	162		1	32	189	6224	5209	1015	1120	918	202				69	485	922
广西	154	50	74		2	18	10	1718	1699	19	275	272	3				53	169	234
海南	50	37	2		8	2	1	635	635		103	103					3	6	45
重庆	799	312	79			263	145	7702	7702		1075	1075					43	372	105
四川	1757	321	529		41	809	57	13563	11769	1794	2415	2108	307				112	1871	968
贵州	128	54	55		1	7	11	1425	1414	11	243	241	2				17	460	527
云南	427	200	129	2	9	48	39	3939	3907	32	728	721	7				24	990	694
西藏	29	12	2		14	1		457	457		67	67					5		32
陕西	153	133	11			3	6	1675	1675		290	290					18	166	251
甘肃	63	58	5					803	803		116	116					10	60	3646
青海	57	54	1			1	1	622	622		93	93						210	32
宁夏	81	58	15			6	2	756	756		117	117					9	30	62
新疆	163	139	6		1	10	7	1953	1922	31	381	376	5				12	110	469

注:2010 年春节期间是指 2 月 13 日至 2 月 18 日(农历除夕至正月初五)。

国庆节期间分地区火灾综合情况

地区	火灾概况						较大火灾				重大火灾				特别重大火灾			
	起数	死人	伤人	直接损失（万元）	烧毁建筑（平方米）	受灾户数	起数	死人	伤人	直接损失（万元）	起数	死人	伤人	直接损失（万元）	起数	死人	伤人	直接损失（万元）
合　计	1984	14	14	4498.6	123138	502	1	3		0.8								
北　京	76	2	2	17.4	529	2												
天　津	13			1.0	103	3												
河　北	68			53.1	29335	8												
山　西	70	1		87.2	1241	9												
内蒙古	115			41.9	4841	22												
辽　宁	49			17.3	954	10												
吉　林	91			52.0	2050	4												
黑龙江	55	1		696.7	5390	47												
上　海	94			26.7	2068	8												
江　苏	86	1	4	252.6	5036	32												
浙　江	61		2	182.6	6463	47												
安　徽	94	2	1	345.0	4383	18												
福　建	79			513.9	8377	37												
江　西	76			319.6	7574	22												
山　东	74			93.0	2804	4												
河　南	94		2	94.3	6032	22												
湖　北	143	1		44.8	1839	27												
湖　南	45			243.4	3051	3												
广　东	115	5	1	483.7	5683	15	1	3		0.8								
广　西	23			62.0	1436	13												
海　南	14			1.3	170	3												
重　庆	60			48.3	796	19												
四　川	95	1	1	308.1	6644	29												
贵　州	18			15.4	733	4												
云　南	28			31.0	500	13												
西　藏	3			0.4	24													
陕　西	55			328.6	1226	8												
甘　肃	15			41.2	420	8												
青　海	22			53.8	2657	11												
宁　夏	51			2.9	1319	1												
新　疆	102		1	39.4	9463	53												

注:国庆节期间指10月1日至10月7日。

国庆节期间起火原因基本情况

项目		火灾概况						较大火灾				重大火灾				特别重大火灾			
		起数	死人	伤人	直接损失（万元）	烧毁建筑（平方米）	受灾户数	起数	死人	伤人	直接损失（万元）	起数	死人	伤人	直接损失（万元）	起数	死人	伤人	直接损失（万元）
合计		1984	14	14	4498.6	123138	502	1	3		0.8								
电气	小计	674	5	8	1611.1	29023	173	1	3		0.8								
	电气线路故障	443	5	7	1106.2	19980	118	1	3		0.8								
	电器设备故障	131			281.2	2273	33												
	电加热器具火灾	36			99.9	1925	7												
	其他	64		1	123.8	4845	15												
生产作业	小计	137	1	2	937.9	14303	30												
	焊割	46	1		102.0	2177	8												
	烘烤	31			80.4	2548	15												
	熬炼	2			0.2	81													
	化工火灾	5		2	463.7	3837	2												
	机械设备类故障	29			208.2	2259	2												
	其他	24			83.5	3401	3												
生活用火不慎	小计	331	1	3	159.5	11335	101												
	余火复燃	15			45.3	1014	4												
	照明不慎	12			3.7	158	3												
	烘烤不慎	13			3.4	136	3												
	敬神祭祖	2			1.6	105													
	油锅起火	48			6.6	398	15												
	炉具故障及使用不当	57		1	30.0	934	24												
	烟道过热窜火、飞火等	34			11.5	645	12												
	烧荒、野外生火不慎	28			2.7	4695	2												
	使用蚊香不慎	10			3.1	117	9												
	其他	112	1	2	51.5	3134	29												
吸烟	小计	114	2		17.1	8762	19												
	违章吸烟	2			0.1	5	1												
	卧床吸烟	13	1		1.0	148	3												
	乱扔烟头、火柴等	86			12.0	7945	12												
	其他	13	1		4.0	665	3												
玩火	小计	71	2		27.9	2825	29												
	小孩玩火	54			25.6	2314	22												
	燃放烟花爆竹	9			1.7	415	5												
	其他	8	2		0.6	96	2												
自燃		61			85.4	685	8												
雷击																			
静电		2			18.5	35													
不明确原因		153	1		869.4	12420	55												
放火		43		1	340.8	26962	9												
其他		398	2		431.0	16787	78												

注：国庆期间指10月1日至10月7日。

第二节　各省、自治区、直辖市火灾情况

北京市分地区火灾综合情况

地区	火灾概况						较大火灾				重大火灾				特别重大火灾			
	起数	死人	伤人	损失			起数	死人	伤人	直接损失（万元）	起数	死人	伤人	直接损失（万元）	起数	死人	伤人	直接损失（万元）
				直接损失（万元）	烧毁建筑（平方米）	受灾户数												
合　计	5468	32	13	4361.0	97101	409	3	6		2914								
东城区	87	2	3	37.7	1469	6												
西城区	109			30.5	426	2												
崇文区	83			18.0	398													
宣武区	80	2		13.3	700													
朝阳区	1548	7	2	248.7	5973	6	1	3		1.0								
海淀区	725	5		42.0	7743	4												
丰台区	370	5	2	222.7	2666	8												
石景山区	109	1		30.9	1796	55												
门头沟区	71	1	1	32.8	959	2												
房山区	225	2		3098.9	15182		1			2912.9								
通州区	315	1	1	99.3	10215	4												
顺义区	228	1		83.6	5760													
昌平区	160	1	2	77.0	7903	3												
大兴区	469	1		108.9	17645	46												
怀柔区	162			14.9	2611	0												
平谷区	350	2	2	58.0	6229	245												
密云县	84	1		46.7	4332	17												
延庆县	223			63.6	2921													
北京西站	1			5.0														
燕山区	19			2.2	249	8												
亦　庄	38			3.4	321.9	2												
公交总队																		
天安门																		
清河农场	3			3.0	732													
重点一处																		
重点二处	5			18.1	4													
建审处	1			0.0	1													
危管处																		

天津市分地区火灾综合情况

地区	火灾概况						较大火灾				重大火灾				特别重大火灾			
	起数	死人	伤人	损失			起数	死人	伤人	直接损失（万元）	起数	死人	伤人	直接损失（万元）	起数	死人	伤人	直接损失（万元）
				直接损失（万元）	烧毁建筑（平方米）	受灾户数												
合计	1148	23	3	624.7	58159	308												
和平区	57			3.6	267	14												
河东区	68	1		25.3	3939	24												
河西区	219	3	1	24.5	870	4												
南开区	143	2		48.5	1466	119												
河北区	20			2.1	444	5												
红桥区	25	2	1	6.8	402	11												
科技园区	7			3.3	919													
塘沽区	19	1		181.5	4753	42												
汉沽区	11			8	1543	19												
大港区	24	2		10.7	807													
开发区	36			87.5	6979													
保税区	4			3.6	123													
东丽区	34	1		9.6	1598	18												
西青区	175	2		35	8548	20												
津南区	82	1		9.5	1992													
北辰区	51	2		36.1	4252	9												
武清区	79	2		30.3	2790	6												
宝坻区	18	1		18.2	1775	2												
宁河县	38	1	1	53.6	11901	3												
静海县	29	2		13.9	2444	11												
蓟县	1			0.3	130	1												
市管单位	8			12.9	219													

河北省分地区火灾综合情况

地区	火灾概况						较大火灾				重大火灾				特别重大火灾			
	起数	死人	伤人	损失			起数	死人	伤人	直接损失（万元）	起数	死人	伤人	直接损失（万元）	起数	死人	伤人	直接损失（万元）
				直接损失（万元）	烧毁建筑（平方米）	受灾户数												
合　计	4757	29	14	5692.6	433159	838	1	3		0.2								
石家庄	419	3	1	476.9	18433	28												
唐　山	306	1		219.8	16088	37												
秦皇岛	251	1		237	21667	60												
邯　郸	998	5	2	1535.7	84108	114												
邢　台	229	1	2	255.1	13919	66												
保　定	458	5	1	1166.3	24718	133												
张家口	439	5	3	444.2	33450	77												
承　德	333		2	529.2	12840	116												
沧　州	267	2		210.3	23121	27												
衡　水	396			200.2	156196	76												
廊　坊	629	6	3	352.7	28294	93	1	3		0.2								
华北油区	32			65.1	324	11												

山西省分地区火灾综合情况

地区	火灾概况						较大火灾				重大火灾				特别重大火灾			
	起数	死人	伤人	损失			起数	死人	伤人	直接损失（万元）	起数	死人	伤人	直接损失（万元）	起数	死人	伤人	直接损失（万元）
				直接损失（万元）	烧毁建筑（平方米）	受灾户数												
合　计	4439	26	14	6331.7	760441	605												
太　原	1517	10	4	1324.9	25579	68												
大　同	929	2		1357.4	16697	54												
阳　泉	76	1		54.6	1991	7												
长　治	119	3		491.4	8895	11												
晋　城	167			187.5	9851	57												
朔　州	316	2		382.7	9502	89												
晋　中	325	2	2	524.9	12385	62												
运　城	230	4	3	332.5	15877	51												
忻　州	183			293.8	7710	20												
临　汾	172	2	5	408.3	638454	79												
吕　梁	405			973.7	13501	107												

内蒙古自治区分地区火灾综合情况

地区	火灾概况						较大火灾				重大火灾				特别重大火灾			
	起数	死人	伤人	损失			起数	死人	伤人	直接损失（万元）	起数	死人	伤人	直接损失（万元）	起数	死人	伤人	直接损失（万元）
				直接损失（万元）	烧毁建筑（平方米）	受灾户数												
合　计	8789	51	14	5306.7	502082	1604	3	10		55.2								
呼和浩特	2089	10	1	530.4	48817	249	1	3		0.1								
包头	1690	12	1	332.8	213222	23	1	4		54.8								
乌海	428			218.4	13004	19												
赤峰	857	2		124.1	18024	267												
通辽	748	4	1	326.0	15950	30												
鄂尔多斯	614	6	8	455.0	41466	246												
呼伦贝尔	839	11	3	957.7	55657	352	1	3		0.4								
巴彦淖尔	574	1		428.6	32606	136												
乌兰察布	480	1		734.5	31982	109												
兴安盟	157	1		191.7	7146	28												
锡林郭勒盟	228			484.5	10668	77												
阿拉善盟	56	1		237.5	5457	32												
大兴安岭林管局	29	2		285.4	8084	36												

辽宁省分地区火灾综合情况

地区	火灾概况						较大火灾				重大火灾				特别重大火灾			
	起数	死人	伤人	损失			起数	死人	伤人	直接损失（万元）	起数	死人	伤人	直接损失（万元）	起数	死人	伤人	直接损失（万元）
				直接损失（万元）	烧毁建筑（平方米）	受灾户数												
合计	5566	42	14	3756.5	199268	1168	4	12		7.7	1	12	10	9.0				
沈阳	468	21	10	182.7	19769	52					1	12	10	9.0				
大连	2446	3		871.9	45873	86	1	3		1.9								
鞍山	282	5		188.9	5428	56	1	3		2.0								
抚顺	94	6	2	228.5	6950	102	1	3		0.5								
本溪	451	1	1	208.0	8712	99												
丹东	79			68.5	5328	27												
锦州	138			275.2	5187	32												
营口	89			29.7	2493	6												
阜新	198			164.7	13408	12												
辽阳	198			25.1	3781	69												
盘锦	172	4		37.6	7177	20	1	3		3.3								
铁岭	576	2	1	1080.0	27158	501												
朝阳	186			268.8	37624	67												
葫芦岛	189			126.8	10382	39												

吉林省分地区火灾综合情况

地区	火灾概况						较大火灾				重大火灾				特别重大火灾			
	起数	死人	伤人	损失			起数	死人	伤人	直接损失（万元）	起数	死人	伤人	直接损失（万元）	起数	死人	伤人	直接损失（万元）
				直接损失（万元）	烧毁建筑（平方米）	受灾户数												
合　计	7862	43	25	7129.1	281850	1311	3	8		1632.2	1	19	24	1560.0				
长　春	4137	10		2819.8	118277	547	1	1		1619.6								
吉　林	1184	19	24	2019.8	49304	327					1	19	24	1560.0				
四　平	789	2		213.1	25300	5												
辽　源	389	1	1	122.4	10854	50												
通　化	391	1		258.7	17353	44												
白　山	147			157.2	7972	49												
松　原	315	3		178.9	18556	18	1	3		0.5								
白　城	319	1		735.2	15742	42												
延边自治州	191	6		624.2	18493	229	1	4		12.1								
长白山管委会																		

黑龙江省分地区火灾综合情况

地区	火灾概况						较大火灾				重大火灾				特别重大火灾			
	起数	死人	伤人	损失			起数	死人	伤人	直接损失（万元）	起数	死人	伤人	直接损失（万元）	起数	死人	伤人	直接损失（万元）
				直接损失（万元）	烧毁建筑（平方米）	受灾户数												
合　计	2944	26	13	5444.2	547831	1685	3	10	3	5.9								
哈尔滨	898	8	2	932.6	40458	181	1	3		0.6								
齐齐哈尔	575	7	5	294.2	37912	289	1	3	1	0.5								
鸡　西	180			141.2	8379	102												
鹤　岗	192			70.4	105676	128												
双鸭山	81			139.3	7035	92												
大　庆	345	8	5	661.3	22898	121	1	4	2	4.8								
伊　春	73			338.7	17156	95												
佳木斯	153			158.9	5979	42												
七台河	34			49.9	3690	43												
牡丹江	96		1	325.2	64971	85												
绥　化	103	2		749.2	12077	70												
黑　河	83			472.9	10222	167												
大兴安岭地区	92	1		751.2	16056	152												
林　业	11			140.6	3748	38												
垦　区	28			218.5	191575	80												

上海市分地区火灾综合情况

地区	火灾概况						较大火灾				重大火灾				特别重大火灾			
	起数	死人	伤人	损失			起数	死人	伤人	直接损失（万元）	起数	死人	伤人	直接损失（万元）	起数	死人	伤人	直接损失（万元）
				直接损失（万元）	烧毁建筑（平方米）	受灾户数												
合　计	5702	43	54	7149.2	99726	1452	1	3	2	25.4								
黄浦区	76			76.2	476	58												
卢湾区	44			76.7	545	7												
徐汇区	127		2	85.8	1683	23												
长宁区	93	1		23.9	258	4												
静安区	39	1		19.5	748	79												
普陀区	201	6	2	47.4	1472	59												
闸北区	174	1	4	544.9	2634	105												
虹口区	216			990.4	2466	54												
杨浦区	301	2		73.8	2183	94												
闵行区	421	4	1	326.4	4157	67												
宝山区	619	1	3	184.7	5144	33												
嘉定区	342	4	8	2418	11099	117												
浦东新区	1287	8	7	1099.1	22059	163												
金山区	243		4	250.2	7386	119												
松江区	485	4	8	355.4	11828	139												
青浦区	400	5	3	218.2	11122	75	1	3	2	25.4								
奉贤区	212	4	10	210.9	9509	118												
崇明县	408	2	2	99.6	4200	136												
轨　道	1			0.01														
民　航																		
化工区	1			30	2													
世博办	4			16.2	602													
市重点处	2			1.1	110													
水上支队	6			0.8	44	2												

江苏省分地区火灾综合情况

地区	火灾概况						较大火灾				重大火灾				特别重大火灾			
	起数	死人	伤人	损失			起数	死人	伤人	直接损失（万元）	起数	死人	伤人	直接损失（万元）	起数	死人	伤人	直接损失（万元）
				直接损失（万元）	烧毁建筑（平方米）	受灾户数												
合　计	5299	85	52	8229.0	214383	1004	3	9		36.6								
南　京	513	10	9	889.9	17915	297												
无　锡	662	13	5	1148.9	30064	33	1	3		13.8								
徐　州	856	7	3	448.8	18657	32												
常　州	340	8	2	637.0	14939	59												
苏　州	721	9	3	2580.9	33393	28												
南　通	226	9	4	357.0	12539	68												
连云港	147	5		409.4	10387	17	1	3		21.0								
淮　安	320	3	7	210.0	12495	86	1	3		1.8								
盐　城	594	4	3	342.9	13852	179												
扬　州	285	4	7	608.8	9383	81												
镇　江	190	6	5	179.2	8483	32												
泰　州	282	3	4	202.4	7441	38												
宿　迁	163	4		213.8	24836	54												

浙江省分地区火灾综合情况

地区	火灾概况						较大火灾				重大火灾				特别重大火灾			
	起数	死人	伤人	损失			起数	死人	伤人	直接损失（万元）	起数	死人	伤人	直接损失（万元）	起数	死人	伤人	直接损失（万元）
				直接损失（万元）	烧毁建筑（平方米）	受灾户数												
合计	3834	88	42	6835.5	409740	2421	7	38	10	160.1								
杭州	1135	5	3	528.7	47295	418												
宁波	471	5	6	737.1	57707	297												
温州	320	22	15	2054.7	63389	355	3	16	2	109.3								
嘉兴	135	3	1	292.8	37712	55												
湖州	118	9	4	446.2	19112	106	1	5	3	33.5								
绍兴	179	5		442.1	23963	181	1	5		16.1								
金华	524	6	6	918.9	53949	405	1	3	3	0.1								
衢州	69	20	3	178.9	12325	67	1	9	2	1.0								
舟山	45			127.8	3043	32												
台州	764	13	4	737.8	78851	406												
丽水	74			370.3	12396	99												

安徽省分地区火灾综合情况

地区	火灾概况						较大火灾				重大火灾				特别重大火灾			
	起数	死人	伤人	损失			起数	死人	伤人	直接损失（万元）	起数	死人	伤人	直接损失（万元）	起数	死人	伤人	直接损失（万元）
				直接损失（万元）	烧毁建筑（平方米）	受灾户数												
合　计	5173	35	21	8474. 3	686339	837	2	6	1	29. 5								
合　肥	1250	4		553. 0	21679	83												
芜　湖	259	6	1	1016. 0	18154	54	1	3	1	29. 4								
蚌　埠	412	7	3	306. 1	468982	85	1	3		0. 1								
淮　南	332	4		34. 7	9430	21												
马鞍山	348			159. 4	7087	26												
淮　北	295	1		295. 1	8847	19												
铜　陵	44		1	129. 8	2252	27												
安　庆	472	1	6	1160. 8	22466	180												
阜　阳	256	2	1	777. 5	41351	73												
滁　州	316	2		835. 1	19649	36												
宿　州	262	2	1	503. 7	8692	90												
六　安	489			319. 7	11505	13												
巢　湖	84	1	2	664. 5	7750	36												
宣　城	120	1		314. 3	5547	14												
池　州	93			277. 2	2880	30												
亳　州	81	4	2	736. 6	23710	33												
黄　山	60		4	391. 0	6359	17												

福建省分地区火灾综合情况

地区	火灾概况						较大火灾				重大火灾				特别重大火灾			
	起数	死人	伤人	损失			起数	死人	伤人	直接损失（万元）	起数	死人	伤人	直接损失（万元）	起数	死人	伤人	直接损失（万元）
				直接损失（万元）	烧毁建筑（平方米）	受灾户数												
合　计	4016	55	18	9374. 8	405294	1902	4	14	1	23. 9								
福　州	865	11	4	2524. 5	89702	478												
厦　门	472	8	4	585. 4	24469	100												
莆　田	328	2	1	473. 4	33495	111												
三　明	257	4	1	565. 6	17479	151	1	4		1. 9								
泉　州	1285	16	1	2236. 4	91467	293	2	6	1	21. 1								
漳　州	194	6	5	751. 0	42599	73												
南　平	177	2	2	740. 8	31067	264												
龙　岩	272	4		335. 2	13165	167	1	4		0. 9								
宁　德	166	2		1162. 3	61852	265												

江西省分地区火灾综合情况

地区	火灾概况						较大火灾				重大火灾				特别重大火灾			
	起数	死人	伤人	损失			起数	死人	伤人	直接损失（万元）	起数	死人	伤人	直接损失（万元）	起数	死人	伤人	直接损失（万元）
				直接损失（万元）	烧毁建筑（平方米）	受灾户数												
合　计	4715	21	11	8074.4	218488	1401	1	3		17.6								
南　昌	1212	13	5	1823.0	55607	94												
景德镇	74		1	1175.2	13713	60												
萍　乡	292		2	320.0	11081	50												
九　江	402			454.9	11478	126												
新　余	43	1		140.4	4418	43												
鹰　潭	205			309.8	11005	96												
赣　州	278	3	3	1142.9	27395	222	1	3		17.6								
吉　安	373	2		593.2	20059	152												
宜　春	1018			1067.9	35819	360												
抚　州	437			568.0	16189	106												
上　饶	381	2		479.1	11724	92												

山东省分地区火灾综合情况

地区	火灾概况						较大火灾				重大火灾				特别重大火灾			
	起数	死人	伤人	损失			起数	死人	伤人	直接损失（万元）	起数	死人	伤人	直接损失（万元）	起数	死人	伤人	直接损失（万元）
				直接损失（万元）	烧毁建筑（平方米）	受灾户数												
合　计	7226	32	15	13315.0	500181	1148	4	12	4	4142.7								
济　南	791	6	3	461.6	117101	85												
青　岛	681	9	4	6036.2	60556	46	2	5	4	4141.7								
淄　博	545	2		204.5	15921	123												
枣　庄	347			487.1	21873	19												
东　营	430		2	422.7	26741	32												
烟　台	164	1		34.3	5910	30												
潍　坊	427	2		702.8	26663	144												
济　宁	434			200.2	15246	70												
泰　安	280	2		55.9	7450	10												
威　海	284		1	239.1	12340	45												
日　照	196			1114.9	10699	121												
莱　芜	74			249.3	7656	8												
临　沂	167	2	2	92.5	13581	32												
德　州	539			692.7	31414	29												
聊　城	1156			1509.5	87109	222												
滨　州	235	1	1	317.9	19583	62												
菏　泽	476	7	2	494.1	20341	70	2	7		1.0								

河南省分地区火灾综合情况

地区	火灾概况						较大火灾				重大火灾				特别重大火灾			
	起数	死人	伤人	损失			起数	死人	伤人	直接损失（万元）	起数	死人	伤人	直接损失（万元）	起数	死人	伤人	直接损失（万元）
				直接损失（万元）	烧毁建筑（平方米）	受灾户数												
合　计	3534	16	13	3781.9	224736	1010	2	6		11.5								
郑　州	1697	6	4	827.3	62581	306	1	3		1.5								
开　封	107		8	483.8	14483	52												
洛　阳	194			214.3	14681	97												
平顶山	194	2	1	185.2	5834	74												
安　阳	124			182.7	33265	47												
鹤　壁	114			106.7	9903	22												
新　乡	86	4		91.0	7937	27												
焦　作	28			59.3	2038	11												
濮　阳	225	3		157.6	7780	60	1	3		10.0								
漯　河	48			20.3	1641	30												
三门峡	27			120.5	3076	32												
济　源	52			27.1	988	12												
许　昌	56			44.1	9175	16												
商　丘	120			184.7	5802	65												
周　口	133			381.2	16128	44												
驻马店	161			282.3	16068	13												
南　阳	185	1		271.1	4347	51												
信　阳	54			142.9	9013	51												

湖北省分地区火灾综合情况

地区	火灾概况						较大火灾				重大火灾				特别重大火灾			
	起数	死人	伤人	损失			起数	死人	伤人	直接损失（万元）	起数	死人	伤人	直接损失（万元）	起数	死人	伤人	直接损失（万元）
				直接损失（万元）	烧毁建筑（平方米）	受灾户数												
合　计	9383	25	9	3821.3	166456	2007	1	3		0.2								
武　汉	2922	16	7	1193.9	44494	622	1	3		0.2								
黄　石	521	1		181.1	8869	233												
十　堰	684	1		145.4	6988	150												
荆　州	440	2		209.6	9837	51												
宜　昌	445	1	1	254.1	9547	122												
襄　樊	1018			239.7	15634	157												
鄂　州	230			105.6	3454	32												
荆　门	246			106.1	5356	24												
黄　冈	733			390.8	14627	267												
咸　宁	819		1	275.9	15312	131												
恩施州	510	1		230.1	9562	95												
潜　江	272	3		242.8	9185	94												
随　州	121			80.5	4651	16												
天　门	94			73.4	1163	2												
仙　桃	106			17.7	1175	1												
神农架林区	198			71.6	6369	3												
孝　感	22			3.1	231	7												
江汉油田	2			0.3	3													

湖南省分地区火灾综合情况

地区	火灾概况						较大火灾				重大火灾				特别重大火灾			
	起数	死人	伤人	损失			起数	死人	伤人	直接损失（万元）	起数	死人	伤人	直接损失（万元）	起数	死人	伤人	直接损失（万元）
				直接损失（万元）	烧毁建筑（平方米）	受灾户数												
合 计	2915	33	4	8388.0	172451	1031	3	11		4.5								
长 沙	1337	9		980.4	26244	56	1	4		1.0								
株 洲	231	1		710.4	7850	62												
湘 潭	106	2		285.1	7142	4												
衡 阳	101	3		444.9	5841	65	1	3		0.3								
邵 阳	98	3		925.4	10818	88												
岳 阳	154	1		275.0	6110	42												
常 德	127	1		308.9	10190	65												
张家界	57			153.3	5415	53												
益 阳	199	3	2	896.5	25518	102												
郴 州	109	1		1175.4	9946	170												
永 州	72			482.3	7181	46												
怀 化	206	2	1	386.9	25731	203												
娄 底	38	1	1	1104.6	4513	30												
湘西自治州	80	6		258.9	19954	45	1	4		3.3								

广东省分地区火灾综合情况

地区	火灾概况						较大火灾				重大火灾				特别重大火灾			
	起数	死人	伤人	损失			起数	死人	伤人	直接损失（万元）	起数	死人	伤人	直接损失（万元）	起数	死人	伤人	直接损失（万元）
				直接损失（万元）	烧毁建筑（平方米）	受灾户数												
合　计	6158	132	64	17825. 1	448730	993	13	51	8	37. 8								
广　州	1204	17	10	1638. 2	29930	149												
韶　关	69	7	1	1121. 6	5281	26	1	5		6. 5								
深　圳	1020	3	10	2030. 9	16975	54												
珠　海	64	1		239. 8	4374	17												
汕　头	42	14	7	535. 7	11250	11	2	8	4	3. 7								
佛　山	77	6	4	617. 1	33757	26												
江　门	308	9	1	866. 5	23036	31	1	3		0. 1								
湛　江	107	8	2	330. 3	12428	58												
茂　名	295			490. 3	14400	61												
肇　庆	129	7		1848. 6	34187	63	1	3		0. 1								
惠　州	518	7	5	1013. 6	76195	36												
梅　州	36	4		160. 9	1664	21												
汕　尾	142	2		515. 5	13360	20												
河　源	7	1		13. 9	451	4												
阳　江	14	6	4	76. 2	2665	11	1	4	4	4. 0								
清　远	50	7		98. 3	3534	13	2	6		3. 4								
东　莞	1900	15	8	4017. 4	121325	260	3	10		14. 6								
中　山	61		7	1185. 1	18480	47												
潮　州	56	4	2	741. 9	19367	42												
揭　阳	23	14	2	193. 4	5193	35	2	12		5. 5								
云　浮	36		1	90. 2	880	8												

广西壮族自治区分地区火灾综合情况

地区	火灾概况						较大火灾				重大火灾				特别重大火灾			
	起数	死人	伤人	损失			起数	死人	伤人	直接损失（万元）	起数	死人	伤人	直接损失（万元）	起数	死人	伤人	直接损失（万元）
				直接损失（万元）	烧毁建筑（平方米）	受灾户数												
合计	1287	32	14	6094.2	229253	1080	3	10		11.3								
南宁	233	9	2	2092.3	103490	146	2	7		10.1								
柳州	165	8	3	613.8	20628	189	1	3		1.2								
桂林	129	2	1	723.5	13080	102												
梧州	66			297.2	3712	41												
北海	14	2		15.4	695	21												
防城港	51			50.4	4785	33												
钦州	33			617.4	3643	20												
贵港	99	3		255.5	14391	65												
玉林	208	1	1	220.2	9533	108												
百色	84	2		405.8	8192	126												
贺州	63		3	149.1	2832	35												
河池	32	3	1	430.3	24729	89												
来宾	66	2		131.5	2406	40												
崇左	44		3	91.9	17137	65												

海南省分地区火灾综合情况

地区	火灾概况						较大火灾				重大火灾				特别重大火灾			
	起数	死人	伤人	损失			起数	死人	伤人	直接损失（万元）	起数	死人	伤人	直接损失（万元）	起数	死人	伤人	直接损失（万元）
				直接损失（万元）	烧毁建筑（平方米）	受灾户数												
合计	1052	3	1	1201.3	273674	141												
海口	341	1	1	541.7	9146	53												
三亚	113			91.7	13349	20												
洋浦	4			21.3	40548													
五指山	22			2.5	2714	1												
琼海	58			27.4	5302	10												
儋州	85			63.3	8825	24												
文昌	55			53.5	104353	1												
万宁	26			34.0	2185	1												
东方	90			46.3	9400	1												
定安	16	1		16.7	391	3												
屯昌	14			11.1	383	9												
澄迈	49			150.0	31796													
临高	49	1		30.0	5158	1												
白沙	5			4.0	280	2												
昌江	20			21.0	28728													
乐东	33			28.2	4059	15												
陵水	29			41.1	1575													
保亭	24			4.3	898													
琼中	19			13.4	4583													

重庆市分地区火灾综合情况

地区	火灾概况						较大火灾				重大火灾				特别重大火灾			
	起数	死人	伤人	损失			起数	死人	伤人	直接损失(万元)	起数	死人	伤人	直接损失(万元)	起数	死人	伤人	直接损失(万元)
				直接损失(万元)	烧毁建筑(平方米)	受灾户数												
合　计	5040	43	24	13689.3	110189	1999	1	3	8	212.3	1			9800				
万州区	364			180.6	6684	9												
涪陵区	142	1	4	134.2	3659	120												
渝中区	223	2		76.0	2081	148												
大渡口区	112			14.1	1155													
江北区	235			73.3	3117	39												
沙坪坝区	532	5	8	283.0	3520	15	1	3	8	212.3								
九龙坡区	500			75.6	5158	8												
南岸区	509	1		57.7	2760	103												
北碚区	62	2		114.7	2395	57												
万盛区	75			16.3	1601	4												
双桥区	10			1.6	55	1												
渝北区	479			346.5	4099	10												
巴南区	119	1	2	97.4	4081	92												
黔江区	45			45.2	895	35												
长寿区	92	3		570.4	5062	65												
高新区	149	2		9825.2	15328	460					1			9800				
经开区	35		1	155.6	504	8												
江津区	64	3		98.6	2667	18												
合川区	22	1		10.9	1028	8												
永川区	93		1	45.9	2967	21												
南川区	60	1		49.4	2916	47												
綦江县	109	1	1	291.3	3382	80												
潼南县	66			69.0	3097	78												
铜梁县	60	2		22.3	2783	70												
大足县	59	2		49.9	2317	39												
荣昌县	67	1		73.8	2637	4												
璧山县	192			71.0	2614	34												
梁平县	54			39.3	1724	6												
城口县	15	3		20.8	1143	15												
丰都县	13	1	1	53.4	1669	26												
垫江县	88			32.3	2648													
武隆县	11			34.4	207	4												
忠　县	32	2		27.1	1429	29												
开　县	141	5		33.0	1236													
云阳县	30			23.7	754	15												
奉节县	18	1		18.1	483	16												
巫山县	21	2		26.2	404	10												
巫溪县	34	1	6	246.6	1119	84												
石柱县	46			23.1	2142	13												
秀山县	10			47.9	1988	18												
酉阳县	14			194.7	3087	151												
彭水县	38			19.1	1596	39												

四川省分地区火灾综合情况

地区	火灾概况						较大火灾				重大火灾				特别重大火灾			
	起数	死人	伤人	损失			起数	死人	伤人	直接损失（万元）	起数	死人	伤人	直接损失（万元）	起数	死人	伤人	直接损失（万元）
				直接损失（万元）	烧毁建筑（平方米）	受灾户数												
合　计	6204	37	21	11197.8	200557	1674	1	1		1200.0								
成　都	2370	6	2	5346.1	62210	342	1	1		1200.0								
自　贡	119	3	6	195.2	5826	49												
攀枝花	44	2		155.6	4903	40												
泸　州	69	2		325.2	6762	40												
德　阳	77	1	2	296.9	6125	30												
绵　阳	543	1		819.1	10079	244												
广　元	194			217.1	7337	53												
遂　宁	706			277.8	12150	209												
内　江	78	3		36.2	2362	63												
乐　山	190	2		223.0	6517	61												
南　充	197			123.7	7117	47												
眉　山	113	1	1	95.7	3912	18												
宜　宾	470			739.3	10216	32												
广　安	393			175.6	8663	27												
达　州	120	1	2	207.1	5618	116												
雅　安	39	1	2	232.9	5589	61												
巴　中	198	3	1	308.8	10859	89												
资　阳	66			30.7	2697	8												
阿坝藏族羌族自治州	34	4	3	355.4	5932	38												
甘孜藏族自治州	82	4	1	837.9	10673	64												
凉山彝族自治州	102	3	1	198.5	5010	43												

贵州省分地区火灾综合情况

地区	火灾概况						较大火灾				重大火灾				特别重大火灾			
	起数	死人	伤人	损失			起数	死人	伤人	直接损失（万元）	起数	死人	伤人	直接损失（万元）	起数	死人	伤人	直接损失（万元）
				直接损失（万元）	烧毁建筑（平方米）	受灾户数												
合计	1661	73	41	4566.2	738791	1892	3	12	11	31.4								
贵阳	810	16	6	1197.2	16808	329												
遵义	90	15	14	427.6	5815	105	1	6	7	26.9								
安顺	127	8	1	189.4	8845	89												
黔南州	151	15	16	1166.9	86335	447	2	6	4	4.5								
黔东南州	186	4	1	742.0	49566	531												
铜仁地区	116	6	3	335.4	558579	194												
毕节地区	37	3		112.7	1796	35												
六盘水	59	4		101.7	4124	61												
黔西南州	85	2		293.4	6925	101												

云南省分地区火灾综合情况

地区	火灾概况						较大火灾				重大火灾				特别重大火灾			
	起数	死人	伤人	损失			起数	死人	伤人	直接损失（万元）	起数	死人	伤人	直接损失（万元）	起数	死人	伤人	直接损失（万元）
				直接损失（万元）	烧毁建筑（平方米）	受灾户数												
合计	2069	64	20	7363.9	420571	2372	4	12	1	14.8								
昆明	776	18	11	777.2	35328	428	2	6		3.4								
曲靖	108	7		68.6	26826	400												
玉溪	118	2		250.2	13197	170												
保山	64		2	503.6	14468	113												
昭通	34	4		122.9	2557	42												
丽江	37	2		244.9	4191	52												
普洱	57	2		822.5	6631	87												
临沧	105	6		513.4	69249	66	1	3		2.5								
楚雄	112	3	2	274.1	25202	152	1	3	1	8.9								
红河	98	7	2	825.3	39292	145												
文山	117	1		558.0	38197	165												
西双版纳	59	1		424.4	5479	64												
大理	266	6	3	892.8	36543	281												
德宏	93	5		213.5	92812	104												
怒江	5			135.4	7147	71												
迪庆	20			117.1	3452	32												

西藏自治区分地区火灾综合情况

地区	火灾概况						较大火灾				重大火灾				特别重大火灾			
	起数	死人	伤人	损失			起数	死人	伤人	直接损失（万元）	起数	死人	伤人	直接损失（万元）	起数	死人	伤人	直接损失（万元）
				直接损失（万元）	烧毁建筑（平方米）	受灾户数												
合　计	219		11	623.9	21930	136												
拉　萨	120		5	109.8	11007	22												
昌都地区	10			66.1	2228	15												
山南地区	14			13.6	171	8												
日喀则地区	21			282.1	3411	26												
那曲地区	26		3	64.6	2765	24												
阿里地区	7		3	4.2	93	4												
林芝地区	21			83.5	2255	37												

陕西省分地区火灾综合情况

地区	火灾概况						较大火灾				重大火灾				特别重大火灾			
	起数	死人	伤人	损失			起数	死人	伤人	直接损失（万元）	起数	死人	伤人	直接损失（万元）	起数	死人	伤人	直接损失（万元）
				直接损失（万元）	烧毁建筑（平方米）	受灾户数												
合　计	4620	23	11	8354.0	632644	507	2	9	1	33.0								
西　安	1825	13	7	2224.0	52803	160	1	5	1	30.0								
铜　川	161			128.0	33380	4												
宝　鸡	349			661.0	21767	36												
咸　阳	282			274.0	11733	52												
渭　南	594	4		758.0	40194	58	1	4		3.0								
延　安	136	1	2	292.0	2597	33												
汉　中	397	4	1	787.0	14628	80												
榆　林	550	1	1	2789.0	326017	66												
安　康	51			172.0	1370	10												
商　洛	128			122.0	4738	3												
杨凌示范区	147			147.0	123417	5												

甘肃省分地区火灾综合情况

地区	火灾概况						较大火灾				重大火灾				特别重大火灾			
	起数	死人	伤人	损失			起数	死人	伤人	直接损失（万元）	起数	死人	伤人	直接损失（万元）	起数	死人	伤人	直接损失（万元）
				直接损失（万元）	烧毁建筑（平方米）	受灾户数												
合计	1141	16	13	2887.8	99918	757	1	6	6	965.6								
兰州	522	9	6	1340.5	28688	127	1	6	6	965.6								
嘉峪关	22			71.8	1422	21												
金昌	24	1		40.0	2316	10												
白银	56	2	1	69.1	3206	66												
天水	117			24.4	1377	6												
武威	38		5	198.2	18093	80												
张掖	49	1		349.5	13421	127												
平凉	16	1	1	24.4	1295	23												
酒泉	110	1		178.8	20496	183												
庆阳	8			12.2	1065	5												
定西	110			248.0	4147	39												
陇南	33			119.2	1402	38												
临夏回族自治州	19			145.7	1344	13												
甘南藏族自治州	17	1		66.0	1644	19												

青海省分地区火灾综合情况

地区	火灾概况						较大火灾				重大火灾				特别重大火灾			
	起数	死人	伤人	损失			起数	死人	伤人	直接损失（万元）	起数	死人	伤人	直接损失（万元）	起数	死人	伤人	直接损失（万元）
				直接损失（万元）	烧毁建筑（平方米）	受灾户数												
合计	1623	12	13	926.0	90494	691	1	3	1	2.1								
西宁	925	10	8	353.0	39343	423	1	3	1	2.1								
海东地区	414	1	1	251.1	29301	96												
海北州	31			36.9	1310	13												
黄南州	55			10.0	806	34												
海南州	38			54.9	3383	6												
果洛州	9			14.8	1105	24												
玉树州	8			13.2	2496	2												
海西州	143	1	4	192.1	5621	68												

宁夏回族自治区分地区火灾综合情况

地区	火灾概况						较大火灾				重大火灾				特别重大火灾			
	起数	死人	伤人	损失			起数	死人	伤人	直接损失（万元）	起数	死人	伤人	直接损失（万元）	起数	死人	伤人	直接损失（万元）
				直接损失（万元）	烧毁建筑（平方米）	受灾户数												
合计	3448	5	1	1338.2	109100	273												
银川	1707	3	1	161.7	44119	19												
石嘴山	402	2		63.4	17906	23												
吴忠	804			941.5	28816	152												
固原市	135			52.1	5051	69												
中卫	400			119.5	13208	10												

新疆维吾尔自治区分地区火灾综合情况

地区	火灾概况						较大火灾				重大火灾				特别重大火灾			
	起数	死人	伤人	损失			起数	死人	伤人	直接损失（万元）	起数	死人	伤人	直接损失（万元）	起数	死人	伤人	直接损失（万元）
				直接损失（万元）	烧毁建筑（平方米）	受灾户数												
合　计	5209	60	41	3040.9	312276	2508	3	11		202.6	1	12	17	15.5				
乌鲁木齐	1346	22	22	919.8	46945	1123					1	12	17	15.5				
克拉玛依	47			28.4	523	10												
吐鲁番地区	97	3		402.7	102582	83	1	3		200								
哈密地区	283			81.5	18844	34												
昌吉回族自治州	223	2		144.6	16877	118												
博尔塔拉蒙古自治州	134	2		72.4	10474	41												
巴音郭楞蒙古自治州	728	12	13	458.4	19571	72	1	3		1.2								
阿克苏地区	633	3	2	198.3	17638	233												
克孜勒苏柯尔克孜自治州	75			58.3	4218	27												
喀什地区	464	12	2	240.2	15447	308	1	5		1.4								
和田地区	108	1	1	31	5449	9												
伊犁哈萨克自治州	525	2		235.7	28350	48												
塔城地区	216			95.7	16637	144												
阿勒泰地区	88	1	1	48.8	3635	37												
石河子	242			25.2	5087	221												

第三节　铁路、港航火灾情况

铁路火灾情况

2010年，铁路公安机关消防机构认真贯彻铁道部、公安部关于开展安全生产专项治理和火灾隐患排查治理的总体部署，以旅客列车、公众聚集场所、重点行车场所、机车车辆存放场所和物资集中场所为重点，深入开展消防安全专项检查，督促铁路单位层层落实消防安全责任制，大力整治火灾隐患。铁路公安机关消防机构共检查旅客列车39891列，旅客车站8049个，宾馆饭店、娱乐场所等公众聚集场所7318个，通信、信号、电力等重点行车场所8985个，货场、仓库等物资集中场所6384个，机车车辆存放场所7305个，易燃易爆场所1843个。发现隐患和问题55523件，填发《消防监督检查记录》36668份、《责令改正通知书》2609份、《不同意投入使用决定书》43份、《临时查封决定书》18份、《行政强制决定书》7份，实施消防行政罚款100余万元，行政警告8起，行政拘留7起。督促整改火灾隐患和问题47630件。据统计，2010年铁路系统共发生火灾30起，直接财产损失1050万元，同比起数和损失分别上升7%和32%，未发生特别重大、重大和较大火灾事故，也没有发生造成旅客伤亡的旅客列车和车站火灾事故。

一、旅客列车火灾略有上升。发生7起，占总数23%，直接财产损失25.3万元。同比多2起，损失下降91%。8月12日12时12分，广铁集团K967次客车运行至焦柳线沙刀湾至白马溪区间时，值乘列检员听到发电车火灾事故报警器报警，随即停机断电采取停车、关闭油阀、车体分离等措施，车班启动火灾事故应急预案组织扑救，于13时将火扑灭。直接财产损失24万元。起火原因系3号发电机组励磁机内部故障，引起内部设备及电气线路燃烧所致。9月12日17时32分，北京铁路局4429次列车运行至芦台站到站后，7号车厢乘务员发现8号车厢乘务室冒烟起火，立即通知车长，随后车长组织乘警、乘务员会同车站职工使用灭火器进行扑救。17时50分将该节车厢甩在芦台站3道，18时12分该次列车正常开出。18时20分停在芦台站3道的8号车厢乘务室再次复燃，芦台站站长立即拨打119报警。18时43分，宁河公安消防中队出动1辆消防车到达现场进行施救，19时36分将火扑灭。火灾造成乘务室轴温报警器、配电箱烧毁，小桌、壁板、顶板烧损，直接财产损失

9630元。起火原因系轴报电源线虚接导致电阻过大，电阻热引燃轴报内可燃电路板，电路板燃烧熔胶滴落到工作台面上，继而引燃工作台面。其他5起火灾原因分别是：违反电器使用安全规定2起、吸烟1起、其它2起。

二、机车火灾比较突出。发生5起，占总数17%，直接财产损失667元。同比多3起，损失上升2倍。6月30日11时43分，济南铁路局T162次客运列车运行至济南铁路局胶济客运专线章丘站客运车场至济南东站间K356+545处，发生机车火灾事故。12时50分，章丘市消防队4台消防车到达现场，民警和消防队员对机车进行扑救。12时56分，58102次救援列车与T162次列车车厢连挂，13时7分开出，T162次列车机车与车厢分离。14时10分许，列车明火被扑灭。事故造成SS7E－128机车大破，钢轨、轨枕、扣件损坏，接触线和承力索烧损，行李车一位端烧损，直接财产损失496万元 。起火原因系主变压器平波电抗器连接线发生短路，产生的高温瞬时将变压器油汽化，并发生裂解反应形成大量可燃气体，造成变压器内的液体压力急剧升高，致使储油柜爆裂，高温混合气体和油蒸汽喷出遇空气后发生爆燃。

7月28日12时33分，85612次通过麻塘站时，外勤值班员发现牵引机车后走行部冒烟，12时38分，列车停于京广线麻塘站至湖滨站间K1437+725米处，14时20分将火全部扑灭。火灾造成机车驾驶室内设备烧损，直接财产损失86万元。起火原因系第六牵引电机扫膛故障产生的火星吹出电机外，通过运行方向后部的司机室Ⅱ室司机驾驶位后部地板处的布线孔进入司机室地板夹层，将地板夹层内的海绵和木质地板及电气线路引燃所致。其他3起火灾原因分别是违反电器使用安全规定。

三、货物列车火灾事故有所下降。发生11起，占总数37%，直接财产损失59.2万元。同比起数和损失分别下降27%和60%（特别是棉花车火灾同比起数和损失分别下降43%和74%）。11起火灾原因分别是：违反安全规定1起、自燃7起、吸烟2起、不明1起。

四、其它部位火灾情况。车站、工地、厂段机关及其它部位共发生火灾事故7起，占总数23%，直接财产损失298万元。同比起数和损失分别下降13%和16.3%。其中：工地火灾1起（另有3起是新建工程工地未纳入统计）。12月7日7时10分许，沈阳铁路局长春车站8至9道间地下通道改建工程中铁三局施工现场，冬季混凝土防寒被起火，长春市消防支队出动4辆消防车进行扑救，于7时40分将火扑灭。现场过火面积300平方米，烧毁棉被60条，直接财产损失7500元。起火原因系施工人员运送钢筋过程中碰倒保温棚内火炉，引燃防寒棉被所致。其他6起火灾原因分别是：违反电器安装、使用安全规定3起、其它3起。

港口、船舶火灾情况

2010年，交通港航系统共发生火灾28起（其中船舶火灾18起，港口机械设备火灾5起，房屋2起，车辆2起，其他1起），死亡1人，受伤9人，直接财产损失415.1万元，与上年相比，火灾起数、死亡人数相同，受伤人数上升4人，直接财产损失减少34%，未发生重特大火灾，交通港航火灾形势基本保持稳定。

一、火灾基本情况

（一）船舶火灾占多数，共发生18起，占64%。船舶火灾造成直接财产损失319.1万元，占全年损失的77%，发生在船舶机舱的火灾有12起，占船舶火灾67%，占所有火灾43%，与上年相比所占比例均上升超过3倍，机舱火灾造成的损失158.8万元，占船舶火灾损失50%，占全部火灾损失38%。

（二）机械设备和电气线路故障引发较多。从火灾原因分析，机械设备故障11起，电气线路故障9起，违章操作5起，自燃1起，焊割1起，放火1起。机械设备和电气线路引发火灾占全年火灾的70%。

（三）直接财产损失在万元以下的小火占一半。从火灾构成来看，直接财产损失在万元以下的有14起，占50%；1至10万元的有6起，占21%；10至100万元的有7起，占25%；100万元以上的有1起，占4%。

（四）“十一五”期间火灾形势基本稳定。“十一五”期间，交通港航各级公安消防机构，不断创新消防管理，深入开展火灾隐患排查治理，积极加强重点时段、重点水域、重点部位的消防安全监管，火灾防控水平整体提升。2006年至2010年，交通港航分别发生火灾37、43、35、28、28起，未发生重特大火灾事故，火灾形势基本保持稳定。

二、火灾形势分析

2010年，交通港航公安机关消防机构紧紧围绕服务交通港航安全生产等中心工作，不断提高消防安全监管能力，积极投入“世博安保”、“亚运安保”等重大活动的消防安全保卫工作，持续开展火灾隐患排查整治，消防工作取得一定成效。全年交通港航各公安局消防机构出动警力4.49万人次，船艇4146艘次，车辆1.39万辆次，开展消防专项检查2.48万次，检查重点单位、部位4.69万个次，“四客一危”船舶1.14万艘次，发现隐患3.29万处，立即整改2.99万处，限期整改1986余处，其中整改重大隐患5处。查处违法运输危化品934吨。扑救辖区内、外火灾129起。大连“7.16”火灾后，从事液体化工危险品运输的港口单位，开展了消防安全评估，加大了消防安全投入，共投入3085万元资金落实整改隐患。但从全年的28起火灾可以看出，交通港航系统仍应重视以下几个问题：

（一）船舶消防安全状况不容忽视。

近两年来，交通港航火灾中船舶火灾所占比例比较高，约占65%。一是船舶机械设备维护保养不善及电气线路故障引发火灾较多，部分机舱火灾由于油管漏油、高温管系未包扎等日常保养工作不到位引起，一些船舶仍然存在消防安全状况差等现象。据统计，一年来，消防部门检查发现船舶火灾隐患2.2万处，占隐患总数的67%。二是部分船舶消防安全责任制的落实有待加强。在交通运输系统开展的消防安全重点检查工作中，发现部分船舶存在消防安全责任制不明，未落实到部门和船员的现象。三是部分船舶消防器材、应急设施等问题比较突出。宜昌组在船舶重点检查中发现，消防器材、应急设施存在隐患184处，占到该组发现所有隐患89%。

（二）港航单位大型机械设备的消防安全管理还应加强。

随着港口不断发展，大型先进机械设备越来越多在港口使用，虽然大型机械设备火灾所占份额不大，但增速较快，2010年发生的5起大型机械设备火灾，占了近三年的60%。在火灾直接财产损失方面，港口大型机械设备火灾易造成较大损失，5起火灾直接财产损失135.4万元，平均单起火灾损失27.1万元，是全年单起火灾损失的2倍。

（三）单位职工、船舶船员的消防安全素质还应提升。

2010年，交通港航各单位以构筑消防安全“防火墙”工程为载体，不断提高单位消防安全“四个能力”，继续开展了单位职工与船舶船员的消防安全宣传与教育培训。从全年发生的火灾可以看出，单位职工、船舶船员的消防安全素质仍应进一步提高，96%的火灾是由于人为责任或管理不善造成。火灾中造成人员伤亡的，均由违章操作的原因所致。因此，有效防控火灾，除了深入开展隐患排查整治外，还要加强消防安全教育培训，不断提高单位职工、船舶船员的消防素质。

第二章　综合统计

2010年全国公安消防部队接警出动情况

2010年，全国公安消防部队共接警出动58.9万起（含虚警），出动车辆96.7万辆次，出动人员615.2万人次，抢救被困人员159834人，抢救财产价值367亿多元。

其中出动扑救火灾13.1万起，出动车辆30.2万辆次，出动人员183万人次，抢救被困人员11760人，抢救财产价值241.5亿元；出动抢险救援及各类社会救助45.7万起（其中灾害事故18.3万起，公务执勤9510万起，社会救助14.8万起，其他11.6万起），出动车辆66.5万辆次，出动人员432.2万人次，抢救人员148074人，抢救财产价值125.5亿元。

2010年，全国公安消防部队在灭火救援战斗中，共有6名消防官兵牺牲，12名消防官兵负伤；非现役消防队伍共有1名消防员牺牲，9名消防员负伤。

2010 年公安消防部队火灾扑救情况统计表

地区	起数	出动情况				参战人员			出动车辆			战斗结果		
		出动次数	中途返回	到场未实施处置	到场实施处置	小计	公安	其他	小计	公安	其他	抢救人员（人）	疏散人员（人）	抢救财产价值（万元）
合计	131437	139927	14068	27101	98758	1898071	1829636	68435	314332	302079	12253	11760	235597	2414660
北京	5477	5997	167	2070	3760	126835	126562	273	18985	18927	58	215	7949	2304
天津	1155	1745	91	525	1129	30763	30763		4654	4654		207	2049	9496
河北	4748	4918	274	400	4244	65191	50438	14753	11536	9038	2498	271	5610	43125
山西	4432	5168	703	1371	3094	68849	66526	2323	11978	11579	399	313	9867	16419
内蒙古	8779	8899	855	1455	6589	88625	86961	1664	15212	14863	349	359	8165	68791
辽宁	5553	5600	471	1054	4075	63127	62704	423	12442	12367	75	371	3557	75854
吉林	7866	7959	342	611	7006	72883	72322	561	14414	14305	109	507	3655	25735
黑龙江	2929	3001	39	125	2837	43832	40853	2979	9612	8906	706	240	1910	17668
上海	5724	8063	1703	3646	2714	185603	185603		21407	21407		363	3785	151448
江苏	5212	5660	324	713	4623	76934	67679	9255	15062	13211	1851	483	6530	55349
浙江	3501	4214	481	507	3226	62140	61944	196	10699	10662	37	864	5195	80379
安徽	5154	5406	561	1072	3773	59998	58009	1989	9762	9493	269	292	9362	44929
福建	4002	4132	462	527	3143	53210	53002	208	8846	8813	33	558	8672	233842
江西	4712	4770	580	543	3647	55425	55297	128	8529	8509	20	707	12401	32114
山东	7217	7410	636	597	6177	96061	93872	2189	15528	15181	347	517	10598	133944
河南	3533	3551	157	489	2905	48282	44479	3803	8555	7941	614	380	11829	26208
湖北	9363	9613	1091	2657	5865	123015	120455	2560	21370	21039	331	641	17905	45632
湖南	2927	2959	322	429	2208	37041	37041		5418	5418		474	6322	53730
广东	6226	6647	1010	1422	4215	103479	95792	7687	18388	16800	1588	1277	28540	565955
广西	1229	1271	61	89	1121	15589	15383	206	2825	2791	34	258	3223	11040
海南	1052	1087	46	156	885	15681	15681		2474	2474		68	702	2163
重庆	5154	5881	1015	2331	2535	86740	86725	15	11816	11814	2	349	12803	503377
四川	6126	6219	754	1420	4045	83677	69517	14160	13504	11142	2362	473	20073	90633
贵州	1590	1657	266	354	1037	22671	22580	91	3906	3889	17	259	6632	12054
云南	1997	2068	194	251	1623	22270	22130	140	4249	4219	30	233	12201	15223
西藏	202	203	1	30	172	3641	3641		646	646		7	86	1003
陕西	4583	4620	621	646	3353	62861	61725	1136	10910	10683	227	436	5333	20289
甘肃	1097	1133	31	100	1002	15294	14714	580	2206	2116	90	102	1982	20127
青海	1568	1620	149	354	1117	16476	16476		2383	2383		67	3090	5150
宁夏	3435	3450	422	504	2524	31054	31054		4635	4635		81	652	4954
新疆	4894	5006	239	653	4114	60824	59708	1116	12381	12174	207	388	4919	45725

注：出动次数包括同一起接警中的增援出动。

2010 年公安消防部队抢险救援等出警行动统计表

地区	起数	出动人员	出动车辆	灾害事故			公务执勤			社会救助			其它		
				起数	出动人员	出动车辆	起数	出动人员	出动车辆	起数	出动人员	出动车辆	起数	出动人员	出动车辆
合计	456633	4463669	690102	183267	1884889	293906	9510	71297	11966	147983	1061226	168532	115873	1446257	215698
北京	10898	115566	17019	3331	33247	4777	2	14	2	3898	29196	4153	3667	53109	8087
天津	25202	296784	41874	3870	36713	4970	110	693	115	4007	31306	4283	17215	228072	32506
河北	8488	92715	15815	4392	48329	8135	9	74	13	3836	41918	7181	251	2394	486
山西	5672	63922	10087	3400	38260	6025	26	197	30	782	5928	941	1464	19537	3091
内蒙古	2600	23567	3758	2008	18541	2949	5	39	7	397	2870	441	190	2117	361
辽宁	4257	36239	6816	2127	19553	3637	24	156	30	1676	11472	2126	430	5058	1023
吉林	1976	14328	2641	1346	10172	1852				501	2979	553	129	1177	236
黑龙江	1863	19417	4070	871	10108	1981	137	966	234	805	7713	1722	50	630	133
上海	52847	702848	75313	12907	167743	17508	340	2650	369	22537	208371	21696	17063	324084	35740
江苏	33297	324964	59018	7035	65768	11752	156	1049	181	1807	11899	2141	24299	246248	44944
浙江	42477	455810	72225	31561	336812	53092	106	802	125	2472	18482	2939	8338	99714	16069
安徽	7221	63186	9623	4094	37741	5789	39	316	43	2447	18266	2660	641	6863	1131
福建	12139	110153	17664	8430	79307	12673	81	780	141	2135	14784	2443	1493	15282	2407
江西	6400	64490	8761	3975	44801	5735	220	2169	324	2013	15522	2410	192	1998	292
山东	27368	303552	47418	14865	165533	26366	213	1759	281	10629	117227	17703	1661	19033	3068
河南	10804	108299	18140	8635	88833	14961	3	21	3	1204	10639	1676	962	8806	1500
湖北	47143	388064	63658	11951	113673	18787	5521	40313	6927	16715	111436	18901	12956	122642	19043
湖南	4380	42263	6007	2157	19028	2775	37	343	46	826	6534	908	1360	16358	2278
广东	35809	356862	61728	15732	169123	29560	19	165	26	6229	48608	8207	13829	138966	23935
广西	5246	45162	7866	3521	32215	5511	39	350	55	1520	10764	1986	166	1833	314
海南	1074	10878	1733	697	8084	1295	52	464	71	311	2146	341	14	184	26
重庆	31434	281986	40410	6634	66135	8871	34	359	48	18766	122171	18927	6000	93321	12564
四川	57365	365650	68322	17594	163266	26481	687	4347	670	37103	177238	37889	1981	20799	3282
贵州	6555	53875	9389	3284	29055	4703	205	1869	295	2443	14549	2849	623	8402	1542
云南	5725	46147	8214	3843	33799	5842	115	861	171	1543	9504	1858	224	1983	343
西藏	1361	10742	1807	173	2121	338	1022	7791	1295	164	779	166	2	51	8
陕西	2007	19565	3143	1516	15021	2398	24	180	30	326	2334	363	141	2030	352
甘肃	574	6331	838	504	5554	736	42	530	71	25	219	28	3	28	3
青海	448	4130	586	342	3385	474	3	33	5	82	542	82	21	170	25
宁夏	1625	13468	1911	1087	8727	1250	2	13	2	284	2042	293	252	2686	366
新疆	2341	22417	4204	1385	14242	2683	237	1994	356	463	3499	622	256	2682	543

2010 年消防队伍参战人员死亡情况

项目	死亡（人）		死亡原因								
	现役	其他	烧	窒息	摔	砸	炸	中毒	触电	交通事故	其他
合计	6	1				4	3				
北京											
天津											
河北											
山西											
内蒙古											
辽宁											
吉林											
黑龙江											
上海											
江苏											
浙江											
安徽											
福建											
江西											
山东	1					1					
河南											
湖北											
湖南	5	1				3	3				
广东											
广西											
海南											
重庆											
四川											
贵州											
云南											
西藏											
陕西											
甘肃											
青海											
宁夏											
新疆											

2010 年消防队伍参战人员受伤情况

项　目	受伤（人）		受伤原因									受伤部位			
	现役	其他	烧	窒息	摔	砸	炸	中毒	触电	交通事故	其他	头颈部	上肢	躯干	下肢
合　计	12	9				4	7			4	6	6	7	4	4
北　京															
天　津															
河　北															
山　西		5					5					2	2	1	
内蒙古															
辽　宁															
吉　林															
黑龙江															
上　海	2					1	1						1		1
江　苏															
浙　江															
安　徽	2										2	2			
福　建	4									4		1	1		2
江　西															
山　东	1	1				2						1		1	
河　南															
湖　北															
湖　南	1						1								1
广　东		3				1					2		2	1	
广　西															
海　南															
重　庆															
四　川	1										1			1	
贵　州															
云　南															
西　藏															
陕　西															
甘　肃															
青　海	1										1		1		
宁　夏															
新　疆															

城乡消防规划统计表

单位	直辖市		地级				县级						乡镇				村	
			地级市		其他		县级市			县(包括自治县、旗、自治旗)			镇		乡(包括苏木、民族乡、民族苏木)		行政村	
	城市数	编制消防规划的城市数	地级市的数量	编制消防规划的地级市数量	地区、自治州、盟的数量	编制消防规划的地区、自治州、盟的数量	县级市的数量	编制消防规划的县级市数量	当年新编制消防规划的县级市数量	县的数量	编制消防规划的县的数量	当年新编制消防规划的县的数量	建制镇的数量	编制消防规划的建制镇的数量	乡的数量	编制消防规划的乡的数量	行政村的数量	编制消防规划的行政村的数量
全国	4	4	283	283	50	39	370	364	35	1637	1535	85	18052	12020	17005	3855	524878	64985
北京	1	1								2	2	2	134	54	14	8	2921	547
天津	1	1								3	3		116	83	20		3821	
河北			11	11			22	22	6	114	114	28	946	76	870	12	31235	
山西			11	11			11	11		85	82		561	374	635	55	31025	1761
内蒙古			9	9	3	3	11	11		69	69	3	441	287	342	31	7111	195
辽宁			14	14			17	17	11	27	27		576	423	364		11770	
吉林			8	8	1	1	20	20		21	21		422	422	195	195	9012	4956
黑龙江			12	12	1	1	18	18	1	46	40	1	444	204	393	110	8205	1207
上海	1	1								1			109		3		1539	
江苏			13	13			26	26		25	25		911	911	107	107	16310	3288
浙江			11	11			22	22		36	36		777	611	359	158	26572	6501
安徽			17	17			5	5		56	56		200	200	201	45	9604	1099
福建			9	9			14	14		45	45		574	405	338	42	14420	1732
江西			11	11			11	10		70	70	11	742	268	681	222	18603	3654
山东			17	17			31	31	8	60	55	13	1096	331	206	38	73668	3189
河南			17	17			21	21		88	88		832	832	1063	682	48064	17890
湖北			12	12	1	1	24	24	4(修编)	41	41	4(修编)	733	733	203	54	10956	2023
湖南			13	13	1	1	16	16	1	72	72	4	1281	960	1688	744	28416	2814
广东			21	21			23	23	7	44	43	6	1080	599	444	21	15362	2590
广西			14	14			7	7		68	68		702	234	424	16	14364	1296
海南			2	2			6	6		10	10		180	80	21	2	2542	
重庆	1	1								21	21		578	514	267		8801	
四川			18	18	3	在县一级编制	14	14		124	124	2	1821	1729	2588	122	54326	879
贵州			4	4	5	5	9	9		69	69		689	634	758	294	17322	2955
云南			8	8	8	8	11	9		108	108		574	574	713	713	11688	4248
西藏			1	1	6	5	1	1	1	71			134	4	550		5407	
陕西			10	10			3	3		80	80		491	116	278	55	15120	933
甘肃			12	12	2	2	4	2		65	58	8	462	83	2243	27	12059	317
青海			1	1	7		2	2		37	37		118	43	324		3706	10
宁夏			5	5			2	2		11	11		94	36	93	8	2130	504
新疆			2	2	12	12	19	18		68	60	7	234	200	620	94	8799	397

说明：

1. 表中涉及的行政区划数量，请参照《中华人民共和国行政区划简册》、《中华人民共和国行政区划手册》、民政部区划地名司网站(http://qhs.mca.gov.cn/index.shtml)以及当地民政部门等的权威资料确定。
2. 消防规划的内容，在国家未出台新的标准、规范前，按照公安部消防局关于印发《城市消防规划编制要点》的通知(公消[1998]164号)执行。
3. 直辖市不填写“地级”一栏的内容。
4. “县级”中不包括城市的市辖区。“县的数量”，包括县、自治县、旗、自治旗以及湖北省的1个林区(神农架林区)、贵州省的2个特区(六枝特区、万山特区)。
5. “乡镇”不包括城市街道，包括建制镇、乡、民族乡、苏林、民族苏木和3个区公所(河北省1个、新疆维吾尔自治区2个)。
6. 江西省去年底新批九江共青城1个县级市。云南省去年10月份新批蒙自1个县级市，2010年12月新批文山1个县级市。

城乡公共消防基础设施统计表

单位	消防站 直辖市						地级市						县级市						县			本省、自治区、直辖市合计			乡镇、村屯					
	应有	实有 特勤消防	实有 一级普通	实有 二级普通	实有 小计	当年新增	应有	实有 特勤消防	实有 一级普通	实有 二级普通	实有 小计	当年新增	应有	实有 特勤消防	实有 一级普通	实有 二级普通	实有 小计	当年新增	应有消防站	实有消防站	当年新增消防站	应有消防站	实有消防站	当年新增消防站	政府专职消防站（个）	志愿消防队（个）	消防车（台）	消防三轮车（台）	消防机动泵（台）	当年新增政府专职消防站（个）
全　国	409	32	275	19	326	18	3036	334	1144	598	2076	118	729	40	308	245	593	32	2056	1422	91	6230	4417	259	5366	85096	6520	15630	41328	838
北　京	137	4	67	12	83	3													10	7	1	147	90	4						
天　津	87	7	57	3	67	4													9	5	1	96	72	5						
河　北							126	20	99	6	125	1	22	3	12	10	25	2	115	105	5	263	255	8	1090	426	962	131	337	348
山　西							109	13	28	18	59		24		9	1	10		128	36		261	105		57		137		3	
内蒙古							108	12	5	28	45	8	32	2	2	14	18	5	93	109	8	233	172	21	35	276	17	10	10	5
辽　宁							212	20	86	54	160	3	54	10	20	16	46	2	28	22	1	294	228	6	16	1439	53	608	588	3
吉　林							84	10	48	19	77	7	45	1	22	20	43	1	38	25	2	167	145	10	281	2385	329	1255	3666	37
黑龙江							89	12	59	28	99	5	24		15	1	16		39	57		152	172	5	270	10225	568	7014	10638	6
上　海	119	6	102	2	110	8													6	6		125	116	8	12		18			
江　苏							373	21	107	24	152	2	100	9	27	32	68	6	99	33		572	253	8	1216	2119	445	976	2547	24
浙　江							93	14	61	32	107	6	62	1	23	20	44	4	61	47	2	216	198	12	491	5297	660	816	2597	29
安　徽							313	18	77		95	14	15		5		5		128	61	5	456	161	19	279	1870	271	20	110	63
福　建							94	14	39	18	71	10	16	1	19	19	39		85	43	1	195	153	11	21	2756	96	20	131	2
江　西							68	9	47	30	86	10	26		6	19	25	2	101	77	4	195	188	16	159	1601	46	580	842	53
山　东							159	21	33	108	162		49		41	14	55		72	63		280	280		269	9191	537	59	649	92
河　南							163	17	51	49	117	12	59		14	15	29	3	70	82	2	292	228	17	232	453	357	389	700	18
湖　北							247	15	57	7	79		31		20	7	27		47	41		325	147		77	1143	77	418	533	
湖　南							73	15	35	12	62	4	17		10	6	16	0	103	79	1	193	157	5	96	660	119	50	526	49
广　东							160	21	94	61	176	10	32		13	15	28		93	88	3	285	292	13	332	3829	724	1447	957	15
广　西							71	14	45	12	71	4	7		4	3	7	3	71	71	2	149	149	9		11127	49	174	2682	
海　南							19	2	12		14	1	15	1	10		11		12	11		46	36	1	33	96	5		3	
重　庆	66	15	49	2	66	3													21	21		87	87	3	20	10960	266	855	3897	
四　川							71	21	50		71	5	10			10	10		95	62	15	176	143	20	140	875	434	0	230	
贵　州							103	3	16	28	47		13	2	5	3	10		68	43	9	184	100	9	24	5114	11	70	2369	7
云　南							49	13	13	17	43	3	18	3	7	6	16	2	106	101	4	173	160	9	160	8528	284	486	6121	82
西　藏							15	2		3	5		6	1		1	2		70	15	2	91	22	2		1			6	
陕　西							82	10	26	29	65	5	6			3	3		96	40	12	184	108	17	41	1162	1	78	143	
甘　肃							63	3	26	2	31		4		3	1	4	1	70	13	3	137	48	4	9	1282	22	118	167	1
青　海							21	1	6	10	17	3	8	1	2	2	5		59	18	3	88	40	6	2		2			2
宁　夏							48	8	11	2	21	1	3		2	1	3		19	14	1	70	38	2		22	9	7	25	
新　疆							23	5	13	1	19	4	31	5	17	6	28	1	44	27	4	98	74	9	4	2259	21	49	851	2

城乡公共消防基础设施统计表(续)

单位	消火栓数量(个)																										
	直辖市				地级市				县级市				县				建制镇				集镇、村(屯、寨)、自然村			本省、自治区、直辖市合计			
	应有	实有		当年新增	应有	实有		当年新增	应有	实有		当年新增	应有	实有		当年新增	应有	实有		当年新增	实有		当年新增	应有	实有		当年新增
		完整好用	损坏			完整好用	损坏			完整好用	损坏			完整好用	损坏			完整好用	损坏		完整好用	损坏			完整好用	损坏	
全　国	130857	117582	6378	5348	432375	399162	16649	20050	86756	75544	5680	6236	167996	156762	10520	12988	121848	98120	5528	10676	100703	3736	7817	1217535	947873	48491	63115
北　京	42634	34588	3962	1750									1018	833	17	91								43652	35421	3979	1841
天　津	26069	25194	875	1772									2076	1033	14	78	652	225	18	27				28797	26452	907	1877
河　北					13410	16026	212	547	3007	2759	81	109	9510	15278	167	216		643	22	37				25927	34706	482	909
山　西					5727	6229	69	58	898	867	12	74	2545	2815	100	278	424	220	18		8			9602	10139	199	410
内蒙古					8560	7850	322	90	330	301	29	31	6341	5306	437	102	1758	1423	67	55	1216	88	25	18205	16096	943	303
辽　宁					25241	20620	2294	2376	4915	2344	332	398	2293	1471	287	1072	2441	1010	128	411	66		11	34956	25511	3041	4268
吉　林					8095	2861	594	65	3165	813	277	87	1154	449	217	43	414	400	66	22	83	17	26	12911	4606	1171	243
黑龙江					4070	3910	465	225	595	535	15	50	995	835	10	35	525	490	70	65				6185	5770	560	375
上　海	50000	45951	1437	1219									1100	999	41	5								51100	46950	1478	1224
江　苏					43369	41264	842	1619	16214	14140	1757	1213	15159	13749	1113	2044	10986	9943	828	1951	7372	326	1074	93100	86468	4866	7901
浙　江					37098	39262	144	1784	11681	11561	69	872	11597	10879	88	865	11413	9614	74	875	9501	99	329	81290	80817	474	4725
安　徽					10138	6475	250	878	737	738	69	96	6569	5405	408	611	2283	2024	54	453	193	17	111	19920	14835	798	2149
福　建					12611	12968	827	913	3078	3416	272	204	8054	7951	285	553	1970	2047	91	158	329	17	33	26042	26711	1492	1861
江　西					11006	8382	1557	794	1821	1702	171	366	8223	7247	643	693	4029	1962	122	129	5490			30569	24783	2493	1982
山　东					29657	30096	677	500	8256	7195	341	36	5506	5360	377	20	2752	2278	203	32	1243	121		47414	46172	1719	588
河　南					20552	15707	1872	449	1352	1952	298	262	5645	4937	1233	435	4345	1195	245	86	367	17	33	32261	24158	3665	1265
湖　北					16330	18266	251	668	4512	3830	112	293	4952	4290	216	394	3135	3215	196	256	400	22	25	29329	30001	797	1636
湖　南					16453	13840	402	1279	3412	3324	442	532	10408	8889	1040	1503	2963	1702	147	260	274	7	36	33510	28029	2038	3610
广　东					105014	96573	3546	4971	4970	4589	270	573	9123	9482	77	353	52153	45853	2221	3357	1186	31	58	172446	157683	6145	9312
广　西					9274	9395	161	115	1830	1785	144	30	5554	5415	185	100	3270	1805	234	194	13103	198	4478	33031	31503	922	4917
海　南					2760	2650	16	236	1362	1252	10	67	908	870	12	33	170	159	11	90				5200	4931	49	426
重　庆	12154	11849	104	607									3864	3579	21	361	5579	5247	73	874	1422	55	207	23019	22097	253	2049
四　川					16817	15591	379	1018	3489	4020	126	204	16680	16956	1276	996	2907	1912	210	902	2937	440	1150	42830	41416	2431	4270
贵　州					3700	2061	693	117	1409	1153	137	66	4924	4250	355	410	3810	2007	176	207	52469	2146	140	66312	61940	3507	940
云　南					7477	7412	48	64	3668	1947	252	214	6115	5326	419	111	1741	1581	29	101	2495	82	48	21496	18761	830	538
西　藏					1408	826		45	436	110	39	25	1864	1080	204	30	1150	675	137	35				4858	2691	380	135
陕　西					8213	7711	265	239	503	588	3	6	2583	2489	169	257	472	194	37	26	165	18		11936	11147	492	528
甘　肃					4536	4257		228	290	671		63	2142	2212	29	109	57	16		3	357	35	20	7382	7513	64	423
青　海					2177	905	496	215	698	680	127	10	1919	1163	574	131								4794	2748	1197	356
宁　夏					4309	3744	267	115	273	232	16	10	1288	1257	100	54	200	100	6	20	13		13	6083	5346	389	212
新　疆					4373	4281		442	3855	3040	279	345	7887	4957	406	1005	249	180	45	50	14			193378	12472	730	1842

说明：

1. 消火栓数量中和消防站数量的“应有”数，由各省、自治区、直辖市消防总队按照统一的计算方法进行测算。
2. 直辖市的消火栓、消防站数量的统计范围，仅包括其市辖区，不包括其所辖的县及其乡镇、村屯。
3. 地级市的消火栓、消防站数量的统计范围，仅包括其市辖区，不包括其所辖的县、县级市及其乡镇、村屯。
4. 县的消火栓、消防站数量的统计范围，仅包括县政府所在地（县城关镇），不包括其所辖的乡镇及其村屯。
5. 建制镇的消火栓、消防站数量的统计范围，仅包括镇的建成区，不包括其所辖的村、屯。

多种形式消防队伍统计表

类别 \ 项目		支队		大队		中队		本年度各级政府经费投入（万元）	消防队员人数					消防车辆（辆）									灭火剂储量			出动情况					多种形式消防队伍因工受伤人数	多种形式消防队伍因工牺牲人数
		总数	本年新增	总数	本年新增	总数	本年新增		公安行政编制	合同制用工	事业编制	合计人数	本年新增	车辆总数	灭火消防车	举高消防车	专勤消防车	后援消防车	三轮简易消防车	消防摩托车	消防船艇	机动消防泵	泡沫（吨）	干粉（吨）	其他	出动次数	出动车次	出动人次	抢救人员	抢救财产（万元）		
企业、事业单位专职消防队		58	1	206	5	2454	43	26951	130	52262	4815	62948	1499	6535	5835	192	368	140	65	65	18	968	8947.7	1191.0	1296.2	30690	46159	204929	4253	188494	40	3
政府专职消防队	城市辖区内	2		131	4	1134	104	52739.2	380	9520	428	10328	1141	1996	1715	106	152	23	22	213	23	585	700.38	130.21	959.6	48317	74882	370507	12966	172110.9	15	
	乡镇			184	36	3939	765	42219.17		49228	1818	51046	7003	5491	5231	76	126	58	1483	231	26	4084	888.9	165.85	1307	48081	84100	514083	5900	245829	40	1
志愿消防队	城市辖区内			416	113	5406	531	4000.04		21096	254	60672	9573	45	44	1			1066	409	2	565	100.8	40.7	115.0	3953	3118	23100	145	8126.2		
	乡镇			667	61	11192	1800	18500.14		69164	2943	147802	14205	1360	1167	2	119	72	743	1684		8372	156.15	95.2	114.6	40090	54335	239411	1273	31081		
村办消防队	专职					541	61	11325		7806		7806	867	105	105				303	136	20	232	13.0	13.0	51.0	498	632	3031	35	350.3		
	志愿			707	108	59886	17518	11427		68225	7303	278474	59249	607	607				1574	650		27977		99.6	322.0	14141	8497	112338	1196	5338.9		
公安行政编制消防队		7		73	1	226	19	13112.63	3523	3141	57	7113	315	796	692	50	41	13	4	2	14	328	391	95.2	478.7	15668	25445	163833	2795	67142.7	5	
铁路、交通、民航、林业系统公安专职消防队		8	1	48	1	190		2353.6	1357	1268	253	3344	39	665	598	29	22	16	1	13	4	28	229.5	48.5	38.5	1887	2543	8959	44	3793.3		
合计		75	2	2432	329	84968	20841	182627.78	5390	281710	17871	629533	93891	17600	15994	456	828	322	5261	3403	107	43139	11427.4	1879.3	4682.6	203325	299711	1640191	28607	722266.4	100	4

说明：

1. 政府专职消防队，是指按照《消防法》第三十六条规定，由县级以上地方人民政府或者乡镇人民政府建立，承担火灾扑救工作，并按照国家规定承担重大灾害事故和其他以抢救人员生命为主的应急救援工作的消防队伍。
2. 城市辖区内的政府专职消防队，是指由城市（包括直辖市、地级市和县级市）人民政府（或者城市辖区人民政府）组建，在城市辖区内（包括城区与郊区）执勤的政府专职消防队。
3. 志愿消防队：有固定的消防站、房屋设施和专业消防装备，由经过消防专业训练的社会志愿人员轮流担负执勤灭火任务的消防队。志愿消防队有指定的辖区、较稳定的经费来源，与公安消防队、专职消防队具有基本相同的功能。
4. 公安行政编制消防队：由公安行政编制的民警组成，或由公安民警任专职领导、队员由合同制人员组成、由当地人民政府或公安机关命名的专职消防队。
5. 铁路、交通、民航、林业系统公安行政编制消防队，是指铁路、交通、民航、林业系统公安机关成立的由公安行政编制的民警组成，或者由公安民警任负责人、招录合同制人员作为消防队员的消防队。
6. 对于专职消防员与现役人员混编的消防队，列入“政府专职消防队”数量的统计范围，人员按实际的专职消防队员数量统计。
7. 中队：隶属于支队、大队的中队；和称谓为“XX 消防队”，属于遂行作战任务的实体力量，未再划分出独立管理的“队”、“站”等机构的消防队。
8. 消防车：专门用于运输灭火剂、消防装备的机动车辆，其分类参照《城市消防站建设标准》第二十六条。
9. 机动消防泵：可放置或固定在消防车上的手抬机动泵、潜水泵、浮艇泵等。
10. 灭火剂储量为执勤车辆载有和库存的总量。
11. 出动次数：半年参加扑救火灾、抢险救援、安全保卫、安全监护、实战演习等外出执行执勤战斗任务的总出动次数。接报警（含假警、虚警）出动时，无论是否到达现场或展开战斗，只要车（泵）、人已出营区（队站）大门，均视为出动。
12. 救人：上述出动的救人数量。

2010 年批准发布的消防国家标准目录

序号	标准编号	标准名称	修订或替代	批准日期	实施日期
1	GB/Z 24978 – 2010	火灾自动报警系统性能评价		2010 – 8 – 9	2010 – 12 – 1
2	GB/Z 24979 – 2010	点型感烟/感温火灾探测器性能评价		2010 – 8 – 9	2010 – 12 – 1
3	GB 16281 – 2010	火警受理系统	GB 16281 – 1996	2010 – 9 – 2	2011 – 5 – 1
4	GB 17945 – 2010	消防应急照明和疏散指示系统	GB 17945 – 2000	2010 – 9 – 2	2011 – 5 – 1
5	GB 25113 – 2010	移动消防指挥中心通用技术要求		2010 – 9 – 2	2011 – 5 – 1
6	GB/T 25012 – 2010	船舶 A 类机器处所固定式局部水基灭火系统通用技术条件		2010 – 9 – 2	2010 – 12 – 1
7	GB/T 25019 – 2010	船用三氟甲烷灭火装置		2010 – 9 – 2	2010 – 12 – 1
8	GB 25200 – 2010	干粉枪		2010 – 9 – 26	2011 – 3 – 1
9	GB 25201 – 2010	建筑消防设施的维护管理		2010 – 9 – 26	2011 – 3 – 1
10	GB 25202 – 2010	泡沫枪		2010 – 9 – 26	2011 – 3 – 1
11	GB 25203 – 2010	消防监督技术装备配备		2010 – 9 – 26	2011 – 3 – 1
12	GB 25204 – 2010	自动跟踪定位射流灭火系统		2010 – 9 – 26	2011 – 3 – 1
13	GB/T 25205 – 2010	雨淋喷头		2010 – 9 – 26	2011 – 2 – 1
14	GB/T 25206. 2 – 2010	复合夹芯板建筑体燃烧性能试验 第 2 部分：大室法		2010 – 9 – 26	2011 – 2 – 1
15	GB/T 25207 – 2010	火灾试验 表面制品的实体房间火试验方法		2010 – 9 – 26	2011 – 2 – 1
16	GB/T 25208 – 2010	固定灭火系统产品环境试验方法		2010 – 9 – 26	2011 – 2 – 1
17	GB 16668 – 2010	干粉灭火系统及部件通用技术条件	GB 16668 – 1996	2010 – 9 – 26	2011 – 3 – 1
18	GB 16669 – 2010	二氧化碳灭火系统及部件通用技术条件	GB 16669 – 1996	2010 – 9 – 26	2011 – 3 – 1
19	GB 5135. 16 – 2010	自动喷水灭火系统 第 16 部分：消防洒水软管		2010 – 9 – 26	2011 – 3 – 1
20	GB/T 5135. 19 – 2010	自动喷水灭火系统 第 19 部分：塑料管道及管件		2010 – 9 – 26	2011 – 2 – 1
21	GB/T 5135. 20 – 2010	自动喷水灭火系统 第 20 部分：涂覆钢管		2010 – 9 – 26	2011 – 2 – 1
22	GB/T 5464 – 2010	建筑材料不燃性试验方法	GB/T5464 – 1999	2010 – 9 – 26	2011 – 2 – 1
23	GB 18428 – 2010	自动灭火系统用玻璃球	GB 18428 – 2001	2011 – 1 – 10	2011 – 6 – 1
24	GB 25506 – 2010	消防控制室通用技术要求		2011 – 1 – 10	2011 – 7 – 1
25	GB 25970 – 2010	不燃无机复合板		2011 – 1 – 10	2011 – 6 – 1
26	GB 25971 – 2010	六氟丙烷（HFC236fa）灭火剂		2011 – 1 – 10	2011 – 6 – 1
27	GB 25972 – 2010	气体灭火系统及部件		2011 – 1 – 10	2011 – 6 – 1
28	GB/T 5135. 18 – 2010	自动喷水灭火系统 第 18 部分：消防管道支吊架		2011 – 1 – 14	2011 – 6 – 1
29	GB/T 13347 – 2010	石油气体管道阻火器	GB 13347 – 1992	2011 – 1 – 14	2011 – 6 – 1
30	GB/T 18294. 2 – 2010	火灾技术鉴定方法 第 2 部分：薄层色谱法		2011 – 1 – 14	2011 – 6 – 1
31	GB/T 18294. 5 – 2010	火灾技术鉴定方法 第 5 部分：气相色谱 – 质谱法		2011 – 1 – 14	2011 – 6 – 1
32	GB/T 26129 – 2010	消防员接触式送受话器		2011 – 1 – 14	2011 – 6 – 1

2010 年批准发布的消防行业标准目录

序号	标准编号	标准名称	修订或替代	批准日期	实施日期
1	GA138 - 2010	消防斧		2010 - 2 - 9	2010 - 3 - 1
2	GA863 - 2010	消防用易熔合金元件通用要求		2010 - 3 - 8	2010 - 4 - 1
3	GA/T 536.6 - 2010	易燃易爆危险品 火灾危险性分级及试验方法 第6部分：液体氧化性物质		2010 - 5 - 21	2010 - 7 - 1
4	GA868 - 2010	分水器和集水器	GA 11 - 1991 GA 12 - 1991	2010 - 5 - 21	2010 - 7 - 1
5	GA 869 - 2010	消防员灭火防护头套		2010 - 5 - 31	2010 - 8 - 1
6	GA/T 61 - 2010	固定灭火系统驱动、控制装置通用技术条件	GA 61 - 2002	2010 - 5 - 31	2010 - 8 - 1
7	GA/T 875 - 2010	火场通信控制台		2010 - 6 - 17	2010 - 8 - 1
8	GA 892.1 - 2010	消防机器人 第1部分：通用技术条件		2010 - 8 - 16	2010 - 10 - 1
9	GA 499.1 - 2010	气溶胶灭火系统 第1部分：热气溶胶灭火装置	GA 499.1 - 2004	2010 - 10 - 26	2010 - 11 - 1
10	GA 79 - 2010	消防球阀	GA 79 - 1994	2010 - 12 - 5	2010 - 12 - 5

2010 年批准发布的工程建设消防技术规范目录

序号	标准编号	规范名称	修订或替代	批准日期	实施日期
1	GB 50565 - 2010	纺织工程设计防火规范		2010 - 5 - 31	2010 - 12 - 1
2	GB 50039 - 2010	农村防火规范	《村镇建筑设计防火规范》GBJ 39 - 90	2010 - 8 - 18	2011 - 6 - 1
3	GB 50151 - 2010	泡沫灭火系统设计规范	1.《低倍数泡沫灭火系统设计规范》GB 50151 - 92（2000年版） 2.《高倍数、中倍数泡沫灭火系统设计规范》GB 50196 - 93（2002年版）	2010 - 8 - 18	2011 - 6 - 1

2010 年公安消防部队消防车统计表

单位名称	合计	水消防车	泵浦消防车	水泡沫联用消防车	干粉消防车	二氧化碳消防车	水干粉泡沫联用消防车	涡喷消防车	压缩空气泡沫消防车	干粉水联用消防车	其它灭火消防车	照明消防车	抢险救援消防车	通讯指挥消防车	排烟消防车	化学事故抢险救援消防车
合　计	21105	10010	254	3144	182	10	107	6	487	13	69	197	2371	253	53	86
北　京	502	233	19	87			3		6		4	7	31	34	4	3
天　津	325	156		44	18		2		5		2	4	34	2	1	2
河　北	1270	602	2	176	9		10		8	1	12	4	219	10	10	8
山　西	583	293	6	63	7		9		7	2	4	9	69	6	1	2
内蒙古	690	385	2	78	13		11	1	4			2	60	3	1	13
辽　宁	1319	596	47	178	8	2	3	1	20		1	13	112	17	2	6
吉　林	606	360		54	1		3						35	6	2	2
黑龙江	877	551	15	48	4		4		2			3	51	20	4	
上　海	547	110	27	141	5	2		1	91	2	7	15	24	7	2	4
江　苏	1327	431	63	295	8	2	6		146		4	17	110	15	1	10
浙　江	1037	407	2	183	6		7		79		1	4	123	9	2	2
安　徽	695	393		61	4	1	4		2			4	116	13	7	1
福　建	652	325	4	114	3	1	6		5		1	8	84	5	1	1
江　西	549	358	2	73	5		3		2	1		3	33	2		1
山　东	1008	494	5	160	5		2	1	29	2	3	10	84	9	2	5
河　南	1225	482	1	143	13		2		11		2	25	155	19	1	1
湖　北	898	425	18	88	9		9		16		2	10	127	4		
湖　南	723	390		83	5		2		4		5	8	105	16	1	
广　东	1500	438	4	434	27	1	11		7	1		17	205	6	3	6
广　西	567	338		56	4				2	1			68	10	1	3
海　南	193	73	18	34	2				2		3		35	4	1	2
重　庆	476	213		107	4				9	1	1	1	76	3		4
四　川	707	389	2	115	6	1	1		2		1	7	112	10		4
贵　州	540	313	5	62					7	1	4	11	41	5	3	1
云　南	646	406		80	4		1	1				3	75	3		1
西　藏	193	129		18			1						21	1		
陕　西	422	219	1	56	8		1	1	4	1	1	5	34	2		1
甘　肃	248	142		19	1		2		2			3	29	1	1	
青　海	110	61		16	2				1			1	9	2		1
宁　夏	152	70		17			3		1				27	3		2
新　疆	518	228	11	61	1		1		13		11	3	67	6	2	

2010 年公安消防部队消防车统计表(续)

单位名称	防化洗消消防车	核生化侦检车	供气消防车	排烟照明消防车	宣传消防车	高倍泡沫排烟消防车	其它专勤消防车	登高平台消防车	举高喷射消防车	云梯消防车	供水消防车	自装卸式消防车	器材消防车	供液消防车	其它后援消防车	整装整卸式消防车
合　计	170	12	90	36	164	2	183	945	856	578	109	71	317	88	229	13
北　京	4	3		2		2	3	10	2	23	2	3	9	6	2	
天　津	7		1	3				2	11	12			11	3	5	
河　北	5	1	8		7		14	46	39	35	10	7	8	5	14	
山　西	5		8		1		2	26	28	12	3	1	11	5	3	
内蒙古	2		6					28	19	6	15	13	11		17	
辽　宁	8	1	8	5			20	55	62	71	9	6	39	9	20	
吉　林	6		1	3	2			48	21	23	5	1	25	2	6	
黑龙江	3		1		1		6	94	19	14	1	2	26		8	
上　海	2	1					21	8	6	35		1	19	9	7	
江　苏	11		7	3	2		12	64	30	41	2	3	13	7	21	3
浙　江	5		6	2	3		1	38	83	37	2	3	11	5	16	
安　徽	3		3		1		1	20	35	6	3	4	4	3	6	
福　建	5	1	1				2	29	29	12	2	2	3	3	5	
江　西	6				2		1	16	31	5			4	1		
山　东	11			4	7		12	73	36	25	7		5		17	
河　南	3		5		124		18	54	110	24	16		7		9	
湖　北	14	1	1				7	97	26	28	1	3	7		5	
湖　南	3		2		1		7	20	40	13	1		10		4	3
广　东	26	1	13	6	3		14	83	56	69	3	7	23	24	9	3
广　西	6		2	2			1	11	24	21	3		6	1	7	
海　南	2							6	2	4	1		3		1	
重　庆	3	1	2		7		1	21	2	11		1	3		5	
四　川	6		5				1	16	7	9		1	6	2	4	
贵　州	2		3	2	1		6	13	30	4	1	4	5	1	14	1
云　南	4		2		1		5	19	20	6	5	1	4		5	
西　藏		1					3	2		7		1	7		1	1
陕　西	5		1	1			1	12	21	10	6	2	28		1	
甘　肃	6		1	2			3	7	14	3	1	1	4	1	5	
青　海	1						2	2	3	2			4		3	
宁　夏	1		1					7	10		8	1			1	
新　疆	5	1	2	1	1		19	18	40	10	2	3	1	1	8	2

2010年公安消防部队基本个人防护装备统计表

单位名称	合计	消防员呼救器	方位灯	消防安全腰带	消防头盔	佩戴式防爆照明灯	消防员灭火防护服	消防手套	消防轻型安全绳	正压式消防空气呼吸器	消防员灭火防护靴	消防腰斧
合计	1952707	156883	55377	207944	197090	129289	211452	283882	171349	148854	220053	170534
北京	92610	6592	30	11132	8237	2594	7959	20001	8975	7181	10739	9170
天津	44958	4252	243	4774	5845	3773	5382	5533	3356	3887	4176	3737
河北	95357	8513	7206	8610	8897	7743	8882	12367	8584	7550	8787	8218
山西	44304	3731	702	4411	4237	2745	4258	7468	3669	3109	5623	4351
内蒙古	52806	4301	1308	6056	5493	3068	4995	8183	3642	3993	7874	3893
辽宁	92434	6325	2705	8177	10411	4924	12045	15913	7175	5383	12900	6476
吉林	52735	3416	932	5130	5778	2560	6191	8932	3694	3150	9177	3775
黑龙江	57070	4644	753	5889	6264	3462	6257	8503	4455	4059	7880	4904
上海	98510	5294	261	18090	10512	3006	14551	14649	8350	6040	11392	6365
江苏	98103	8634	3914	9974	9911	7294	10358	13038	8702	7124	10111	9043
浙江	89699	7311	1344	10526	8925	5384	10770	12250	8087	6284	10774	8044
安徽	61739	4892	1375	6616	6403	4026	6519	8236	5266	4626	7899	5881
福建	67672	4581	2753	7009	5881	4170	6973	8336	11475	4724	6769	5001
江西	50977	4027	495	5146	5493	3806	6991	6844	4177	3914	5553	4531
山东	89871	8115	3599	9624	9465	5788	9835	11300	7437	6140	10556	8012
河南	89517	7168	6214	8182	8926	7188	8652	12386	7713	6451	9471	7166
湖北	74540	6883	839	7675	7238	5776	8958	11421	6145	5722	7379	6504
湖南	68379	5693	3417	6963	6451	5152	7945	8645	6290	5922	6102	5799
广东	167963	14552	4819	19491	16764	13074	18229	23127	13919	11008	17380	15600
广西	47262	3675	1761	4213	4148	3023	3798	5521	4153	9042	4227	3701
海南	17940	1518	181	2186	1559	1598	1694	2664	1422	1830	1683	1605
重庆	59822	4521	1463	5467	6446	4274	6764	10089	4906	4210	6672	5010
四川	67329	5936	2152	6490	6599	5504	6539	9550	6009	6235	6390	5925
贵州	53315	4356	803	5736	5162	3604	5056	7959	4231	4629	6997	4782
云南	62936	5663	3194	5881	7105	4461	5986	8479	5258	4856	6425	5628
西藏	12956	1195	53	1360	1384	753	1443	2035	1289	548	1650	1246
陕西	36681	2453	278	3409	3845	1857	3649	4326	3574	3128	3170	6992
甘肃	23822	2120	449	2342	2458	1927	2424	3770	1978	1862	2467	2025
青海	16443	1154	42	1312	1427	1000	1640	2823	1658	1288	2603	1496
宁夏	21425	1775	12	1909	1798	1871	2301	3263	2183	1647	2917	1749
新疆	43532	3593	2080	4164	4028	3884	4408	6271	3577	3312	4310	3905

2010 年公安消防部队特种个人防护装备统计表

单位名称	合计	防静电内衣	消防 I 类安全吊带	移动供气源	电绝缘装具	防蜂服	消防隔热服	消防避火服	氧气呼吸器	防高温手套	消防防化服	强制送风呼吸器	重型防化服	消防 II 类安全吊带	救生衣	抢险救援手套
合　计	1209387	156437	10155	3316	16603	5926	62447	10886	8700	19548	50781	2099	7514	22900	70952	100540
北　京	40012	574	272	131	152	255	1969	572	845	268	1984	451	211	1833	917	3348
天　津	28246	5870	284	75	149	32	1576	211	101	153	1778	30	122	924	1374	2897
河　北	57262	10837	708	228	483	70	2739	499	294	467	2212	65	226	1738	3924	4978
山　西	28232	3841	205	96	215	66	1304	297	276	619	1127	107	285	509	885	2650
内蒙古	30818	2322	250	97	274	23	1478	215	222	674	1126	63	205	363	1276	2526
辽　宁	52166	5366	383	137	338	65	2093	518	274	817	2056	201	411	870	3553	6296
吉　林	24728	2964	306	137	245	26	1318	343	209	402	884	39	142	439	2522	1646
黑龙江	25112	4352	250	100	199	44	1242	291	187	308	886	24	158	532	1146	1991
上　海	79257	8992	84	72	303	143	2479	272	125	975	4370	73	251	71	896	4611
江　苏	65909	11678	830	205	398	214	3071	543	681	814	2656	86	552	1658	2149	5374
浙　江	69288	10142	479	155	954	439	2088	604	237	2102	2353	130	391	617	3845	4676
安　徽	39241	2113	159	88	7136	340	1399	385	193	1116	1261	51	293	370	1983	4523
福　建	47194	6493	515	153	374	233	2016	416	295	730	1484	52	189	1458	3302	3848
江　西	29068	4777	174	123	256	79	1291	343	381	522	879	39	172	414	2202	2395
山　东	43357	4766	347	102	628	78	2531	393	476	1184	2558	90	516	556	2829	2325
河　南	54531	7300	431	194	639	397	2438	532	249	987	1635	51	329	1191	4395	4027
湖　北	54480	7383	684	174	353	1016	2912	581	294	1140	1970	31	371	1330	2965	4211
湖　南	42089	10030	519	129	641	165	2394	384	612	477	2012	159	282	461	2113	2942
广　东	108275	11972	968	232	625	691	5280	883	366	2348	5759	122	789	2012	7510	8246
广　西	23310	3429	181	80	154	125	1050	265	157	234	840	40	142	572	1325	2162
海　南	13256	1425	125	20	59	62	416	85	48	158	480	8	55	225	2440	1284
重　庆	50786	5846	250	90	335	485	1693	592	481	689	2997	47	484	643	7004	4739
四　川	48016	7736	605	96	362	579	2209	349	171	428	2079	17	307	1208	3846	3678
贵　州	22476	441	87	66	53	97	655	172	279	291	582	15	57	192	3002	2232
云　南	44415	7194	424	178	438	70	1661	397	327	480	1549	43	205	1213	1635	4272
西　藏	6930	19	11	1	98		128	73	409	57	188		17	18	149	966
陕　西	19101	107	61	4	376	76	10452	150	8	111	637	7	65	51	420	1047
甘　肃	9106	779	132	23	100	14	473	97	73	204	497	13	73	185	403	1013
青　海	4980	533	6	6	41		257	72	10	87	239	1	37	245	67	567
宁　夏	16986	2634	175	38	77	25	639	99	106	210	634	20	74	376	409	2583
新　疆	30760	4522	250	86	148	17	1196	253	314	496	1069	24	103	626	466	2487

2010 年公安消防部队特种个人防护装备统计表(续)

单位名称	消防阻燃毛衣	防化手套	阻燃头套	消防过滤式综合防毒面具	潜水装具	抢险救援服	消防防坠落辅助部件	抢险救援头盔	手提式强光照明灯	消防护目镜	内置纯棉手套	抢险救援靴	消防Ⅲ类安全吊带	防静电服	防核防化服	防爆服	消防通用安全绳
合计	22132	19357	34007	34036	2161	106212	35882	90974	39611	53438	26586	100683	19644	20119	1020	77	54644
北京	2457	399	2777	170	4	3112	652	2647	339	2651	3719	3188	1892	818	97		1308
天津	638	233	507	705	36	1714	790	908	515	1395	574	2005	1078	555	14	4	999
河北	1237	223	1349	1646	125	3447	1311	3589	1595	2754	1306	3894	1709	1177	18	3	2411
山西	487	356	1528	896	46	2482	478	2462	832	1359	313	2560	415	431	10	6	1089
内蒙古	370	466	1976	966	12	3205	318	3315	829	3048	597	1950	326	392	16	6	1912
辽宁	535	319	1360	1465	82	5769	528	4554	1516	1748	635	7400	543	625	21	12	1676
吉林	455	594	553	742	41	2432	340	1806	995	1081	270	2371	297	281	4	1	843
黑龙江	738	147	966	680	31	2176	481	1997	584	1318	578	2022	463	547	1	8	665
上海	659	1667	4409	1048	38	4252	16397	2606	6655	2377	2982	3907	74	1009	56		7404
江苏	1726	1349	1713	1619	142	5789	986	5651	1895	3187	1531	4446	1439	1288	22		2217
浙江	828	2076	1671	2014	92	9877	628	6327	2506	2279	1120	7366	680	891	86	4	1631
安徽	401	684	496	2113	93	3115	447	2368	1459	1289	730	2533	249	432	8	1	1413
福建	778	776	1192	1180	238	3636	1514	3053	938	2493	798	3223	1351	930	32	1	3503
江西	367	210	838	967	21	2469	457	2315	838	1422	538	2327	343	692	12		1205
山东	1101	1342	866	1667	98	3668	1293	3372	1910	1539	985	3314	526	973	58		1266
河南	807	993	1436	2732	44	3695	1063	3940	1484	2181	1794	4560	1092	1156	12	3	2744
湖北	2004	880	1608	1893	74	3490	1060	3417	1375	2414	1198	4906	892	1147	36		2671
湖南	591	164	528	1305	73	2913	486	2951	889	1564	440	3725	737	949	58	4	1392
广东	2041	2991	1944	3923	197	9680	1483	8469	4207	4888	1695	8327	1666	1625	163	16	7157
广西	418	214	821	552	49	2189	327	1712	735	1158	464	1826	611	498	29		951
海南	57	315	113	430	147	1351	157	1080	208	388	136	1292	178	139	2	2	371
重庆	555	802	868	1109	54	5036	1178	3844	1524	1351	880	4303	568	489	19	2	1829
四川	648	972	854	760	101	4031	810	3708	1882	2530	890	3813	697	849	102		1699
贵州	88	89	527	477	84	3907	241	3557	566	520	101	3068	172	109	1		748
云南	723	534	895	1392	70	4225	965	3945	1401	2148	895	3968	520	890	24		1734
西藏		2	13	42	48	1550	230	1009	157	336	75	1155	17	13	2	1	146
陕西		82	71	301	6	1257	75	989	231	210	129	1516	41	116	100	2	403
甘肃	304	84	149	239	18	824	83	925	254	317	127	907	54	307	8		427
青海		24	40	51		541	31	541	336	144	49	657	58	37			303
宁夏	420	46	278	364	29	1548	300	1240	242	999	304	1506	367	287			957
新疆	699	324	1661	588	68	2832	773	2677	714	2350	733	2648	589	467	9	1	1570

第三章　附　录

1950 年至 2010 年火灾情况

年　度	起数	直接损失（万元）	死人	伤人	火灾发生率（起/十万人口）	火灾死亡率（人/百万人口）	火灾伤人率（人/百万人口）	次均损失（元）	人均损失（元）	火灾损失率（元/万元国内生产总值）
合　计	5459712	3477280.9	187201	339370						
1950	19692	1778.8	908	1873	3.6	1.6	3.4	903.3	0.03	
1951	19740	4420.1	754	2526	3.5	1.3	4.5	2239.2	0.1	
1952	36585	7321.3	741	2967	6.4	1.3	5.2	2001.2	0.1	
1953	37766	8077.2	1180	4292	6.4	2.0	7.3	2138.7	0.1	
1954	43849	3962.6	1414	2773	7.3	2.3	4.6	903.7	0.1	
1955	89703	4158.6	1865	5210	14.6	3.0	8.5	463.6	0.1	
1956	89680	6141.9	3408	14454	14.3	5.4	23.0	684.9	0.1	
1957	75579	5818.2	2929	9742	11.7	4.5	15.1	769.8	0.1	
1958	73315	8173.9	5310	11352	11.1	8.0	17.2	1114.9	0.1	
1959	114880	11616.9	10131	14617	17.1	15.1	21.7	1011.2	0.2	
1960	90845	17886.3	10843	13809	13.7	16.4	20.9	1968.9	0.3	
1961	103485	23009.2	6989	10597	15.7	10.6	16.1	2223.4	0.4	
1962	105064	17389.6	4990	8555	15.6	7.4	12.7	1655.1	0.3	
1963	106468	16691.2	4798	8939	15.4	6.9	12.9	1567.7	0.2	
1964	63301	9724.0	3441	6646	8.9	4.9	9.4	1536.2	0.1	
1965	76859	9588.2	4179	8283	10.6	5.8	11.4	1247.5	0.1	
1966	85377	19695.0	5386	12171	11.5	7.2	16.3	2306.8	0.3	
1967	36861	6403.4	1912	4199	4.8	2.5	5.5	1737.2	0.1	
1968	25940	5538.9	1114	2484	3.3	1.4	3.2	2135.3	0.1	
1969	35205	9651.2	1348	3615	4.4	1.7	4.5	2741.4	0.1	
1970	39925	9904.9	2167	5658	4.8	2.6	6.8	2480.9	0.1	
1971	75593	30428.4	4362	12368	8.9	5.1	14.5	4025.3	0.4	
1972	88417	26625.7	4629	10437	10.1	5.3	12.0	3011.4	0.3	
1973	84966	22141.9	4337	9095	9.5	4.9	10.2	2606.0	0.3	
1974	86614	27527.8	4348	8799	9.5	4.8	9.7	3178.2	0.3	
1975	82221	21343.0	4818	8674	8.9	5.2	9.4	2595.8	0.2	
1976	81634	25418.9	5673	9865	8.7	6.1	10.5	3113.8	0.3	
1977	85442	33519.4	5583	8699	9.0	5.9	9.2	3923.1	0.4	
1978	81667	22743.4	4046	7990	8.5	4.2	8.3	2784.9	0.2	6.28
1979	88082	23236.2	3696	6175	9.0	3.8	6.3	2638.0	0.2	5.81
1980	54333	17609.3	3043	3710	5.5	3.1	3.8	3241.0	0.2	3.9

1950 年至 2010 年火灾情况(续)

年　度	起数	直接损失（万元）	死人	伤人	火灾发生率（起/十万人口）	火灾死亡率（人/百万人口）	火灾伤人率（人/百万人口）	次均损失（元）	人均损失（元）	火灾损失率（元/万元国内生产总值）
1981	50034	23130.6	2643	3480	5.0	2.6	3.5	4622.98	0.23	4.76
1982	41541	18926.3	2249	2929	4.1	2.2	2.9	4556.05	0.19	3.57
1983	37026	20398.0	2161	2741	3.6	2.1	2.7	5509.10	0.20	3.44
1984	33618	16086.4	2085	2690	3.3	2.0	2.6	4785.06	0.32	2.24
1985	34996	28421.9	2241	3543	3.3	2.1	3.3	8121.47	0.27	3.17
1986	38766	32584.4	2691	4344	3.6	2.5	4.0	8405.41	0.30	3.19
1987	32053	80560.8	2411	4009	2.9	2.2	3.7	25133.62	0.74	6.73
1988	29852	35424.4	2234	3206	2.7	2.0	2.9	11866.68	0.32	2.37
1989	24154	49125.7	1838	3195	2.1	1.6	2.8	20338.54	0.44	2.90
1990	58207	53688.6	2172	4926	5.1	1.9	4.3	9223.74	0.47	2.90
1991	45167	52158.8	2105	3771	3.9	1.8	3.3	11547.99	0.45	2.41
1992	39391	69025.7	1937	3388	3.4	1.7	2.9	17523.22	0.59	2.59
1993	38073	111658.3	2378	5937	3.2	2.0	5.0	29327.42	0.94	3.22
1994	39337	124391.0	2765	4249	3.3	2.3	3.5	31621.88	1.04	2.66
1995	37915	110315.5	2278	3838	3.1	1.9	3.2	29095.48	0.91	1.89
1996	36856	102908.5	2225	3428	3.0	1.8	2.8	27921.78	0.84	1.52
1997	140280	154140.6	2722	4930	11.4	2.2	4.0	10988.07	1.25	2.06
1998	142326	144257.3	2389	4905	11.4	1.9	3.9	10135.70	1.16	1.81
1999	179955	143394.0	2744	4572	14.4	2.2	3.7	7968.33	1.15	1.75
2000	189185	152217.3	3021	4404	14.9	2.4	3.5	8045.95	1.20	1.78
2001	216784	140326.1	2334	3781	17.0	1.8	3.0	6473.08	1.10	1.46
2002	258315	154446.4	2393	3414	20.1	1.9	2.7	5978.99	1.20	1.51
2003	253932	159088.6	2482	3087	19.7	1.9	2.4	6265.01	1.23	1.36
2004	252804	167357.0	2562	2969	19.5	2.0	2.3	6620.03	1.29	1.23
2005	235941	136603.4	2500	2508	18.0	1.9	1.9	5789.73	1.04	0.75
2006	231881	86044.0	1720	1565	17.6	1.3	1.2	3710.70	0.65	0.41
2007	163521	112515.8	1617	969	12.4	1.2	0.7	6880.82	0.85	0.46
2008	136835	182202.5	1521	743	10.3	1.1	0.6	13315.49	1.29	0.69
2009	129382	162392.4	1236	651	9.7	0.9	0.5	12551.39	1.22	0.48
2010	132497	195945.2	1205	624	9.9	0.9	0.5	14788.65	1.46	0.49

注:1. 1979 年以前的火灾数据均按照《中国火灾大典》中的统计数据填写;

2. 1980 年以后的火灾数据均按照每年的《火灾年报》或《中国火灾统计年鉴》、《中国消防年鉴》中的统计数据填写。

1979 年至 2010 年全国一次死亡 30 人以上火灾情况

序号	起火日期	起火单位名称或地址	死人	伤人	直接损失（万元）	火灾类别	火灾原因
1	1979 年 12 月 18 日	吉林省吉林市煤气公司液化石油气厂	32	54	539	石油气厂	泄漏的液化气遇明火
2	1982 年 3 月 9 日	福建省福鼎县制药厂冰片车间	65	35	35	车间	违章操作
3	1985 年 1 月 18 日	上海飞往北京的 5109 航班	38	3	280	飞机	着陆与地面磨擦
4	1986 年 3 月 28 日	云南省安宁县青龙区山林	56	3		山林	不明
5	1986 年 4 月 11 日	山东省德州市第二运输公司一客车	35	17	2. 4	汽车	司机违章携带汽油
6	1987 年 3 月 15 日	黑龙江省哈尔滨市亚麻纺织厂	58	177	650. 4	工厂	粉尘爆炸
7	1987 年 4 月 15 日	内蒙古自治区库都尔林业作业区	49	31		草原	不明
8	1987 年 5 月 6 日	黑龙江省大兴安岭林区	193	171	52666. 1	森林	违章用火
9	1988 年 1 月 7 日	广州开往西安的 272 次列车	34	30	16. 3	列车	旅客违章携带化学物品
10	1990 年 5 月 8 日	黑龙江省鸡西矿务局小恒山矿	80		567	矿井	违章切割
11	1990 年 7 月 7 日	乌鲁木齐开往库尔勒市的一客车	38	13	9	汽车	侧翻起火
12	1990 年 10 月 23 日	福建省福清县一油罐车	31	22		汽车	翻车漏油
13	1991 年 5 月 30 日	广东省东莞市兴业雨衣制造厂	72	47	116	“三合一”厂房	吸烟
14	1993 年 2 月 14 日	河北省唐山市林西百货大楼	81	54	401. 2	商场	违章电焊
15	1993 年 11 月 19 日	广东省深圳市致丽玩具厂	84	40	260	合资企业	电气
16	1993 年 12 月 13 日	福建省福州市高福纺织有限公司	61	7	600	合资企业	放火
17	1994 年 6 月 16 日	广东省珠海市前山纺织城	93	156	9500	高层，厂房	违章操作
18	1994 年 11 月 27 日	辽宁省阜新市艺苑歌舞厅	233	20	12. 8	歌舞厅	玩火
19	1994 年 12 月 8 日	新疆自治区克拉玛依市友谊馆	325	130	210. 9	礼堂	电气
20	1995 年 3 月 13 日	辽宁省鞍山商场	35	18	866	商场	电气

1979 年至 2010 年全国一次死亡 30 人以上火灾情况(续)

序号	起火日期	起火单位名称或地址	死人	伤人	直接损失（万元）	火灾类别	火灾原因
21	1995 年 4 月 24 日	新疆自治区乌鲁木齐市凤凰时装城	52	6	41.6	录像厅	电气
22	1996 年 7 月 17 日	广东省深圳市端溪酒店	30	13	13	酒店	电气
23	1996 年 8 月 9 日	河南省濮阳至汤阴的输油管道	43	54	1.6	管道	犯罪分子盗油
24	1996 年 11 月 27 日	上海市四川中路 401 号居民楼	36	19	178	居民楼	精神病用火取暖
25	1997 年 1 月 05 日	黑龙江省哈尔滨市长林子打火机厂	93	15	4.1	打火机厂	违章操作
26	1997 年 1 月 29 日	湖南省长沙市燕山酒家	40	79	97.2	高层,酒店	违反安全规定
27	1997 年 2 月 12 日	广深高速公路一客车	40	6	11.2	汽车	违反安全规定
28	1997 年 4 月 12 日	福建省晋江市陈埭裕华鞋厂	32	4	80.4	“三合一”厂房	放火
29	1997 年 12 月 12 日	黑龙江省哈尔滨市汇丰大酒店	31	17	61.9	酒店	放火
30	2000 年 3 月 29 日	河南省焦作市天堂音像俱乐部	74	2	20	录像厅	电气
31	2000 年 4 月 22 日	山东省青州市一肉鸡加工车间	38	20	95.2	车间	电气
32	2000 年 12 月 25 日	河南省洛阳市东都商厦	309	7	275.3	歌舞厅	电焊
33	2003 年 2 月 2 日	黑龙江省哈尔滨市天潭大酒店	33	10	15.8	商住楼	违反操作规程
34	2004 年 2 月 15 日	吉林省吉林市中百商厦	54	70	426.4	商场	吸烟
35	2004 年 2 月 15 日	浙江海宁市黄湾镇五丰村	40	3	0.1	农村	用火不慎
36	2005 年 6 月 10 日	广东省汕头市华南宾馆	31	28	81	娱乐场所	电气
37	2005 年 12 月 15 日	吉林省辽源市中心医院	37	46	821.9	医院	电气
38	2007 年 10 月 21 日	福建省莆田市秀屿区笏石镇飞达鞋面加工场	37	19	30.1	“三合一”场所	放火
39	2008 年 9 月 20 日	广东省深圳市龙岗区舞王俱乐部	44	64	27.1	歌舞厅	室内发射烟花弹
40	2010 年 11 月 15 日	上海市静安区胶州路高层公寓大楼	58	71		高层住宅楼	违章电焊

2001 年至 2010 年人员密集场所特大火灾分布情况

项目		起数	死人	伤人	直接损失（万元）	典型火灾案例					
合计						时间	火灾发生单位及名称	死人	伤人	损失（万元）	直接原因
二〇〇一	小计	9	21	9	3445.5	06.05	江西南昌市广播电视局幼儿园	13	1	1.3	用火不慎
	商场市场	8	8	8	3444.2						
	宾馆饭店										
	歌厅舞厅										
	其它	1	13	1	1.3						
二〇〇二	小计	9	62	40	3856.4	02.18	河北省唐山市随意电子游戏厅	17	1	1.2	电气
	商场市场	6	20	25	2890.3	03.01	四川省南充市达亨批发市场	19	23	141.3	用火不慎
	宾馆饭店					06.16	北京市“蓝极速”网吧	25	12	26.3	放火
	歌厅舞厅	3	42	15	966.1						
	其它										
二〇〇三	小计	7	39	16	1448.9	02.02	黑龙江哈尔滨市天潭大酒店	33	10	15.8	违反操作规程
	商场市场	5	6	6	1313.1						
	宾馆饭店	1	33	10	15.8						
	歌厅舞厅										
	其它	1			120						
二〇〇四	小计	5	69	131	21215.2	02.15	吉林吉林市中百商厦	54	70	426.4	吸烟
	商场市场	2	58	71	666.4	06.09	北京市朝阳区京民大厦	11	37	81.9	电气
	宾馆饭店	2		23	20466.8	05.13	陕西潼关县纪元大厦家福乐超市	4		249	电气
	歌厅舞厅					10.21	江苏常熟市交通商厦			1708.8	电气
	其它	1	11	37	81.9	12.21	湖南常德市鼎城区桥南市场		23	18758	电焊

2001 年至 2010 年人员密集场所特大火灾分布情况(续一)

项目		起数	死人	伤人	直接损失（万元）	典型火灾案例					
二〇〇五	小计	10	112	154	2534.5	02.03	广西柳州市红光批发市场			367.3	放火
						02.12	海南海口市新琼华兴海绵店	1	1	245.2	敬神祭祖
	商场市场	5	18	20	1102.6	03.05	河南郑州市敦睦路针织商品批发市场	12		23.2	电气
						03.30	河北廊坊市国美电器有限公司			193.7	违章操作
	宾馆饭店					05.21	广西南宁市南国明珠歌剧院			187.5	电气
						06.10	广东汕头市华南宾馆	31	28	81	电气
	歌厅舞厅	3	57	39	242.7	09.26	湖南长沙市晓园电器城	1	15	347	用火不慎
						12.15	吉林辽源市中心医院	37	95	821.9	电气
	其它	2	37	95	1189.2	12.18	湖南新化县国商大厦	4	2	293.1	违章操作
						12.25	广东中山市檀岛西餐厅酒吧	26	11	11.6	电气
二〇〇六	小计	7	15	2	4456.6	01.07	江西耐火材料厂建材市场			291.9	用火不慎
	商场市场	4	15	2	2887.4	04.03	上海市浦东新区黎明工贸有限公司			295.2	违章操作
						05.10	新疆华凌工贸集团有限公司综市场铝材一条街			500	其他
	宾馆饭店					06.05	安徽省天长市天正购物广场			1702.9	电气
	歌厅舞厅					09.14	浙江省湖州市织里福音大厦	15	2	736	电气
	其它	3			1578.2	12.14	安徽省巢湖市第一人民医院			786.3	电气
						12.15	广东省信宜市兆康百货广场			153.2	电气
二〇〇七	小计	5	65	32	875.2	05.26	辽宁省朝阳市百姓楼大酒店	11	16	85	用火不慎
						09.25	江西省抚州市本色精英酒吧	12	6	29.6	燃放烟花
	商场市场	1	21	1	725.8	11.14	河北省承德市承德县歌都歌厅	11		6.8	放火
	宾馆饭店	2	21	25	113	12.12	浙江省温州市人民西路温州市朵朵鲜园艺有限公司	21	1	725.8	照明线路短路
	歌厅舞厅	2	23	6	36.4	12.12	广东东莞市樟木头镇名典咖啡语茶厅	10	9	28	空调电源线短路
	其它										

2001 年至 2010 年人员密集场所特大火灾分布情况(续二)

年份	项目	起数	死人	伤人	直接损失(万元)	典型火灾案例					
二〇〇八	小计	3	60	65	3031.9	01.02	新疆乌鲁木齐市德汇国际广场批发市场	5		30000	外来火源
	商场市场	1	5		30000	02.15	浙江省义乌市义亭镇成帅酒店	11	1	4.8	电脑故障
	宾馆饭店	1	11	1	4.8	09.20	广东省深圳市龙岗区舞王俱乐部	44	64	27.1	室内发谢烟花弹
	歌厅舞厅	1	44	64	27.1						
	其它										
二〇〇九	小计	2	26	26	277.7	01.31	福建省福州市长乐市拉丁酒吧	15	22	100	室内燃放烟花
	商场市场	1	11	4	177.7	09.06	吉林省通化市梅河口市中心农贸市场	11	4	177.7	电线短路
	宾馆饭店										
	歌厅舞厅	1	15	22	100						
	其它										
二〇一〇	小计	3	31	34	11369.1	4.24	重庆市北部新区石桥铺赛博数码广场			9800	焊割
	商场市场	2	31	34	1575.5	8.28	辽宁省沈阳市铁西万达广场售楼处	12	10	9	电线接触不良
	宾馆饭店					11.5	吉林省吉林市船营区商业大厦	19	24	1560	电线短路
	歌厅舞厅										
	其它	1			9800						

注:2007 年以后为重大、特别重大火灾,指一次造成 10 人以上死亡,或者 50 人以上重伤,或者 5000 万元以上直接财产损失的火灾。

2001 年至 2010 年起火原因情况

年度	起数	死人	伤人	直接损失（万元）	起火原因																	
					放火		电气		违反安全规定		吸烟		生活用火不慎		玩火		自燃		其它		不明	
					起数	所占比例	起数	所占比例	起数	所占比例	起数	所占比例	起数	所占比例	起数	所占比例	起数	所占比例	起数	所占比例	起数	所占比例
合计	2011892	19570	20311	1496921. 4	61331		351494		67120		101483		362107		98515		25430		161205		155747	
2001	216784	2334	3781	140326. 1	7707	6. 2	30954	24. 9	6230	5	10451	8. 4	35776	28. 8	7890	6. 4	1401	1. 1	8443	6. 8	15430	12. 4
2002	258315	2393	3414	154446. 4	8415	6	29741	21. 3	5966	4. 3	11278	8. 1	38760	27. 8	15881	11. 4	1658	1. 2	8674	6. 2	19184	13. 7
2003	253932	2482	3087	159088. 6	8067	6. 1	30356	23	6400	4. 8	10062	7. 6	38290	29	9628	7. 2	1754	1. 3	9431	7. 1	17896	13. 5
2004	252804	2562	2969	167357. 0	8740	6. 1	29448	20. 7	6104	4. 3	10593	7. 4	42991	30. 2	11148	7. 8	2156	1. 5	20105	14. 1	11283	7. 9
2005	235941	2500	2508	136603. 4	7342	5. 1	31380	21. 9	6130	4. 3	10075	7. 0	43883	30. 6	8117	5. 7	2373	1. 7	10993	7. 7	22941	16. 0
2006	231881	1720	1565	86044. 0	5961	4. 2	32431	23. 1	5392	3. 8	9676	6. 9	41165	29. 3	7623	5. 4	3161	2. 2	11952	8. 5	23311	16. 6
2007	163521	1617	969	112515. 8	4952	3. 0	46246	28. 3	9137	5. 6	12783	7. 8	37237	22. 8	12278	7. 5	3470	2. 1	23841	14. 6	13577	8. 3
2008	136835	1521	743	182202. 5	3618	2. 6	40599	29. 7	7403	5. 4	9906	7. 2	30925	22. 6	9520	7. 0	2881	2. 1	20992	15. 3	10991	8. 0
2009	129382	1236	651	162392. 4	3280	2. 5	39102	30. 2	6636	5. 1	9073	7. 0	27202	21. 0	9336	7. 2	3072	2. 4	21489	16. 6	10192	7. 9
2010	132497	1205	624	195945. 2	3249	2. 5	41237	31. 1	7722	5. 8	7586	5. 7	25878	19. 5	7094	5. 4	3504	2. 6	25285	19. 1	10942	8. 3

注:1. 2001 年至 2006 年的“所占比例”为各类原因火灾占公安消防部门调查火灾的比例,单位为百分比(%);

2. 2007 年以后的“所占比例”为各类原因火灾占火灾总数的比例。

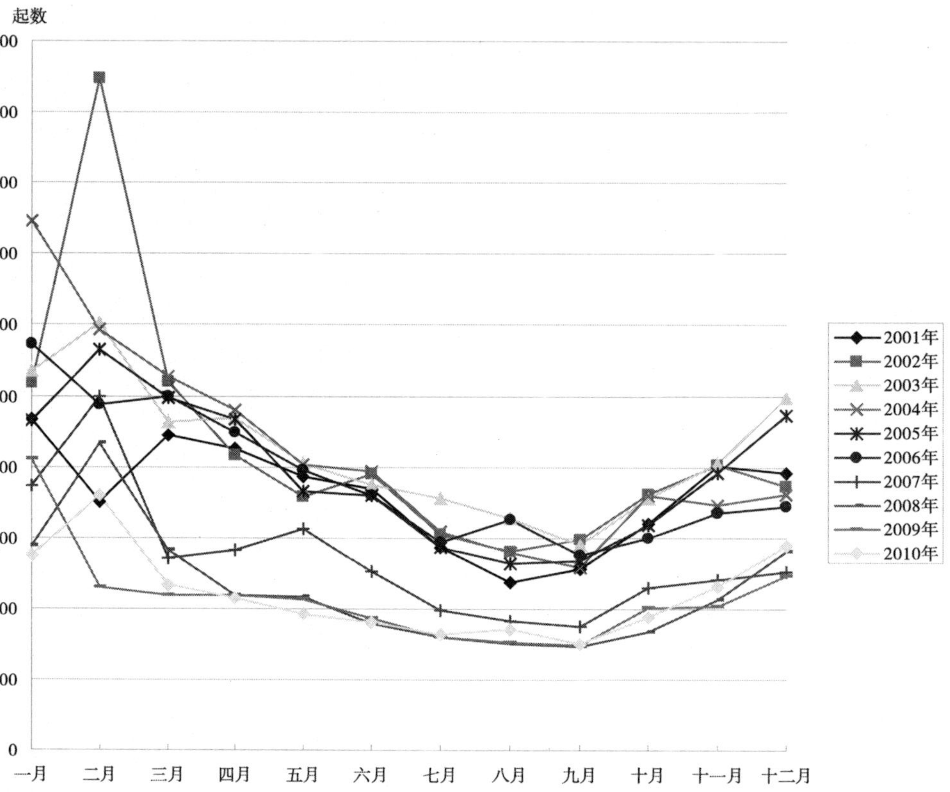

2001年至2010年火灾分月综合分布图

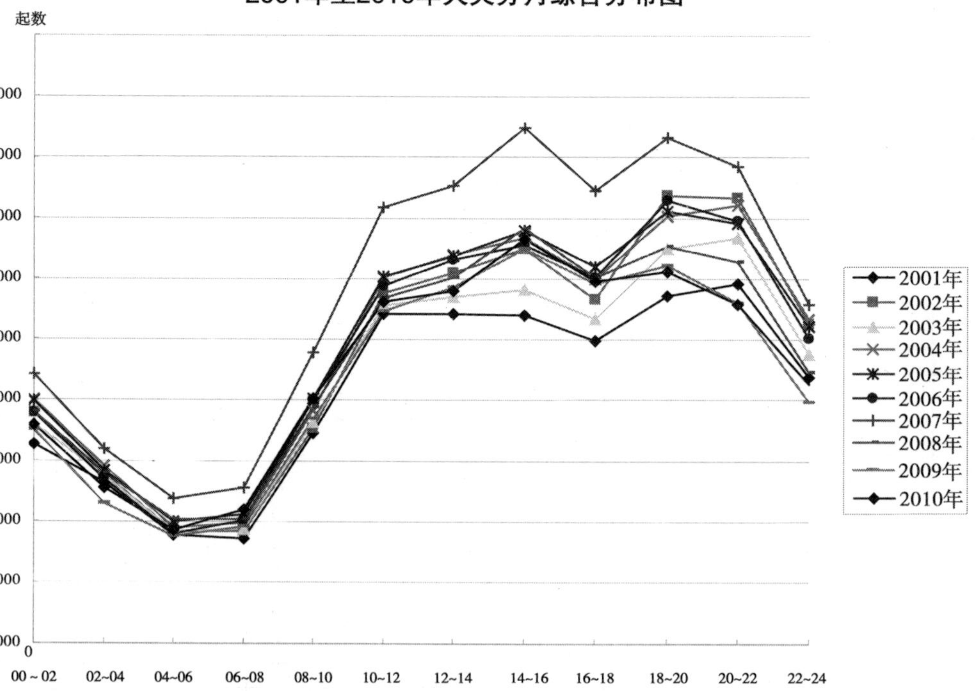

2001年至2010年火灾24小时分布图

1990年至2010年春节期间火灾情况

年　度	起　数	燃放烟花爆竹		死　人	伤　人	直接损失（万元）
		起数	所占比例			
合　计	161072	68862	42.8%	1392	1179	69699.2
1990	3442	2120	61.6%	32	74	840.3
1991	4160	2797	67.2%	39	94	1132.1
1992	3389	2360	69.6%	48	37	1842.9
1993	3621	2492	68.8%	62	70	2223.9
1994	3688	2439	66.1%	45	37	4247.1
1995	3512	1823	51.9%	60	70	3174.8
1996	4540	2259	49.8%	76	61	3231.8
1997	4968	2113	42.5%	39	86	2717.2
1998	6301	2625	41.7%	77	91	3376.6
1999	12711	6808	53.6%	97	98	7660.7
2000	7682	3282	42.7%	109	76	3051.3
2001	6493	2315	35.7%	86	57	2140.0
2002	19041	11130	58.5%	57	55	3298.8
2003	11197	4722	42.2%	109	62	3138.9
2004	14150	2763	35.8%	136	78	6177.8
2005	10238	1752	29.5%	90	45	4971.9
2006	10201	1913	30.7%	55	38	2754.2
2007	9634	4230	43.9%	34	11	2567.5
2008	7494	3143	41.9%	50	17	2798.1
2009	7972	3419	42.9%	55	7	3723.7
2010	6638	2357	35.5%	36	15	4629.5

注：2004至2006年燃放烟花爆竹起数所占的比例均为此类火灾占消防部门调查火灾的比例。

2000年至2010年国庆节期间火灾情况

年度	起数	死人	伤人	直接损失（万元）	起火原因																			
					放火		电气		违反安全规定		生活用火不慎		吸烟		玩火		自燃		雷击		其它		不明	
					起数	所占比例	起数	所占比例	起数	所占比例	起数	所占比例	起数	所占比例	起数	所占比例	起数	所占比例	起数	所占比例	起数	所占比例	起数	所占比例
合计	23098、	288	425	27801.3	1019		6339		1293		6133		1624		1036		509		12		3375		1758	
2000	1603	22	68	1409.1	113	7.0%	468	29.2%	108	6.7%	414	25.8%	121	7.5%	89	5.6%	28	1.7%	7	0.4%	150	9.4%	105	6.6%
2001	1931	29	68	1449.0	113	5.9%	520	26.9%	87	4.5%	555	28.7%	142	7.4%	106	5.5%	27	1.4%	1	0.1%	256	13.3%	124	6.4%
2002	2466	37	51	2077.3	153	6.2%	578	23.4%	134	5.4%	757	30.7%	212	8.6%	176	7.1%	37	1.5%	2	0.1%	257	10.4%	160	6.5%
2003	1783	42	74	1989.1	79	4.4%	488	27.4%	128	7.2%	526	29.5%	104	5.8%	60	3.4%	22	1.2%			249	14.0%	127	7.1%
2004	2265	54	46	5690.1	129	5.7%	507	22.4%	104	4.6%	756	33.4%	153	6.8%	103	4.5%	40	1.8%	2	0.1%	267	11.8%	204	9.0%
2005	2024	28	32	1229.7	98	4.8%	473	23.4%	111	5.5%	634	31.3%	153	7.6%	67	3.3%	39	1.9%			297	14.7%	152	7.5%
2006	2248	16	34	1391.4	101	4.5%	525	23.4%	91	4.0%	706	31.4%	146	6.5%	82	3.6%	61	2.7%			349	15.5%	187	8.3%
2007	2456	23	14	1991.8	75	3.1%	777	31.6%	161	6.6%	505	20.6%	180	7.3%	115	4.7%	70	2.9%			388	15.8%	185	7.5%
2008	1734	13	11	2123.0	50	2.9%	588	33.9%	106	6.1%	351	20.2%	109	6.3%	41	2.4%	51	2.9%			305	17.6%	133	7.7%
2009	2604	10	13	3952.2	65	2.5%	741	28.5%	126	4.8%	598	23.0%	190	7.3%	126	4.8%	73	2.8%			457	17.5%	228	8.8%
2010	1984	14	14	4498.6	43	2.2%	674	34.0%	137	6.9%	331	16.7%	114	5.7%	71	3.6%	61	3.1%			400	20.2%	153	7.7%

注:1. 2009年为10月1日至8日,2008年为9月29日至10月5日,其余年份指10月1日至10月7日。

2. 表内2000年至2006年数据指消防部门调查的火灾。

2000年至2010年公安消防部队接警出动综合情况

年份	出动情况(万起)						参战人员（万人次）	出动车辆（万辆次）	参战人员伤亡			战斗结果	
	起数	虚警及其他	火灾扑救	抢险救援	重大活动执勤	社会救助			小计	死亡	受伤	抢救人员（人）	抢救财产价值（亿元）
2000年	20.9	1.3	17.6	0.7	0.1	1.2	488.4	73.8	494	11	483	12527	134.1
2001年	24.5	1.3	20.3	0.9	0.2	1.9	293.6	44.8	189	6	183	11596	141.3
2002年	37.7	0.8	24.3	2.8	1.5	8.2	407.9	64.1	753	7	746	10196	169.7
2003年	40.2	0.8	24.3	4.5	1.5	9.1	412.3	68.7	254	28	226	13666	236.4
2004年	42.5	3.3	24.1	3.8	1.3	10.0	397.9	65.5	105	16	89	20414	323.4
2005年	44.5	4.8	23.9	6.1	0.2	9.5	424.8	72.6	53	6	47	114877	350.2
2006年	49.8	4.4	20.9	6.9	0.9	12.6	435.9	72.0	119	14	105	33651	303.2
2007年	50.4	6.0	16.7	11.6	0.5	15.5	522.7	83.8	104	11	93	71690	1656.0
2008年	51.4	10.0	13.5	13.3	1.1	13.6	542.4	86.4	122	14	108	88534	550.2
2009年	53.6	10.0	12.8	15.0	1.4	14.4	566.8	89.6	64	8	56	79086	261.0
2010年	58.9	11.6	13.1	18.3	1.0	14.8	615.2	96.7	28	7	21	159834	367.0

注:为统一口径,部分年份的数据根据各地通过火灾统计软件(系统)上报的数据进行了修正。

2010 年国外火灾案例

南非夸祖鲁省孤儿院火灾

2 月 9 日，南非夸祖鲁省“耶稣希望之家”孤儿院发生火灾，造成 15 人丧生，其中 13 名儿童和 2 名成年人。据悉，“耶稣希望”是一个非政府组织，遇难的 15 人中包括该组织负责人。

孟加拉国加济布尔县一毛衫厂火灾

2 月 25 日晚，孟加拉国加济布尔县一毛衫厂发生火灾，造成至少 21 人死亡，50 多人受伤。据孟加拉国通讯社报道，该起火灾 25 日 20 时 45 分发生在加里布. 加里布毛衫厂，距首都达卡 37 公里，当地出动 5 支消防队前往出事现场，25 日午夜时分火灾被批灭。初步判断是电线短路引起，21 名死者中绝大多数是女工。

印度加尔各答火灾

3 月 23 日，印度东部的加尔各答一栋建筑发生火灾，造成 37 人死亡。起火建筑为加尔各答闹市区“公园大街”一座有着 150 年历史的标志性建筑斯蒂芬法院，包括写字间、高级公寓、美食餐厅和诊所等设施。据西孟加拉邦消防部长查特尔杰介绍，电路故障可能是起火的主要原因。

孟加拉国达卡火灾

6 月 3 日晚，孟加拉国首都达卡发生一起重大火灾，造成 114 人死亡，上百人受伤。据当地消防队长纳伊姆说，这场大火发生在达卡人口最密集的凯耶图里区，火势席卷一排公寓，有数百位居民受困。据有关媒体报道，火灾是由一个电力变压器爆炸引燃了一座危险化学品库，火势延烧至少七栋建筑，包括妇女儿童在内的许多死伤者被困在火焰吞噬的大楼里。

印度尼西亚夜总会火灾

6 月 25 日凌晨，印度尼西亚第二大城市泗水市一家夜总会发生火灾，造成至少 11 人死亡，多人受伤，死者中包括 1 名日本公民和 1 名澳大利亚公民。据泗水市警察局警官特里普尔万介绍，当地时间 25 日 3 时 20 分许，位于比永区的帕库文贸易中心大楼第一和第二层的夜总会和咖啡馆发生火灾。火灾发生时，夜总会内客人较多，一些人正观看世界杯足球比赛。据有目击者称，火灾可能是由未熄灭的香烟引起的。

刚果南基伍省油罐车火灾

7月3日晚，刚果民主共和国（刚果（金））东部南基伍省乌维拉市桑格村一辆油罐车发生爆炸，导致车上所载的油泄漏，引发附近村庄火灾，造成逾200人死亡，100多人受伤。据称，事发地点位于刚果民主共和国与布隆迪边境附近，油罐车计划驶往坦桑尼亚，在路过该村庄时因躲避一辆因故障停放在路边的小车翻车发生泄漏。当地许多人上前围观，并有部分人试图从车上偷取油料，不料车辆发生剧烈爆炸，造成大量人员伤亡。由于附近村庄民房多由木材和稻草修建，油罐车着火后迅速蔓延至村庄民房。事发后，中国第11批驻刚果（金）维和医疗分队紧急赶赴现场抢救伤员。

伊拉克苏莱曼尼亚一家酒店火灾

7月15日晚，伊拉克库尔德自治区苏莱曼尼亚索马大酒店发生火灾，造成29人死亡，22人受伤，其中死者中至少有14人为外国公民，包括英国人、澳大利亚人、孟加拉人、加拿大人、日本人和中国人。据悉，该酒店位于苏莱曼尼亚市中心，苏莱曼尼亚位于伊拉克北部，距离首都巴格达260公里，是库尔德自治区的第二大城市，相对于袭击不断和动荡不安的伊拉克其他地区，库尔德自治区较为安全和平静，每年均有不少外国人前往旅游和投资。据当地官员介绍，火灾可以排除遭受恐怖袭击的可能，初步判断是电线短路引起，但也不排除煤气泄漏引起。

缅甸中部石油管道火灾

10月24日19时30分左右，缅甸中部马圭省帕科库镇区一条石油管道发生破裂引起火灾，造成至少14人死亡，121人受伤，伤者中包括数名帮助扑火的群众。据介绍，火灾是由于有村民在现场使用火柴不慎引起的。该石油管道是连接Thagyitaung油田与Ayahtaw油田的。

萨尔瓦多一青年劳教所火灾

11月10日凌晨6时许，萨尔瓦多一座青年劳教所发生火灾，致死16名劳教人员，致伤24人。据介绍，该劳教所位于伊洛瓦斯科市市郊，距离首都圣萨尔瓦多大约75公里，共收押93名青年劳教人员。据报道，该起火灾可能是一次意外，也可能由电路短路引发，火灾发生时劳教人员正在牢房中睡觉。

韩国浦项市一养老院火灾

11月12日凌晨4时30分，韩国浦项市南区仁德洞的私立仁德女性养老院一栋两层建筑发生火灾，造成10人死亡，17人受伤。据报道，死者均为老年女性，年龄在71岁到90岁之间，多数死者因吸入浓烟呛死。伤者年龄则在50岁至91岁之间，其中至少2人伤势严重。据目击者称，大火首先从一楼一间办公室开始燃烧。火灾发生后，浦项市出动20多辆消防车及200多名消防员，在30分钟内扑灭了火灾。

法国第戎市居民楼火灾

11月14日凌晨，法国东部第戎市一处居民楼发生火灾，至少7人死亡，130多人受伤。楼内居民多为外国工人。据德新社报道，当地时间14日1时30分左右，第戎市一幢九层居民楼外一个垃圾桶突然起火，火势迅速蔓延至居民楼内。几分钟后，大火吞噬整个居民楼。一些居民从窗户跳下，试图逃生。消防人员大约10分钟后赶到现场，由于火势凶猛。消防部门先后调集近百名消防员参与灭火和营救。调度中心官员让-路易斯·马克介绍，火灾致使至少7人死亡，130多人受伤，其中4人伤势严重，另有3名消防员灭火时受伤。

智利圣地亚哥圣米格尔监狱火灾

12月8日早晨，智利首都圣地亚哥圣米格尔监狱发生火灾，造成83名在押囚犯死亡，另有14人生命垂危、7人轻伤。据目击者介绍，火灾清晨时分发生在该监狱5号楼三层，从附近公路上就可以清楚看到熊熊烈焰。圣米格尔监狱共有在押囚犯1900名，火灾发生后有200多名囚犯被临时疏散。

菲律宾卡加延省土格加劳市宾馆火灾

12月19日凌晨，菲律宾市卡加延省土格加劳市一家宾馆和相邻的楼房发生火灾，导致15人丧生，至少12人受伤。死伤者多为前来参加护理执业证书考试的学生。土格加劳市位于菲律宾首都马尼拉以北大约350公里。失火宾馆共5层，属于廉价宾馆。当地消防员到场后，4个小时扑灭火灾。据当地官员介绍，火灾自宾馆旁一家机动车零件销售商店燃起，蔓延至宾馆底楼。商店中存有汽车轮胎和其他易燃物，宾馆不久前翻新过一次，楼内可能存放油漆桶，从而助长火势。

第九篇

消防大事记

2010年消防大事记

一月

1月31日　《中共中央国务院印发关于加大统筹城乡发展力度进一步夯实农业农村发展基础的若干意见》（中发［2010］1号），提出“加强农村消防工作，健全农村应急反应机制”。

1月19日　公安部消防局召开公安消防部队2010年度工作电视电话会议，总结2009年工作，部署2010年任务，并表彰2008－2009年度十大杰出消防卫士。

1月19日　在郑州举办的第21届电视“星光奖”颁奖典礼上，由公安部消防局监制的动画系列片《消防大本营》获得本届唯一的“星光奖·电视科普节目大奖”。

二月

2月24日　公安部消防局召开公安消防部队信息化建设工作推进会，总结近年来消防部队信息化建设工作，分析信息化工作面临的形势和存在的问题，部署了2010年工作任务。

2月25日上午　中共中央政治局委员、国务院副总理回良玉在云南省有关领导的陪同下，深入云南省陆良县检查指导抗旱救灾工作，并看望慰问了战斗在抗旱救灾一线的公安消防官兵。

三月

3月29日　公安部印发《构筑社会消防安全“防火墙”工程工作方案》，部署从2010年至2012年，在全国实施构筑社会消防安全“防火墙”工程。

四月

4月2日　公安部在河北省石家庄市召开全国构筑社会消防安全“防火墙”工程现场会，公安部副部长刘金国在会上要求全国公安机关和消防部门把思想和行动统一到部党委的决策部署上来，力争通过三年不懈努力，使消防工作社会化水平明显提升，全社会消防安全环境明显改善，重特大尤其是群死群伤火灾有效遏制。

4月7日　公安部消防局印发《全国消防监督执法比武竞赛实施方案》，部署在全国消防监督队伍中开展全员岗位练兵和执法技能竞赛活动。

4月13日至14日　公安部消防局在广东佛山召开全国公安消防部队后勤工作会议，总结2009年后勤工作，部署2010年后勤工作。

4月14日　青海省玉树藏族自治州玉树县发生里氏7.1级强烈地震，公安部消防局紧急调集10个公安消防总队、2196名消防官兵，携带生命探测仪等抢险救援装备器材1.6万件（套）和搜救犬37只参加抢险救援，抢救遇险群众569人，在废墟中救出被埋压群众416人，其中48人生还，解救被困群众153人，疏散被困群众4100人，抢救财产价值1120余万元。

4月15日　历时3年制定的国家职业卫生标准——《消防员职业健康标准》正式实施，为保护消防员职业健康提供了依据。

4月20日　公安部消防局召开全力做好上海世博会消防安保工作电视电话会议，要求认真贯彻落实中央领导同志关于加强世博安保工作的重要指示精神，全力打好世博消防安全保卫仗。

4月23日　公安部会同中央社会治安综合治理委员会办公室、国家安全生产监督管理总局监总局印发《开展建筑消防设施专项治理工作方案》，部署自2010年4月30日至10月30日在全国开展建筑消防设施专项治理工作。

五月

5月1日　中央综治办、公安部、国家发展改革委、民政部、财政部、住房和城乡建设部、农业部联合下发通知，部署开展社会主义新农村建设消防工作专项检查。

5月3日　内蒙古呼和浩特赛罕区榆林镇二道河村的中铁十九局在建铁路隧道工地民工工棚发生火灾，造成10人死亡、6人重伤、8人轻伤。公安部消防局5月5日下发通报，要求切实加强在建工程施工工地消防安全管理工作。

5月20日至6月15日　公安部消防局在南京消防士官学校举办首期高级士官预选对象培训班，对来自全国26个总队的126名高级士官预选对象进行了培训。

5月21日　中央综治办召开综治成员单位消防宣传工作通气会，要求各综治成员单位落实责任，合力构筑社会消防安全“防火墙”。

5月30日至6月1日　公安部消防局通过视频会议系统举办全国公安消防大队长（科长）消防监督业务培训班，对3600多名消防大队长和部分防火监督干部进行了为期3天的集中培训。

六月

6月2日　公安部消防局在湖北省武汉市召开全国推进构筑社会消防安全“防火墙”工程宣传工作现场会，交流推广湖北率先开展消防宣传“三提示”的经验做法。

6月10日　公安部消防局、国家认监委召开“部分消防产品实施强制性认证必要性和可行性论证会”，将7大类31种消防产品纳入国家强制性产品认证目录。

6月13日　公安部、民政部、住房

城乡建设部下发通知，对加强玉树灾区集中安置点消防安全管理，做好恢复重建消防规划建设，落实施工现场防火措施提出工作要求。

6 月 21 日　公安部部长孟建柱批准颁发《公安消防部队总队以下单位编制方案》，标志公安消防部队组织编制工作进一步走上了规范化制度化轨道。

6 月 22 日　公安消防文联举行成立大会，选举产生第一届公安消防文联组织机构。

6 月 30 日　国务院、中央军委授予山东省泰安市公安消防支队泰山中队“泰山卫士”荣誉称号。

七月

7 月 13 日至 19 日　公安部消防局在警官培训基地举办全国公安消防部队防火部长研讨班，国务院参事闪淳昌教授，国务院法制办、中纪委专家，美国、香港消防专家分别授课。

7 月 16 日　位于辽宁大连市大孤山新港码头的中石油国际储运有限公司保税区油库输油管线发生爆炸起火，大量原油外泄形成流淌火，严重威胁毗邻油罐和危险化学品储罐安全。辽宁省公安消防部队先后出动 14 个消防支队、18 个企业专职消防队的 348 辆消防车、2380 余名指战员赶赴现场扑救。经过 15 个小时的艰苦奋战，成功保住了周边 126 个、总储量达 747 多万吨的原油、成品油及二甲苯、苯等危险化学品储罐，避免了一场毁灭性灾难的发生，受到了党中央、国务院及公安部领导的充分肯定和高度评价，赢得了人民群众和社会各界的广泛赞誉。

7 月 19 日　新疆乌鲁木齐市河北东路仁居三巷 187 号居民自建房发生火灾，造成 12 人死亡、17 人受伤，过火面积 540 平方米。7 月 23 日，国务院安委会通报该起火灾，并就加强消防安全工作提出要求。

7 月 20 日　公安部消防局在广东省东莞市召开全国公安消防部队创新社会消防管理观摩现场会，总结推广广东消防总队消防执法服务“六个 e 网”建设应用经验，部署公安消防部门加强社会消防管理创新工作。

7 月 22 日至 8 月 5 日　公安部消防局组织对各地推进构筑社会消防安全“防火墙”工程及开展建筑消防设施专项治理工作情况进行了检查，并对各省、自治区、直辖市公安消防总队申报的 31 个消防监督执法示范单位进行了考核。

八月

8 月 7 日 23 时左右　甘肃省舟曲县城东北部山区突降特大暴雨，继而引发了建国以来罕见的特大山洪泥石流灾害，倾刻间造成一千多人死亡，数百人失踪，生命财产损失巨大。事故发生后，公安消防部队快速反应、全警动员、科学施救，共投入甘肃、四川、陕西、宁夏、青海等消防总队兵力 1398 名，营救生还者 78 人，疏散解救被困人员31人，挖掘遇难者遗体203具，最大限度地抢救了人民群众生命财产，受到各级领导和人民群众的高度赞扬。

8月9日　山东省委、省政府、公安部在山东济南举行国务院、中央军委授予山东省消防总队泰安市支队泰山中队“泰山卫士”荣誉称号命名大会。山东省委副书记、省长姜大明主持会议，山东省委书记、省人大常委会主任姜异康，公安部副部长刘金国出席会议并讲话，解放军总政治部主任助理魏亮中将宣读表彰命令并向泰山中队颁发奖旗。武警内卫官兵，公安民警、公安现役部队官兵和社会各界群众代表共1500余人参加大会。

8月18日　中央综治办、公安部、国家发展改革委、民政部、财政部、住房和城乡建设部、农业部联合下发《关于社会主义新农村建设消防工作专项检查情况通报》（公消［2010］259号），总结经验，指出问题，提出今后一个时期加强农村消防基层基础工作的意见。

8月19日　公安部会同国家发改委、民政部、财政部、人力资源社会保障部、交通运输部和中华全国总工会联合印发《关于深化多种形式消防队伍建设发展的指导意见》（公通字［2010］37号）。

8月25日　公安部召开纪念胡锦涛总书记作出“要大力宣传宋文博同志的感人事迹，努力建设一支‘忠诚可靠、服务人民、竭诚奉献’的消防队伍”重要指示一周年电视电话会议。公安部副部长刘金国出席会议并讲话。

8月25日　《宋文博》数字电影发布会在人民大会堂召开，国务委员、公安部党委书记、部长孟建柱在人民大会堂亲切接见“爱民模范”宋文博的妻子和电影《宋文博》主创人员。公安部副部长刘金国、国家广电总局副局长张丕明等参加接见。

8月28日　辽宁省沈阳市铁西区万达广场售楼处发生火灾，造成11人死亡、7人受伤。为吸深刻吸取火灾教训，公安部消防局下发通知部署在全国开展为期4个月的火灾隐患排查整治专项行动。

8月31日　公安部消防局在浙江省杭州市召开全国公安消防监督执法规范化建设现场会，交流推广了杭州市公安消防支队、富阳县公安消防大队利用信息化规范消防监督执法、加强消防文员队伍建设以及公安派出所开展日常消防监督检查工作等做法，对加强消防监督执法规范化建设进行了部署。

九月

9月8日　公安部消防局组织7家申报单位联合申报的“城市火灾防治关键技术研究及应用示范”项目及其9个课题，顺利通过了科技部组织的“十二五”国家科技支撑计划项目可行性论证及课题评审。

9月8日　公安部消防局在湖南省长沙市召开了公安消防部队卫星通信系统建设暨应急通信保障现场会，总结推广湖南公安消防总队卫星通信系统建设试点成果，部署进一步加快消防卫星通信网建设和应急通信保障工作。

9月、10月　公安部消防局分别在黑龙江、重庆举行北、南方地区打造铁军比武竞赛，来自20个省、自治区、直辖市公安消防总队的500名公安消防官兵参加了11个项目的角逐，是公安消防部队组建以来规模最大、层次最高、人员最多、实战性最强的一次消防技能大比武。

9月25日　公安部和辽宁省委、省政府在沈阳市联合召开成功扑救大连“7·16”大火表彰大会，隆重表彰在成功扑救大连“7·16”大火中贡献突出的公安消防官兵、公安民警和各方面有功人员。国务委员、公安部党委书记、部长孟建柱，辽宁省委书记、省人大主任王珉出席大会并作重要讲话，辽宁省委副书记、省长陈政高主持表彰大会。

9月28日　公安部消防局指导北京市公安消防总队举行了重大灾害事故应急救援综合演练。国务委员、国务院秘书长马凯，北京市委副书记、市长郭金龙，国务院副秘书长肖亚庆，公安部党委委员、副部长刘金国等领导应邀出席观摩演练活动，北京市应急指挥中心、交通委、住建委、卫生局、环保局、民防局、安监局、民政局、气象局、地震局、通信管理局、电力公司、燃气集团以及市公安局消防局、交管局、巡特警总队、公交总队和警务飞行队等18个单位的670余人参加了演练。

9月28日至29日　中共公安部消防局党委（扩大）会在北京召开，公安部副部长刘金国出席会议并作讲话。会议表彰了先进总队党委班子和优秀领导干部，对加强部队党的建设进行了部署。

十月

10月11日至10月16日　公安部消防局在警官培训基地举办全国公安消防部队贯彻落实新条令骨干集训班。

10月18日　公安部消防局下发《公安消防部队士官选取“六不准”》，即：不准违反程序、规定时限选取士官；不准未经培训、降低标准选取士官；不准突破编制员额比例、预留指标选取士官；不准违规调动、随意调换岗位选取士官；不准插手干预基层士官选取工作；不准在选取士官中收受贿赂，谋取不正当利益。

10月12日　公安部消防局在广东省佛山市公安消防支队召开财务基础工作规范化建设现场会推广广东省公安消防总队财务规范化建设试点成果，部署推进公安消防部队财务规范化建设。

十一月

11月5日　吉林省吉林市船营区吉林商业大厦发生重大火灾事故，造成19人死亡，24人受伤。当日，公安部消防局就该起火灾下发紧急通报，并于11月8日召开电视电话会议，传达中央领导和公安部领导的重要批示，部署全国公安消防部门奋战一百天，打好冬防仗。

11月9日　公安部会同北京市政府在王府井百货大楼举办了全国“119”消防日主会场活动，公安部副部长刘金国出席活动并下达“全民消防疏散逃生演练开始”命令。当日，由人民网和公安部消防局主办的“人民消防网”正式上线；中央电视台新闻频道播出“119消防日”特别节目——《橙色闪耀》。

11月9日　中国消防博物馆开馆试运行。截至2010年底，累计接待社会各界参观4000余人次。期间，中央电视台等30余家主流媒体对展馆试运行进行了报道。

11月15日　上海市静安区胶州路728号的公寓大楼发生火灾，造成58人死亡、71人受伤。

11月16日　国务院办公厅下发《关于进一步做好消防工作坚决遏制重特大火灾事故的通知》（国办发明电〔2010〕35号）。通知要求深刻吸取教训，举一反三，针对冬季火灾易发、高发特点，进一步采取有力措施，坚决预防和遏制重特大火灾事故发生。

11月16日　公安部在山东省济南市召开深入推进“防火墙”工程、全面提高单位“四个能力”现场会，总结交流山东等地的经验做法，部署进一步深入推进“防火墙”工程建设。公安部副部长刘金国出席会议并讲话。

11月23日　公安消防部队卫星网管中心开通。

11月25日　公安部召开电视电话会议，要求全国公安机关和消防部门紧急行动起来，深入开展“大排查、大整治、大宣传、大培训、大练兵”活动，坚决遏制重特大火灾事故。副部长刘金国出席会议并讲话。

11月26日　公安部印发《全国消防安全大排查大整治大宣传大培训大练兵活动方案》（公通字［2010］62号），部署在全国集中开展消防安全“大排查大整治大宣传大培训大练兵”活动。

十二月

12月3日　公安部消防局印发《公众聚集场所投入使用营业前消防安全检查规则（试行）》（公消［2010］368号）。

12月9日　公安部消防局联合教育部基础教育一司在四川省成都市召开全国学校消防宣传教育暨全国“消防安全教育示范学校”创建活动现场会，就加强学校消防安全宣传教育工作作了部署，同时命名100所“全国消防安全教育示范学校”、表彰10个“消防安全教育示范学校”创建活动先进单位。

12月22日　公安部消防局对北京市公安消防总队西城区支队等32个全国消防监督执法示范单位和30名2010年度全国模范消防监督员予以命名表彰。

12月22日　公安部消防局印发《消防行政处罚裁量导则》（公消［2010］382号），对行政处罚裁量的原则、阶次和监督提出指导意见。

12月22日　《重大活动和公众聚

集场所火灾风险评估关键技术及应用研究》、《色谱/质谱（GC/MS）法在火灾原因鉴定中的应用》、《地铁防排烟设计参数及烟气控制系统研究》等10项消防科技成果获得公安部2010年度科学技术奖。

12月23日　公安部消防局召开公安消防部队2011年度工作电视电话会议，全面总结2010年工作，重点部署2011年工作。

12月28日　公安部消防局组织召开消防安全监管司局级联席会议。中央国家机关10个成员单位的司局级领导和联络员参加了会议，回顾了2010年消防工作情况并确定了2011年联席会议重点工作。

12月　国家质检总局、国家标准化管理委员会公布2010年“中国标准创新贡献奖”获奖项目，《火灾探测报警系统 第28部分：消防联动控制设备》和《白酒厂设计防火规范》二项消防标准荣获2010年度“中国标准创新贡献奖”。